四川省志

Sichuan Shengzhi

农 机 志

1986—2005

【第五十二卷】

四川省地方志编纂委员会 编

方志出版社
Publishing House of Local Records

图书在版编目（CIP）数据

四川省志. 农机志 ：1986－2005 / 四川省地方志编纂委员会编. — 北京 ：方志出版社，2019.4
ISBN 978-7-5144-3723-2

Ⅰ. ①四… Ⅱ. ①四… Ⅲ. ①四川－地方志②农业机械化－概况－四川－1986－2005 Ⅳ. ①K297.1

中国版本图书馆CIP数据核字(2019)第058176号

四川省志·农机志(1986—2005)

编　　者：四川省地方志编纂委员会
责任编辑：董　琳

出 版 者：方志出版社
地址　北京市朝阳区潘家园东里9号（国家方志馆4层）
邮编　100021
网址　http://www.fzph.org
发　　行：方志出版社图书经销中心
电话（010）67110500
经　　销：各地新华书店
印　　刷：成都市前智印务有限责任公司
设计制作：成都怡生网络文化传播有限公司

开　　本：889×1194　　1/16
彩插印张：1
正文印张：23.75
字　　数：644千字
版　　次：2019年4月第1版　　2019年4月第1次印刷
印　　数：0001～2000册

ISBN　978-7-5144-3723-2　　定价：312.00 元

领导关怀 LINGDAO GUANHUAI

1997年5月，中共四川省委书记谢世杰（左四），中共四川省委常委、省委组织部部长陈文光（右二）出席广汉小麦收获、抛秧现场会，省农机局局长黄彦蓉（左三）、副局长毋世杰（左二）陪同调研

1997年5月，中共四川省委书记谢世杰（右三），中共四川省委副书记、四川省人民政府代省长张中伟（右二）等在射洪县听取省农机局局长黄彦蓉（右一）全国粮食自给工程情况汇报

2005年9月，四川省人民政府省长张中伟（前中）在广汉市考察秸秆气化工作

2001年5月，中共四川省委副书记陶武先（前左三），中共四川省委常委、副省长陈文光（前左二）等在成都市参观谷物施肥播种机

1990年，四川省人民政府副省长刘昌杰（中）出席在成都金牛宾馆举行的四川省农机技术推广现场会

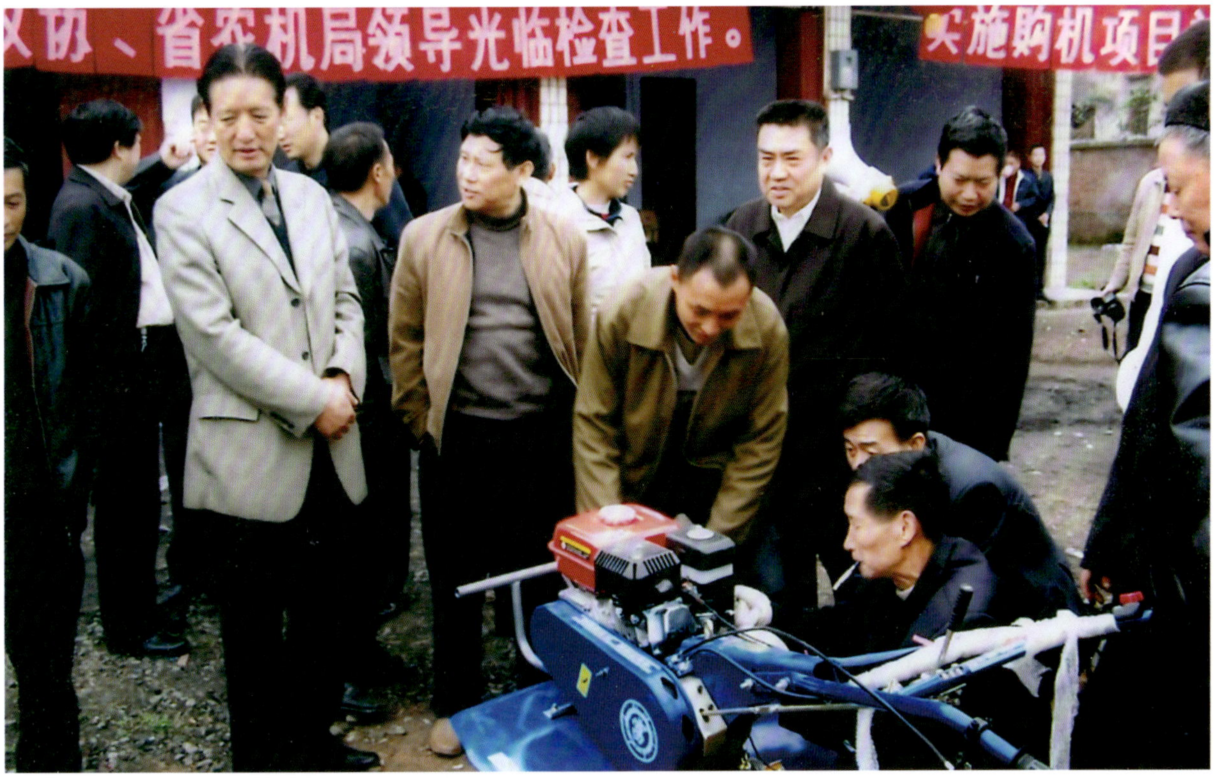

2003年1月，四川省政协副主席阿称（左一）在成都市新都区考察农机工作

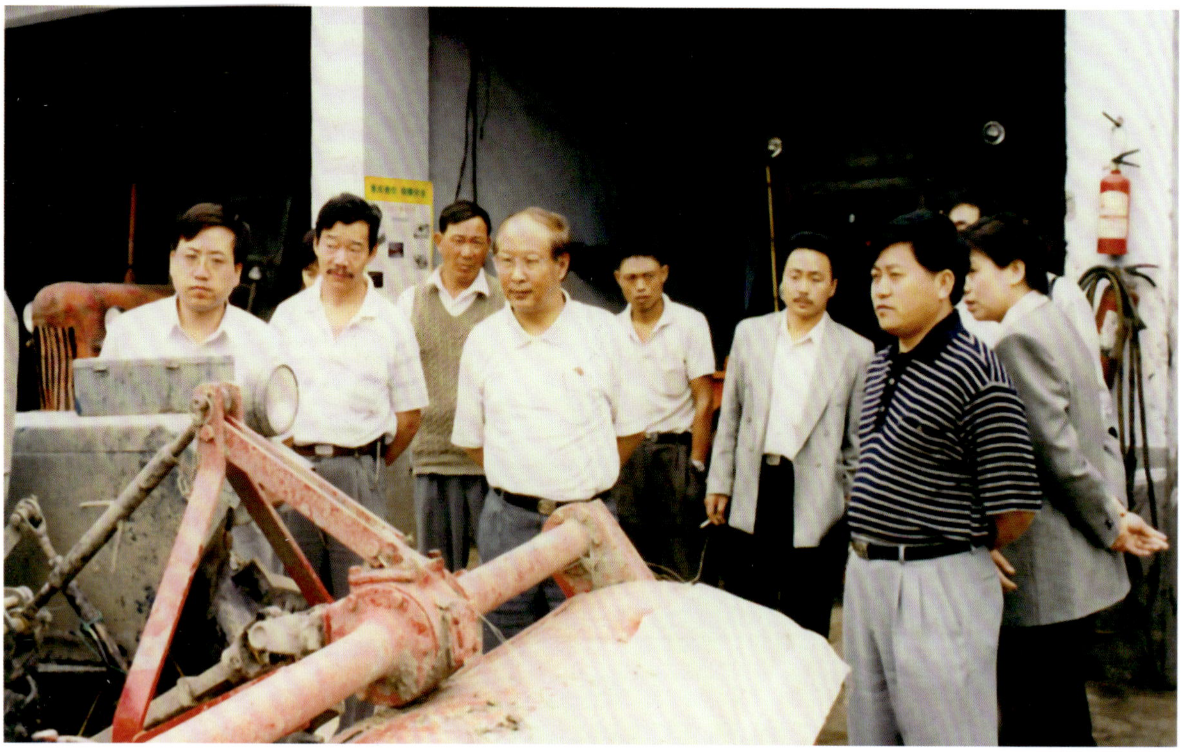

1998年5月，农业部副部长路明（前左三）在双流县白家镇农机站检查指导工作

1999年1月，农业部农机化司司长牛盾考察新都县新都镇农机站

2005年12月，农业部农机化司司长王智才（中）在成都市沙湾会展中心参观农机展

2007年10月，农业部农机化司副司长张天佐（中）在成都市新都区考察四川川龙拖拉机股份有限公司

友好交流 YOUHAO JIAOLIU

2001年5月，委内瑞拉总统查韦斯在成都市郫县驾驶拖拉机

2004年5月，越南考察团在郫县参观四川农机具

农机作业 NONGJI ZUOYE

四川省农机研究院研制的金牛7型耕整机　（1999年5月 摄）

芦山县机耕服务队机耕作业

康定县拖拉机带二十四圆盘耙耕地作业

小麦免耕施肥播种机插种

插秧机作业

德阳市旌阳区农机播种插秧作业

1999年，在峨眉山市召开水稻跨区作业现场会。图为作业现场

1999年4—5月，农机机收跨区作业前往西昌收割小麦

1999年，农机机收跨区作业在凉山收割小麦

基础建设 JICHU JIANSHE

建设中的机耕道

内江市市中区永安镇白马电灌站

自动灌溉系统

规范化建设 GUIFANHUA JIANSHE

1999年，四川省农机化工作会在成都金牛宾馆召开，会上表彰农机优秀监理员

2003年，在成都市举办农机监理人员培训

2003年，在成都市举办农机监理人员培训

行业文化 HANGYE WENHUA

1999年，四川省农机局代表队参加全省农机系统文艺表演

2004年4月，四川省农机局职工在彭州回龙沟庆祝“五一”劳动节

四川省农业机械化区划图

（1：6000000）

四川省地方志编纂委员会成员

《四川省志（1986—2005）》
审核委员会成员

主　　任	王　宁
副 主 任	蔡　竞
委　　员	马小彬　冯宝运　何晓平　胡品生
	王孝平　谭继和　陈世松　陈廷湘

《四川省志（1986—2005）》
总编、副总编

总　　编	陈建春
副 总 编	赵　行　邓　瑜　陶利辉　熊　倩
	张兆法　高伟明　朱艳林　牛　淼

《四川省志·农机志（1986—2005）》
责任总编、责任编辑

责任总编	马小彬
责任编辑	马渝川

《四川省志·农机志（1986—2005）》
编纂委员会成员

《四川省志·农机志（1986—2005）》
初审领导小组

负 责 人	母世杰	刁学锋	马　平	杨兴荣
成　　员	（按姓氏笔画为序）			
	王仪平	伍修强	冯　亮	刘泽生
	刘基华	刘期文	李万芬	李红星
	何世敏	严思勉	张山坡	罗晓东
	杨仁斌	杨　柳	杨　鹏	欧阳嫦君
	姜庆芳	胡德理	高七一	夏攀峰
	袁志英	唐　俊	章龙汉	黄遇强
	程少兰			

《四川省志·农机志（1986—2005）》编辑室

主　　编	严思勉（第一任）		黄遇强（第二任）	
副 主 编	黄遇强（第一任）		王仪平（第二任）	
编辑（撰稿）	（按承担任务篇章的先后顺序排列）			
	范启宏	刘期文	陈其非	黄遇强
	贾小京	覃益华	杨　蓉	成晓萍
	袁移豪	勾世平	蔡军军	杨琳玲
	王仪平	周晓光	庞　跃	邱云桥
	刘基华	张晓玲	马燕英	冯　蓉
	胡德理	刘君望	程少兰	巫和金
	杨惠珍	王新明	邓永华	傅录志
	莫晓刚	吴　兰	欧阳嫦君	袁志英
	郭　鹏	陈燕英		
编务人员	黄遇强	王仪平	欧阳嫦君	

《四川省志（1986—2005）》
凡　　例

一、本书编纂工作以马克思列宁主义、毛泽东思想、邓小平理论、“三个代表”重要思想、科学发展观、习近平新时代中国特色社会主义思想为指导，坚持辩证唯物主义和历史唯物主义的立场、观点和方法，全面客观地记述四川省行政区域内自然、政治、经济、文化和社会的历史与现状。

二、本书系中华人民共和国成立后首部《四川省志》续编，总名《四川省志（1986—2005）》，由总类、大事纪述、专志、人物、市（州）概况、附录共93卷构成。各分卷名称为《四川省志·××志（1986—2005）》或《四川省志·××志》（后者为特色志志名），设中英文目录。

三、本书上限一般起自1986年，下限一般截至2005年。对前志未设之分卷或篇章从事物发端写起；对前志漏载、误载的某些事项进行补载、更正；对前志记载后变化不大的某些事项进行简要复载；升格详载具有地方特色的某些事项。

四、本书记述的地域范围以1986—2005年四川省行政区划为准。

五、本书采用述、记、志、传、图、表、录等体裁，以志为主。

六、本书总类卷设序言、凡例、总述、卷目等，为各卷之首，全书之纲。关于自然环境、建置沿革、经济与社会历史发展状况等基本省情在总述中做简要复载或反映。各专志（分卷）根据社会分工和学科分类的实际，按“以类相从”或“突出地方特色”的原则设立，以篇、章、节横分类别，节、目以下纵述史实，立足反映四川省行政区域某一事物（事业、行业）断限期内历史与现状的全貌。人物志卷采用传、录、表诸种表述形式，坚持“生不立传”原则，在世人物的突出事迹以事系人载入相关分卷。人物传统一收入人物志。本书大事记以编年体为主，辅以纪事本末体。为完整记述一些重要事物，保存有价值史料，有些分卷设置了专记。

七、本书使用规范的现代语体文记述，行文严谨、朴实、简洁、流畅。使用规范汉字，用词概念准确，符合现代汉语语法规范。使用的标点符号、数字、计量单位等均按国家规定的统一标准书写。

八、本书使用公元纪年，各卷正文（除引文外）采用第三人称表述；行文涉及机构、会议、文件、职衔、地名等，均按当时称谓；除涉及人名、地名、纪年和简称等项采用括注外，其余采用页下脚注。

九、本书资料来源于文献、档案、报刊、书摘、口碑及实地调查等，所用资料均经各修志部门考证、核实。各分卷数据一般采用省统计局公布的数据，省统计局缺乏的，采用有关部门正式提供的数据。

十、各分卷图片分为前置图片和随文插图，随文插图和表格均以篇为单位依次排序编号；所用地图均以省测绘局审定的为准。

十一、各分卷需要特别说明的事项，均在各分卷的《编辑说明》中注明。

《四川省志·农机志（1986—2005）》
编辑说明

一、本志是首轮《四川省志·农业志》“农业机械化”篇的续修，也是四川省第一部独立专设的《农机志》分卷。

二、本志上限为1986年，下限为2005年。本志附录中“四川省农机局历任领导名单”“大事记”及第一篇中“省直属单位”对上限有所突破。为阐明前因后果和弥补上轮修志所限，部分篇、章偶有上溯下延。

三、本志记述的地域范围以断限期内四川省行政区划为准，1997年6月底前含今重庆市辖区。

四、本志简称的使用按首次出现全书单位和名称，再次出现一般用简称的原则进行，例如：“中共四川省委、四川省人民政府”简称为“省委、省政府”。作为四川省省级农机主管部门，在不同时期名称各有不同，鉴于在本志各篇中频繁出现，为方便起见，一律简称“省农机局”。

五、本志数据，使用省统计局公布数据，省统计局没有的，使用业务主管部门数据。

六、志中计量单位，按国家正式规定。个别数据因折算困难或惯例，沿用原计量单位。

七、本志资料来自历史档案、专著、口碑，均经鉴别。部分图片因年代久远，时间已不可考。

目 录

第二篇　农机管理

第三篇 农机科技教育

第四篇 农机修造及流通

第五篇 农机法规与信息化建设

第六篇 农业机械装备

附　录

Contents

概　述

蜀地农业，源远流长。自古以来，四川农业生产工具的发展，始终伴随着农业生产的发展。

20 世纪以前，由于生产体制的局限，四川农业生产中使用的器具属简陋的小型手工农具，一般系私人制作或乡村工匠生产。农业机械在四川试用始于 20 世纪初。1904 年，吴天成在成都开办天成工厂，试生产汲水机、缫丝机等。1937 年，潼南县①陈向离和江油县②张铁船等人，分别采用柴油机抽水抗旱。农业机械的亮相试用，起了一定程度的示范作用，但因时局战乱，得不到政府支持，终未持久。

1952 年 2 月，岳池县长滩寺机械提水灌溉试验站建成，当年提水灌田 67.20 公顷。这是在四川境内由国家试办的第一个机械提水站，也是四川省农业机械化事业的正式开端。自长滩寺机械提水灌溉试验站开工至 1985 年，在长达 30 余年中，四川省农业机械化事业经历了从初始创建、试验示范到推广应用，不断适应新形势发展的漫长过程。1959 年，中共中央委员会主席毛泽东提出“农业的根本出路在于机械化”的号召后，四川农机化事业曾一度同全国一样驶入了快车道。

1985 年末，四川省农机化事业已初具规模，全省农机总动力为 919.49 万千瓦；全省农机装备中，拖拉机、排灌机械、加工机械、农用运输机械四类机械分别为 15.57 万台、23.26 万台、44.85 万台和 2.59 万辆；全省农业机械的耕作面积为 141.06 万公顷，机电提水为 36.48 亿立方米，农业运输量达 30 亿吨公里。稻麦脱粒、农作物病虫防治和农民粮油加工亦达到一定水平。农机形成多种所有制、多种经营形式并存的格局，出现了农民自选、自购、自用、自营农机的局面。

1986—2005 年，四川各级农机部门紧紧围绕“两提高、一促进、一确保”的目标，即提高农业抗御自然灾害能力、提高土地产出率和农业劳动生产率、促进农业增产增收、确保农业和农村经济持续稳定发展的目标，围绕推进农村经济体制和农业生产方式的两个根本转变，实现农业增产、农民增收两大目标，坚持因地制宜和国家、集体、个人投资办机械化的方针，发展农业机械化。省政府高度重视四川农机化发展，于 1997 年作出《四川省人民政府关于加快发展农业机械化的决定》，明确农业机械化实现的战略目标和阶段性任务。经过 20 年的探索，农机拥有量得到了很大发展，农机作业量和水平显著提高，农机在农业生产中的抗灾救灾能力显著增强，加快了农业现代化进程，促进了农业增产增收、农民增收致富，实现了四川农业和农村经济的可持续发展。

一

四川农机管理机构包括省、市（州）、县（市、区）和乡（镇）4 级。各级行政管理机构代表政

① 1997 年重庆由中央直辖后，划归重庆市管理。
② 1988 年 2 月，经国务院批准，撤县设立江油市。

府行使辖区内农业机械化管理职责，各级行政管理机构下属的直属企事业单位承担技术管理、服务、指导职责。1986 年以来，各级农机管理部门经历了多次机构改革。四川机构改革对农机系统影响最大的有 3 次，分别发生在 1983 年、1995 年和 2000 年。这三次机构改革主要是省级机构改革。机构改革中省、市（州）、县（市、区）各级农机管理机构无论其隶属关系、性质、名称如何变化，其负责的农机行政管理主要职能未发生大的变化。

省级管理机构 1983 年 3 月，省级机构调整，省农业机械管理局更名省农牧厅农业机械管理局。1991 年 2 月，省政府以川府函件批复，同意将省农牧厅农业机械管理局更名为省农业机械管理局，归口省农牧厅管理。

1995 年 12 月，根据中共中央、国务院批准的《四川省党政机构改革方案》和中共四川省委、省人民政府《关于四川省党政机构改革方案的实施意见》，省政府办公厅发文批复：撤销省农业机械管理局，组建省农业机械事业局。省农业机械事业局是省政府直属事业单位。1996 年 9 月，中共四川省委常委会议决定：省农机局机构规格明确为正厅级，其单位正副职可配备正副厅级领导干部，领导职务由省委管理。同年 10 月，省编制委员会批复省农机局：根据中共中央、国务院批准的《四川省党政机构改革方案的通知》，四川省农业机械事业局为四川省政府直属事业单位，根据中共中央办公厅文件中关于“研究建立符合事业单位自身特点的等级规格，逐步取消事业单位行政级别”的精神，经省编制委员会审核，第六届省委常委第 83 次会议决定，省农业机械事业局正副局长可根据干部条件，按正副厅级干部配备。

2000 年 4 月，省政府启动机构改革。根据省委文件精神，经省编制委员会办公室批复，明确省农业机械事业局属省政府直属事业单位，不纳入此次省政府机构改革范围，其职能、机构、人员编制仍按 1995 年省政府有关规定执行。

省农机局直属单位有：四川省农业机械设计院、四川省农业机械鉴定站、四川省农业机械化学校、四川省农机化技术推广总站、四川省农业机械供应总公司、四川省农业机械供销总公司、四川省农机监理总站、四川省机电排灌总站、四川省农业机械化干部学校。

四川省农业机械设计院是一所直接为农业生产服务和农村经济发展的应用型单位，以农业机械、农业工程研究为主，同时承担农业机械化软科学研究和农机产品质量监督检测等任务。

四川省农业机械鉴定站是一所集农机鉴定检测与技术服务相结合的综合性检测机构，受相关部门委托和批准，站内设有四川省农用机具质量监督检验站、四川省农机产品质量安全检测中心、农业部农用动力机械及零配件质量检验测试中心（成都）、四川省保护消费者权益委员会农机产品投诉站等机构。

四川省农业机械化学校是国家级重点中专院校。1995 年 7 月，经省教委和省农机局同意，省农机校增挂“四川省机电工程学校”牌子。2002 年 4 月，省政府批准省农机校与“川北教育学院”合并组建“四川省职业技术学院”。

市（州）级管理机构 1986 年，四川省有市（地、州）级农业机械主管部门 20 个。经过 1986 年前的机构改革后，市（地、州）级农机主管部门名称具有多样性，但其行政职能未改变。1996 年，随着省农机局机构改革，各市（地、州）农业机械管理机构相应发生变化，大多数相继改为农机事业局，并对应省农机局为事业性质，使用事业编制，履行当地农机行业和行政管理职能。2005

年底，四川共有市（州）农业机械主管部门21个。

市（州）直属单位 1986年，四川省有市（地、州）农机研究所17所，农机监理所（站）19个，农机中等专业学校12所，农机供应公司20个，市级农机鉴定站1个（重庆市农机鉴定站）。2005年底，有农机研究所9所，农机监理所（站）21个，农机中等专业学校2所，农机供应公司已全部转走，农机推广站16个。

县（市、区）级管理机构 1986年，四川省有县（市、区）级农机管理机构207个，其中，仍有一部分县（市、区）为农业机械管理服务公司。1997年，农业机械管理服务公司恢复为农业机械局或农机管理局。2005年，有县级农机管理机构182个。

县级直属单位 1986年，四川省有县级农机监理站（所）179个、农机推广站2个、农机研究所87所、农机化学校（含常训班）179个。2005年，有县级农机监理站182个、农机推广站148个、农机化学校（含常训班）133个。

区乡级农机管理机构 1986年，四川省有乡镇农机管理服务站3094个，人员25793人。1995年，四川省有乡镇农机管理服务站4408个，人员32405人。2000年，四川省有乡镇农机管理服务站3523个，人员13190人。2005年底，四川省有乡镇农机管理服务站3175个，人员6897人。由于原乡镇农机管理服务站未经人事、劳动部门批准进入的临时人员被清退，故2005年四川省有乡镇农机管理服务站人员比2000年大幅减少。

1986年，四川省农机系统全民所有制单位机构数为2071个，国有职工人数为35337人。2005年，四川省农机系统全民所有制单位机构数仅为557个，国有职工人数5333人。

二

农机基层服务体系建设 发展站办实体经济，为发展乡镇农业机械化事业提供有力资金支持，是农机服务体系建设的有力保障。1978年，农村实行家庭联产承包责任制，基层农机站打破“大锅饭”实行“分机到户”“包机到人”，农民开始购买、经营农业机械。1986年以来，四川乡镇农机站贯彻“以农为主、综合经营”的方针，在搞好农机管理的同时，发展站办企业、实体经济，为乡镇农业机械化事业提供有力支持。1987年，省农业机械管理局制定《四川省乡镇农机管理服务站财务管理办法》；1988年，省财政厅、省农牧厅联合颁发《四川省乡镇农机站财务制度》，加强乡镇农机站的财务管理。

在站办企业最兴盛的20世纪90年代中后期，其经营包括工业、商业、交通运输、粮食加工、饮食服务等十多个行业。1993年，全省乡镇农机站经营总收入20多亿元，实现利税1.6亿元，上缴税金8000多万元，用实体经济收入补助农业、农机事业发展达500多万元。1999年，四川乡镇农机站实现经济收入23亿元，其经济实力与四川农村乡镇企业相当，在四川农村经济发展中占有重要地位。在2001年和2002年的乡镇事业单位机构改革中，四川省乡、镇农机站及其站办企业受到影响，乡镇农机站的管理体制变为“条块结合，以块为主”；乡镇农机站人、财、物管理全部下放到乡镇政府；乡镇农机站职能实行公益性职能与经营性职能分离，原站办实体改制或者被乡镇政府处置，与原乡镇农机站脱离。2000年后，全省以农机大户、作业服务队、专业协会、合作社为主的新型农机服务组织发展迅速，农机基层服务体系逐步形成新格局。

农用油料的管理 农机对农用油料管理经历了从无到有、由小到大，再由大而小的变化过程。从农机油料管理这一变化，可反映计划经济向市场经济逐步转体、并轨的全过程。农用油料的管理，曾是农机化作业最有效也是最有力的调控手段。20 世纪 80 年代和 90 年代，四川省对农用油料实行分配、管理、供应、节约“一条龙”服务，效果很好，受到农业部表彰。但随着计划经济向市场经济的转轨，“平价油”“计划油”均成为历史，农用油料的管理也逐步弱化。以供油点为例，在农用油料管理兴盛时期，1987 年，全省基层农机供油点达 4562 个，占农村供油点总数的 81. 10%。2000 年后，农机加油站数量一路下滑，到 2005 年，全省农机加油站数量只有 1800 余个。

农机安全监理 四川省农机安全监理体系的建立起自 1984 年，源于拖拉机道路行驶的管理。拖拉机是农业机械中的主要机具，它不仅拥有量多，而且在各项农机化作业中发挥作用大。大量拖拉机上道路行驶是改革开放后的大势所趋。如何解决好拖拉机道路交通中的安全问题是农机安全监理的主要内容，也一度成为农机安全监理工作的核心和焦点。1984 年，遵照国务院和四川省人民政府文件规定，四川省逐步建立健全全省性农机安全监理机构。四川省拖拉机道路交通管理工作最初由公安部门委托农机部门进行。2003 年，《中华人民共和国道路交通安全法》的颁布实施结束了委托局面，以法律授权形式确定了农业（农机）部门对上道路拖拉机的管理职权。

1983—1984 年，农牧渔业部颁发《加强农机管理做好核发牌证工作的通知》《农用拖拉机及驾驶员安全监理规章》。1985 年，省农机局制定《农用拖拉机及驾驶员年度审验办法》。1991 年，省政府批准省农牧厅发布《四川省农业机械管理办法》。

20 世纪 90 年代前后，国家和四川省陆续颁布了一系列有关农机安全监理的法律法规，主要包括《中华人民共和国道路交通安全管理条例》《中华人民共和国道路交通安全法》《中华人民共和国道路交通安全法实施条例》《四川省农业机械管理条例》《四川省农业机械安全监理和事故处理条例》《四川省〈中华人民共和国道路交通安全法〉实施办法》。随着法律法规的逐步健全，形成了四川农机安全监理法规体系，农机监理工作走上法制化轨道。

1994—2003 年，按农业部、省政府部署开展拖拉机无照明灯行驶专项整治、违章载人专项整治和黑车非驾专项整治。在 1994 年开展的“拖拉机无照明灯行驶专项整治”活动中，全省共对 3 万多台（套）拖拉机进行了照明灯安装，有效改善了拖拉机技术状态。2001 年 5 月，在全省开展为期 4 个月的农用运输车、拖拉机违章载人专项整治活动中，全省共检查 6 万多台（次）农用车、拖拉机，纠正违法行为 1500 多人（次），处罚违法人员 800 多人。2003 年开始，又对“黑车非驾”开展整治。通过整治，有效遏制了农用运输车、拖拉机违章载人连续发生重特大交通事故的上升势头。2003—2005 年，全省共检查拖拉机 45. 20 万台，清理“黑车”2. 50 万台，查处“非驾”1. 67 万人，清理违规上户车辆 1660 辆。

三

乡村机耕道建设 2000 年，省政府在四川“十五”农田水利基本建设目标任务中提出：每年建设乡村机耕道（乡以下的农村道路）4000 公里，其中，新建 2000 公里，硬化 2000 公里；明确农机部门负责乡村机耕道建设。2001 年，省农机局按照“实事求是、因地制宜、统一规划、分步实施、分类指导”，围绕省政府提出“治水、改土、兴林、修路”为重点的农田水利建设，结合农村产业结构调整、农民增收、新村建设和扶贫开发等要求，对“十五”期间乡村机耕道建设做出全面规划。

乡村机耕道建设坚持“谁受益、谁负担”，按照村民自治、一事一议的办法，按群众自行建设为主、政府适当给予支持为辅的原则，形成国家投入做引导，群众投入为主体，社会投入为补充的多元化乡村机耕道建设投入机制。“十五”期间，乡村机耕道建设投入资金 49.03 亿元，其中，国家引导性投入 6.29 亿元、群众投入 42.74 亿元。

“十五”期间，四川乡村机耕道建设圆满完成省政府下达的建设任务。全省新建乡村机耕道 25114 公里，硬化乡村机耕道 12124 公里，分别是省政府目标任务的 252% 和 121%。到 2005 年，全省乡村机耕道总里程达 49.20 万公里，其中，晴雨通车率达 50%，通村率达 87.93%，比“十五”前提高了 13.57%。“十五”期间，新实现 7378 个村、64173 个组通乡村机耕道。“十一五”的 2006 年，全省新建乡村机耕道 7166 公里，硬化乡村机耕道 2779 公里，分别完成省政府目标任务的 358% 和 139%。

提灌机械修复改造 1986—1988 年，四川共投入资金 876.60 万元，完成电灌站技术改造 1024 处、1247 台、6.55 万千瓦，控制灌面 7.50 万公顷，其中恢复灌面 1.31 万公顷，扩大灌面 0.51 万公顷。

机械化节水灌溉 20 世纪 90 年代，省农机局在金堂县、宜宾县、南江县等地推广机械化节水灌溉，建立节水灌溉示范点 70 多个。2000—2005 年后，省农机局商省财政厅，在全省有计划地逐年安排机械化节水灌溉示范点 23 处，补助资金 113 万元。机械化节水灌溉示范点建设，既显示了节水灌溉的优势，又有效带动了全省机械化节水灌溉工作。

农机购置补贴 为鼓励和支持农民使用先进适用的农业机械，加快农业机械发展进程，提高农业综合生产能力，促进农民增收，2004 年，在四川中江县、彭山县、资阳市雁江区、巴中市巴州区开展农机购置补贴试点。项目总投资 668 万元（其中国家补贴 200 万元），在推广先进适用的农机具，推动农机化社会服务等方面效果明显。2005 年，又在 21 个市（州）的 25 个县（市、区）实施中央农机购置补贴项目。25 个项目县（市、区）共购置各类农业机械 4697 台，购机总值达 5458 万元，其中，中央补贴 1250 万元、地方补贴 118 万元、农民自筹 4090 万元，直接受益农民 4694 户。

现代农业机械化装备推进项目 2004 年，四川彭州、射洪、三台、中江、营山、大竹等 6 个县（市）正式实施 2004 年国家优质粮食产业工程农机装备推进项目，安排中央资金 600 万元、省级资金 250 万元。2005 年，南部县、宜宾县、剑阁县、崇州市、邛崃市等 11 个项目县（市、区）正式实施 2005 年国家优质粮食产业工程农机装备推进项目，安排中央资金 860 万元、省级资金 300 万元。2004—2005 年，四川实施现代农业机械化装备推进项目 17 个，共完成项目投资 7573.70 万元，为计划的 62%。其中，2004 年完成项目投资 3537 万元，为计划的 74%，2005 年完成项目投资 4036.70 万元，为计划的 54%。补助性投资购买各类农机装备 7407 台（套），占计划的 65%。其中，联合收割机 388 台、大中型拖拉机 624 台、耕整机 6390 台（分别比项目实施前增长了 273%、9%、214%）。

农机鉴定 农机鉴定工作在服务体系中是面向多方面的重要环节。1985 年以前，四川省农机鉴定工作重点是农机具的试验鉴定、选型和定型。1985 年以后，农机鉴定工作重心开始向农机产品质量监督方面转移。由于依法鉴定和规范化鉴定的发展，四川农机鉴定法律地位进一步明确，鉴定工作步入全面发展阶段。

农机修造和流通行业　四川的农机修造企业主要以修理为主、制造为辅。20 世纪 80 年代前后，四川省经过生产体制的多次变化，以修理为主的格局更甚。1985 年，县农机修造厂为 127 家，村修理点 521 个，农机修理专业户 1564 户。到 20 世纪 90 年代初，一个以县农机修造企业为骨干、乡镇农机站站办维修点为基础、个体维修点为补充、以民营农机维修点与农机生产销售企业维修服务相结合的农机维修网络基本形成。在改革中，各级农机主管部门对农机修造企业逐步地由隶属管理转入行业指导。1996 年，全国第三次工业普查结果表明：四川农机系统调查的 1659 户工业企业，共完成工业总产值 23.73 亿元，与 1985 年第二次全国工业普查相比，工业企业户数增加 6.69 倍，工业总产值增长 25.70 倍，利税增长 6 倍。2005 年，四川农机修理厂及修理点为 12154 个。

20 世纪 80 年代，四川省农机供销系统内部进行了不同程度的改革，农机流通行业顿显活跃。1987 年，全省农机系统销售额达 4.80 亿元，上交税利 252 万元，实现利润 1255 万元，创当时最高水平。1993 年，四川省农机公司系统销售额达 15 亿元。2000 年前后，随着经济体制改革的不断深化，四川省各级农机供销企业不同程度地发生了变化，有的转型，有的划走，有的隶属关系脱钩，而同时又另外涌现出一批新的企业和大批个体供销网点。此时，过去的龙头企业四川省农业机械供应总公司对全省农机供应公司系统的业务指导已大为弱化。就在传统国有农机流通体制受挫的情况下，四川吉峰农机连锁股份有限公司抓住机遇，在四川农机流通领域崛起。公司经营规模很快由创立之初的 70 万元增长到 5 亿元，逐步成为国家中西部农机流通连锁行业的翘楚。

山区微型水利发电站建设　20 世纪 80 年代，四川省最早在开县①和屏山县试办家用微水电。1984 年，省农机局在开县召开“微水电”现场会，由此，在山区掀起兴办微水电的热潮。1990 年，四川共兴建微型水电站 2539 座、装机 3666 千瓦、年发电量 550 万千瓦时，解决了 32992 户、14.25 万人生活用电。四川共兴建微型发展数量在全国领先。中共四川省委书记杨汝岱称赞此项工作“促进了山区经济发展，为山区人民办了一件大好事”。

四

1986—2005 年，在四川农机事业发展进程中，科技发挥了重要作用。

农机科技兴农　1997 年，四川以农机科学技术为主要依托，开展促进农业生产和农村经济发展的一系列综合性技术推广活动。农机科技兴农包括“农机 12 项示范项目”“农业科技年活动”“农机科技兴粮计划”“农机科技入户试点”“农业科技跨越计划”。“农机 12 项示范项目”落实在温江、射洪等 50 个县（市、区）实施，示范项目实施效果好，如“水稻抛秧示范”当年作业面积超过 44 万公顷，节省 1 万个工作日。“农业科技跨越计划”是承担农业部“农业科技跨越计划”中的“5HDXY4－40 型多仓移动循环式秸秆燃气粮食干燥机中试”项目，该项目取得了较好经济效益和社会效益。

---

① 1997 年重庆由中央直辖后，划归重庆市管理。

农机教育培训 四川省农机中专学校主要承担国家计划的农机化中等专业招生任务，为国家培养农机化事业需要的中等专业人才。在改革中，各农机中专学校在开展联合办学中分别拓展了一些计划外的招生任务和中短期培训项目，有利于各校发展。20 世纪 90 年代中后期，尤其是 2000 年以后，随着教育体制改革的逐步深化，大部分农机中专学校先后脱离农机主管部门。改革中，县级农机化学校（常训班）的培训工作既有机遇，也受到来自社会各方面的影响和压力，两级分化明显。

农机科研 四川各级农机科研院、所围绕“三农”服务，完成多项科研开发项目。省农机院完成“工农－12”型手扶拖拉机、川农水泵系列、蚕茧干燥加工成套设备系列、石材加工设备、无管式热风炉、薯类淀粉加工成套设备、魔芋精粉加工成套设备、“SR300”型秸秆燃气设备、集约化养禽场废弃物无害化处理成套设备等科研成果。市（州）农机研究所也完成了“CGQ”型气流式干燥成套设备系列等农机科研成果。这些科研成果的转化和实际运用，大大推进了四川农机事业科学化发展进程。

农机化丰收计划 “四川省农机丰收计划”是“全国农牧渔业丰收计划”的组成部分，是将先进的农业机械化技术组装配套在全省范围大面积推广，促进农业增产增收，是实施科技兴农战略、转变农业增长方式的重大举措。四川在 1992—2002 年承担农业部“丰收计划”13 万公顷，其中，小麦 5.66 万公顷、水稻 7.33 万公顷。小麦平均每公顷增产 528 公斤，总增产小麦 29920 吨；水稻平均每公顷增产 554.25 公斤，水稻总增产达 40645 吨。随着“全国农牧渔业丰收计划”，四川于 1992 年启动了“四川省省级农机丰收计划”，先后在 15 个县（区）实施小麦、玉米丰收计划 5.66 万公顷，玉米每公顷平均增产 488.40 公斤，小麦每公顷平均增产 377.55 公斤。省级丰收计划为一些贫困山区农民解决温饱、脱贫致富打下了基础，为农业生产走上规模化、集约化的生产模式奠定了基础。

五

抗旱救灾 四川历来灾情多发，旱灾尤为严重，抗旱救灾是四川农业机械化工作重点之一。1984 年，根据农牧渔业部、商业部文件，省农牧厅、省商业厅制定的《四川省农用柴油分配管理办法（试行）》规定：“在年度农用柴油计划指标中，各地、市、州可留 2%，县可留 3% 作为机动指标，用于救灾急需。”1984—1994 年，省农机局共分配市（州）、县农用救灾柴油 1157 万吨。

1995—2003 年，四川省农机局共分配市（州）、县（市、区）农用救灾柴油专项补贴资金 3539.50 万元。2004—2005 年，省农机局下达市（州）农业生产救灾资金 400 万元。

在四川，农村提灌机械常年提水量 40 亿立方米，灌溉面积 93.33 万公顷左右，既要解决部分农田灌溉和人畜饮水，还要担负部分工程设施的补水充蓄及旱坡地提水浇灌。在大旱之年，农村机电提灌站发挥着保栽保命的重要作用。1994 年，四川发生特大旱灾，当年全省作业 393.33 万公顷次，提水量达 60 亿立方米，灌溉面积 126.66 万公顷以上，机电提灌提水作业创下历史之最。省农机局荣获省政府授予的“抗灾先进单位”称号。2002 年，鉴于 2001 年四川严重旱情，全省农机系统发挥优势，全力抗灾。当年 5 月，购置排灌机具 1.71 万台套，9.26 万千瓦；修复提灌机械 7.45 万台，78 万千瓦，确保了 90% 的提灌机械投入正常运行；改造提灌设备 980 台，3.20 万千瓦；投入排灌机械 36 万台套用于抗灾。

“抗旱服务队”是抗旱救灾的突击队，也是抗旱救灾的一大特色。“抗旱服务队”于20世纪90年代开始组建，在抗旱救灾中发挥了机动灵活的突击队作用。到2005年，四川抗旱服务队发展到1232个，其中，县级抗旱服务队246个、县以下抗旱服务队986个。

四川在“十五”期间，共投入农机抗灾人员1915.70万人（次），投入抗灾救灾农业机械274.70万台套、1382万千瓦，其中，投入各种排灌机械210.80万台套，抗旱抽水浇灌面积1389.57万公顷次、抽水111.60亿立方米，抗洪排涝作业面积158.95万公顷次、排渍量9.10亿立方米。抗洪抢险运土石方8282.70万立方米，运输救灾物资85853.30万吨公里。使用救灾柴油57.10万吨。“十五”期间，农机抗灾救灾为四川减少经济损失78.70亿元、减少粮食损失55亿公斤。

农机跨区作业 1996年，广汉市等地农机户自发组织到凉山安宁河谷开展小麦跨区机收作业。1997年4月15日，省农机局调集35台联合收割机，编队前往攀西地区开展小麦跨区机收作业，与当地联合收割机组成60多台联合收割机机群。从4月27日到5月10日收割小麦666.66公顷。5月中旬，小麦跨区作业联合收割机队伍返回成都平原作业，接着，这支队伍又赴陕西汉中、宝鸡等地作业，6月中旬返回四川。此次小麦跨区作业，共出动联合收割机380台，其中，在省内跨区作业的349台，出省的84台，共收割小麦1.30万公顷，平均每台联合收割机获利1万元以上。

1998—1999年，省农机局继续组织成都、德阳等地1000多台联合收割机到西昌、内江、绵阳、广元、陕西等地开展跨区作业。1996—2005年，四川小麦跨区作业延伸到云南、陕西、甘肃、新疆、内蒙古、河南、山东等地。省内小麦机械化收割水平达13.19%。2005年全省小麦机械化收割面积达14.20万公顷。全省投入联合收割机9701台，其中，省外到四川收割的4123台，四川到外省收割的561台，收割小麦9333.33公顷。1995年，四川联合收割机拥有量750台，机械化收割年作业规模2.78万公顷。到2005年，四川联合收割机拥有量达5578台，增加了7.4倍，小麦机械化收割作业规模达14.20万公顷。

2005年，四川水稻机械化收割面积达23.73万公顷，联合收割机收割面积19.86万公顷，分别比2004年增长20.82%、17.89%，均创历史新高；共投入各类水稻收获机械7911台，其中，从外省引进5538台；为农民增收4.50亿元。

六

1986—2005年，四川农业机械发展较快，到2005年，农业机械总动力显著提高。随着国家对农业、农业机械的高度重视和持续投入，四川农业机械拥有量发展较快。农业机械总动力呈平稳增长态势。1986年，四川农机总动力为1013万千瓦。1986—1996年，四川农机总动力（含重庆市）年均增长速度5.15%，达1673.17万千瓦，比1986年增长660.41万千瓦。1997—2005年，年均增长速度为6.20%，2005年达2181.70万千瓦，比1997年增长833.49万千瓦。

拖拉机及配套机具 1986年，四川大中型拖拉机21640台，1996年为5769台，年均递减速度为12.37%；1997年为6644台，2005年为57134台（其中，变形拖拉机44406台），年均增长速度为30.86%。1986年，小型拖拉机15.21万台，1996年为15.32万台，年均增长速度为0.07%；1997年为13.84万台，2005年为12.48万台，年均递减速度为1.29%。

配套农具 1986年，四川机引犁、机引耙、机引播种机和旋耕机拥有量分别为46259台、3576台、523台和67798台，到2005年分别增至65910台、31092台、15537台和73359台。其中，机引耙、机引播种机增长较快，2005年分别是1986年的8倍多和29倍。秸秆粉碎还田机、化肥深施机于20世纪90年代中期在四川开始发展，2005年分别为11029台和30125台。1987年，四川耕整机（含重庆市）仅有415台，2005年增至90086台，净增89671台。

栽插播种机械 四川水稻插秧机发展始于1993年，到2005年有10101台，70%分布在成都、德阳、资阳。1986年，四川有机引播种机199台，2005年增至15537台。2005年，四川拥有排灌动力机械46.04万台，372.18万千瓦，分别比1986年增长865%、43.28%，有各类农用水泵50.43万台，节水灌溉类机械12064套，微水泵222.9万台、169.76万千瓦。1986年，四川仅有34台机动收割机，1996年增至750台，年均增长速度为35.48%；1997年为1450台，2005年增至5830台，年均增长速度为19%。1986年，四川有动力脱粒机4.83万台，1996年增至18.61万台，年均增长速度为14.45%；1997年为19.20万台，2005年增至69.87万台，年均增长速度为17.53%。1986年，四川有机动喷雾机2.5万台，1996年增至4.83万台，年均增长速度为6.83%；1997年为4.29万台，2005年增至8.69万台，年均增长速度为9.24%。1986年，四川有农副产品加工机械38.42万台、308.92万千瓦，2005年增至80.58万台、437.66万千瓦，增长率分别为109.73%和41.67%。1986年，四川有饲料粉碎机14.7万台，到2005年，增至34.7万台，增长率为136.05%。1986年，四川拥有农用运输车5045辆，1996年增至71668辆，年均增长速度为30.39%，2005年增至97859辆，年增长速度为7.88%。1986年，四川农用载重汽车有31072辆，1996年增至60506辆，增长率为95%，2005年达到41302辆，与1986年同比增长82%。

农业机械化作业水平与能力 1986—2005年间，四川重点作物主要环节机械化水平提高较快。1986年，全省耕地机械化水平、小麦播种机械化水平、稻麦收获机械化水平分别为11.23%、3.06%、0.05%。2005年，全省耕地机械化水平、小麦播种机械化水平、稻麦收获机械化水平分别为27.37%、29.81%、11.74%。

1986—1996年，四川机耕面积呈上升趋势，年均递增3.77%，1996年达764.55千公顷，比1986年的527.90千公顷净增236.65千公顷。1997—2005年，年均递增3%，2005年达1069.07千公顷，比1997年净增225.3千公顷。由于实施农机化综合项目、农机化先行县试点项目、农机购置补贴项目和国家现代农机装备项目等，2005年比1986年机耕面积增长了102.5%。1986年，四川机械播种面积3.90千公顷，1996年上升到39.42千公顷，年均增长速度为26.03%。1997年，四川机播面积达65.18千公顷，到2005年达226.93千公顷，年均增长速度为16.88%。四川是水稻的主产区，全省常年水稻面积保持在3000千公顷以上，但四川水稻机械化栽插处于试验示范阶段，机械化栽插作业一直未有大面积突破。1986—2005年，四川机电灌溉负担面积常年保持在1000千公顷，作业面积3000千公顷。全省农村机电排灌的年提水量为40亿立方米左右。发生旱情的1994年，全省提灌作业面积达3937.49千公顷，提水量为60亿立方米，机电灌溉负担面积达1266.67千公顷。1986—1996年，四川机械植保面积年均增长速度为5.55%；1997—2005年，四川机械植保面积年均增长速度为5.30%。2005年，四川机械植保面积达2133.28千公顷，在1986年996.67千公顷的基础上增长114.04%。1986—2005年，由于四川收割机械迅速推广，机械收割面积大幅上升。1986—

1996 年，四川机收面积年增长速度为 26.98%；1997—2005 年，机收面积年增长速度为 30.69%。2005 年，四川机收面积达 393.67 千公顷，比 1986 年增长 152.77 倍。2005 年，四川机械脱粒是 1986 年的 14 倍。1986—1996 年，四川机械脱粒粮食数量年均增长速度为 13.84%；1997—2005 年，年均增长速度为 14.81%。2005 年，四川机械脱粒粮食数量达 2101.48 万吨，是 1986 年 190.52 万吨的 10.03 倍。1986 年，四川粮食烘干为 1.67 万吨，1987 年为 5.55 万吨，随后一路下滑。到 1988 年后，有一定的粮食烘干量，但数量总体微弱。2005 年，全省粮食烘干量仅为 2.40 万吨。1986—1996 年，四川农副产品加工数量呈上升趋势，年均增长速度为 4.62%；1997—2005 年，四川农副产品加工数量年均增长速度为 3.23%。2005 年，四川农副产品加工数量比 1986 年增长 60.37%。1986—1996 年，四川农用运输作业量年均增长速度为 9.77%；1997—2005 年，年均增长速度为 3.42%。2005 年，农用运输作业量达 93.43 亿吨公里，是 1986 年 34.79 亿吨公里的 268.55%。

七

1986—2005 年，四川农机事业发展既重视法制建设，又积极推进标准化管理进程。

农机法制建设 1995 年、1996 年和 1997 年连续 3 年，四川先后颁布《四川省农业机械管理条例》《四川省农村机电提灌管理条例》《四川省农业机械安全监理和事故处理条例》。这 3 个直接涉及农机的地方性法规的颁布，为四川省农机管理法制化奠定了基础。1997 年 1 月，《四川省〈中华人民共和国农业技术推广法〉实施办法》颁布实施。1997 年 9 月，省政府印发《四川省人民政府关于加快发展农业机械化的决定》。2004 年 11 月，《中华人民共和国农业机械化促进法》颁布施行。这些法律法规构建起四川省农机法律法规体系，为四川省农机化管理工作步入法治化轨道创造了有利条件。

四川省对农机相关法律法规的贯彻落实主要采取两大措施：一是对农机条例在贯彻执行中出现的一些问题及时修改，以适应形势发展；二是认真开展行政执法监督工作，包括落实行政执法检查，完善行政执法监督制度，推进行政执法责任制等项工作。2000 年，按省政府要求，省农机局对涉及农机化行政审批事项积极清理，顺应和促进了行政审批制度改革。

标准化管理 1987 年 4 月，首届四川省农机标准化技术委员会成立，着力实施农机标准化管理。1994—2003 年，对电力提灌站检测、运输型拖拉机通用技术、耕整机通用技术、乡村机耕道通用技术均出台行业标准。1994 年 7 月，省质监局发布 DB51/T208 – 1994《电力提灌站检测方法》，同年 8 月实施。该标准的发布实施弥补了提灌站技术管理的空白，使四川省电力提灌站检测步入规范化、科学化管理轨道，为四川农村机电站技术改造工程提供了技术支撑。DB51/T266 – 1997《运输型拖拉机通用技术条件》由四川省农机标准化技术委员会组制定，1997 年 9 月由省质监局发布，同年 10 月 1 日实施。该标准的发布实施激活了农村消费市场，促进了地方经济发展。DB51/T300 – 1999《耕整机通用技术条件》由省农机局牵头制定，1999 年 6 月由省质监局发布，同年 8 月 1 日实施。该标准发布实施规范了耕整机的管理和使用。DB51/T379 – 2003《乡村机耕道通用技术条件》由四川省农机标准化技术委员会组制定，2003 年 6 月由省质监局发布，同年 7 月 23 日实施。该标准的发布实施对于指导四川乡村机耕道道路新建和路面硬化提供了技术支持。

八

总的来说，1986—2005 年 20 年四川农机事业的发展，成绩是主要的，但也存在诸多问题。从长远发展考虑，四川农机化事业今后最值得关注的问题有三个方面。一是管理。管理是各级农机主管部门的主要职责。经过改革，旧的管理体系正在发生变化，新的管理理念和措施还有待探索。二是对四川农机化发展的战略性选择。之前已出台了各类战略规划，需站在现实的、新的起点上，一方面总结以前规划的落实情况，另一方面适应形势及时调整，提出富有前瞻性、指导性的战略考虑，这样才能形成全省农机化进一步发展的总体优势。三是要充分考虑四川农业机械化发展的制约因素。平原少、丘陵和山区多是制约四川农业机械发展的因素之一，四川省东西长 1075 千米，南北宽 921 千米，面积 48.61 万平方千米，其中，平原占 5.3%、丘陵占 12.9%、山地占 77%、高原占 4.7%、水域占 18.5%，丘陵、山区实现农业机械化的困难较多，制约了四川农业机械的发展。农业机械化规模经营不高是制约四川农业机械发展的因素之二。四川的特殊省情与全国其他省（区、市）特别是中、东部经济发达地区不尽相同，发展农机化的进程和考虑目标也必然大有差异。未来四川省农业机械化发展的关键是要突出四川特色，真正服务于四川“三农”。

第一篇　管理机构

在四川农机系统中，管理机构主要包括省、市（州）、县和乡镇四级。各级行政管理机构分别代表政府负责管理辖区内有关农业机械化事业的各项工作，各级行政管理机构属下的各直属企、事业单位不同程度地承担着技术管理或服务指导职责。

1986 年以来，各级农机管理部门经历多次机构改革。四川省机构改革对农机系统影响最大的有 3 次，分别发生在 1983 年、1995 年和 2000 年（这 3 次机构改革是对省级机构而言，相对于市〔州〕、县和乡镇，时间稍延后一些）。省、市（州）、县各级农机管理机构无论其隶属、性质、名称如何变化，负责农机行政管理的主要职能都没有发生大的改变。在改革中，各级管理机构的直属企、事业单位同样受到影响，相应发生变化。经过改革后，四川省农机人员由 1986 年的近 80 万人增长到 2005 年的 128 万人，净增近 50 万人，总体反映了四川省农机化事业的进步以及农民在改革中对先进工具的需求。

第一章　省级管理机构

第一节　四川省农业机械事业局

1983年3月，省级机构调整，省农业机械管理局更名为省农牧厅农业机械管理局，成为四川省农牧厅的“二级局”。1989年9月，省编制委员会批复，同意省农机局设立监察审计处。新设的监察审计处与省农机局纪检组合署办公。同时将省农机局原政治处更名为人事处。

1990年12月，为加强省农机局离退休干部和退休工人的管理、服务工作，并指导直属企事业单位离退休干部和退休工人的管理，根据省委办公厅有关规定，省编制委员会批复同意，在省农机局内部设立离退休人员工作处。

1991年1月，根据省委办公厅有关规定，省编制委员会批复同意，在省农机局内部设立机关党委办公室。

1991年2月，省政府以川府函件批复，同意将四川省农牧厅农业机械管理局更名为四川省农业机械管理局（以下简称省农机局）。更名后的省农机局，仍归口省农牧厅管理。其机构规格、领导职数、职责任务等一律不变，主要任务和职责是负责全省各种农用机械的管理、使用、维修、分配供应、技术推广、农业机械化的科研及队伍的建设等工作。

1995年12月，根据中共中央、国务院批准的《四川省党政机构改革方案》和中共四川省委、省人民政府《关于四川省党政机构改革方案的实施意见》，省政府办公厅发文批复：撤销省农业机械管理局，组建省农业机械事业局。按照方案，省农业机械事业局机关事业编制定为65名，其中局长1名、副局长3名，机关党委书记、纪检组长按省委规定配备，处级领导职数为23名，工勤人员8名。共设10个内设机构：办公室、计划财务审计处、农机化管理处、机电灌溉处、科技教育处、企业指导处、安全监理处、人事劳动处、离退休人员工作处、机关党委（与纪检组、监察处合署办公，实行一套机构，三块牌子）。

省农业机械事业局是省政府直属事业单位。省农机局机关使用事业编制，机关经费实行全额拨款，参照实行国家公务员制度，并由省政府副省长分管。

省政府授权省农机局：承担对全省农业机械化事业的行政和行业管理职能。重点是搞好行业规划，实施行业政策，进行宏观指导和为基层提供服务。按照建立社会主义市场经济体制的要求，从以下几个方面转变职能，即从微观的直接管理转向宏观的间接管理与调控；从主要依靠行政手段转向主要依靠经济、法律和必要的行政手段，并按照市场需求指导、调控农机化的发展；从主要对农机田间生产作业管理转向农机为农业生产全过程的系统化服务与管理；从主要指导农机化为种植业生产服务转向为发展农村经济全方位的综合性服务。取消农机化生产作业指令性计划，弱化对农机业务工作的具体管理，把属于辅助性、技术性、服务性的职能移交给所属的事业单位或学会、协会，将属于企业的自主经营权全部下放给企业。

图1－1 四川省农业机械管理局办公楼

省政府赋予省农业机械事业局具体的主要职责如下：

贯彻执行国家和四川省发展农机化的方针、政策、法规、规章和管理办法；按省政府授予的权限和经济调节手段对全省农机化发展重点、发展方向进行调控和监督、服务。根据全省农机化事业发展总体布局及相关政策，提出全省农机系统中长期发展规划和年度计划，负责贯彻国家固定资产管理的规定，对系统内的重点建设、技术改造、技术引进、利用外资等项目进行审查，提出立项建议。负责全省农机化发展资金筹集和专项资金的分配计划编制、管理与使用监督；参与省级有关部门对农机系统的经济调节工作；监督、管理所属企事业单位的国有资产。指导农机社会化服务体系建设和对乡（镇）基层农机化服务组织的政策、业务指导；组织全系统开展农业生产、抗灾救灾的农业机械化服务。制订并组织实施全省机电提灌事业发展规划、年度维修技改计划、机电提灌服务设备设施维护管理规范性文件；指导机电提灌站、农村机电提灌专业服务组织提水蓄水抗旱。负责全省农业机械用油的需求预测，向中央有关部门争取和分配农机油料。组织农机用油料的储备和供应工作；参与油料市场监督，负责农机油料市场的管理，指导农机供油网络建设和经营服务活动。负责对县及县以下的农机制造企业实施行业管理；负责全省农业机械产品质量的监督与认证和农机产品推广许可证的制发。研究提出全省农机安全生产管理的各种法规、规章草案，制订标准并监督实施；指导全省农机行业安全生产工作，组织协调全省农机安全监督管理；对全省农机安全监理机构进行业务、政策指导；按省政府1993年令，负责拖拉机安全监理工作。负责全省农机科研、科技推广、教育培训工作的宏观指导，组织实施农机化科教兴农和重大科技项目攻关；负责农机重大科技项目的立项、鉴定、申报和奖励。组织收集、处理和发布全省农机系统的经济技术信息，会同有关部门培育和调控产品、技术、劳务市场。负责全省农机系统与省际、国际间的经济技术交流与合作。管理直属企事业单位；指导农机化方面的学会、协会等社团组织和学术团体活动。完成省政府交办的其他事项。

1996 年 9 月，省委常委会议决定：省农机局机构规格明确为正厅级，其单位正副职可配备正副厅级领导干部，领导职务由省委管理（即由中共四川省委组织部报四川省委审批）。同年 10 月，省编制委员会批复省农机局：根据中共中央、国务院《关于四川省党政机构改革方案的通知》，四川省农业机械事业局为省政府直属事业单位，根据中共中央办公厅关于“研究建立符合事业单位自身特点的等级规格，逐步取消事业单位机构的行政级别”的精神，经省机构编制委员会审核，中共四川省委第六届第 83 次常委会议决定，省农机事业局的正副局长可根据干部条件，按正副厅级干部配备。

2000 年 4 月，新一轮的省政府机构改革开始。省农业机械事业局在这次机构改革中，根据中共四川省委有关文件精神，经省机构编制委员会办公室文件批复，明确省农业机械事业局属省政府直属事业单位，不纳入此次省政府机构改革范围，其职能、机构、人员编制仍按 1995 年省政府的有关规定执行。

省农机局虽未纳入 2000 年省政府机构改革范围，然而在 2000 年前后，在机构编制、职能和其他一些方面仍然进行了一些变动和调整。

机构编制方面：1997 年 3 月，省机构编制委员会和省军队转业干部安置工作小组联合发文，下达给省农机局接收转业干部增加事业编制 2 名。随后，在 1998 年 3 月、1998 年 12 月和 2006 年 5 月，两部门同样联合发文给省农机局，接收安置军队转业干部每次增加事业编制 1 名。至此，省农机局机关事业编制增加为 70 名。

职能方面，主要新增三项职能：一是赋予省农机局负责四川省乡村机耕道建设职能。2001 年，省政府办公厅《关于切实抓好乡村机耕道建设的通知》明确要求：农机部门归口管理乡村机耕道建设工作，负责牵头做好规划、指导工作；二是增加省农机局对机动车船污染大气环境实施监督管理职能。省人大常委会 2002 年 7 月 20 日发布了《四川省〈中华人民共和国大气污染防治法〉实施办法》的公告。公告第一章第四条指明：各级公安、交通、铁道、渔业、农机管理部门根据各自的职责，对机动车船污染大气环境实施监督管理；三是明确落实省农机局负责民族地区微水电开发利用工作职能。根据省政府办公厅 2002 年和 2003 年议事纪要明确：在省级机关部门对口支援四川省民族地区微水电开发利用工作中，省农机局负责与相关部门衔接项目资金计划、技术制标、技术检测、技术选型，负责培训教材编写，并指导、组织生产。

其他方面，主要有三项变动：一是“企业指导处”更名。2001 年 5 月，经省机构编制委员会办公室批复：决定将省农机局内部的“企业指导处”更名为“行业指导处”，不再承担对局直属企业的管理职能，将局办公室承担的政策法规的调研、起草和贯彻实施以及全局性大型会议文件的起草等职能调整由行业指导处承担。企业指导处更名为“行业指导处”，原因有二，一方面在体制改革中，按照省委、省政府要求，省级党政机关与所办经济实体和管理的直属企业脱钩，建立现代企业制度，实行政企分开；另一方面为加强全省农业机械化行业指导和宏观管理，组织开展调查研究，制定农业机械化发展政策、法规草案等，需要有一个专门的处室来承担。二是增挂“政策法规处”牌子。为便于开展工作，加强对政策法规的贯彻实施力度，2002 年 4 月，经省机构编制委员会办公室批复：同意省农机局内部增挂“政策法规处”牌子。增设的政策法规处与原“行业指导处”合署办公，不新增加人员编制和处级领导职数。三是明确省农机局参照公务员管理。

2006 年 12 月，根据《参照〈中华人民共和国公务员法〉管理的单位审批办法》、《关于事业单位参照公务员法管理工作有关问题的意见》和《中共四川省委组织部、四川省人事厅关于事业单位参照公务员法管理问题的通知》，经省委、省政府同意，批准省政府直属事业单位机关四川省农业机械事业局参照《中华人民共和国公务员法》管理。

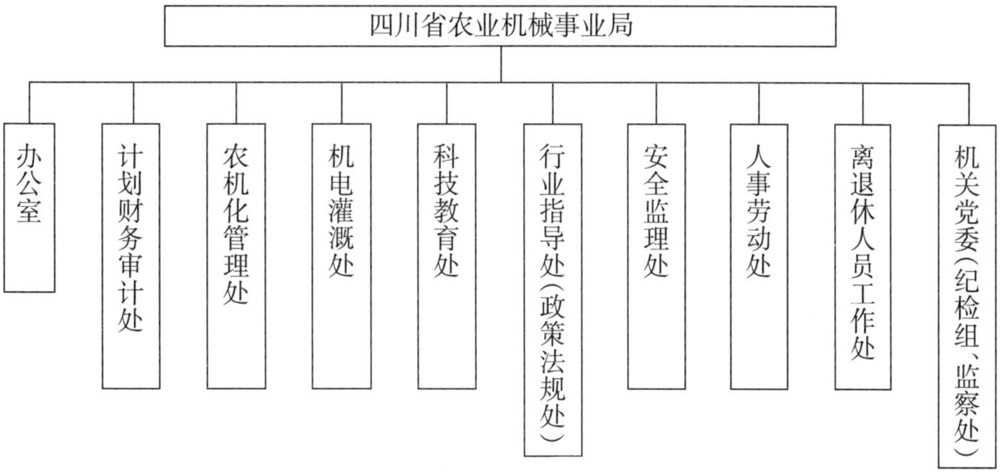

图1－2　2005年四川省农业机械事业局内部机构设置示意图

第二节　省直属单位

一、四川省农业机械研究设计院

四川省农业机械研究设计院（以下简称省农机院）位于成都市锦江区二环路东四段牛沙路5号，成立于1960年。

省农机院是一所直接为农业生产和农村经济发展服务的应用型科研单位，以农业机械、农业工程研究为主，同时也承担农机化软科学研究和农机产品质量监督检测等任务。

省农机院科研主要围绕为“三农”服务开展工作，在服务“三农”中，取得了丰硕的科技成果。省农机院在农业工程领域与国际间保持了广泛交流。省农机院重视科技设施建设，经过多年努力，科研手段和设施得到了完善和增强。2005年，省农机院内设3个研究所、测试中心、院办公室、人事保卫部、机械制造厂、后勤服务公司以及四川华峰总公司成都分公司9个部门，全院职工149人。

图 1-3　四川省农业机械研究设计院

省农机院是四川省科研改革扩权试点单位，是财政差额拨款支持的开发类省属农业事业单位。1989—1996 年，省农机院连续 5 次被省科委授予“四川省先进科研单位称号”（省农机院详细情况可参看本志第三篇第一章“农机科研”中的“科研单位”）。

二、四川省农业机械鉴定站

四川省农业机械鉴定站（以下简称省农机鉴定站）位于成都市金牛区银沙西街 19 号，成立于 1964 年。

图 1-4　四川省农业机械鉴定站

省农机鉴定站是一所集农机鉴定检测与技术服务相结合的综合性检测机构。受相关部门委托和批准，站内设有“四川省农用机具质量监督检验站”“四川省农机产品质量安全检验测试中心”“农业部农用动力机械及零配件质量监督检验测试中心（成都）”“四川省保护消费者权益委员会农机产品投诉站”等机构。

省农机鉴定站拥有先进的检测实验设施和相关技术标准类的情报资料，有一支素质较高的专业技术人员队伍。站内建有内燃机、拖拉机、运输机械、植保机械、农副产品加工机械等各类专业检测室。2005 年，全站职工为 70 人。

省农机鉴定站 1982 年曾荣获“四川省科技工作先进单位”称号（省农机鉴定站详细情况可参看本志第三篇第二章“农机鉴定”中的“鉴定体制”）。

三、四川省农业机械化学校

四川省农业机械化学校（以下简称省农机校）位于遂宁市和平路 138 号。学校最早名重庆市巴县乙种农业学校，成立于民国初年。省农机校办学历史悠久，专科教育理念深厚，形成良好的传统治学风气和文化氛围。

长久以来，该校严谨治校、严格管理，坚持多层次、多渠道办学，突出专业特色，取得了较好的成绩。该校是国家级重点中专、四川省最佳文明单位、省级校风示范学校。

1995 年 7 月，经省教育委员会和省农机局同意，学校增挂“四川省机电工程学校”校牌。2002 年 4 月，省政府下文，批准学校与“川北教育学院”合并组建“四川职业技术学院”，原建制撤销。

从建校至 2002 年 4 月，省农机校已培养出各类毕业生 12043 人。四川省农业机械化学校详细情况请参看本志第三篇第四章“教育培训”中的“农机化学校”。

图 1－5　四川省农业机械化学校

四、四川省农机化技术推广总站

四川省农机化技术推广总站（以下简称省农机推广总站）位于成都市金牛区金科南路 1 号，成立于 1990 年。

图 1-6　四川省农机化技术推广总站

省农机推广总站建站以后，因工作原因，一直挂靠在省农机局科教处，其工作内容和业务开展情况均包容于省农机局科教处的推广工作中，很难单独划分开。

2006 年 5 月，随着事业单位改革的不断深入和四川省农机化事业发展的需要，省农机局决定将省农业技术推广总站与省农机管理局科教处正式分开。独立后的省农机推广总站内设推广科、综合科、信息技术科等。

五、四川省农业机械供应总公司

四川省农业机械供应总公司（以下简称省农机供应总公司）位于成都市青羊区少城路 1—5 号。原名为四川省农业厅物资供应站，成立于 1958 年。

省农机供应总公司受省农机局、中国农业机械化服务总公司委托授权，承担了对四川省地（市、州）、县农机供应企业的进行行业管理的任务。

20 世纪 80 年代，省农机供应总公司对外实行新的经营措施，对内进行全面、系统的企业内部改革。1988 年，省农机供应总公司被四川省人民政府授予“四川省省级先进企业”称号，成为全省非生产企业中第一家省级先进企业。1992 年，省农机供应总公司在全国农机公司中进入百强企业行列。1999 年，总固定资产跃居全国农机流通行业前列，达到省农机供应总公司自成立以来资产总值最大值。

2001 年 7 月，省农机局与省农机供应总公司脱钩（四川省农业机械供应总公司详细情况请参看本志第四篇第二章“农机流通”中的“重要流通企业”）。

六、四川省农业机械供销总公司

四川省农业机械供销总公司（以下简称省农机供销总公司）位于成都市青羊区红庙子街 69 号，成立于 1983 年。

1983 年至 20 世纪 90 年代末，省农机供销总公司积极组织订购货源，直接供应省内农机修造企业生产所需钢材和其他原材料，支持了农机修造企业的生存和发展。公司在拓宽服务领域、发展经济实体的道路上也做过一些探索和尝试，但效益大多不明显。随着市场经济的形成和发展，作为国营企业的供销公司体制在市场经济的大风浪中开始显得不适应，公司逐渐步入资不抵债的局面。

2001 年，经职工代表大会通过，由省农机局报请“四川省省级党政机关非金融类企业脱钩工作小组”审核回复，同意撤销四川省农业机械供销总公司（四川省农业机械供销总公司详细情况请参看本志第四篇第二章“农机流通”中的“重要流通企业”）。

七、四川省农机监理总站

四川省农机监理总站（以下简称省农机监理站）位于成都市新华大道德盛路 50 号，是 1984 年由省农机局安全科升格改设。编制配备 15 人。

省农机监理总站职责：贯彻执行国家有关农机安全生产的方针、政策、法规。制定并组织实施各种农业机械的安全技术条件、标准。负责对农用拖拉机、固定式农用动力机械及其配套机具的安全技术检验，驾驶、操作人员的技术考核和核（换）发牌证工作，实施技术监督和安全管理、调查处理农机事故及事故统计上报，及时通报事故和分析事故原因，提出防范措施。指导基层农机安全组织的活动，开展行业教育、安全教育和培训。组织实施农机安全生产宣传教育、安全竞赛和安全检查活动，纠正和处理在农机作业中的违章行为，维护农机作业的正常秩序，保证人民生命、财产安全。负责收取农机监理规费以及接待、处理人民来信、来访。

省农机监理站自建立以来，由于各种原因，一直在省农机局机关内办公，人员由省农机局统一调配。1995 年机构改革后，局机关设安全监理处，省农机监理站的人员分布在局安全监理处等处、室。省农机监理站站长由局安全监理处处长兼任。1996 年，省农机监理站按非法人单位登记；2001 年，按法人单位登记。

八、四川省机电排灌管理总站

四川省机电排灌管理总站（以下简称省排灌总站）位于成都市新华大道德盛路 50 号，成立于 1991 年，事业编制 10 人。

省排灌总站主要职责：制定全省机电提灌发展规划、机械技术标准、机械修复、改造计划，指导和组织实施机电提灌抗旱、保栽、保苗业务，管理国家投入提灌的资金和物资。

省排灌总站自成立以来，由于各种原因，一直在省农机局机关内办公，人员由省农机局统一调配。2004 年 1 月前，省排灌总站站长均由省农机局机电灌溉处处长兼任。1996 年，省排灌总站按非法人单位登记；2001 年，按法人单位登记。

九、四川省农业机械化干部学校

四川省农业机械化干部学校（以下简称省农机干校）位于成都市新华大道德盛路 50 号，成立于 1980 年。

该校成立以来，由于多种原因，一直未能核编。为理顺和便于管理、登记等工作，2000 年 11 月，经省机构编制委员会批复同意，核定省农机干校编制 15 人，加上 1999 年军转干部转业安置编制 1 人，共计核定该校事业编制 16 人。

省农机干校主要承担全省农机系统管理干部、业务人员的培训及学校资产物业管理。

省农机干校自成立以来，一直在省农机局机关内办公，人员由省农机局统一调配。2001 年前，校长均由局科教处处长兼任。1996 年，学校按非法人单位登记；2001 年，学校按法人单位登记。

十、其他单位（成都中成市场）

成都中成市场（以下简称市场）位于成都市火车南站，是 1992 年由省农机局与成都市武侯区人民政府共同组织各自下属单位出资兴建的一座综合性交易市场。市场管理以省农机局为主，武侯区政府配合。市场从开始筹建到规范管理，其间曾多次易名。使用名称有："中国西部机电综合市场""成都机电综合交易市场""成都火车南站机电交易市场""中国西部综合市场""中国西部成都综合市场""成都中成市场"等。最后定名为成都中成市场。

市场建设总工程按规划分前后两期：

第一期工程是营业交易市场，于 1993 年 12 月底建成，占地 23297. 17 平方米，建筑面积 57650. 5 平方米，由 6 栋楼房组成。一期工程总投资约 6500 万元，从 1992 年 8 月售房至 2005 年底，396 套营业用房全部售出，1040 间三楼以上房屋售出 75%，回收资金约 7300 万元。

图 1－7　成都中成市场

二期工程规划为综合业务大楼，占地 6943. 85 平方米。二期工程虽已规划设计，土地也实现了"三通一平"，但由于一直没有找到合适的合作伙伴，未能动工修建。从 1994 年 6 月起，省农机局决定在未开发的二期用地上修建临时建筑，用于租赁。

附：成都中成市场建设及管理

1. 市场筹建过程

市场开始筹建时，省农机局组建了市场开发领导小组，负责考察及前期筹备。当时，市场筹建的操作思路是，组织省农机局直属单位和公司加入，在成都市区附近征用一片土地，然后通过招商来筹集资金，建设市场。市场所在地的武侯区政府对与省农机局合作建设市场非常重视。1992 年 6 月 20 日，省农机局与武侯区政府以及武侯区桂溪乡政府在进行沟通酝酿、就该项目建设的相关问题达成共识的基础上，联合草拟了《关于合作兴建成都机电综合交易市场的协议书》。1992 年 8 月 4 日，省农机局又与武侯区政府正式签订了《组建"中国西部综合市场"协议书》。按协议书精神，市场经营内容以综合性为特色，以机电产品为主导。双方一致同意成立市场筹建领导小组，协调市场建设的各项工作。领导小组在董事会领导下工作，对董事会负责。领导小组组长黄彦蓉（省农机局副局长），副组长包奕蓉（武侯区人民政府副区长），领导小组成员包括省农机局和武侯区双方的工作人员。省农机系统参股单位是：四川省农机化技术推广总站、中国农机西南公司、四川省农机供应总公司、四川省农机供销公司、四川省农机鉴定站、四川省农机研究所。武侯区参股单位是：武侯区农机管理局、武侯区桂溪工商企业公司。市场董事会由黄彦蓉担任董事长，杨树斌、包弈蓉担任副董事长；省农机局局长刘祖荣和武侯区人民政府区长范贤尧担任名誉董事长。董事会的主要职责是：对项目建设进行重大决策、领导市场筹建领导小组的工作、协调各方面的关系。“协议书”的签订，标志着该项目正式启动。

1992 年 6 月 29 日，成都市计划委员会对武侯区计划经济委员会的立项报告《关于修建南站综合交易市场项目建议书的报告》进行了批复，同意立项，项目总建筑面积 62000 平方米，总投资 4420 万元，其中折迁安置费 1810 万元，资金来源为建设单位自筹、集资。1992 年 7 月 10 日，成都市规划管理局同意在武侯区桂溪乡桐梓林村 8 组范围内定点，随后办理了复制地形图、确定设计红线手续。以上两项手续是该项目最为关键性的手续。这两项手续办理完毕后，筹建处对于其他相关的手续采取了边办理边实施或先实施后补办的灵活办法，完成了项目建设中其他各种手续的办理工作。

1992 年 8 月 16 日，董事会决定设置中国西部综合市场筹建处来具体承担项目的筹建工作。筹建处下设基建、联络、行政财务和折迁四个组。筹建处成立后，市场建设一系列相关具体工作正式展开。

1992 年 8 月，筹建处决定将该项目的规划设计委托中国建筑西南设计院负责。

在一期工程中，筹建处采用了利用规划设计方案先进行项目招商集资，再进行项目建设的方法。到 1992 年 11 月，由于宣传、推销工作扎实，一期工程的营业用房被全部订购，写字间也在数次公告后，于 1992 年底前，订购了 104 间。

招商集资的方法风险虽然很大，但是由于把握住了当时的机会，效果很好。通过招商集资，项目建设资金迅速到位，充分保证了一期工程施工建设的需要。第一期工程按计划顺利完成，兑现了在 1993 年底向营业用房用户交房的保证。写字间也按照公告的时间完成施工，于 1994 年 4 月交付使用。

市场总平面工程由成都市市政工程设计院于 1993 年 10 月设计完毕，从 1993 年 12 月开始施工。到 1994 年 5 月，有关总平面的各项工作陆续完成。

一期工程完成后，二期工程因资金问题需要另外寻找合作伙伴，经省农机局与武侯区政府磋商，一致达成共识，二期主体工程暂缓。

由于二期工程一直没有动工，土地暂时闲置。1994 年 6 月，省农机局决定在未开发的二期用地上兴建临时营业用房和仓库用于出租。至 1995 年 12 月，在二期 6943.85 平方米土地上，陆续建成营业用房、办公用房及仓库用于出租。1998 年 6 月，成都中成市场发展中心成立后，负责二期工程经营管理。其间，四川华峰总公司成都公司参与了经营管理。

2. 对市场初建的评价

由于省农机局率先在省级机关和全国农机系统组建了这样的大型市场，所以，该项目从一开始建设就得到各级领导、有关单位、社会各界及新闻媒体的高度关注。市场建设期间，省委副书记宋宝瑞、副省长张中伟、省政协副主席刘昌杰、成都市委书记黄寅逵、成都市市长王荣轩等省、市领导都曾前往视察。1994 年 8 月 10 日，市场一期工程建成举行庆典时，省人大常委会副主任孟俊修、农业部农机化司副司长李昶杰以及四川省人民政府办公厅、省计委、省经委、省建委、省水电厅等 12 个单位的领导应邀出席了庆典仪式；农业部农机化司的 4 个直属单位，省级机关 22 个单位，市级机关 12 个单位，武侯区四大班子以及各相关单位，北京农业工程大学及西南农业大学等 4 所涉农高等院校，与市场建设有关的单位，浙江、云南、湖南等 6 个省的农机主管部门以及 15 个省内的市、地、州农机局派员参加庆典或以不同的形式表示了祝贺；《四川日报》、《成都晚报》、四川电视台、成都电视台等新闻媒体给予了报道。

市场一期工程建成后，1994 年 2 月，全国政协副主席杨汝岱、省委书记谢世杰亲临市场视察。另外，农业部农机化司司长徐文兰及部分省内外农机部门同行的领导也先后前来视察、参观。各级领导和同行以及社会新闻媒体，对市场的筹建和运作都一致给予了高度评价。

3. 市场运作及管理

从市场筹建开始到 1997 年 1 月，省农机局副局长黄彦蓉一直担任市场董事长，具体主持市场工作；1997 年 1 月起，黄彦蓉离任，刘祖荣任市场董事长，主持市场工作；2000 年 1 月，刘祖荣离任，母世杰分管市场工作；2005 年 5 月起，由姜庆芳、李万芬先后分管市场工作。

市场一期工程建成后，成都中成市场管理委员会（以下简称“管委会”）于 1993 年 10 月，由省农机局和武侯区政府批准成立，正式取代现场指挥组的工作。

管委会事实上代表着组建方管理市场，同时它也是市场各股东资产的承载单位。房屋产权、土地征用都以管委会的名义登记。

管委会下设机构包括：办公室、管理部、售房租房部、保卫部、开发部、财务部。同时组建了成都中成储运服务有限责任公司和成都中成物业管理有限公司。

由于国家对企业行为管理逐步规范，在 1998 年 6 月 18 日，以四川省农机化技术推广总站为出资方、以成都中成市场管委会资产成立了注册资金为 1000 万元的成都中成市场发展中心（以下简称“中心”）。

中心与管委会是两个牌子一套人马。中心成立后，经营活动基本上以中心名义开展，市场管理以成都中成市场物业管理公司开展。

4. 市场出资股份情况

从项目筹备开始到 2005 年底，市场组建方各出资单位的出资份额陆续发生了变化。一是中国农机西南公司、四川省农机供应总公司、四川省农机供销公司三个公司将它们所持的 25% 的股份转入四川省农用油料储调中心；二是武侯区方面所持的 30% 的股份划拨给了武侯区国有资产管理中心。到 2005 年底，市场组建方出资单位所持出资份额的情况是：四川省农机化技术推广总站占 25%、四川省农用油料储调中心占 25%，武侯区国有资产管理中心占 30%，四川省农机鉴定站占 10%，四川省农机研究设计院占 10%。

第二章　市（州）、县级管理机构

第一节　市（州）级管理机构

一、主管部门

1986 年，四川省有市（地、州）级农业机械主管部门 20 个。经历过 1986 年前的机构改革后，市（地、州）级农机主管机构已具有多样性。其中：有独立的农业机械局或农业机械管理局；也有与水利、机械、电子等其他部门合在一起的农业机械管理机构。如：重庆、攀枝花、内江、遂宁、达州等等；还有个别市、地受 1983 年机构改革的影响而更名为“农机化管理服务公司”的，如：泸州、雅安。这个阶段的市（地、州）农业机械管理部门，基本上都属于行政机构性质，使用行政编制。也有个别改为事业、企业性质的，但行政管理职能从未改变。

1996 年，随着省农机局机构改革，各市（地、州）农业机械管理机构相应发生新的变化。其中，大多数市（地、州）相继改为农机事业局，并对应省农机局为事业性质，使用事业编制，履行当地农机行业和行政管理职能，依照公务员制度管理，其经费渠道、人事、工资福利仍按行政机关管理办法进行。原来与机械、电子合在一起的遂宁市、达州市等相继分离，成立了单独的农机局或农机事业局。成都、阿坝的农机机构合并到农业机构，到 2005 年底，除重庆市农机事业局及其所辖的原万县市、涪陵市、黔江地区农机管理机构在 1997 年因重庆市成为中央直辖市而划出外，广安、巴中、资阳、眉山等市农机局因相继新设立市而成立。至此，四川省有市（州）一级农业机械主管部门 21 个。这 21 个市（州）农业机械主管部门机构改革后分为三类情况：第一类，属独立的农业机械局或农业机械管理局的，全省 15 个，有泸州、德阳、绵阳、遂宁、乐山、南充、宜宾、广安、达州、巴中、雅安、眉山、资阳、甘孜、凉山彝族自治州（以下简称凉山州）等市（州）农机管理机构；第二类，与水利部门合并在一起，称水利农机局或水务农机局的，全省 4 个，有自贡、攀枝花、广元、内江，其中：自贡对外增挂了自贡市农机局牌子；第三类，与农业机构合在一起的，全省 2 个，有成都市、阿坝藏族羌族自治州（以下简称阿坝州），其中：阿坝对外增挂了阿坝州农机局牌子。前述与水利、农业合在一起的农机主管部门都是行政性质的机构，并使用行政编制，纳入公务员管理，而独立的市（州）农机主管部门都是事业性质的机构，并使用事业编制，参照公务员制度进行管理。市（州）农机管理机构的经费渠道均纳入财政全额拨款。

各市（州）农机管理部门主要是行使对当地农业机械化事业的行政管理和行业管理职能：一是贯彻执行国家和省、市发展农业机械化的方针、政策、法规、规章和管理办法；按政府授予的权限和经济调节手段对农机化发展重点、发展方向进行调控和监督服务。二是提出当地农机化中长期发展规划和年度计划；负责贯彻国家固定资产管理规定，对系统内的重点建设、技术改造、技术引进等项目进行审查，提出立项建议。三是负责当地农机化发展资金筹集和专项资金的分配计划编制、管理和使用监督；对所属企事业单位的国有资产实施监督、管理。四是指导农机化服务体系建设和对基层农机化服务组织的政策、业务指导；组织全系统开展农业生产、抗灾救灾的农业机械化服务。五是组织制订和实施当地机电提灌事业发展规划、年度维修技改计划、机电提灌服务设备设施维护管理规范性文件；指导机电提灌站、农村机电提灌专业服务组织提水蓄水抗旱。六是负责当地农业机械用油的需求预测，向上级有关部门争取农机油料，做好农机油料的储备和供应工作；参与农机油料的市场管理和监督，指导农机供油网络建设和经营服务活动（随着市场经济的建立和逐步完善，“双轨制”取消，此项职能逐渐淡化、消失）。七是负责对县以下农机制造行业实施行业管理和农业机械产品质量的监督管理。八是研究提出当地农机安全生产管理办法，指导农机行业安全生产工作，组织协调农机安全监督管理，负责拖拉机安全监理工作。九是负责当地农机科研、科技推广、教育培训工作，组织实施农机化科教兴农和农机科技项目；负责农机项目的立项和申报。十是组织收集农机化信息、负责部门间的经济技术交流与合作、管理直属企事业单位、指导农机化社团活动、完成当地政府交办的其他事项。

上述管理职能在计划经济时期都比较突出，随着市场经济的逐步建立和不断完善，农机主管部门的职能也在逐步转变，从微观的直接管理向宏观的间接管理与调控转变；从主要依靠行政手段管理向主要依靠经济、法律和必要的行政手段管理转变，并按照市场需求指导和调控农机化的发展；从主要对农机田间生产作业管理向农机为农业生产全过程的系统化服务与管理转变；从主要指导农机化为种植业生产服务向为发展农村经济全方位的综合服务转变。1986 年以后，有的职能已经逐渐弱化或转移：一是企业的自主经营权全部下放给企业，二是取消农机化生产作业指令性计划，弱化对农机业务工作的具体管理，三是把属于辅助性、技术性的职能移交给事业单位或农机社团组织。有的职能又成为新增职能。如，2000 年，省政府发文：农机部门归口管理乡村机耕道建设工作，负责牵头做好规划、指导工作。各市州农机主管部门积极争取当地政府支持，采取不同形式，都明确了乡村机耕道建设职能由农机部门归口管理。2002 年 7 月，根据省人大常委会关于《四川省〈中华人民共和国大气污染防治法〉》，各市（州）农机主管部门也不同程度地承担起对农业机械污染大气环境实施监督管理的职能。

二、直属单位

市（地、州）农机主管部门直属的企事业单位主要包括农机研究所、农机中等专业学校、农机供应公司、农机监理所（站）和农机技术推广站（所）等。

1986 年，全省有市（地、州）农机研究所 17 所、农机监理所（站）19 所、农机中等专业学校 12 所、农机供应公司 20 所，另外，全省有市级农机鉴定站 1 所（重庆市农机鉴定站），重庆、自贡、乐山等还设有农机化干部学校。

2000 年前后，各市（州）一级农机直属企事业单位发生了系列变化：一是农机中等专业学校陆续与当地其他中等专业学校合并，或组建职业技术学院，或合并为其他名称的中等专业学校，隶属关系因此改变，大多由当地教育主管部门或省教育主管部门管理；二是市（州）一级农机供应公司也按照中央和省有关规定，与农机主管部门先后“脱钩”，交由当地国有资产管理部门管理；三是农机监理得到进一步巩固；四是农机技术推广工作受到重视、得到加强和发展。

到2005年底，各市（州）农机主管部门直属单位情况为：农机研究所9所、农机监理所（站）21所、农机中等专业学校仅剩2所、农机供应公司已全部转走、农机技术推广站（所）发展为16所。另外，部分农机化干部学校尚保存，但农机鉴定站已随重庆市划走而不复存在。

各市（州）农机监理所（站）、农机推广站（所）、农机化干部学校、农机研究所等基本上都是由财政全额拨款的事业单位。20世纪80年代后期，一部分市（州）农机研究所纳入科研体制改革，成为差额拨款的事业单位；农机供应公司是全民所有制企业单位，经费形式为自收自支。

1986—2005年四川省市（地、州）农机主管部门直属事业单位情况表

表1－1　　单位：个/人

年度 事业单位名称	1986	1990	1995	2000	2005
农机鉴定站	1/32	1/37	1/48	—	—
农机监理站（所）	19/82	21/135	23/154	21/136	21/148
农机研究所	17/475	15/431	17/455	11/210	9/190
农机技术推广站	—	4/54	11/42	18/101	16/49
农机中专校	10/575	10/728	10/937	6/587	2/138

说明：1. 表中所列“农机鉴定站”系指重庆市农机鉴定站；
2. 表中所列“农机中专校”不含省农机化学校，阿坝州和内江市两校亦未统计在内

第二节　县级管理机构

一、主管部门

1983年，县农业机械局在机构改革中或撤、或并、或改名为县农业机械化管理服务公司。由于县级农机主管部门在改革后形成管理范围、隶属关系、机构性质、经费来源等诸多混乱，同年11月30日，四川省人民政府及时发文纠正后，有的恢复了行政管理职能，有的恢复了农业机械局或农业机械管理局名称。

1986年，四川省有县级农机管理机构207个。其中，仍然有一部分县为农业机械化管理服务公司。也有极少数县为县农机管理站，如甘孜藏族自治州（以下简称甘孜州）所属一些县。

1997年，全省县农业机械化管理服务公司基本上恢复名称为县农业机械局或县农业机械管理局。仅有个别县到2005年底仍然是农业机械化管理服务公司。

1997年以前，县级农机管理机构多数是以行政机关的形式存在，且使用行政编制。就是在改为县农业机械化管理服务公司时期，也只有极少数定性为企业性质，其余仍然为行政机关性质。在这一时期中，不管名称是“局”，还是“公司”；不管机构性质是行政，还是企业，其履行行业管理和行政管理的职能始终没有改变。1997年以后，随着省、市农机管理机构的改革，全省除少数和水利、

农业部门在一起的县级农机管理机构属于政府组成序列局之外，大多数的县级农机管理机构都改成了事业局，即：名称多数没有改变，机构性质改变为事业性质，人员使用事业编制，实行行业管理和行政管理的职能，依照（参照）公务员制度进行管理。

县级农机管理机构的经费渠道绝大多数都是纳入财政全额拨款，只有在1997年以前，极个别的县农机管理机构（如：沐川县农机局）是财政差额拨款。

2005年，四川省保留有县级农机管理机构182个。在这些县级农机管理机构中，多数机构名称是随市（州）农机管理机构的变动而变动的。即：凡是与水利、水电、水务合在一起的市（州）农机管理机构，所属县级农机管理机构多数也是对应称为县水利（水电、水务）农机局；与农业合并在一起的，则称为县农业局，而在该局内设农机股室。

二、直属单位

1986年，四川省各县级农机主管部门的直属企事业单位主要有：县农机研究所、县农机校（县农机常训班）、县农机（具）制造厂、县农机修造厂、县农机修配厂、县农机供应公司等。随着市场经济的逐步建立，县农机主管部门的直属企事业单位逐渐减少。县农机研究所大多以技术推广为主。1985年，按照农牧渔业部通知，四川省所辖县级农业机械研究所全部改名为农业机械推广服务站。县农机校（县农机常训班）中，一部分因无培训生源而名存实亡，另一部分能够维持，极少部分办得比较红火的县农机校得以巩固发展。他们一般都是开辟了其他培训渠道，如：汽车、拖拉机驾驶培训。县农机（具）制造厂、县农机修造厂、县农机修配厂、县农机供应公司等国营企业，因体制改革、破产解体、脱钩等原因而不复存在。县农机主管局仅对其中部分农机企业还保留有一些行业管理和指导职能。

1986年，四川省有县级农机监理站（所）179所，740人；农机推广站2所，5人；农机研究所87所，343人；农机化学校（含常训班）179所，1087人。到2005年，四川省县级农机监理（所）发展到182所，1091人；农机推广站发展到148所，550人；农机研究所已不复存在；农机化学校（含常训班）减少到133所，719人。

县农机管理局的直属企事业单位的经费来源主要有三种形式：一是财政全额拨款，为多数；二是财政差额拨款，为少数；三是自负盈亏和自收自支，为极个别。

1986—2005年四川省县级农机主管部门直属事业单位情况表

表1－2　　单位：个/人

年度 事业单位名称	1986	1990	1995	2000	2005
农机监理站（所）	179/740	207/999	213/1103	181/1062	182/1091
农机研究所	87/343				
农机技术推广站	2/5	117/487	147/580	145/575	148/550
县农机校（常训班）	179/1087	189/1279	193/1163	156/830	133/719

第三章　区、乡镇农机管理机构

第一节　区农机管理机构

区农业机械化管理服务站（以下简称区农机站），属县农机局的派出机构，为全民所有制事业单位，履行区辖范围内农业机械化的管理服务职能。区农机站经费大多由财政全额拨款，人员的任命、管理和经费都由县局负责。

1986年，四川省有区农机站919个，人员4363人。1990年，四川省区农机站减为616个，人员3109人。

20世纪90年代后，四川实施“撤区并乡建镇”的行政区划调整，区农机站随即陆续撤销。其人员大多下放到原所辖的乡镇农机管理服务机构，身份不变。原区站资产有的由县财政、国有资产管理委员会、农机主管部门等单位组织评估，公开出售；有的将资产划到乡镇农机管理服务站。到2005年底，除个别地方没有撤区而保留有区农机站外，其余地方的区农机站撤销。同时，在有的地方开始出现了片区站模式，即乡镇不再设农机管理服务机构，以一个片区站负责相邻3—5个乡镇的农机管理服务工作，片区站由县局直接管理，人员经费也由财政通过县农机局全额拨付。

第二节　乡镇农机管理服务机构

1986年，四川省有乡镇农机管理服务站（以下简称乡镇农机站）3094个，25793人。1990年全省乡镇农机站发展到5843个，48593人。乡镇农机站基本上由县农机局管理，人员经费多数自筹，主要靠开展农机化经营维修或其他一些经营来维持乡镇站运作。在这期间，乡镇农机站的机构性质一直未明确，有的为事业，有的为集体企业。人员进出随意性很大，多是乡镇政府直接安排人员。

20世纪90年代中期，乡镇农机站在体制上实行“条块结合，双重管理”，县农机局主要是对其进行业务、技术指导。

1991年，国务院《关于加强农业社会化服务体系建设的通知》指出：“把乡级技术推广机构定为国家在基层的事业单位，其编制员额和所需经费，由各省、自治区、直辖市根据需要和财力自行解决”，明确了乡镇农机站的性质。

1992年1月，农业部、人事部联合发文，进一步明确“乡镇农业技术推广机构是国家在基层的事业单位。它包括乡镇农业技术推广、畜牧兽医、农业机械管理、农村合作经济经营管理、水产等机构”。

1992年，农业部在《关于印发〈全国乡镇农机管理服务站管理办法（试行）〉的通知》中提出了乡镇农机站的职责任务：农机站是国家设在基层的全民所有制事业单位，接受县（市、区）农机管理部门和乡镇政府的双重领导。农机站的管理任务是：其一，贯彻落实党和政府关于农业机械化方针、政策，维护农机经营者的合法权益；其二，规划指导全乡镇农机管理服务体系的建设工作，并做好农机服务组织及站办经济实体的经营管理和指导工作；其三，组织签订农机作业并监督实施；其四，引进、试验、示范、推广先进适用的农机化技术和新机具；其五，机务技术管理，建立健全技术档案；其六，做好农机维护和修理工作。

1992年，农业部颁发《乡镇农业技术推广机构人员编制标准（试行）》。9月，省政府转发省编委关于《乡镇农业技术推广机构人员编制标准（试行）》实施意见的通知。据此，四川各地农机部门配合人事部门在全省范围内对乡镇农机技术推广机构实施了“三定”工作，即：定性质、定编制、定人员。全省乡镇农机站定编数为每个站3—5人，全省共计定编近两万名。在经费渠道上，由于财政政策限制，一般县级财政无法突破原来的格局，因此，大多数乡镇农机站仍然维持原有自收自支的经费渠道。

1994年，省人事厅正式下达全省乡镇农机站招聘干部指标4000余人。乡站缺编人员因此可以通过招聘、录用、国家分配、复、转、退军人安置等形式进行补充。此举为调动广大农机人员的积极性，稳定和壮大农机队伍，推进四川农业机械化事业的发展起了很大影响。

1994年，省人民政府批准，省计委、省公安厅、省粮食局、省农机局联合发文，决定逐年解决农机站人员的“农转非”问题。到1998年，四川累计解决乡镇农机站“农转非”人员近万名（含重庆市）。

1995年，四川省乡镇农机站全省为4408个，32405人。

1997年，为进一步贯彻落实《中华人民共和国农业技术推广法》和农业部在安徽召开的全国农机工作会精神，省农机局发文要求各地积极争取当地编制部门支持，在原乡镇农机站增挂“乡镇农机推广站”牌子，其管理体制、人员编制等均不变。到1998年底，全省有3017个乡镇农机站增挂乡镇农机推广站牌子，占全省乡镇农机站总数的80%以上。

1997年9月，省政府下发《关于加快发展农业机械化的决定》，进一步重申了三点：一是乡镇农机站为事业单位性质，二是明确编制人员的工资和事业经费纳入县级财政预算，三是乡镇农机站主要负责人的任免应由县农机主管部门在征求乡镇人民政府意见后决定。对于第二点，由于四川财政“分灶吃饭”，各地财政收入差异较大，加之认识上的偏差，多数乡镇农机站的人员工资和事业经费仍然没有纳入县级财政预算，只有较少部分站的人员工资和事业经费纳入了县、乡级财政预算。

2000年，四川省乡镇农机站全省为3523个，13190人。2000年后，随着乡镇事业单位改革，乡镇农机站的管理体制、机构形式、经费渠道、人员进出等不断发生变化。

2001年3月，省委、省政府《关于四川省市县乡机构改革的意见》出台，提出了乡镇事业单位改革的要求，对县直部门派驻乡镇的机构，凡能下放乡镇管理的，要坚决下放，实行县和乡镇双重管理的原则，并以乡镇管理为主。将设置过多、过散的站、所归并成综合性的农业服务中心。乡镇事业编制精简比例不得低于20%，并进一步清退各类临时人员。

2002年6月，省委、省政府出台《关于全省乡镇事业单位机构改革的意见》，提出了乡镇事业单位机构改革要将“公益性事业与经营性行为分开”的原则，强调“条块结合，以块为主”的管理体制，强化乡镇政府统一管理的功能。

经过改革后，省乡镇农机机构有三种形式存在：一是设立的片区站，属事业单位，是县农机局的派出机构，人员由县农机局管理，经费由县财政通过县农机局全额下拨，负责履行相邻 3—5 个乡镇的农机公益性职能。二是纳入“乡镇农业综合服务中心”。该中心基本上是集乡镇原农口所有事业站、所为一体，是乡镇政府直属事业单位，财政全额拨款。乡镇农业综合服务中心负责履行本乡镇农业、农经、农机、畜牧、水利、林业等行业公益性职能。三是独立的乡镇农机站，维持原有的“条块结合，以块为主”的管理体制。

到 2005 年底，全省有基层农机管理机构 3175 个，其中 71% 进入乡镇农业服务中心；23% 独立建站；6% 建立片区农机站。全省乡镇农机机构中，工作经费纳入财政预算的占 79%。核定事业编制人员 6897 个，实有农机推广人员 5795 人，其中 74% 纳入财政预算。94% 的乡镇农机管理服务机构隶属乡镇政府管理，6% 隶属县农机部门管理。与 2000 年相比，农机基层管理机构有所减少，人员数量也减少了 58%，但工作经费预算纳入财政比例提高了 42.40%，人员工资纳入财政预算比例提高了 26.10%。

在清理、清退乡镇事业单位临时人员中，原乡镇农机站未经人事、劳动部门批准进入的人员大量被清退。此举解决了机构雍肿、人员赘杂的问题。由于改革和清理、清退临时人员，2005 年底，四川省从事乡镇基层农机管理、服务工作的从业人员由 1998 年的 22451 人减少到 5803 人，缩减了 74%。

第四章　农机人员

第一节　国有职工

1986年，四川省农机系统全民所有制单位的机构数为2071个，国有职工人数为35337人（不含乡镇农机站）。其中：省、市（地、州）、县三级农机管理机关为227个，3952人；省、市（地、州）、县三级农机科研、教育等事业单位为1372个，9132人；省、市（地、州）、县三级农机供应、修造等国有企业为472个，22253人。

1998年，全省农机系统机构数为973个，国有职工人数为23642人。机构和人员数，1998年较1986年分别减少53.02%和33.10%。其中：机关、事业单位、企业单位的机构数分别减少21.15%、62.83%和39.83%，人员分别减少32.34%、50.84%和25.95%。

2005年，全省农机系统全民所有制单位机构数仅为557个，国有职工人数只有5333人，较1998年机构又减少42.75%，人员减少了77.44%。其中，机关、事业单位、企业单位的机构数分别减少15.64%、23.33%和94.72%；人员数分别减少25.58%、39.05%和96.32%。

四川农机系统国有职工队伍数量急剧减少的主要因素有三点：一是国家机关、事业单位几次机构改革、改制、减编制、减人员；二是企业改制、企业与行业主管部门"脱钩"，交由经济管理部门或国有资产管理部门管理；三是重庆市与四川省分设。

1986年、1998年、2005年四川省农机系统机构、人员情况对比表

表1-3

年　份	机构数（个）				从业人员数（人）			
	合计	机关	事业	企业	合计	机关	事业	企业
1986	2071	227	1372	472	35337	3952	9132	22253
1998	973	179	510	284	23642	2674	4489	16479
2005	557	151	391	15	5333	1990	2736	607

说明：1. 此表数据来源于对应年份"全国农业系统国有单位人事劳动统计年报表"；

2. 数据不包括乡镇农机机构情况

第二节 乡镇农机人员

乡镇农机人员包括乡镇农机机构的正式职工和其他各类农机人员两大类。在四川省，乡镇农机机构正式职工中真正纳入事业编制，由县以上人事部门招聘或转为录用的人员是极少数，所以按照统计惯例，乡镇农机机构正式职工一般都归为非国有单位职工中的集体所有制单位人员。而其他各类农机人员则主要指个体农机修理（供应）网点、农机户及乡以下其他各类农机组织中所含的人员。

据四川省农机化管理统计年报表数据：1986 年，四川省乡镇一级农机化服务机构有 3094 个，25793 人；县以下农机修理网点有 3550 个，8530 人；全省农机户 545673 户；全省区、乡、镇、村、组、户各类农机人员总计 767949 人。2005 年，四川省乡镇一级农机化服务机构有 3175 个，正式农机人员减少到 6991 人；县以下农机修理网点增加到 12154 个，人员增加到 29531 人；全省农机户迅速增加到 1040441 户；全省乡、村各类农机人员总计达到 1283920 人。

由 1986 年和 2005 年两组数据对比，情况表明：经过乡镇事业单位机构改革和队伍清理，在农机化服务机构不变的情况下，一方面，人员减少了近七成；另一方面，农机修理网点及人员数均大增。在改革开放的 20 年中，四川省农村农机户数量翻了一番。乡、村各类农机人员由 1986 年的近 80 万人增长到 128 万人。农机人员总数的发展，一方面证实了四川省农业机械化事业在改革开放中总体的上升和进步，另一方面也反映出四川农民在改革中对先进生产工具的需求。

1986—2005 年四川省乡镇农机机构及人员情况表

表 1 – 4

年度 机构、人员	1986	1990	1995	2000	2005
乡镇农机化服务机构（个）	3094	5843	4908	3523	3175
乡镇农机化服务机构人员（人）	25793	48593	32405	13190	6991
县以下农机修理网点（个/人）	3550/8530	8325/21639	8030/31741	19876/66112	12154/29531
农机户（户）	545673	640725	793686	844379	1040441
乡村各类农机人员（人）	767949	983970	1175559	1120315	1283920

第二篇　农机管理

农机管理主要包含农机基层管理、农用油料管理、安全监理、项目管理和标准化管理五个方面。

农机基层管理是农机化管理的基础。乡镇农机站作为国家设在基层的全民所有制事业单位，承担着服务、经营和管理职能。20年来，四川省多数乡镇农机站坚持“以农为主、综合经营”的方针，逐步地由计划管理、无偿服务走向遵循价值规律的轨道。20世纪80年代后期和20世纪90年代，四川省乡镇农机站的经营服务十分活跃，其站办企业尤有特色。2000年后，四川省农机基层服务体系逐步形成新的格局，农机服务与经营开始了新的探索。

农用油料管理在20年中经历了从发展到弱化全过程。1990年，四川省农机局因供油点建设工作扎实突出，被农业部评为全国先进单位。随着乡镇事业单位改革和成品油市场清理整顿，农用油料管理逐步弱化。

四川省农机安全监理机构从建立开始即忙于农机安全的执法监督、教育宣传和开展各项整治活动。20年来，农机安全监理体系日趋完备。

农机项目管理分为工程设施管理和一般性农机化项目管理。管理项目多是改革开放时期出现的新问题或新情况，此类管理呈现出农机管理新的理念与摸索。

农机标准化管理工作主要集中于三个方面：一是抓行业内标准化工作的指导；二是抓行业地方标准；三是抓农机标准化管理工作的专业技术组织。自20世纪90年代开始，随着农机生产制造企业的改制和隶属关系变化，省农机局对省级以下行业标准的管理职能逐步减弱。

第一章 基层管理

第一节 服务与经营

四川省农机基层服务体系伴随着四川农业机械化的发展走过了一条不平坦的道路。1978年以前，在计划经济体制下，农机服务主要在行政指挥下进行，强调的是计划管理和无偿服务。1978年，农村实行家庭联产承包责任制，基层农机站打破“大锅饭”，实行“分机到户”“包机到人”。农民也开始个人购买、经营农业机械。随着农村改革的深入，统分结合的双层经营体制逐步建立，农机运输、加工、抽水、机耕等服务逐步发展。这时候的农机服务开始逐步走向遵循价值规律的轨道。

20世纪80年代后期，计划经济向市场经济转轨，全省乡镇农机站坚持“以农为主、综合经营”的方针，在认真搞好管理和服务的同时，掀起了大搞站办企业、发展站办实体的热潮。在农机加油站、农机维修、农机零配件供应网点不断发展的同时，全省农机社会化服务项目也不断拓宽和壮大。四川省乡镇农机站在发展站办经济实体方面的做法，受到农业部的肯定。

1995年11月，农业部为推广四川的经验，在四川省德阳市召开全国农机化服务体系建设经验交流会。在20世纪80年代后期和整个20世纪90年代，四川省乡镇农机站的服务和经营十分活跃。

1995—2005年的10年中，随着政府职能的转变，按照“强化公益性，放活经营性职能”的要求，乡镇农机管理服务机构经过了改革、调整。全省以农机大户、作业服务队、专业协会、合作社为主的新型农机服务组织发展很快。

2005年，四川省新的农机社会化服务体系得以逐步建立和完善，形成了以乡镇农机管理服务机构为基础、以新型农机社会化服务组织为骨干、以农机专业大户为支撑，能较好地满足农业主要生产环节需要的农机社会化服务体系。新体系呈现如下发展特点：一是组织形式多样化；二是服务方式市场化；三是服务内容专业化；四是投资主体多元化。新型农机服务体系的建立有利于发挥农机的富民增收作用，促进农村劳动力转移；发挥示范推广作用，推动农机更新改造和发展；发挥组织带动和主力军作用，完成农机抗灾减灾任务。

2005年，全省共有农机社会化服务组织107万个，从业人员近130万人；有机耕、机收等农机专业或综合服务大户104万户。2005年全省农机户实现经营总收入129亿元，实现利润18.60亿元。

图 2－1　邛崃市仁寿村农业机械化专业合作社

第二节　站办企业

1986 年以来，乡镇农机站贯彻“以农为主，综合经营”的方针，因地制宜地发展站办经济实体。发展站办经济实体，最开始的初衷是为了解决自身的生存和发展。站办经济实体一般是优先发展农机优势产业，如农机修理、农机零配件供应、农用加油站、粮油加工等。随后逐步发展到为农村商品经济的全方位服务，如水泥制品、汽车运输、自来水、电力供应等。在站办企业最兴盛的 20 世纪 90 年代中后期，其经营范围已包罗了工业、商业、交通运输、粮食加工、饮食服务等十多个行业。一个乡镇农机站从事多种经营，这在四川全省是较为普遍的。

1993 年，全省乡镇农机站完成经营总收入 20 多亿元，实现利税 1.60 亿元，上交各类税金 8000 多万元，其中所得税 1400 多万元，用实体资金直接补助农业，农机事业发展达 500 万元以上。

1996 年 9 月，各地推进国有小型企业改制工作，一些地方在开展此项工作中涉及乡镇农机站站办企业。省农机局根据相关法规条例和省委、省人民政府有关国有小型企业改制工作主要对象的规定精神，及时下发通知指导改制工作。通知指明：乡镇农机站站办企业系集体所有制企业，不属于国有小型企业改制工作的主要对象，可以暂不纳入此次改制工作的范围；确需要进行改制的，要注意处理好四点：1. 改制要以放活企业，提高经济效益，增强农机站经济实力和服务能力为指导思想；2. 改制的形式不宜选择出售的形式，股份合作制较好，但出让的产权部分应以不影响农机站对改制后的站办企业的有效调控和管理为宜。3. 改制时防止任何单位和个人无偿调拨和侵占站办企业资产。4. 乡镇农机站站办企业改制方案应首先经县农机部门批准才能按有关规定上报和实施，防止乡镇农机站站办企业产权处分不当造成国家和集体资产流失。通知有效地保护了大部分乡镇农机站站办企业的利益。

乡镇农机站一般实行集体承包、站长负责制。站内又实行分级承包：包农机管理和服务、包经营收入和利润、包设备完好率、包技术改造和扩大再生产、包安全生产等各项任务，承包与经济利益挂钩，奖惩兑现。

四川省乡镇农机站的站办企业，面向市场，在竞争中发展，形成了灵活的适应市场经济环境的运行机制和管理模式，取得较好的经济效益，为全省基层农机站的生存和发展起到重要作用。

1999 年，全省乡镇农机站实现经济收入 23 亿元，其经济实力与四川农村中的乡镇企业相当，在四川农村经济发展中占有十分重要的地位。

在发展农机的经营服务中，全省涌现出一大批有代表性的先进集体。1999 年，站办企业经营收入上千万的乡镇农机站和实体企业有：新都龙桥机械厂、彭州大宝农机站、蒲江县复兴农机站、成都市龙泉驿区同安镇农机站、成都市青白江区成都王牌农用汽车有限公司、成都市青白江区成都飞亚曲轴厂、成都市青羊区苏坡乡农机站、成都市金牛区金牛乡农机站、成都市金牛区天回乡农机站、成都市金牛区营门口乡农机站、成都市武侯区火车南站农机站、旺苍县西河农机站、峨眉山市大庙农机站、青神县青城农机站、南溪县大观镇农机站、南溪县刘家镇农机站等。其中，利润上百万的农机站和实体企业有：龙泉驿区同安镇农机站、青白江区成都王牌农用汽车有限公司、金牛区金牛乡农机站、金牛区营门口乡农机站、峨眉山市大庙农机站、青神县青城农机站等。

多数农机站在开展多种经营获利后，不忘为“三农”服务的根本，用站办企业的收入，无偿支援本地农机化建设。例如，峨眉山大庙农机站不仅拿出 1.5 万元用于当地新修机耕道和铁索桥的补助，另外还筹款组建农机综合服务队，购置耕整机、抽水机、小麦播种机、水稻摆播器、机动植保等机具，为本乡农民提供多项作业服务，使全乡机械化作业程度有所提高，成为农民喜爱的农机站。

在 2001 年和 2002 年的乡镇事业单位机构改革中，四川省乡、镇农机站的站办企业受到很大影响。首先，乡镇农机站的管理体制变为“条块结合，以块为主”。其次，乡镇农机站人、财、物管理全部下放到乡镇政府。第三，乡镇农机站职能实行公益性职能与经营性职能分离，原站办实体全部改制或者被乡镇政府处理，与原乡镇农机站完全脱离。

第三节　农机站管理

一、财务管理

（一）管理制度

1987 年以前，为了加强乡镇农机管理服务站的财务管理和经济核算，提高财务管理水平和资金使用效果，省农机局每年都要召开“乡镇农机站财务工作会议”。

1987 年，省农机局制订了《四川省乡镇农机管理服务站财务管理办法》，明确乡镇农机站财务管理工作的任务是：贯彻执行党和国家的财经政策和法令，加强财务监督，保证财产完整，多渠道筹集生产经营资金，管好用好各项资金，加强经济核算，降低成本，增加收入和积累，促进生产发展。该办法在财务计划、资金筹集、固定资产、流动资产、工资、成本、专用基金、收入和利润、财会人员等项管理方面都作出了具体规定。

1988 年，省财政厅和省农牧厅联合颁发了《四川省乡镇农机站财务制度》。

1993 年，省财政厅在全省颁发新的财务制度，规定：“各地区、各部门不再另行制定财务制度”。省农机局结合四川省乡镇农机站财务管理实际情况，与省财政厅进行商议，对贯彻新制度做了相应的安排部署。

（二）农机管理业务指导费

20 世纪 80 年代，四川大多数乡镇农机站在对村、组、农户经营的农业机械，进行管理服务工作时，不同程度地收取了相应的管理业务指导费。这项收费，开始时名目不一，比例上也各有差异。

1986 年，省农牧厅在《关于管好用好农机管理业务指导费的通知》中，对农机管理业务指导费的收取和使用提出规范标准，最高不得超过农机经营者农机作业总收入的 1%。收取时可按用油量、用电量或机台、动力折算。同时规定，农机管理业务指导费主要用于四个方面：一是乡、镇农机站开展农机管理各项活动；二是评比表彰先进的农机管理人员和农机经营者；三是在无农机队（组）的村，可聘用村农机管理员，给予适当补助；四是作为乡农机站管理人员承担全乡农机管理工作的职务津贴。

农机管理业务指导费属于行政管理性经费，不列入站的营业收入，单独建账，专款专用，接受县农机管理部门监督检查。

1987 年，省物价局与省农牧厅联合发文，允许乡镇农机站对村、组、农户经营的农业机械进行管理服务工作时，收取相应的管理业务指导费。

1991 年，省物价局、省农机局、省财政厅《关于四川省农机部门若干收费的规定的通知》规定："乡镇农机管理服务站是农机管理部门的基层组织，凡对村、组、农户经营的农业机械进行了管理服务工作的，可按照本规定向农业机械经营者收取农机管理业务指导费。"

到 2002 年，按照省物价局《关于省农机局"四项清理"收费项目的审核意见》，农机管理业务指导费被取消。

（三）减免税费

四川省农机基层管理服务组织或个人享受减免税费优惠，主要有以下几项：

按 1993 年国家计委、财政部、农业部《关于涉及农民负担部分收费项目修改意见的通知》规定：在交通部、国家计委、财政部、国家物价局发布的《公路养路费征收管理规定》中，对农用拖拉机减征 20%—50%。在交通部、财政部发布的《公路运输管理费征收和使用规定》中，对乡村从事营业性运输的农用拖拉机和农用汽车，征收公路运输管理费以现行营运收入的 1% 的标准核减 30%，即最多不得超过营运收入的 0.70%，并取消层层上解部分。

按 1993 年国家税务局《关于认真贯彻国务院提高商品零售营业税税率有关问题的通知》规定：对各级农机公司销售农机产品及其零配件的业务，供销社统销化肥、农药、农膜、中小农具、农机产品及其零配件、柴油的业务，农技、农垦系统销售化肥、农药、农膜和农机管理服务站销售柴油的业务，仍按"商品批发"计税，并在 1993 年内继续给予免征"商品批发"营业税的照顾。

按国家税务局 1993 年《关于促进第三产业发展所得税问题的暂行规定》规定：对农村为农业生产的产前、产中、产后服务的行业，即：乡、村的农业技术推广站、植保站、水管站、林业站、畜牧兽医站、水产站、种子站、农机站、气象站及农民专业技术协会、专业合作社，对其提供的技术服务或劳务所取得的收入暂免征收所得税。

按 1996 年四川省地税局规定，对乡镇农机站缓征收企业所得税。

二、目标管理

1993 年，省农机局向全省印发《四川省乡镇农机管理服务站分类晋级和目标管理办法（试行)》。该办法按内部建设、农机管理、农机服务和经济实力四个方面，将乡站划分为三类五级：一类为管理服务经营型，含特级站和一级站；二类为管理服务型，含二级站和三级站；三类为管理型，即四级站。办法规定了三类五级站的具体标准，明确按乡镇农机站每年完成目标任务的质量、数量进行评级表彰。根据目标管理，同时制定了四川省乡镇农机站管理人员岗位职责。职责具体包括站长、副站长、会计、机务、出纳、保管、安全、统计等岗位。

为使目标管理及各项岗位职责在执行中落到实处，各级农机部门在目标管理的基础上陆续配套了考核、任命、培训、职称评定等一系列办法。

1996 年，省农机局印发《四川省乡镇农机管理服务站主要负责人专业考核办法（试行)》的通知》。

1997 年，省农机局印发《四川省乡镇农机管理服务站主要负责人任免办法（试行)》。当年，即对全省乡镇农机站主要负责人重新进行了一次任命。不符合任职条件的，予以免职。为保证这次重新任命工作的质量，各地对乡镇农机站主要负责人进行了培训、考核。重新任命使一大批年富力强、文化程度较高、有一定经营管理知识的人走上了农机站的领导岗位，给农机站注入了新的活力。

1997 年后，四川各级农机部门建立健全了人员培训、业务考核、岗位规范、职称评定、技术等级晋升等规章制度。全省基本上建立起了正常的管理工作运行机制。这项工作，提高了四川乡镇农机站人员的整体管理水平和专业素质。

1999 年，全省乡镇农机站在编人员中，专业技术人员有 6216 人，占 53. 70%，其中具有大专学历的有 260 人，中专学历 1775 人，中级以上专业技术职称的 753 人，初级专业技术职称 4630 人。人员素质已明显高于过去。

2006 年，四川省对乡镇农机站人员又进行了一次实名制摸底调查，结果表明人员素质又有很大提高：四川省乡镇农机服务机构在编人员 4140 人中，取得技术职称和技术工人等级的已占 59%，其中取得初级以上（含初级）职称的占 50%，取得技术工人等级的占 9%；31% 的人员取得大专以上学历，26% 的人取得中专学历，22% 的人员取得高中学历。

三、养老保险管理

1991 年，省农牧厅、省社保局、省税务局、中国农业银行四川分行联合印发《四川省乡、镇农机管理服务站职工退休养老保险试行办法》。该办法提出：凡自主经营、独立核算、自负盈亏，生产经营和人员稳定的乡镇农机站，可向县农机部门提出申请试行养老保险，以县为单位建立乡镇农机站职工养老保险制度。养老保险基金来源：一是集体筹集部分。农机站每月按职工工资总额的 16% 在税前提取。二是职工个人筹集部分。按职工标准工资 3%，每月由财务部门发工资时扣除。养老保险基金上交县农机管理部门代管。由当地劳动部门所属社会保险机构组织统筹的，上交当地社会保险机构。农机站职工退休养老条件和待遇参照 1986 年省政府规定的劳动合同制工人的退休养老办法执行。应该说，该项目实施可有效解决农机站职工的后顾之忧，对乡镇农机站职工而言，是一件好事。但后来的实际运作，效果不理想。全省最后只有极少数站坚持进行了这项工作。究其原因，主要是管理办法不得力。同时，这也跟乡站人员保险意识淡泊，尤其是一般青壮年缺乏长远观念有关。

四、表彰

在乡镇农机站管理、服务、经营发展较快的 20 世纪 80 年代后期和 20 世纪 90 年代，农业部和四川省人民政府先后数次对乡镇农机站的先进进行了表彰。通过这些表彰，在四川基层农机行业中起到了宣传先进、促进整体发展的作用。较为突出的有以下几次表彰：

1989 年，农业部对 1987—1988 年度全国先进乡、村农机站进行表彰。四川省获得表彰的有 15 个站。

1987—1988 年农业部表彰全国先进乡镇农机站四川 15 个站名单

表 2－1

站　　名	站　　名
成都市金牛区苏坡乡农机站	什邡市灵杰乡农机站
绵阳市中区永兴镇农机站	平昌县驷马镇农机站
峨眉山市大庙乡农机站	南溪县大观乡农机站
广元市中区宝轮镇农机站	名山县紫霞乡农机站
德阳市中区孝泉镇农机站	奉节县金凤乡农机站
简阳县新市乡农机站	巴县陈家桥镇农机站（今属重庆市）
射洪县太和镇城南农机站	合川县滩子乡农机站（今属重庆市）
成都市金牛区金牛乡农机站	

1989—1990 年，农业部表彰全国先进乡镇农机管理服务站，其中四川省有 20 个。

1989—1990 年农业部表彰全国先进乡镇农机站四川 20 个站名单

表 2－2

站　　名	站　　名
巴县金凤乡农机站（今属重庆市）	内江市东兴区高梁农机站
璧山县依凤乡农机站（今属重庆市）	资中县孟塘乡农机站
双流县中和镇农机站	青神县青神乡农机站
成都市龙泉驿区龙泉镇农机站	梁平县礼让镇农机站（今属重庆市）
泸州市中区南城乡农机站	南川县南平镇农机站（今属重庆市）
广汉市南兴镇农机站	珙县芙蓉乡农机站
德阳市中区德兴乡农机站	南充县御史乡农机站
安县桑枣镇农机站	宣汉县漆碑乡农机站
旺苍县嘉川乡农机站	汉源县唐家乡农机站
射洪县小榆乡农机站	西昌市礼州镇农机站

农业部当年度同时表彰的还有全国农机管理先进工作者，四川省 3 名：乃保拉力（普格县农机局）、张明武（南充县农机局）、徐重顺（重庆市巴县农机水电局）；全国乡镇农机站先进站长，四川省 8 名：郫世贵（成都市金牛区金牛乡农机站）、罗方荣（德阳市中区德新乡农机站）、王志金（绵阳市中区永兴镇农机站）、陈益德（南溪县大观乡农机站）、向以建（宣汉县漆碑乡农机站）、罗应林（犍为县洛江乡农机站）、高登明（旺苍县嘉川乡农机站）、陈久宪（重庆市合川县滩子乡农机

站）；全国农用柴油管理先进单位，四川2个：省农业机械管理局和重庆市农机水电局；全国农用柴油管理先进个人，四川3人：邱楷模（省农机局）、陈国琼（省农机局）、林成祥（重庆市农机水电局）。

1993年，农业部表彰四川省德阳市市中区、新都县、井研县、璧山县（今属重庆市）、南充县、广汉市为全国“铁牛杯”竞赛优胜单位。省农机局表彰新都县王新友等76名个人为1992年度全省铁牛杯竞赛先进个人，表彰德阳市中区等15个县（市、区）为全省“铁牛杯”竞赛优胜县。

1994年，省政府以政府名义表彰奖励了50个经济效益高、农机管理社会化服务好，对农机投入多的“明星”乡镇农机站及其站长。

1994年省政府表彰“明星”农机站及站长名单

表2－3

站　　名	站　长
成都市金牛区金牛乡农机站	邬世贵
成都市金牛区营门口乡农机站	杨　林
成都市金牛区天回乡农机站	陈传富
成都市武侯区桂溪乡农机站	黄清富
成都市武侯区石羊乡农机站	狄朝兴
成都市青羊区苏坡乡农机站	陈建福
成都市龙泉驿区龙泉镇农机站	王伦明
成都市龙泉驿区大面镇农机站	曾　光
成都市龙泉驿区同安乡农机站	王新平
新都县新民镇农机站	程启福
新都县新都镇农机站	肖祥培
新都县大丰镇农机站	廖文全
新都县斑竹园镇农机站	陈维华
双流县文星乡农机站	张正富
蒲江县复兴镇农机站	陈先正
新津县兴乐乡农机站	夏　梦
彭州市大宝镇农机站	牟光旭
德阳市市中区通江镇农机站	尹光斌
德阳市市中区罗江镇农机站	谢启龙
德阳市市中区德新乡农机站	罗方荣
德阳市市中区大井乡农机站	黄盛保
德阳市市中区旌阳乡农机站	彭从富
德阳市市中区八角井乡农机站	杨新树

续表 2－3

站　　名	站　长
德阳市广汉市三水镇农机站	张成友
德阳市广汉市小汉镇农机站	王文成
德阳市广汉市北外乡农机站	唐贵生
德阳市绵竹县东北镇农机站	江绪海
德阳市绵竹县西南镇农机站	钟明坤
重庆市沙坪坝区石桥镇农机站	李林文
重庆市沙坪坝区歌乐山镇农机站	汤天林
重庆市巴县陈家桥农机站	张元勤
乐山市青神县青城镇农机站	王云清
乐山市峨眉山市大庙镇农机站	余章成
乐山市井研县高滩镇农机站	陈大方
乐山市市中区苏稽镇农机站	李卫东
乐山市仁寿县富家镇农机站	郭国安
遂宁市射洪县大于镇农机站	邓启国
遂宁市射洪县太和镇农机站	袁安金
广元市旺苍县嘉川镇农机站	高登明
广元市旺苍县嘉川镇西河农机站	殷凤德
绵阳市江油市后坝镇农机站	侯德华
绵阳市涪城区永兴镇农机站	王志金
内江市市中区交通乡农机站	邓维君
内江市市中区禅木镇农机站	李谋和
自贡市沿滩区舒平镇农机站	李显勋
自贡市荣县富东乡农机站	喻焕廷
南充市嘉陵区火花乡农机站	杨依岸
宜宾地区南溪县大观镇农机站	陈益德
黔江地区黔江县石会乡农机站	吴少怀
凉山州西昌市海南乡农机站	肖礼贵

1995 年，国家农业部表彰全国先进乡镇农机站、先进站长和先进管理工作者。其中，四川省先进乡镇农机站 26 个，先进站长 11 人。

1995 年农业部表彰全国先进农机站四川 26 个站名单

表 2-4

站　　名	站　　名
新都县新都镇农机站	南充市嘉陵区火花镇农机站
成都市武候区桂溪乡农机站	开县长沙镇农机站（今属重庆市）
双流县文星镇农机站	资阳市碑记镇农机站
重庆市沙坪坝区石桥镇农机站	峨眉山市双福镇农机站
重庆市万盛区万东镇农机站	眉山县罗平镇农机站
自贡市沿滩区舒坪镇农机站	宜宾市宗场乡农机站
攀枝花市仁和区大龙潭镇农机站	宣汉县东南乡农机站
泸县石桥镇农机站	秀山县平凯镇农机站（今属重庆市）
绵竹县西南镇农机站	南川县隆化镇农机站（今属重庆市）
德阳市中区旌阳乡农机站	巴中市渔溪镇农机站
江油市武都镇农机站	华蓥市双河镇农机站
射洪县柳树镇农机站	荥经县严道镇农机站
旺苍县嘉川镇西河农机站	西昌市小庙乡农机站

1995 年农业部表彰全国先进农机站站长四川 11 个站长名单

表 2-5

站　长	单　位
牟帮旭	彭州市大宝镇农机站
王兴平	成都市龙泉驿区同安镇农机站
李林文	重庆市沙坪坝区石桥镇农机站
李德远	綦江县三江镇农机站
谢启龙	德阳市中区罗江镇农机站
严世高	射洪县金华镇农机站
岳大武	剑阁县张玉乡农机站
杨依岸	南充市嘉陵区火花镇农机站
贺孝元	安岳县鸳大镇农机站
李卫东	乐山市中区苏稽镇农机站
陈安银	珙县珙泉镇农机站

同年，农业部同批次表彰的还有农机先进管理工作者，其中四川省 3 人，分别为：邱楷模（省农机局）、周光扬（成都市农机局）、刘伟荣（绵竹县农机局）。

第二章　农用油料管理

第一节　平价柴油

1983 年，国家对农用柴油分配体制进行改革。

1984 年，根据农牧渔业部、商业部《关于农用柴油分配供应管理办法》的通知精神，省农牧厅、省商业厅印发《四川省农用柴油分配供应管理实施办法（试行）》。办法规定："为保证农业柴油用于农业生产，从 1984 年起，省对各地、市、州的农用柴油计划指标实行戴帽下达，由农机部门分配，商业部门供应。以农机部门为主做好农用柴油的分配、管理和节油工作，使农用柴油在农、林、牧、副、渔生产上充分发挥作用。"

按《四川省农用柴油分配供应管理实施办法（试行）》的规定，农用柴油的使用范围包括：县以下农、林、牧、副（含社队工、副业用油）、渔业各项用油及农村运输用油；县以上（含县）各级农业、水产、农垦生产企事业单位用油，如农场、牧场、种子场、军马场、苗圃和水产捕捞、养殖等使用的柴油；农村社队服务性部门（供销、医院、邮电、电影队、气象等）用油；不包括县和县以上投资的水利工程和森林工业及其专业车船队的用油；凡原来不属于农用柴油分配范围的单位，现在划入农用柴油分配范围后，原供应指标必须随同划入。平价柴油在以后的使用过程中，农牧渔业部又扩充了两项使用范围：一是补助农牧渔业部农机化试点乡；二是补助农牧渔业部扶贫的少数民族贫困县。

按照农用柴油的使用范围，四川省规范了对农用柴油的分配程序。其分配程序如下：

各地（市、州）农机部门编制下一年度的农用柴油需要计划，于每年 6 月底前报省农机局，再由省农机局汇总提出需油计划，经省计经委同意，报省商业厅和省石油公司。

农牧渔业部年度计划下达后，各级农机部门根据农业生产的实际情况，提出农用柴油年度计划分配方案，征求商业（石油）部门意见，报当地政府批准后戴帽下达。

各级商业（石油）部门，按季分月均衡供应，分配指标在季度内提完，跨季作废，作废指标由上级农机部门收回，与商业部门协商后另作安排。

地（市、州）和县（市、区）两级农机和商业部门要签订具体供应协议。农机部门分配农用柴油坚持保证重点、统筹兼顾、综合平衡的原则。以机械作业量为主要依据，并参考机具保有量、自然条件、耕地面积、历史耗油水平及经济效益等因素进行分配。同时对农业上的提灌、机耕、机旋、机耙、机播、机收、机脱、植保、农田运输和无电地区的农民口粮加工、饲料加工等项用油优先分配。

县（含县）农用柴油的分配实行核定定量，凭证供应的规定。县级用油单位由所在县农机部门负责核定定量，县以下由区或公社（乡）农机管理服务站核定。公社（乡）根据县下达的农用柴油计划指标，按作业任务、耗油定额以及机器技术状态将定量核定到机台，公布于众，接受群众监督。核定到集体或户营机台的定量指标，实行油料管理在农机站，供油到机台。各耗油单位凭县级农机部门发放的“购油证”和《柴油分配通知单》到供油点购油。

为保证分配的平价柴油使用正确、合理，省农机主管部门对平价柴油分配后的使用管理工作高度重视，不仅提出了一些原则要求，还采取了严格的保障措施。

首先，要求各级农机部门按《四川省农用柴油分配供应管理实施办法（试行）》的规定，严格分配程序，加强监督管理，保证95%以上的计划基数油分配到农村基层，任何单位和个人不得挤占、截留、挪用。

其次，坚持每年开展1—2次农用柴油分配管理供应工作大检查。由物价、工商、税务、石油和农机等部门组建联合检查组，对农用柴油分配、管理、供应和节能各方面进行全面检查，检查内容主要包括：是否坚持分配原则，有无以油谋私、乱批乱供等不正之风；是否严格执行物价政策，有无乱加价、乱收费、平转高（议）价、混等混级、短斤少两等行为；规章制度是否健全并严格执行，尤其是在财务管理方面，有无违法乱纪行为；供油点布局、设施是否符合要求，有无事故隐患等。

1985年，省农机局制订了《四川省农用柴油分配、供应、管理、工作考核评比办法（试行）》。

1991年后，国家实行计划经济与市场经济的“双轨制”，对农用柴油的计划供应开始产生影响。使得农用柴油供应不正常，计划落空日益严重，分配指标不能100%兑现。

1992年7月至1993年3月上旬，四川省石油销售部门几乎没有农用平价柴油供应。1993年第一季度平价油兑现率仅为4.94%。

1993年，省农机局制订《四川省农机管理系统油料工作十项制度》。十项制度包括：《计划柴油分配管理制度》《计划柴油分配和供应廉政制度》《农机供油单位管理制度》《农机供油单位安全管理制度》《农机供油单位管供人员岗位职责》《油料节约制度》《油料统计报表制度》《油料管理、供应工作检查制度》《油料管理工作总结报告制度》和《油料管理工作评比表彰制度》。各级农机部门每年进行安全、技术、管理、政策、纪律等人员培训，专门编印了《农用柴油分配供应管理政策文件汇编》。

1994年，根据《国务院批转国家计委、国家经贸委关于改革原油、成品油流通体制意见的通知》和《国务院批转国家计委关于调整原油、天然气、成品油价格请示的通知》精神，决定从1994年5月1日起，成品油价格实行计划内外并轨，一律实行国家定价销售。计划平价农用柴油价格自1994年7月1日起相应调整，平价柴油计划指标相应取消。

1984—1994年，中央每年下达四川省平价农用柴油指标26万吨，除每年政府部门留有机动外，十年中，由省农机局在全省范围内分配的平价柴油指标共计为218.1615万吨。

第二节　粮食合同定购挂钩平价柴油

1987年，国务院办公厅转发商业部、农牧渔业部、中国石油化工总公司《关于粮食合同定购与供应化肥、柴油挂钩实施办法》，实施化肥、柴油与粮食合同定购挂钩。按规定，每百公斤贸易粮拨付优质标准化肥 6 公斤、柴油 3 公斤。省农机局、省粮食局、省石油公司联合制订《四川省粮食定购合同挂购柴油分配供应管理办法》，经省政府办公厅颁发文件执行。该办法规定：粮挂油年度计划由省计划经济委员会商农机、粮食、石油等部门下达。季度预拨计划由农机部门商石油部门安排。由农机部门印票，石油部门监章，粮食部门发票，最后由基层供油点兑现给农民。

粮挂油的分配，由各级农机局依据政府下达的粮食合同定购年度计划，按每百公斤贸易粮奖售 3 公斤柴油的标准，编制粮挂油年度分配计划，送同级计经委下达。季度计划，由农机局依据农业生产的季节要求和粮食部门提出的粮食收购进度计划编制，同石油公司衔接货源后，由农机局和石油公司联合下达。粮挂油指标到县后，由县农机、粮食部门商订办法，凭证或凭票定点定量供应。

在粮食挂钩油分配实际操作中，采取了三种分配形式：一是“平转议”补差。这是因为平价柴油与市场议价柴油之间价格有较大差异。差价额度，以县为单位，由农机部门报当地物价局核定。差价款在售油时收集，由县农机部门交粮食部门，兑现给售粮农户。补差价后的粮挂油指标，由农机部门安排用于农业生产。二是“发票供油”。即将粮挂油指标按粮食收购任务发票到农户，供应到机。机手凭票、证购油。机手与农户签订作业合同，作业后农户把油票交给机手，机手凭油票和供油证到农机站购油。三是与计划油统筹管理，实行综合价销售。计算方法如下：先用粮挂油数量乘补差额度得出补差总金额，再用补差总金额除以计划油与粮挂油的总数量得出每吨油的补差款数，每吨油补差款加平价油零售价即为销售综合价。补差款由粮食部门兑现给农户。

各级农机部门与石油公司加强联系，由石油公司按计划分批分期将油料调给基层供油点。基层农机加油站做好宣传，及时兑现给交粮农户，严格按照物价部门核定的销价售油。各级农机部门每年对本地区粮油挂钩政策兑现情况进行全面检查，会同有关部门认真清查侵吞、截留、挪用、转手倒卖挂钩油和油票的行为，一经发现，严肃处理。

1993 年粮食购销同价后，粮食补贴的重点开始从流通企业、购销差价转向粮食企业以及随之而建立的粮食储备体系和粮食风险基金。粮食合同订购挂钩柴油、化肥政策的实物补贴也改为现金一次性发给农民。

粮挂油的分配、管理与兑现工作，在四川省 95% 以上的县都是以农机部门为主体。1987—1993 年，省农机局分配粮食合同定购挂钩平价柴油共计 50.192 万吨。

第三节 计划内高价柴油

在取消平价柴油，实行市场价柴油供应的前后，为便于平稳过渡，国家出台了一些辅助政策措施。

1984—1986 年，农牧渔业部分给四川省“高价转平价”柴油指标 8.85 万吨，高转平农用柴油的使用范围主要用于机耕、提灌、运送化肥、农药、种子及生产资料，以及无电地区农副产品加工等。由于平价柴油无法满足四川省需要，在“高转平”柴油的分配中，省农机局将其中部分用于补助盆周山区严重缺油的地县，起到了调节和扶贫的作用。1987 年之后，“高转平”柴油指标取消。

1984—1992 年，中央下达四川省计划内高价柴油指标 8.72 万吨，使用范围为：一是补给农用柴油计划基数低、粮挂油少的县（市、区），以促进粮食生产的发展和“菜篮子工程”的实施；二是重点安排使用农业机械的开发项目用油，以进一步扩大种植业、养殖业、加工业，增加农业后劲。

1994年，国家取消农用平价柴油后，对农机作业用油，采取价格补贴的方式，按每吨油料补贴900元计，用于油料购置。1995年，农业部划拨给四川省农机作业油料6560吨，折合补贴资金590.40万元。第二年该项补贴取消。

1997年，财政部、国家计委发出《关于印发〈油品价格调节基金征收使用管理暂行办法〉的通知》。该通知的主要宗旨是稳定农产品价格，支持农业生产，解决油品提价与农产品不能相应提价的矛盾。该通知提出设立“油品价格调节基金”（以下简称油调基金）。

1997年，农业部制定《油品价格调节基金使用管理实施细则》。同年，省农机局制定了《四川省油品价格调节基金使用管理暂行办法》。油调基金专项用于补助受柴油调价影响较大的小麦、水稻、玉米等主要粮食作物的机耕、机播、机收等农机田间作业；补助对象为直接从事田间作业的农机服务组织。油调基金按照“统一安排、分级负责、专款专用、合同管理”的原则，由财政部同国家计委划拨给农业部，农业部根据各省（区、市）农机管理部门的申请，确定重点补助的农机作业项目和作业量，分配到省（区、市）农机管理部门，再由省（区、市）农机管理部门对市（州）、县（市、区）、乡镇农机管理部门逐级下达。乡镇农机站以作业合同的形式将补贴资金落实到承担作业任务的农机服务组织。农机服务组织相应降低农机田间作业费，按县物价局制定的收费标准与农民结算。

1998—1999年，中央下达四川省油调基金725万元，重点用于小麦、水稻等粮食作物的机耕、机播、机收三项农机田间作业补助。四川省农机部门健全制度，加强油调基金的管理，并组织定期和不定期的专项检查，确保了油调基金的有效使用。

油调基金的使用减轻了农民负担，促进了农机化水平的提高。在基金所补贴的机耕、机收、机播项目中，机手对农户一般少收农田作业费5%—8%。

第四节　节油工作

1984年，农用平价柴油分配由农机部门承担后，节油成为农机部门的重要工作。各级农机部门认真贯彻国务院提出的“因地制宜，多能互补，综合利用，讲求效益”的农村能源建设方针和国务院颁发的《节约能源管理暂行条例》，大力推广节能新产品、新技术。

省农机部门开展的主要节油项目有：油料净化处理节能改造、引擎磨损整修剂、化学金属清洗剂、负压阀、密封胶堵漏等。节油的重点是对小拖拉机检测、调修和对S195型柴油机改造。

在农机部门管理农用油料期间，省农机部门就五个方面节油工作的具体做法为：第一，把节油任务和重点节油技术的推广纳入年度计划，作为目标管理任务，层层下达执行。年终检查验收，评比表彰。第二，坚持先示范试点和培训先行的原则。小型拖拉机检测、调修，S195型柴油机改造等重点项目都是由省农机局以科研课题下达，进行示范试点，课题验收合格后，编写培训和宣传资料，分级培训，最后在全省有组织的宣传推广。第三，根据不同情况，采用适宜的方法促进推广。重点项目在试验、示范及推广初期，奖励少量平价油指标，鼓励机手推广。第四，实行有偿服务推广节油项目，主要采取三种方法：一是经省物价局批准，向受益者收取服务费；二是商请供货方提供推广经费；三是通过经营环节收取推广服务费。第五，依托基层农机供油网点把关，机手到供油点购油时，要检查是否采用了规定的节油技术。

由于节油工作抓得紧，四川农机部门每年节油率一般在4%以上，超过农牧渔业部提出的节油3%的要求。仅1986—1989年4年中，全省共检测小型拖拉机299605台，调修121083台；S195型柴油机改造107125台，使用化学清洗剂1478.60吨，加上其他项目，共节约柴油51066吨，机油2368吨。1988年，四川省农机检测节能技术推广获国家科学技术进步三等奖；1989年，四川省S195型柴油机改造获农业部科技进步三等奖。

1990年9月至1992年7月，省农机局与省计委承担国家计委资源节约综合利用司和农业部农机化管理司下达的“农机节能与技术状态检测试点”项目，课题研究对象为小型拖拉机。研究项目历时两年，全面完成了检测调修机台计划任务指标，检测面达到100%，调修数100%，参加检测的机车参赛率达92%，机车技术状态完好率达90.4%，而且节约能源效果显著，恢复性提高功率平均每台达10.3千瓦；节约柴油292.3吨，取得经济效益为381.43万元。课题提出《小型拖拉机技术状态分等级》和《四川省农机节能检测及技术状态升级赛实施办法》两个技术文本，为农机设备技术管理科学化、规范化和经常化提供了技术依据。

第五节 加油站建设

四川省农村基层供油体制几经变化，到20世纪80年代初，基本上形成了区乡供销社、石油公司下伸点和区乡农机站三个方面的供油渠道。

1984年，农牧渔业部、商业部两部联合发出《关于县以下农机部门经销、代销农用柴油问题的通知》，同意农机管理服务站经销、代销农用柴油。按农牧渔业部、商业部文件规定，省农机局要求四川各地认真搞好农机供油点建设，做到统一规划、合理布局。

1986年，财政部、税务总局印发《关于对农机管理服务站销售农用柴油暂免征收零售环节营业税问题的通知》，决定从1987年1月1日起，对农机管理服务站销售农用柴油所取得的收入，暂免征收零售环节营业税。

1986年，四川省5429个区乡农用柴油供应点中，乡镇农机站供油点有3972个，占73%。到1987年，全省乡镇农机站供油点增加到4562个，占全省农村基层供油点总数的81.1%。储油能力6.8万吨，年供油能力30万吨以上，储供油设施固定资产总值1.22亿元。并有了一支受过专业培训、懂技术、会管理的管供油队伍1.8万余人。

1989年，农业部《关于加强农用柴油管理和节约挖潜工作的通知》明确指出：“农机供油点是整个农机服务体系的组成部分，是国家批准经营农用油料的部门之一。”同时要求各地农机部门：抓好分配、管理、供应、节约“一条龙”的管理工作，加强农机供油点建设；供油点既要方便农民，合理规划和布局，又要按照标准化、规范化的要求，制定技术标准和规程；要做到油料储运设备完好，不渗、不漏；油料要经过沉淀、过滤、净化、密封，实行计量加油，减少损耗和污染；要有一定的储油能力，以做到淡为旺储，保农忙之需。

1990 年，因四川农机供油点建设工作扎实，成绩突出，省农机局被评为农业部 1984—1989 年度全国农机供油点建设先进单位。

1991 年，四川省基层农机供油点占了农村供油点总数的 83. 80%。总储油容量达 8. 161 万吨，全年经销油料 32. 05 万吨，营业额达 3. 50 亿元，销售利润 0. 18 亿元。

1992 年，国家税务局再次发文件重申：农机管理服务站销售柴油免征营业税。

1993 年，省农机局分配部分地区农机供油网点技改贷款贴息 76. 50 万元。

1996 年，省经委和省技术监督局在成品油经营企业中开展第二届“计量信得过单位”活动。各地基层农机加油站主动参加“计量信得过单位”评比活动。同年，省技术监督局还开展了设置“石油行业计量监督员”的活动。省农机局与省技术监督局协商后，决定在四川基层农机管理部门和有条件的农机成品油经营单位中配备“石油行业计量监督员”。当年由省农机局和省技术监督局联合组织县级农机供油系统 150 人参加计量监督员培训。

1997 年 2 月，四川省农机系统加油站在全省统一启用“农机供油行业标志牌”，体现了农机供油行业的特征。

四川省各区、乡农机站的供油点，在国家政策扶持下，逐步走上了依法经营农用油料的轨道。按国家计委、农业部、商业部的文件规定，农机站经营成品油的范围是“农村用油”，包括农用柴油及汽油等。农机供油点按照“以机定田（作业量），以田定油、机田油挂钩”的原则供应农用油，对农用油实行“一条龙”管理，各地农机供油点严格执行价格政策，保证农用油专项专用，做到计划用油、节约用油、淡储旺供，在保证全省农业抗灾、“双抢”中发挥了作用。

第六节　四川省农用油料储调中心

四川省没有多少石油资源，需要的成品油主要靠从省外调进。由于运输困难，加上油源紧张，成品油供应季节性脱销或供应不足的情况时有发生，严重影响到四川省经济的发展。

1993 年初，为加强对石油成品油市场宏观调控，平抑价格，保证供应，同时也为了保证国家分配给四川省的油料计划不因运输问题而落空，省计委向省政府上报《关于建立四川省石油成品油储备意见的请示》，要求储备石油成品油，以应急需。其后，省计委与省财政、商业厅、省物价局、省石油、省农机、银行等单位协商研究，起草了《关于建立四川省石油成品油储备的意见》（以下简称《意见》）。《意见》提出四点具体要求：一是建立四川省石油成品油储备，实行省及市地州两级储备。全省储备汽油 10 万吨，柴油 3 万吨。其中由省石油公司储备汽油 5 万吨，省农机局储备农用柴油 3 万吨。二是确定储备资金来源三个方面：第一个方面是石油成品油储备基金（指 1993 年国家分配给四川省计划内汽油全部、农用柴油 2 万吨，由省、市石油公司转为议价销售，其价差款作为储备基金）；第二个方面是储备油调出后的增值部分；第三个方面是银行贷款。三是明确储备油及基金管理，在省一级由省计委分别同省石油公司、省农机局设立汽油、农用柴油专门机构。四是储备基金实行专户储存、专项开支，主要用于储备油储存期的资金利息、亏损、仓储费用、管理人员经营管理费等。储备基金收支受同级财政、物价、审计部门监督，每年年终统一审查。《意见》得到副省长马麟和省政府副秘书长刘忠彬的同意。

1994年1月，省农机局正式成立“四川省农用油料储调中心”（以下简称油调中心）。油调中心内设临时机构，挂靠省农机局的农机化管理处。1994年、1995年该项基金款陆续到账，资金总额5000余万元。

农用油料储调中心紧紧围绕四川省农业和农村经济发展战略目标，以服务“三农”为宗旨。资金主要用于：农机作业补贴、农机抗旱救灾工作、农机服务体系建设等。1994—2004年，根据当时农业生产形势和各地自然灾害状况，油调中心分期分批地向基层农机部门安排下达了3000多万元储备资金。为支持下属农机企事业单位发展生产，也为储备资金的保值增值，借出了部分储备资金给农机系统一些发展得比较好的企事业单位，支持他们的建设，为共同推进四川农机化事业做出了贡献。

2005年，根据省审计厅审计决定，省农机局决定撤销由原中央专项物资（油料）并轨变价收入成立的四川省农用油料储备中心，账户内剩余资金全部划入财政账户。

第七节 成品油市场清理整顿

1987年，工商行政管理部门根据省政府有关规定精神，要求乡镇农机站须具有县石油公司的委托书，当地工商行政部门才受理农用油料营业执照申报手续。这是四川省对乡镇农机站进入成品油市场的第一次清理整顿。

1991年，根据省计经委、石油公司和省工商行政管理局有关文件规定，全省正式开展成品油市场的清理整顿工作。省计经委、省商业厅、省工商局、省公安厅、省审计局、省物价局、省石油公司、省石油管理局、省农机局等单位组成领导小组，下设领导小组办公室，负责办理整顿成品油市场的具体日常工作。整顿包括三个方面：一是经营渠道，二是小炼油厂，三是成品油经营单位的管理。严格重新审查成品油经营资格，坚决取缔非法经营的单位和个人。省计经委、省石油公司、省工商局在随后的《关于加强成品油市场管理和整顿的补充通知》中规定：其一，为满足农业生产需要，具备经营条件的农村基层供销社和农机服务公司（含农机站）可以经营部分计划外柴油，但必须从省石油公司进货。其二，对现在已经经营汽油的农机站，由当地计委组织工商、公安、石油、农机等部门共同进行审查，具备条件的，同当地石油公司实行各种形式的联营。此次清理整顿，基本上认定了四川基层农机供油点对平价、议价柴油和汽油的经营权。

1993年，省政府《关于加强全省石油市场宏观管理的通知》要求进一步加强全省石油市场宏观调控管理，年底前对全省现行经营的所有单位和个人，进行一次集中清理。此次清理整顿，一是加强成品油管理，严格经营权限；二是严格成品油经营各项手续，健全审批制度；三是加强油品经营、储运的安全管理；四是严格税收管理，增加财政收入。本次清理整顿明确农村主要由农机、供销部门经营成品油。

1994年，国家经贸委、国家工商行政管理局发出《关于印发〈整顿成品油市场的实施办法〉的通知》，在全国范围内开展所有从事成品油经营业务的批发企业、加油站和零售网点及具有成品油进口经营权的外贸企业的整顿。省经济委员会、省工商局专门印发了四川省实施办法。整顿的原则是：确定经营主体资格，规范经营行为，理顺销售渠道，减少流通环节，保护消费者利益，建立和维护成品油流通市场的正常秩序。本次整顿提出了成品油经营单位应具备的基本条件。其一，成品油批发企业限于：有经营成品油的管理能力和技术力量，有一定规模的注册资本金和与现有经营规模基本相适应的资金保障，有符合国家标准并与经营规模基本相适应的成品油储运设施，有稳定的成品油资源供应的销售渠道。其二，加油站和零售网点的建设必须符合当地县级以上政府的规划要求，各项手续完备，经营设施符合国家有关消防、质量、计量、技术规范等政策法规要求；必须有稳定的成品油供应渠道；从业人员以及规章制度必须符合经营成品油的技术要求；按国家规定的零售价格挂牌销售，逐步实行代销制。

1999 年，根据国家经贸委等五委部《关于印发〈关于清理整顿成品油流通企业和规范成品油流通秩序的实施意见〉的通知》精神，由省经贸委牵头，在四川省开展了成品油生产、流通企业清理整顿工作。对符合条件的批发企业、仓储企业和加油站清理后进行重新登记，并核发《经营批准证书》，再凭证书到当地所属工商行政管理、税务部门重新办理工商、税务登记手续。经清理整顿合格的加油站必须安装税控装置或具有税控功能的加油机。经过此次清理整顿未取得批准证书的成品油流通企业由工商行政管理部门取消其经营资格。

2000 年，经过清理整顿后，四川省农机加油站及零售网点 3331 个，比上年减少 343 个；成品油批发机构 26 个，比上年减少 30 个；拥有油库 215 个，比上年减少 6 个；农机供油人员 10056 人，比上年减少 1100 人。贮油容量 14. 1 万立方米，减少 0. 8 万立方米；全年成品油零售总量 76. 50 万吨，比上年减少 3. 6 万吨；批发总量为 2. 4 万吨，比上年减少 61%。

2002 年，省政府办公厅在《关于开展加油站专项整治工作的通知》中，更加严格成品油市场准入。规定除石油、石化两大集团外的任何单位和个人不得新建加油站；对现有加油站进行全面检查和清理，对违法违规建设和经营的加油站，依法进行严肃处理。经过此次清理整顿，四川省较大的农机供油站点大多被中石油、中石化兼并。加上油料供应体制上的矛盾，农机加油站点进销差价小，利润薄，经常出现油源紧张问题，导致农机加油站经营困难，部分农机加油站开始转让或停业。2002 年，四川乡镇事业单位改革之后，按照政企分开、事企分开的原则，农机加油站与农机部门基本脱离管辖关系。但农机部门仍然承担着对农机油料市场的监管责任。四川省乡镇事业单位改革后，大部分农机加油站通过股份制、重组等改制变为脱离农机管辖的企业，农机供油网络规模逐年减小。农机加油站数量由 2001 年的 3009 个下降到 2003 年的 2386 个。到 2005 年，全省农机加油站数量 1822 个，库容量仅 6. 7 万立方米，分别比 1999 年下降 50% 和 55%、比 2002 年下降 34% 和 35%。

第三章　安全监理

第一节　监理体制

1984 年，《国务院关于农民个人或联户购置机动车船和拖拉机经营运输业的若干规定》（以下简称《规定》）提出，“农民个人或联户的农用拖拉机，由县、市以上农机监理部门负责检验，并办理报户（过户）、发牌证手续，其驾驶人员，必须按有关规定进行考试、考核，取得合格证照。农用拖拉机上公路行驶，其证照还须按规定加盖当地公安或交通部门公章，并由公安、交通部门对其行使安全管理和事故处理权”。此项规定明确了拖拉机及驾驶员由农机监理部门核发牌证即可上路行使。同时，也由此确立了农机监理的合法地位。

为贯彻落实国务院《规定》，省政府分别发出《四川省人民政府关于拖拉机监理工作的通知》和《四川省人民政府关于拖拉机监理工作的补充通知》。这两个文件明确了省农机监理部门的职责、机构设置和部门之间的分工。文件主要确立了两条原则：其一，农机与交通部门对拖拉机监理的分工，应按国务院规定办理；各级农机、交通部门要加强协作，相互支持，共同搞好此项工作；其二，建立农机监理机构。由省农机局设立四川省农机监理站（处级）。

同年，省政府办公厅就农机与交通部门的职责分工、建立农机监理机构等问题提出更加明确的意见：其一，农机与交通部门对拖拉机监理的分工按国务院规定办理；其二，同意建立农机监理机构。省农机局安全科改为省农机监理站（属处级）；其三，各市（地、州）、县（市、区）农机部门的安全科、股分别以农机监理所、站的名义对外行使职权；其四，各级农机监理人员均在农机管理系统内部调剂。按照省政府的决定，省编制委员会批复同意四川省农机监理站配备人员 15 名，所需人员在省农机局机关内部调剂解决。

1984 年，农机主管部门负责农机安全监理工作后，农牧渔业部颁发《农用拖拉机及驾驶员安全监理规章》，明确农机安全监理的主要职责为“负责农用拖拉机及驾驶员的检验、考核和核发牌证；负责农业机械田间作业，场院和乡村道路上的安全及技术状态的监理工作”。

同年，省农机局第一次提出农机安全监理的主要职责：一是贯彻落实中共和人民政府有关安全生产的方针政策、法律法规；二是主管农用拖拉机田间及其他农业机械作业的安全生产；三是配合公安、交通部门搞好公路交通安全的宣传教育；四是负责农用拖拉机年检审；五是协助路检路查和事故处理。

1986 年，国务院《关于改革道路交通体制的通知》（以下简称《通知》）。按国务院《通知》精神，省政府 1986 年赋予四川农机安全监理部门的主要职责是：“受公安机关的委托，负责办理全省上道路行驶的拖拉机及驾驶员的检验，入籍（过户）、考核、核发全国统一牌证、年检审、监理规费征收、处理在县以下（不含县）道路上发生的事故”。

1986年5月，省农牧厅在《关于印发〈四川省各级农机监理机构职责〉（试行）的通知》中进一步明确规定了各级农机监理机构的职责。其中，四川省农机监理总站的职责有14条：其一，贯彻执行国家和省政府有关农机安全生产的方针、政策法令法规、条例以及上级业务主管部门指示。拟定实施细则和补充规定，并监督检查各地执行情况；其二，负责全省农用拖拉机、农用动力机械及驾驶、操作人员的安全生产管理，指导各级农机监理机构的业务工作；其三，负责对各级农机监理人员进行审查、考核、核发《中华人民共和国农机监理员证》；其四，负责组织全省农机监理骨干人员的业务培训，编写安全生产宣传资料及事故案例；其五，组织农机安全检查。总结交流、推广农机安全生产经验，评比表彰农机安全、监理工作先进所、站；其六，负责各种牌证、标志的制作，各种图表式样的设计；其七，制定农机监理收费标准及其管理办法，监督检查费用收支情况，印发农机监理费收据；其八，监督农用拖拉机、农用动力机械牌、证的发放和农机操作人员的技术考核、发证工作；其九，拟定农业机械和驾驶、操作人员检审通知。研制、修订检审标准；其十，必要时，参与农机重大事故调查处理，及时分析事故原因，提出防范措施；其十一，调查研究、分析全省农机安全、监理工作中存在的问题，及时向省政府和农牧渔业部反映并提出解决意见；其十二，协助培训部门提高驾驶、操作人员的培训质量；其十三，负责向省政府、农牧渔业部报告农机重大事故，报送月、年度农机事故统计表和年度工作总结；其十四，接待、处理人民来信来访。

按照国务院和省政府的要求，四川省逐步建立健全了全省性的农机安全监理机构。1986年，四川省有省农机监理站1个，市（地、州）级农机监理所19个，县（市、区）级农机监理站179个，配备农机监理人员829人。

1992年，以省政府令颁发的《四川省农业机械事故处理办法》规定：“县级以上人民政府农业机械行政主管部门（主指各级农机监理机关）负责处理农机事故。其职责是：勘查、处理农机事故现场，认定农机事故责任，处罚农机事故责任者，对损害赔偿进行调解。”

1993年，经省编制委员会批复同意，“四川省农机监理站”更名为“四川省农机监理总站”。

1995年，省政府在赋予省农机局的职责中明确列出有关农机安全监理的职责为：“研究提出全省农机安全生产管理的各种法规、规章草案，制订标准并监督实施；指导全省农机行业安全生产工作，组织协调全省农机安全监督管理；对全省农机安全监理机构进行业务政策指导；根据1992年省政府令，负责拖拉机安全监理工作。”

另外，在《四川省农业机械管理条例》和《四川省农业机械安全监理和事故处理条例》等法律、法规中也都明确规定了农机安全监理机关负责的农机安全技术检验、驾驶（操作）人员考核、牌证核发、违章处罚和农机事故处理等具体职责。

至2005年，全省农机安全监理：省级机构1个，市（州）级机构21个，县（市、区）级机构182个，农机安全监理人员1253人（2005年数据不含重庆市）。

第二节　农用拖拉机安全管理的委托与授权

农用拖拉机是农业机械中最大宗的机具。它不仅拥有量多，而且在各项农机化作业中发挥作用大。尤其是在改革开放的新形势下，农用拖拉机不仅是农民田间作业的称心工具，更是农村大力发展农用运输，促进勤劳致富和带动农村经济发展的主要帮手。拖拉机大量上道路行驶是改革开放后的大势所趋。如何管理好农用拖拉机道路交通中的安全问题，是农机安全监理的主要问题，也一度成为农机安全监理工作的核心和焦点。

1986 年 10 月，国务院下发《关于改革道路交通体制的通知》，该通知规定："农用拖拉机的道路交通管理工作，除专门从事农田作业的拖拉机及其驾驶员由农业（农机）部门负责管理外，凡上道路行驶的专门从事运输和既从事农田作业又从事运输的拖拉机及其驾驶员，由公安机关按机动车辆进行管理。有关道路行驶安全技术检验、驾驶员考核、核发全国统一的道路行驶牌证等项工作，公安机关可以委托农业（农机）部门负责，并有权进行监督、检查。"

1987 年，公安部、农牧渔业部联合发出《关于农用拖拉机道路交通管理问题的通知》。两部文件对农用拖拉机道路交通管理的职责及委托工作做了两点明确注解：其一，"农用拖拉机的道路交通管理工作，除专门从事农田作业的拖拉机及其驾驶员由农业（农机）部门负责管理外，凡上道路行驶的专门从事运输和既从事农田作业又从事运输的拖拉机及其驾驶员，由公安机关按机动车辆进行管理。有关道路行驶安全技术检验、驾驶员考核、核发全国统一的道路行驶牌证等项工作，公安机关可以委托农业（农机）部门负责，并有权进行监督、检查"；其二，"除城市（不包括郊区乡、镇）、县城的机关团体、工矿企业、运输联社和非农业个体专营运输的拖拉机外，其余上道路行驶专门从事运输和既从事农田作业又从事运输的拖拉机安全技术检验、驾驶员考核和核发道路行驶证等项工作，由各省、自治区、直辖市公安厅、局委托农业（农机）厅、局负责（江西、西藏自治区等省、区尚无省级农机监理机构，可暂不委托），各级农机监理部门具体实施，公安机关有权进行监督、检查。委托工作应尽快进行，其具体委托办法、步骤以及规费的处理，由各省、自治区、直辖市公安厅、局与农业（农机）厅、局商定或报人民政府决定"。

同年，省政府根据国务院关于道路交通管理体制改革的通知精神，下发《四川省人民政府贯彻国务院关于改革道路交通管理体制的通知的实施意见》。实施意见明确了省公安与农机两部门的职责划分："公安：统一管理全省城乡道路交通，负责交通安全宣传教育、交通指挥，维护交通秩序，处理交通事故，并负责车辆检验、驾驶员考核与发牌发证、路障管理以及交通标志、标线等安全设施的设置与管理等项工作。拖拉机及其驾驶员上道路行驶，也由公安机关按机动车辆进行管理。农机：受公安机关的委托，负责办理全省上道路行驶的拖拉机及其驾驶员的检验、入籍（过户）、考核、核发全国统一的牌证和年检审、监理规费的征收，处理拖拉机在县以下（不含县）道路上发生的事故；协助公安机关处理拖拉机在县以上（含县）道路上发生的事故。"

1988 年，省政府根据国务院以及公安部、农牧渔业部两部文件精神，本着既有利于农业生产，方便群众，又保障交通安全的原则，下发《四川省人民政府关于我省农用拖拉机道路交通管理问题的通知》。此通知再次重申，四川省农用拖拉机道路交通管理有关工作由省公安厅委托省农牧厅农机管理局负责，各级农机监理机构具体实施，公安机关有权进行监督、检查。通知对委托的具体内容亦做了明确规定："1. 有关拖拉机及其驾驶员道路行驶的安全技术检验，包括初检、临检、年检、复检和驾驶员的审验。2. 对驾驶员的考核，包括初考、增考、复考，以及场考、路考。3. 办理拖拉机入籍（过户）手续，核发拖拉机号牌、行驶证和驾驶员的驾驶证。4. 处理拖拉机在县以下道路（即区、乡机耕道）上发生的事故；协助公安机关处理在县以上（含县）道路发生的事故，县以下道路上触及治安管理处罚条例或需追究刑事责任的事故，以及汽车同拖拉机发生的交通事故。"同年，省政府下发《关于立即组织实施农用拖拉机道路交通管理工作有关工作委托交接的通知》，四川省的农用拖拉机道路交通管理工作的有关委托交接工作在两部门间积极协商进行。

1989 年 2 月，省公安厅和省农牧厅下发《关于农用拖拉机"委托"中几个具体问题的规定》，对全省农用拖拉机委托中的一些问题统一了认识，加快了四川省农用拖拉机道路交通管理委托的步伐，委托工作顺利进行。年底，全省 21 个市（州）政府和行政公署，根据省政府有关文件精神制定了具体贯彻意见。在各级农机主管部门和农机监理部门的努力下，四川省农用拖拉机道路交通管理委托工作基本结束。

2003 年 10 月 28 日，《中华人民共和国道路交通安全法》颁布，于 2004 年 5 月 1 日起实施。依照道路交通安全法的相关规定，对农机安全监理工作明确了四条原则：一是对上道路行驶的拖拉机，由农业（农业机械）主管部门行使本法第八条、第九条、第十三条、第十九条和第二十三条规定的公安机关交通管理部门的管理职权；二是农业（农业机械）主管部门依照规定行使职权，应当遵守本法有关规定，并接受公安机关交通管理部门的监督；三是对违反规定的，依照本法有关规定追究法律责任；四是本法施行前由农业（农业机械）主管部门发放的机动车牌证，在本法施行后继续有效。

《中华人民共和国道路交通安全法》的颁布实施，结束了长期以来上道路农用拖拉机由公安机关委托农机部门管理的局面，以法律授权形式确定了农业（农机）部门对上道路农用拖拉机登记、发号牌（证）、安全技术检验等的管理职权。

2004 年 4 月 28 日，《中华人民共和国道路交通安全法实施条例》（以下简称《条例》）经国务院审定通过，于 2004 年 5 月 1 日起与《中华人民共和国道路交通安全法》一并施行。《条例》对上道路行驶拖拉机的概念及执法中可能出现的一些情况做了更加具体的规定和说明。

2005 年，《四川省〈中华人民共和国道路交通安全法〉实施办法》经省第十届人大常委会第十八次会议审议通过，于 2006 年 3 月 1 日起实施。《四川省〈中华人民共和国道路交通安全法〉实施办法》明确规定："县级以上地方各级人民政府公安机关交通管理部门、农机安全监督管理部门，应当按照国家有关规定，严格车辆登记和驾驶人考试发证工作。"

第三节　制度建设

1960 年前后，四川农机安全管理工作主要是以宣传教育为主，局限于机务管理的范畴。随着农业机械化的发展，农机安全管理工作逐步走上了法制管理的轨道。

1973 年，随着农用拖拉机的增多，特别是农用拖拉机从事公路运输量的增大，农机事故随之增加。省公安局、交通局和农机局在《关于贯彻执行中央三部“关于农用拖拉机重大事故的通报”的通知》中，首次提出要对四川农机操作人员核发“农田作业”证，建立健全社队（乡村）农机安全机构，落实相应人员。

1979 年，省农机局颁发《四川省农业机械安全生产管理试行办法》，对安全工作职责、农机手管理、农机安全操作规程、违章及处罚等做出了具体规定。

1981 年，农业机械部颁发《农用拖拉机及驾驶员安全监督管理规定》，开始执行违章及处罚条款。1983 年，农牧渔业部颁发《加强农机管理做好核发牌证工作通知》。1984 年，农牧渔业部颁布《农用拖拉机及驾驶员安全监理规章》。1985 年，省农机局制定《农用拖拉机及驾驶员年度审验办法》。该办法对拖拉机和配套农具以及驾驶员的审验和检验、时间安排、善后工作等做出详细规定。农用拖拉机及驾驶员的年度审验主要目的是为了提高农业机械的技术状态和驾驶（操作）人员的技术水平。自 1985 年以来，四川省各级农机安全监理部门严格按《农用拖拉机及驾驶员年度审验办法》行事，对农用拖拉机及驾驶员的年度审验工作年复一年，长期坚持。

1991 年，省政府批准省农牧厅发布《四川省农业机械安全管理办法》。1992 年 11 月，省政府以省长令发布《四川省农业机械事故处理办法》。

20 世纪 90 年代前后，国家和四川省陆续颁发了一系列有关农机安全监理的法律、法规。主要的法律、法规有：《中华人民共和国道路交通管理条例》《中华人民共和国道路交通安全法》《中华人民共和国道路交通安全法实施条例》《四川省农业机械事故处理办法》《四川省关于〈中华人民共和国道路交通管理条例〉实施办法》《四川省农业机械管理条例》《四川省农业机械安全监理和事故处理条例》《四川省〈中华人民共和国道路交通安全法〉实施办法》等。

随着相关法律、法规的颁布实施，安全监理工作有法可依，四川省逐步形成了农业机械安全监理法规体系，农机监理工作走上了法制化的轨道。

为了有利于四川省农机安全监理执法工作顺利进行，省农机局采取了多项措施：一是在法律、法规实施前下发文件，要求各级农机部门认真学习、贯彻相关的法律、法规，做好实施前的准备工作。对负责具体执法的安全监理人员，还必须进行法律、法规实施前的执法培训和教育；二是会同省人大常委会农业委员会、省政府法制办公室等单位，制订和印发相关的法律细则或解释，例如《四川省农业机械管理条例法律解释》《四川省农业机械安全监理和事故处理条例法律解释汇编》等，帮助各地基层干部和农民群众正确理解法规条文的含义，指导农业机械管理执法工作，统一对行政执法、行政审判和法律监督的认识；三是开展多种形式的宣传活动，造成声势，使法律、法规深入人心，家喻户晓。这些措施，更进一步地让相关法律、法规融入了农机安全监理工作，使法律法规成为了农机安全监理工作最重要的手段。

为适应全国道路交通和农业生产的需要，农业部决定从 1995 年 3 月 1 日起，逐步在全国启用统一的“九二式”拖拉机号牌及行驶证。同年 12 月，经省公安厅、省物价局和省农机局商议，达成五点共识：其一，四川省启用、换发“九二式”拖拉机号牌及行驶证工作首先选择遂宁市作为试点，在 1996 年 2 月 29 日以前摸索、总结出换发经验；其二，1996 年 3 月 1 日起，全省全面换发工作展开，于 1996 年 12 月 31 日前全部结束；其三，凡在四川省内领取机动车号牌和行驶证的拖拉机需继续上路行驶的，都必须在规定的时间内换发新的牌证。换发期间，新旧牌证同时有效；其四，原有的拖拉机号牌及行驶证自 1997 年 1 月 1 日起废止；其五，拖拉机号牌收费按省物价局核定标准执行。

另外，对换发“九二式”牌证与当年拖拉机年度检验相结合等问题也做出了相应规定。

1996 年 1 月，省农机局为做好换发牌证工作，提出了《关于启用换发九二式拖拉机号牌及行驶证的工作安排意见》。要求各级农机部门和农机监理所、站，要加强牌证换发工作的组织领导，搞好宣传动员，同时部署拖拉机牌证的领取及牌证换发的工作。1996 年 11 月，省农机局又下发了《关于抓紧实施九二式拖拉机号牌及行驶证换发工作的通知》。由于“九二式”拖拉机号牌及行驶证换发工作抓得扎实、紧凑，任务圆满完成。

1999 年，因四川省联合收割机跨区作业的需要，省农机局下发《关于贯彻〈联合收割机及驾驶员安全监理规定〉的实施意见》，对四川省联合收割机及驾驶员启用换发农业部颁布的农业行业标准牌证工作进行了部署。2000 年，省农机局再次下发了《关于启用换发联合收割机及驾驶员农业行业标准牌证的通知》。但此项工作后来因牌证收费无法落实相关标准而搁置。

2000 年，省农机局《关于转发〈四川省人民政府办公厅关于调整我省农用运输车销售入户等有关政策的通知〉的通知》强调：“在办理拖拉机上户时，地方政府在标准上有明确规定的，农机监理机关必须遵照地方政府规定办理；凡地方政府未授权的，遵循《运输用拖拉机通用技术条件》DB51/T266—1999 入籍登记。”

2003 年，省农机局在印发的《关于进一步加强运输拖拉机管理的通知》中提出：“严格按照运输拖拉机技术标准组织生产，严禁生产超标准运输型拖拉机；彻底清理整顿运输拖拉机销售、流通环节，规范销售商行为，重整和规范、净化运输拖拉机营销市场；突出加强运输拖拉机注册登记管理，严防死守，把好‘入户关’；规范运输拖拉机使用管理，严厉打击非法改装改制行为。”省农机局的这些意见在全省农机安全监理部门得到贯彻执行。由于对农用运输型拖拉机进行了严格规范监理，有效地抵制住了生产和销售市场上一度出现的为了牟利而对农用运输型拖拉机非法改装改制的行为，从源头上预防农用拖拉机运输安全的隐患。

《中华人民共和国道路交通安全法》正式实施以后，按该法的要求，2005 年，农业部决定在全国范围新启用“05 式”农用拖拉机号牌。定于 2005 年 4 月 1 日起，使用全国统一号牌、行驶证、驾驶证、登记证书和检验合格标志。此项工作同样得到四川省各级农机安全监理部门上下一致的协同配合，进展顺利。据统计，截至 2005 年底，四川省新启用“05 式”号牌达 29400 多副。

农机安全监理工作的主要目的是避免或尽力减少农机事故。四川省各级农机安全监理部门按照国务院农业主管部门和四川省人民政府安全生产主管部门的统一部署，坚持“安全第一，预防为主”的方针，每年都特别重视加强安全监督管理，加大农机安全宣传教育力度，尽力遏制重特大农机事故的发生，减少农机事故的次数。

1986—2005年四川省农机事故情况统计表

表2-6

年　度	事故次数（次）	死亡人数（人）	重伤人数（人）	直接经济损失（万元）
1986	1288	507	661	189.96
1987	1260	587	553	131.14
1988	1325	528	560	129.48
1989	1040	532	442	95.99
1990	62	33	29	5.13
1991	757	438	320	77.20
1992	552	314	234	90.20
1993	557	313	233	121.33
1994	503	268	209	109.23
1995	469	251	186	122.91
1996	516	258	184	151.68
1997	374	152	132	97.50
1998	552	169	144	123.66
1999	640	164	176	150.68
2000	750	158	166	181.16
2001	572	138	147	151.04
2002	451	150	130	122.83
2003	334	81	98	83.04
2004	84	46	46	40.68
2005	9	4	4	0.76

说明：本表数据来源于四川省农机事故统计

第四节　专项整治

开展安全检查、专项整治是农机安全监理部门对农用拖拉机等农业机械实行有效安全管理的重要手段和措施。省农机局按照农业部、省政府的部署，与公安、交通、安全管理部门配合开展的较大规模的农机安全整治活动有3项。

一、拖拉机无照明灯行驶专项整治

1994年，省农机局针对拖拉机普遍存在无前后照明灯、无前后专项灯，或灯具不全、失效等严重影响安全行使的问题，根据《四川省〈中华人民共和国道路交通安全管理条例〉实施办法》的有关规定在全省开展了拖拉机无照明灯行驶的专项整治。整治行动在动员宣传的基础上，主要从两个方面着手进行：一方面是通过办理新车入户，对新出厂的拖拉机和挂车实行控制，要求必须安装有前后照明、转向灯，农机经销部门才可经销，否则，农机监理机关不予办理入户；另一方面，为搞好已投入使用拖拉机灯具的安装工作，各地积极组织力量，制订实施计划，研制灯具改装技术。在这方面，成都、绵阳率先研制出灯具样品，进行安装实验，为全省开展拖拉机灯具改装专项整治开了好头。截至省农机局与四川省交警总队协商一致的改装期限（1994 年 8 月底），全省共对 3 万多台（套）拖拉机进行了安装，有效地改善了四川省拖拉机技术状况。

二、农用车拖拉机违章载人专项整治

2001 年 4 月，省政府安全生产委员会扩大会议决定由省公安厅、省交通厅、省农机局就农用车、拖拉机载客搭人问题形成加强管理意见。2001 年 5 月，省农机局向全省印发了《关于贯彻省安委会成员扩大会议精神，预防重特大农机事故的专项整治工作方案》的通知。

2001 年 5 月，四川省召开安全生产电视电话会，省长张中伟指出："农用车、拖拉机安全问题专项整治由公安牵头，农机部门全力配合，管理体制维持现状，安全责任要落实到车主和村委会主任。"为坚决遏制农用运输车、拖拉机违章载人连续发生特大交通事故的势头，扭转道路交通安全的严峻形势，由省公安厅牵头，农机部门配合，在全省开展一次为期 4 个半月的专项整治工作。整治期间，各级农机部门按照省政府的统一部署，积极开展安全宣传教育活动，悬挂大幅标语 1000 多幅，出动安全宣传车 200 多台（次），开展安全检查农用车、拖拉机 6 万多台（次），纠正违章行为 1500 多人（次），处罚违章人员 800 多人。通过专项整治活动的开展，遏制了农用车、拖拉机违章载人连续发生特大交通事故的势头，扭转了当时严峻的交通安全形势。

2004 年 2 月 21 日和 22 日，广安市岳池县和雅安市汉源县先后发生了两起三轮车、拖拉机违章载人的重大事故，共计死亡 16 人，给人民生命财产造成重大损失。这两次事故引起省委和省政府领导的高度重视。省长张中伟批示："近来，农用车载人已连续发生了两起重大事故，说明安全措施在一些地方仍不落实，其教训十分惨痛。"副省长杨志文召集公安、交通、农机、监察等部门进行专题研究，并下发了省政府《关于进一步落实安全生产责任制，坚决遏制重特大农机事故的紧急通知》。紧急通知要求：一要切实落实农机安全生产责任制；二要切实落实农用车、拖拉机驾驶员安全生产的主体责任；三要大力推进村民自治安全责任制，探索农机安全的长效管理机制；四要明确重点开展农机安全专项整治；五要加大对农用车、拖拉机重特大事故的查处力度。根据省政府的要求，省农机局再一次在全省全面部署了农机安全整治工作。此次安全整治的重点是：严禁农用车、拖拉机违章载人、人货混装。全省各级农机部门采取了专题讲、专人抓、专组查、专项治的方式开展整治。同时，及时开展了拖拉机的年度检审工作、对拖拉机及驾驶员进行了培训和安全教育，签订了安全生产责任书。在专项整治中，共张贴、悬挂宣传标语 5000 多幅（条），出动 1700 多名监理人员参加整治，查处违章行为 9000 多起。通过专项整治，遏制了群死群伤重特大农机事故连续发生的势头。

三、"黑车非驾"① 专项整治

农用车、拖拉机的"黑车非驾"是造成重特大农机事故的重要原因和隐患。2001—2003 年，省

① "黑车非驾"指机车无号牌和行驶证或持有非正规号牌和行驶证、驾驶员无驾驶证。

农机局按照农业部和省政府的部署，在全省范围内开展了多次对农用车、拖拉机“黑车非驾”的整治。

在整治“黑车非驾”活动中，采取“三结合”方式，收到明显效果：一是集中清理与日常清理相结合；二是清理“黑车非驾”与年检审工作相结合；三是安全检查与清理工作相结合。据统计，3年间，全省共检查拖拉机 45. 20 万台（次），清理“黑车”2. 50 万台，查处“非驾”1. 67 万人，清理违规上户车辆 1660 辆，整治事故隐患 4. 50 万次。通过对“黑车非驾”的整治，加大了农机安全监管的力度，消除了事故隐患，确保了农机安全生产。在这次整治活动中，甘孜州农机监理所、乐山市农机监理所、简阳市农机监理站、通江县农机监理站、芦山县农机监理站、宁南县农机监理站等荣获全国“黑车非驾”安全整治活动先进单位。

图 2－2　2005 年，农业部检查组在乐山市沙湾区农机监理站检查指导工作

第五节　安全教育与宣传

四川省农机监理部门十分重视安全教育与宣传，除经常性的安全教育与宣传外，农机监理部门还较为突出、集中地抓了如下的农机安全教育与宣传工作。

一、“五整顿，三加强”工作

为认真贯彻落实公安部、国家发改委、交通部、农业部、国家安全生产监督管理总局下发的《预防道路交通事故五整顿三加强的实施意见》，2004 年 6 月，省公安厅、省农机局、省安全生产监督管理局联合下发《关于印发公安部、国家发展改革委员会、交通部、农业部、国家安全生产监督管理局预防道路交通事故“五整顿、三加强”① 实施意见的通知》。同年8月，省公安厅、省交通厅、省农机局联合下发《关于贯彻公安部、交通部、农业部机动车驾驶员队伍整顿工作实施方案的通知》，按照部署，各级农机部门通过开展整顿驾驶学校、驾驶员队伍及加强拖拉机源头管理，严把“准入关”，遏制了重特大农机事故上升势头，为实现道路交通事故从高发到基本遏制至逐年下降的目标奠定了良好的基础。

二、“百日安全生产”活动

2001年，农业部农机监理总站在全国范围开展“全国农机百日安全竞赛活动”。当年，四川省乐山市农机监理所、德阳市农机监理所、宜宾市农机监理所、资阳市农机监理所、巴中市农机监理所、雅安市农机监理所等荣获“全国农机百日安全竞赛活动”优胜单位称号。

2005年，省农机局按照省政府的部署，结合农机安全生产工作，在四川省农机系统再一次开展了“百日安全生产”活动。这次活动的重点是加强对拖拉机的源头管理，严把“准入关”。活动期间，全省各级农机部门共张贴、悬挂宣传标语10087条（张），发放安全宣传手册30000多册，展示农机事故展板1000多幅（次）。结合对拖拉机违章载人、“黑车非驾”的整治以及落实“五整顿，三加强”的各项措施，各级农机部门先后共出动2000多人（次）配合公安交通管理部门开展整治工作。

三、各类媒体安全宣传

为广泛地宣传农机安全监理知识，农机部门特别注意发挥各类媒体作用。《中国农机安全报》是全国发行的以宣传农机安全为主要内容的专业报刊，在农机安全监理领域有着重大影响。

1989年，四川省成立《中国农机安全报》四川记者站，各市（地、州）、县（市、区）也相应成立了记者分站、通讯站、通讯组。《中国农机安全报》四川记者站及各级分站、组成立后，积极组织安全资料的组稿、通联和征订、发行等工作。截至2006年底，全省共订阅《中国农机安全报》40多万份，投稿件3000多篇，被采用1000多篇

1991年，成都市记者分站、重庆市记者分站、达县地区通讯站、绵阳市通讯站、乐山市通讯站荣获全国甲级记者分站和模范通讯站称号，达县地区等61个站、组荣获全省甲级通讯站、组称号。

1990年7—9月，省农机监理总站与四川广播电台开办了为期3个月的农机安全监理知识讲座，向全社会宣传农机安全常识、农机监理的任务、性质和作用，以及购买、使用农业机械所要遵循的法规；同年8月，省农机监理总站又与四川省人民政府主办的《劳动安全导报》开办了“农机监理”连载；省农机监理总站还在《四川农机》杂志中开辟了“监理园地”。从该杂志2003年第1期开始，系统地重点介绍农机安全监理政策法规、安全监理工作动态、机手安全生产指南等内容。

四、《农机典型事故案例》及农机安全知识手册

为加强对拖拉机驾驶（操作）人员和农民群众的安全宣传教育，提高其安全意识，农机监理人

① “五整顿”指：整顿驾驶员队伍、整顿路面行车秩序、整顿交通运输企业、整顿机动车生产改装企业、整顿危险路段；“三加强”指：加强责任、加强宣传教育、加强执法检查。

员经常深入乡村、学校、厂矿、田间地头、农户家中开展宣传，把农机安全知识手册送到拖拉机驾驶员的手中。2002 年，省农机局按照省委要求，向全省所有拖拉机驾驶员每人赠送一本《农机典型事故案例手册》，赠送数量 10 多万本。

五、安全生产宣传月（周）活动

每年6 月，是国家有关部门强调安全生产最密集的时段，习惯上称为“安全生产宣传月（周）”。农机安全监理部门每年都高度重视“安全生产宣传月（周）”活动中做好农机安全监理的宣传。自开展“安全宣传月（周）”活动至2005 年，各级农机安全监理部门在全省活动中，累计悬挂或张贴安全宣传横幅、标语达 10000 幅（张）以上，展示农机事故展板 5000 多幅（次），发放宣传教育资料 100 多万份，出动农机安全宣传车 3000 多辆（次），出动农机监理人员 5 万多人（次）。

2005 年 6 月，省农机局与共青团成都市委在成都市郫县三道堰小学举行了主题为“关注农机安全，关爱农村少年”的农机安全生产活动启动仪式。此次安全月活动得到新华网、教育网、四川日报、成都日报、成都电视台等多家新闻媒介报道。

六、百安示范乡镇工作

2002 年，省政府发出《关于在全省开展“百个安全生产示范乡镇”活动的通知》。根据省政府和省安全生产委员会的指示，省农机局从 2002 年开始至 2005 年，先后分期分批，以彭州市红岩镇、仁寿县松林乡、安县高川乡、广元市市中区宝轮镇、天全县鱼泉乡、剑阁县普安镇、泸定县冷矶镇、广元市朝天区朝天镇、巴中市巴州区清江镇、青川县沙州镇等 10 个乡镇为试点，开展“百安示范乡镇活动”。

在“百安示范乡镇活动”中，省农机局局长母世杰，副局长姜庆芳、刁学锋、罗晓东，党组成员杨兴荣等人多次率领有关处、室成员深入乡镇，开展调研指导。通过调研，省农机局拟定《关于“百安示范乡镇”的调查报告及联系指导乡镇的工作方案》，指导各乡镇健全完善《安全议事制度》《安全生产工作措施》《安全生产巡查制度》《安全生产工作和事故报告制度》《乡（镇）长安全生产职责》《分管乡（镇）长安全生产工作职责》《乡（镇）安全事故隐患整改制度》等一系列规章制度，促使乡镇安全生产管理制度化、规范化。按照省政府的要求，在试点的几年中，省农机局还多次给试点乡镇安排了部分帮扶资金和危险路段修复改造补助资金。通过“百安示范乡镇”活动的开展，示点乡镇基本实现了由“要我安全”向“我要安全”的转变。各乡镇把安全生产工作上升到只有抓好安全生产，才能确保经济效益的高度来认识。安全事故大幅下降，实现了安全形势的好转。2004 年 10 月，省农机局按照省安全生产委员会的要求，完成了对第一批示范乡镇（彭州市红岩镇、安县高川乡、泸定县冷矶镇、天全县鱼全乡、巴州区清江镇）的检查和验收工作，5 个乡镇均达到优秀。第二批 5 个示范乡镇的示范工作仍在进行中。

第六节　队伍建设

1985 年，省农机局在乐山举办了第一期农机监理干部培训班，培训的主要内容为：农机监理主要任务及职责、拖拉机管理、拖拉机及挂车的技术检验、驾驶员的管理、违章处理、农机事故处理、农机安全管理、统计和档案等。此次参加培训的农机监理干部有100多人。

1986年，为加强农机监理处理农机事故、安全检查、安全宣传的能力和手段，省农机局向各市（地、州）农机局下发《关于下达一九八六年农机监理车分配计划的通知》。文件称："农牧渔业部农机化局计划在'七五'期间为各级农机监理站配备一辆农机监理专用车，并已列入国家计划批量生产。今年计划分配给我省农机监理车54辆。"为加强农机监理专用车的使用管理，省农机局对农机监理车的用途、车辆的管理、保养、驾驶员安全教育等事项做了明确规定，同时确定了农机监理车的标志：车正面镶有红色"农机监理"字样。

1987年，为便于农机监理人员处理农机事故，按照农牧渔业部推荐的安全技术保护服装式样，四川省统一制作了农机监理服装，并佩戴全国统一的农机监理标志。

1988年，省农机局在新都等地举办了两期农机考验员培训班。培训的主要内容为：农用拖拉机及配套农具和其他农用动力机械检验的具体内容、办法、要求、工作程序和检测仪器的使用；农机驾驶（操作）员考试项目、方法、要求。参加两期培训的农机监理员有200多人。这两期培训的合格人员，取得"中华人民共和国农业机械考验员证"。

图2-3　全省农机事故处理培训模拟农机事故现场

1989年7月，农业部通报表彰1987年、1989年度全国农机安全监理工作先进单位和优秀农机监理员。广元市市中区农机监理站、崇庆县农机监理站、长寿县农机监理站（今属重庆市）被评为全国农机监理工作先进单位，省农机监理站刁学锋、绵阳市农机监理所蹇太富、广汉市农机监理站陈金全等被评为优秀农机监理员。

1991年12月，农业部通报表彰全国农业系统安全管理先进单位和先进工作者。省农机监理站、四川省三台县农机监理站被评为先进单位，省农机监理站王明书等被评为先进工作者。

1997年4月7日公布施行的《四川省农业机械安全监理和事故处理条例》第三十三条规定："处理农业机械事故的人员应着装整齐，胸章、肩章、臂章统一规范，并出据有关执法证件。"此规定从法律上允许了农机监理人员着装。

在监理着装问题上，省农机主管部门一直采取审慎态度。1997年，省农机局下发《关于加强农机监理服装管理的通知》，加强对全省农机监理着装的管理。

1997 年 5 月，农业部向全国农机系统发出《关于开展创建“文明监理、优质服务”示范窗口活动的通知》。“文明监理、优质服务”活动的目的是为了在服务“三农”中，提高农机监理队伍整体素质。

农业部对“文明监理、优质服务”示范窗口活动的内容、工作要求及创建条件做了详细的规定。同年 7 月，四川省农机局向各市（地、州）发出相应通知，要求四川省各级农机部门按照农业部的部署，扎实开展创建活动。

各地在“文明监理、优质服务”示范窗口的创建活动中主要抓了三个方面：一是组织开展以纠正行业不正之风为重点的职业道德、职业纪律的教育活动，增强广大农机监理人员的服务意识；二是组织开展“讲规范、讲文明”活动，提高文明监理和执法规范化水平；三是组织广大农机监理人员开展“有困难找农机”上门服务活动，要求广大农机监理人员，结合农时季节，深入乡村、田间地头和农户家中，开展法规、技术、信息、办理牌证等的咨询和服务，宣传农机安全知识，就近开展机具的检验、机手的考核、核发牌证，帮助农民解决实际困难。

“文明监理、优质服务”示范窗口活动在四川省取得了好的效果。在“文明监理、优质服务”示范窗口活动中，三台县农机监理站、崇州市农机监理站、巴中县农机监理站、什邡市农机监理所、江油市农机监理站、遂宁市市中区农机监理站、彭州市农机监理站、长宁县农机监理站、凉山州农机监理所、叙永县农机监理站、简阳市农机监理站、大竹县农机监理站、中江县农机监理站、犍为县农机监理站、荥经县农机监理站等 15 个县（市、区）的农机安全监理部门先后被农业部授予全国“文明监理、优质服务”示范窗口单位。

1997 年，省农机局在遂宁市举办了两期全省农机监理人员执法培训班，培训主要内容是：《中华人民共和国行政诉讼法》《中华人民共和国赔偿法》《四川省农业机械安全监理和事故处理条例》等法律法规及监理人员交通指挥手势训练。参加这两期培训的农机监理人员共有 800 多人。

《四川省农业机械安全监理和事故处理条例》第三十四条规定：“农业机械安全监理车辆应当安装、使用必要的发声器和标志灯饰。其发声器和标志灯饰安装办法和数量，由省农机局提出申请，省公安厅核准。”1997 年 12 月，省农机管理局和省公安厅联合下发《关于农业机械安全监理车辆安装、使用警示发声器和标志灯饰的通知》，就农机监理车辆警示发声器和标志灯饰式样、配备数量、安装使用办法等做了规定。从而使农机监理车辆安装使用警示发声器和标志灯饰合法化，为处理农机事故和安全检查提供了有力保障。

2000 年，省农机局在绵阳市、都江堰市举办了两期全省农机考验检验员培训班，培训的主要内容为：农机安全生产法规，农用车、拖拉机等办理登记，技术检验，驾驶（操作）员的考试、发证等农机监理业务。参加培训的监理人员共有 700 多人。

2001 年，省农机局在成都市龙泉驿区举办了全省农机事故处理培训班，聘请了西南农业大学张文长教授讲授《农机事故的预防和处理》，为培训监理人员做了模拟农机事故现场处理，提高了监理人员事故处理的能力。此次培训班共培训农机监理员 500 多人。

2001 年，省农机局下发《关于做好农机监理制装工作的通知》，对换装工作做了部署。

2005 年，农业部农机监理总站向全国农机系统发出《关于开展全国农机监理系统行风评议活动的通知》，要求在全国农机监理系统开展行风评议活动。省农机局高度重视，及时制定了《四川省农机监理系统行风评议工作实施方案》。根据方案要求，四川省农机监理系统行风评议的目标是：通过评议，完善制度，健全监督机制；提高农机监理人员的素质；规范农机监理人员的执法行为；加强农机监理人员的作风建设。评议对象为四川省各级农机监理人员。评议以各县级农机监理站（所）为单位进行独立评议。农业部和省的“文明监理、优质服务”示范单位是这次评议重点。评议主要内容：一是农机监理队伍建设情况；二是文明执法、规范服务情况；三是纠风整纪、作风建设情况；四是制度建设、监督检查情况。方案对评议方法、步骤和时间都做了详细规定。

四川省通过行风评议活动的开展，涌现出了一批农机监理行风评议活动先进单位。其中，成都市农业委员会安全监理处、凉山州农机监理所、江油市农机监理站、长宁县农机监理站、遂宁市安居区农机监理站、犍为县农机监理站等 6 个单位被农业部农机监理总站评为全国农机监理系统行风评议活动先进单位。

2005 年，《中华人民共和国道路交通安全法》实施前，省农机局在成都市龙泉驿区再次举办了法律法规培训班，聘请了省人大法工委领导、省交警总队事故处领导讲授《中华人民共和国道路交通安全法》、《四川省农机安全监理和事故处理条例》等法律法规。共培训监理人员 120 多人。同年，农业部农机监理总站在《中国农机监理行业标识规范使用手册》中重新规范了农机监理行业的标志标识。按照农业部农机监理总站的《中国农机监理行业标识规范使用手册》，对农机监理的专用车辆标识也做了重新推荐。

第四章 项目管理

自改革开放以来，农机面临许多新情况和新任务，农机管理进行了多项尝试，这些尝试一般都以项目管理的方式实施。农机项目管理分为工程设施管理和一般农机化项目管理。工程设施管理主要包括机耕道建设、机电提灌站技术改造和S195型柴油机节能改造。此3项项目管理均涉及农机的基础性工程设施建设及装备的技术改造。其他农机化项目管理包括“农机化试点”“农机化先行县建设”“节水灌溉”“农机科技兴农”“农机产业化经营试点”“农机购机补贴”“现代农业装备推进项目”等。这些项目管理，除少数是技术推广性的外，其他如“农机化先行县建设”“农机产业化经营试点”“农机购机补贴”和“现代农业装备推进项目”等，则是涉及国家面向“三农”投入方面的政策性考虑。

第一节 工程设施管理

一、机耕道建设

（一）任务和职能

2000年，省政府在四川“十五”农田水利基本建设目标任务中提出：农机项目为每年建设乡村机耕道（即乡以下的农村道路）4000公里，其中新建2000公里、硬化2000公里。副省长陈文光在全省农田水利基本建设电视电话会上明确四川省农村道路建设的分工和任务：交通部门负责县乡标美路建设，农机部门负责乡村机耕道建设。

2000年12月，省农机局在乐山市召开全省乡村机耕道建设动员会议，全省农机系统乡村机耕道建设工作全面展开。

2001年，省政府办公厅下发《关于切实抓好乡村机耕道建设的通知》，明确乡村机耕道是指乡以下可通行机动车辆和农业机械的农村道路，包括乡村道路、村组道路、田间道路。农机部门归口管理乡村机耕道建设工作，负责牵头做好规划、指导工作，计划、交通、财政、扶贫、以工代赈等有关部门要积极配合，大力支持。文件规定乡村机耕道建设本着“谁受益、谁负担”的原则，主要依靠和动员广大农民群众在自愿的基础上投工投劳进行建设。同时，把乡村机耕道建设纳入农业综合开发、生态环境综合治理、扶贫新村建设、以工代赈等基础建设项目中，统筹规划，同步建设。各级财政要通过以奖代补形式，适当安排一定资金引导和鼓励群众投入乡村机耕道建设。

2002年，省政府省长办公会议明确：乡以下道路的建设重点由各级农机部门负责，“万村通”

工程（即乡村道路）由省农机局负责组织实施。全省各市（州）、县（市、区）政府根据文件精神，先后发文明确乡以下农村道路建设和“万村通”工程由农机部门负责，并出台了关于加快乡村道路建设的决定或意见。各市（州）、县（市、区）成立了乡村道路建设领导小组，由市（县）长为组长，分管副市（县）长为副组长，农机、交通、财政、以工代赈等单位负责人为成员。领导小组下设办公室（设在农机局内），由市（州）、县（市、区）农机局局长兼任办公室主任，负责乡村道路建设日常工作。经市（州）、县（市、区）政府同意，达州、南充等一些市、县农机局设置了乡村机耕道规划设计所、乡村机耕道道路质量监理站和乡村机耕道建设科（股）。

2005 年 6 月，省政府印发《四川省农田水利基本建设总体规划纲要（2006—2020 年）》，又向农机部门下达了“十一五”期间乡村机耕道建设任务，仍是每年新建乡村机耕道 2000 公里，硬化乡村机耕道 2000 公里。

（二）建设工作

1. 纳入各级目标考核

乡村机耕道建设工作从一开始就受到各级政府的高度重视。2002 年，乡村机耕道建设被纳入了省、市（州）、县（市、区）各级政府对农机部门的目标任务考评。此后，每年皆如此。2003—2004 年，省政府目标办将乡村机耕道建设工作作为省政府为民办十件实事之一，实行党政一把手责任制。2006 年，乡村机耕道被纳入省政府重点督办事项。

省农机局要求全省各级农机部门要以认真负责的态度把这项工作做好。省农机局每年将乡村机耕道建设任务详细分解，下达各市（州），并以此作为省农机局对各市（州）农机工作的考核目标。各市（州）及县（市、区）再将目标任务在本地区层层分解、层层落实。

2. 编制建设规划

2001 年，省农机局按照“实事求是、因地制宜、统一规划、分步实施、分类指导”的原则，围绕省政府提出的“治水、改土、兴林、修路”为重点的农田水利基本建设，结合农村产业结构调整、农民增收、新村建设和扶贫开发等要求，对“十五”期间乡村机耕道建设作了全面规划。

2002 年，按照省发展计划委员会《关于作好四川省“万村通”公路建设工程规划工作的通知》的部署，省农机局又完成了市（州）、县乡村道路建设“万村通”规划。

2003 年，再次按照省发展计划委员会《关于抓紧开展我省丘陵地区农村基础设施建设和培育特色农业规划编制工作的通知》精神，结合丘陵地区乡村道路现状及农村发展的实际需要，编制出了《四川省丘陵地区 2003—2020 年乡村道路建设规划》。

2005 年，根据省政府农田办要求，省农机局编制了《四川省农田水利基本建设乡村机耕道建设规划（2006—2020）》。

这些规划，成为四川省乡村机耕道建设的指导性蓝图。

3. 制订建设标准

2001 年，结合四川农村实际，省农机局组织省内有关农村公路建设专家、部分市（州）县长期从事农村公路建设的专业技术人员，共同制订了《四川省乡村机耕道建设规范和技术标准（试行）》。2002 年，省农机局将标准草案发至各市（州）农机局征求意见。2003 年 6 月《乡村机耕道通用技术条件》（DB51/T379—2003）经省质量监督局批准作为四川省地方标准正式予以颁布，并于 2003 年 7 月 23 日正式实施。这个标准是四川省乡村机耕道建设的工程技术规范。

4. 加强培训

为使四川省乡村机耕道建设规范化、标准化，进一步加强技术管理，确保工程质量，2001—2005年，省农机局先后举办了四期乡村机耕道建设工程技术人员培训班，培训了近500名技术骨干。培训主要内容：基本概念及道路路线和道路、桥涵的结构构造；道路勘测及道路平面、纵面、横断面设计；路基路面和桥涵工程及施工组织和概预算；测量学基础和一般测量仪器的使用；相关法律、法规和技术标准；财政专项补助资金的管理和使用。经过培训，参训人员大多数具备了独立完成道路（桥涵除外）规划、设计、建设、概预算编制、施工质量监督、检查验收的能力，成为基层乡村机耕道建设工作的技术骨干。

5. 完善建管机制

四川省乡村机耕道建设围绕“民主决策、科学规划、规范管理、监督约束、管理养护”五个方面不断完善和规范乡村道路建设管理机制。民主决策中坚持“村民自治”“一事一议”，实行农民群众自主决策修路的机制。

科学规划中按照“通达、联网、提高”的原则，围绕农村城镇规划发展，以农业结构调整示范区和文明新村建设为起点，逐步实现乡通村、村联社、村社道路与田间道路互相连接的格局。在规划的原则上，坚持“五联四结合”，即：联乡、联村、联社、联院、联产业带。与当地群众经济承受能力相结合；与县乡公路网络状况与远景规划相结合；与农田水利基本建设和实现农业现代化相结合；与当地农业资源开发和农村产业结构调整相结合。

规范管理中坚持“五项制度”，即《项目负责制度》《工期合同制度》《工程监理制度》《资金报账制度》和《项目公示制度》。在工程具体施工中，基层施工人员还自创和推广了“五统一”“七自”“六分”等多种建设方法，即“统一组织、统一规划、统一勘测、统一标准、统一验收”；“劳力自出、资金自筹、土地自调、苗木自移、赔偿自负、工程自建、矛盾自消”；“分级负责、分步实施、分社落实、分户承包、分段验收、分别奖惩”。

监督约束中坚持乡村机耕道建设资金公示制度，坚持邀请人大、政协、纪检、监察机关对乡村机耕道建设不定期进行检查，坚持指派专人对建设质量、资金使用、原材料采购等主要环节全面跟踪监管，做到按设计施工，按预算开支，按进度拨付资金，按标准竣工验收。

管理养护中按照“建管并重”的原则，各级农机部门在规范建设的同时，不断探索、完善乡村机耕道管理养护机制。

（三）乡村道路建设资金投入

乡村机耕道建设坚持“谁受益、谁负担”，按照村民自治、一事一议的办法由群众自行建设为主，政府适当给予支持引导为辅的原则，形成了国家投入做引导、群众投入为主体、社会投入为补充的多元化乡村道路投入机制。各市（州）、县（市、区）政府明确将乡村道路建设纳入以工代赈、扶贫新村、生态环境综合治理、农业综合开发等农业和扶贫项目建设中，市（州）财政和以工代赈办逐年加大专门用于乡村道路建设的以奖代补资金。部分市区从收取的农用车和拖拉机养路费中切块部分用于乡村道路建设，同时积极争取农村个人、集体和各类经济主体投资。“十五”期间乡村机耕道建设投入49.03亿元，其中国家引导性投入6.29亿元、群众投入42.74亿元。

2001—2005年，省财政共安排乡村机耕道建设资金3000万元，其中2002—2003年，安排重点乡村机耕道建设项目资金1400万元。省财政资金专项用于补助乡村机耕道建设所需要沙石、水泥、钢材等材料费及其采购运输费用、爆破材料及其采购运输费；机械设备租赁费，包括机械设备的拆卸、安装、运输费等；乡村机耕道（含桥涵）建设的勘测、设计费。资金重点使用于四个方面：一是示范引导工程补助；二是重点难点路段建设的资金补助；三是断头路段建设资金补助；四是重点桥涵建设资金补助。财政专项补助资金和各级财政配套资金，由财政拨到县农机部门，项目建设单位按规定的开支范围，凭发票和有关手续到县农机部门报账。县农机部门须在工程完工并验收合格后报账付款，情况特殊的也可根据工程进度和实际需要分批报账付款。建设项目完工后，县农机部门要会同财政等相关部门，按工程立项报告内容和工程预算情况，对工程进行验收，验收报告包括：工程项目验收报告和财政补助资金使用情况决算报告。

（四）建设成效

“十五”期间，四川省乡村机耕道建设圆满完成省政府下达的建设任务。全省新建乡村机耕道25114公里，硬化乡村机耕道12124公里，分别是省政府目标任务的252%和121%。到2005年，全省乡村机耕道总里程达49.20万公里，其中晴雨通车率达50%，通村率达87.93%。比“十五”前提高了13.57%。“十五”期间，新实现7378个村，64173个组通乡村机耕道，乡村通行条件得到了明显改善。“十一五”的2006年，完成新建乡村机耕道7166公里，硬化乡村机耕道2779公里，分别完成省政府目标任务358%和139%。

（五）评比表彰

2001年开始，乡村机耕道建设纳入省政府农田水利基本建设农机项目“李冰杯”评比。农田水利基本建设农机项目考核评比分值按提灌机械修复改造和乡村机耕道建设各占一半的比例进行“李冰杯”竞赛评比。评比每年进行一次，从上年9月1日至当年8月31日（即水利年度）为一个竞赛评比年度。南充市2002—2005年连续3年获得“李冰杯”（农机项目）一等奖。

图2-4　竣工后的雅安市雨城区陇阳村乡村机耕道

图 2－5　2001 年 12 月 26 日，全省乡村机耕道建设经验交流会召开

2005 年，省农机局表彰“十五”乡村机耕道建设工作先进集体和先进个人。

2005 年省农机局表彰“十五”乡村机耕道建设工作先进集体和个人名单

表 2－7

先进类型	单　位（或个人）	备　　注
先进集体	南充市、达州市、巴中市 乐山市、眉山市	
先进个人	黄林芬	自贡市水利农机局
	林兆东	攀枝花市水利农机局
	吴克荣	泸州市农机局
	卜大学	什邡市农机局
	周　杉	绵阳市农机局
	何　革	广元市水利农机局
	唐树军	遂宁市农机局
	曾学敏	内江市水利农机局
	雷明才	资阳市农机局
	金明华	乐山市沙湾区农机局
	高万春	眉山市农机局
	左　晔	南充市农机局
	吴永刚	宜宾市农机局
	张仕辉	达州市农机局
	刘　坚	雅安市农机局
	梁　云	广安市农机局
	贾金平	巴中市农机局
	谢少华	凉山州农机局
	周晓阳	丹巴县农机局
	杨荣泽	阿坝州农机局

二、提灌机械修复改造

（一）修复改造的由来

四川省在农村水利基础设施建设上一直坚持“蓄、引、提结合”①，“大、中、小、微并举”② 的方针。而四川省丘陵地区田高水低、旱情频发的自然特征，决定了农业生产和农民生活对机电提灌的依赖性。中华人民共和国成立以后，四川在岳池县的长滩寺、巴县（今属重庆市）的西永乡、长寿县（现属重庆市）的渡舟乡等地先后兴建了柴油机组提灌站。20 世纪 60 年代，中共四川省委提出“以机电提灌为主，提蓄结合，综合利用”的水利建设方针，以政府投入为主相继建立了一批固定式机电提灌泵站。到 70 年代，机电提灌站建设快速发展。四川省内较大的骨干提灌站多数是这一时期建成的。20 世纪 80 年代后，新建固定式机电提灌站的步伐明显放缓。四川农村提灌抗旱的任务主要由 20 世纪 60—70 年代的提灌站承担。80 年代初，四川省固定机电提灌站总计 3 万多处，是四川省农村抗旱保产的最重要的工程设施。随着时间的推移，这批老提灌站呈现年久失修的境况。其表现为：电动机绝缘材料老化，水泵严重磨损，尤其是输电设备严重老化。四川农村机电提灌设备数量大、分布广。1986 年统计，全省农机总动力 1012.76 万千瓦，其中农用排灌动力 259.74 万千瓦，占农机总动力四分之一强。这批数量巨大的农村机电提灌设备长久积累起来的问题多且矛盾大，而单靠农村自己的经济实力和财政少量的临时补助经费均难以解决修复改造的问题。省农机局将调查情况向省政府以及省计经委做了详细汇报，建议把骨干电灌站的改造纳入四川省长期的投资计划渠道。

1986 年，全国针对灌排泵站老化失修的状况，启动了泵站技术改造工作，为发挥四川提灌设施的作用，改善农业生产条件，省人民政府决定，划拨 100 万元作为当年提灌机械修复改造专用补助经费。1987 年，省财政再次拨出 100 万元专用资金用于农村机电提灌设备的修复改造。随后几年，各级财政持续地不断加大对农村机电提灌设备修复改造的投入。由此，四川省农村机电提灌设备的修复改造工作正式在全省开展起来。

（二）资金投入

省政府和市（州）、县（市、区）各级人民政府都十分重视农村机电提灌站的技术改造工作，在财政并不宽裕的情况下，四川省各级政府逐年不断地加大对农村机电提灌设施的资金投入。

从 1986 年开始，省级财政以每年 100 万元专项资金投入提管设施修复改造。

1990 年，省政府从国家计委补助四川省修复水毁工程投资中划出 200 万元，专项用于水毁电灌站的修复改造。

1991 年，省级财政用于提灌设施维修改造的专项资金增加到 400 万元，用于水毁工程修复的专项经费增加 50 万元。

1994 年 3 月，省计委、中国农业银行四川省分行、省农机局联合向国家水利部农水司报送《泵站节能技术改造贴息贷款项目的请示》，申请节能技术改造贴息贷款 230 万元，主要用于遂宁市提灌站节能技术改造。9 月，国家水利部同意下达四川省遂宁市泵站技术改造专项贷款计划 200 万元。

---

① 指塘库堰蓄水、工程引水、机电提水相结合。

② 指包括大型、中型、小型、微型各类规模的水利工程设施一并发展。

20世纪90年代，省以工代赈办公室开始以每年100万元的投入支持四川农村机电提灌站的技术改造。为完成好提灌站“以工代赈”的技改项目，省农机局特别要求各地要严格按照《四川省机电提灌技术改造项目管理办法》执行。突出重点，集中投入，保质按期完成“以工代赈”提灌改造项目。

四川省农村机电提灌站技术改造的资金投入中还包括“发展粮食生产专项资金”。1996年统计，四川省“七五、八五”期间发展粮食生产专项资金农机部分的所有项目已经全部完成，十年期间，四川省农机粮专项目共投入资金8959万元，其中：国家投入5278万元、自筹3681万元。投入资金中用于提灌机械更新改造6087万元。

除省、市（地、州）、县（市、区）县各级财政对提灌设施修复改造每年的补助经费外，农民对提灌设施建设投入部分更是整个总投入的主体。据统计，1986以来，随着各级财政补助经费的增大，四川各灌区农民的总体投入也随之逐年增大。四川省提灌建设投资及效益情况详见附表。

（三）管理措施

省农机局对机电提灌设施修复改造工作十分重视。围绕修复改造，省农机局加强管理，采取了多种措施，同时也出台了很多办法。

1989年8月，省农机局在德阳市召开了四川省机电提灌设备修复改造会议。会议总结了1986年以来全省农村机电提灌设备修复改造情况，研究讨论了下一步工作，尤其是对1989年冬到1990年春以修复水毁设备为重点的修复改造工作提出了明确要求，要求各地市完成任务，确保第二年春灌用水。

1990年10月，为提高电力提灌站技改人员的技术能力，省农机局在绵阳市举办了全省电力提灌站技改测试训练班。这次训练班为四川省逐步开展泵站技术改造培训出了第一批实用型技术人才。

1992年4月，为保证提灌技术改造工程质量，省农机局决定对1993年以后列入技术改造的部分机电提灌站试行项目管理，并同时下发《四川省机电提灌技术改造工程项目管理暂行办法》。为配合电力提灌站的技术改造，1994年7月15日，省农机局通过省技术监督局颁布了《电力提灌站检测方法》四川省地方标准（DB51/T208—94）。标准正式于1994年8月1日实施。该项标准的实施，使四川省农村机电提灌设施的技术改造质量有了评判依据。

1996年8月19日，《四川省农村机电提灌管理条例》由省人大第八届人民代表大会常务委员会第22次会议颁布实施，这是四川省针对农村机电提灌设施管理的第一部具体法规。

1997年，根据省政府有关指示，提灌建设项目开始纳入省人民政府农田水利基本建设“李冰杯”评比。

2003年，省农机局印发《四川省农村电力提灌站规范化建设示范站基本要求》（试行）的通知，要求各地结合本地实际情况，贯彻执行。同年8月，省农机局在中江县再次举办全省电力提灌站技改及节水灌溉培训班。

2005年3月，根据四川省农业综合开发土地治理等项目的要求及机电灌溉设施建设工作的需要，省农机局编制了《四川省机电灌溉设施建设规划设计实施办法》。这套办法包括《四川省机电提灌泵站规划设计实施办法》《四川省喷灌工程规划设计实施办法》《四川省微灌工程规划设计实施办法》《四川省农村小型机电井工程实施办法》等一系列规章。这套办法对机电灌溉设施建设规划设计工作方面提出了具体的规范、标准和要求。

2005年11月，省农机局为加强对专项资金使用的监督管理力度，对各级农机部门提出以下要求：机电提灌项目专项资金要专款专用，不得挪作他用，必须把有限的资金用在机电提灌项目建设上；认真抓好机电提灌项目建设，确保工程质量；保证设备、材料及工程质量；对各级财政投入的新建的机电提灌泵站和重点技改泵站实行竣工验收前的检测；省农机局将检查和验收重点机电提灌项目。验收时包括查看项目现场、审查技术资料和资金的使用情况等；对验收不合格的项目，将追究相关部门责任。

2005年11月，省农机局就农业综合开发土地治理项目中的机电灌溉设施建设工作又一次提出要求：要认真组织实施好机电提灌站技术改造、机械化节水灌溉和机电井的建设实施等项工作。确保高质量、高水平完成任务；对机电灌溉项目的规划设计和工程质量要加强监督管理，严格依照《四川省农村机电提灌管理条例》等相关法规办事；提高泵站工程建设质量和技术水平；坚持建管结合，落实管护责任。要做到建设一处，管好一处，用好一处。

（四）技术改造和维修情况

四川省自1986年启动农村电灌站技术改造工程后，1986—1988年，四川省共完成电灌站技术改造1024处，1247台，6.55万千瓦。改造实用资金876.6万元。在随后的几年中，省农机局每年利用不多的财政补助资金，安排全省农村机电提灌设备的技术改造工作，都取得了相应的成效。

四川省对农村提灌设施的维修一般都结合电灌站技术改造工作进行。不同的是，提灌机械维修主要由当地政府及农机部门组织规划，由提灌站及乡镇农机站负责维修。提灌机械的维修资金一般由县、乡财政补助，以受益群众自筹为主。特别是燃油提灌机械维修资金基本上由群众自筹。每年，省农机局结合干旱、提灌修复改造资金等情况，都要下达7万—8万台次，70万—80万千瓦提灌机械的维修改造任务，要求全省在春灌前完成提灌修复改造任务，确保90%提灌机械春灌时能上阵提水。春灌前，省、市、县农机部门都要加强提灌修复改造工作的检查，县农机部门要组织维修服务队抢修提灌设备，搞好提灌机械维修，确保了每年提灌机械修复任务的完成。

图2-6　内江市市中区元山顶二级电灌站

1986—2005年四川省农村电灌站技术改造统计表

表2－8

年　度	改造数		
	处	台	万千瓦
1986—1988	1024	1247	6.55
1989（不含重庆市）	297	437	2.39
1990	442	580	3.00
1991	421	585	2.97
1992	402	440	2.20
1993	408	543	2.30
1994	331	440	2.03
1995	308	529	2.48
1996	609	813	3.35
1997	817	613	2.28
1998	1039	1485	4.53
1999	868	1240	4.39
2000	942	1346	4.70
2001	1394	1990	6.55
2002	1994	2180	6.97
2003	1683	1840	5.62
2004	1466	1740	5.19
2005	1730	3630	5.45

1986—2005年四川省提灌机械修复情况统计表

表2－9

年度	提灌机械修复完成数	
	万台次	万千瓦
1986	4.00	44.50
1987	8.70	98.00
1988	8.40	95.50
1989	8.00	89.30
1990	7.24	90.70
1991	7.29	85.60
1992	7.65	81.00

续表 2-9

年度	提灌机械修复完成数	
	万台次	万千瓦
1993	8.67	92.60
1994	7.16	73.80
1995	8.27	79.66
1996	7.86	80.00
1997	7.69	78.56
1998	7.51	80.00
1999	7.32	77.00
2000	8.00	83.00
2001	7.40	76.45
2002	9.08	89.00
2003	9.52	88.40
2004	9.48	95.81
2005	8.34	84.55

1986—2005 年四川省提灌建设投资及效益情况

表 2-10

年 度	灌面（万公顷）		提灌建设投入资金（万元）
	恢复灌面	扩大灌面	
1986	8.59	0.68	1353
1987	19.04	1.51	3172.90
1988	25.34	1.33	3114.07
1989	17.31	1.38	2777.91
1990	14.43	1.40	3434.76
1991	3.93	—	2609.25
1992	4.00	—	4109.50
1993	26.60	1.66	2727.92
1994	12.65	1.89	3465.07
1995	11.06	0.50	4320
1996	12.09	0.53	16900
1997	13.58	0.62	18600

续表 2-10

年　度	灌面（万公顷）		提灌建设投入资金（万元）
	恢复灌面	扩大灌面	
1998	17.38	0.67	43000
1999	12.00	0.67	59000
2000	17.73	0.80	72600
2001	13.73	0.67	78780
2002	9.73	0.67	34800
2003	8.93	0.72	31000
2004	10.33	0.68	27330
2005	11.53	0.77	13600

说明：1. 表中数据来源于省农机局历年“农田基本建设农机项目完成情况”统计；
2. “提灌建设投入资金”包据提灌站新建、修复改造、新增提灌设备及部分输水渠道建设、改造的投入。其中农民投入部分是总投入的主体

三、S195 型柴油机节能改造

S195 型柴油机节能改造项目是 20 世纪 80 年代四川省农机修造行业在全国最有影响力的节能改造项目。20 世纪 80 年代初，S195 型柴油机是农业机械中主要的内燃机动力机械，其出厂时间大部分都在 1980 年以前，机械陈旧，普遍存在技术经济指标差、功率下降、油耗增高等问题。当时，在全国有百万“油老虎”之称，亟待医治。

四川省拥有 S195 柴油机座机和以 S195 柴油机为动力的小型拖拉机达 30 万台。据 1985 年全省检测 2.30 万台，平均每台功率比额定功率下降 18%，耗油率比标定上升 56% 以上，功率单项合格 44%，耗油率单项合格 32%，两项同时合格的不到 26%，经济性极差。为解决这一实际问题，省农机局提出了“S195 柴油机节能改造技术研究”课题。资阳县农业机械修造厂和内江市农机局等单位承担了省农机局下达的科研项目。该项目报农业部批准为农业机械化重点科研项目。

从 1986 年开始，课题研究小组经过两年的潜心研究和反复试验，又经过有关单位进行的台架试验、性能测试、中间试验和应用试验考核，课题达到计划任务书的要求，同时通过省级技术鉴定。

经过试验、对比，参照新的柴油机耗油率出厂标准，课题组拟定了较优化的改造方案。根据台架试验结果，改造后的 12 马力的 S195 柴油机最高功率可达 14 马力以上，油耗降低到 185 克/马力·小时以下，优于出厂标准。

S195 柴油机改造节能技术是一项重要的科研成果，课题组主要负责人陈道全因此获得农牧渔业部的全国农村能源建设先进工作者称号。

从 1986 年到 1988 年 9 月底，全省累计完成改造 8.3 万台，提前一年实现了 1986 年底提出的预

定目标。改造后的发动机功率可达8.8千瓦/2000转/分，燃烧油耗和原机比较一般都能提高23%—36%。而且排烟性好、环境污染少、机体升温慢。经过测算，整个改造共节约柴油1.20万吨，价值1152.24万元，经济效益和社会效益十分显著。

为配合S195柴油机的节能技改，省农机局通过省质量技术监督局，于1988年9月发布并实施了四川省地方标准《S195型柴油机节能改造技术条件》（DB/5100J91001—88）。节能技改工作在技术上确保规范。

四川的试验研究资料报农业部后，农业部认为节能效果显著，简单易行，措施可靠，决定向全国推广此项节能技术。省农机局和农业部签订了承担90000台的节能改造的技术推广合同，并负责节能改造的师资培训和技术服务，提供节能配件、技术资料和文件。四川省内参加节能技术推广项目的单位主要有省农机局修造处、资阳县农机修造厂、资阳县农机供应公司、内江市农机局、达县地区农机局、乐山市农机局、成都市农机局、绵阳市农机局、重庆市农机局、万县地区农机局等。

1989年，技术推广任务完成。农业部派出以马镜波为组长，陈忠慧（西南农业大学教授）、张昌明（四川省农业机械研究所高级工程师）为副组长的验收组对此项节能技术的推广应用进行现场验收。验收组认为：课题组提供的技术文件与资料基本完整齐全；推广工作已普及全省153个县，以县为单位推广面已达到75%，两年来累计推广83045台，超额完成了推广项目合同中提出的任务、节能效果显著；推广工作采取的组织措施和技术措施切实可行，特别是加强维修和供应联合的作法，对加快推广进度和提高推广质量，提供了可靠保证，也为在全国普及及推广提供了丰富的经验；推广工作取得的效果，表明推广S195柴油机节能改造技术是改善和提高在用旧机经济技术性能的有效措施，为加强农机维修和农机管理工作开辟了新的途径。验收组同意对推广工作予以验收。

S195柴油机节能技改推广成果获得1986年度四川省农牧业技术改造二等奖，1988年度四川省农牧业科技进步一等奖，1989年获农业部科技进步三等奖。

从1986年开始至1989年，四川省共完成S195柴油机节能改造10.71万台，超额19%完成与农业部签订的推广任务。

1987年、1988年，此项节能技术在全国15个省（区、市）推广和应用。四川省受农业部委托，不仅为全国各省市举办了3期全国性骨干训练班，还先后派人到河北、江西等省进行技术交流和现场传授技术，并接待了江苏、陕西、湖北、湖南、黑龙江等省来四川省了解该技术和推广情况的同行，为河北、新疆、陕西、湖南等24个省（区、市）供应配件31461套。

1992年，S195柴油机改造技术逐步推广应用到95系列多缸柴油机。此项工作到1999年在全国基本结束。

第二节　农机化项目管理

一、农机化试点

1986 年 5 月，根据四川省农机化总体发展战略，省农机局开始在全省部分市（州）、县（市、区）开展了两期农业机械化综合试点。农业机械化综合试点工作，是为了适应农村经济发展，保持和促进农业生产特别是粮食生产稳步增长的需要而开展的，是研究探讨农村新形势下农业机械化的发展规律的科学实验工作，是实现“分类指导、重点突破”指导方针的切实步骤。试点工作旨在通过对不同类型区的农机化试验示范，农业机械的引进及试验选型，为各个类型区实现农机化的具体道路、发展步骤提供依据和经验，使整个试点工作形成一个完整的体系。

按照农牧渔业部《全国农业机械化综合试点工作经验交流会议纪要》要求，省农机局拟定了《四川省农业机械化综合试点计划任务书》和《四川省农业机械化综合试点工作管理试行办法》。试点工作的主要内容：一是从促进农业生产出发，充分发挥机具的作用，提高田间作业机械化水平，促使农业特别是粮食增产增收；二是探索机具的适应性与可行性，有选择地引进、试验、推广新机具；三是研究在不同农业生产规模下，乡、村农机站如何加强农机的社会化管理服务；四是研究不同作业机具的经济效益以及如何合理配备；五是研究农机的经营管理形式；六是研究农机化发展的有关技术经济政策。试点工作至 1994 年结束。

（一）四川省第一批农业机械化综合试点

1986—1989 年，四川省开始第一期农业机械化综合试点。试点单位选定川西平坝区的成都市金牛区苏坡乡、新都县竹友乡、邛崃县前进乡，德阳市中区孝感乡、广汉市小汉镇共两个市地的 5 个县。1990 年，第一期农机化综合试点完成评审验收。

1. 广汉市小汉镇

该镇在“综合”二字上做文章，积极探索农业和农机在分散经营情况下，适合当地农村经济水平、自然条件发展农业机械以稳定农业和促进农村经济发展的路子，重点在三个方面下功夫：一是抓现有项目的深化，促农业生产和农村经济发展。主抓项目包括机电提灌设施建设、发展机耕作业和发展运输机械化；二是开拓新项目，积极探索，总结经验，扩大影响。主抓项目包括推广小麦播种机、引进收获机械示范；三是完善服务体系，提高效益，增强活力。主要是切实办好镇农机站。1987 年，广汉市同时被农业部列为全国农机化综合试点县。

2. 成都市金牛区苏坡乡

该乡地处成都市近郊，试点工作重点是探索经济发达地区的种植业机械化，提高粮食生产和劳动生产率，促进产业结构调整和农村各业的发展。在试点中开展了六项工作：一是宣传农机化在农业生产中的地位和作用；二是对投入使用的机具进行了初步检验；三是加强试点机具的经营管理；四是建立健全农机服务体系，搞好农机服务；五是对土地规模经营问题进行了调研；六是努力办好乡农机站，增强服务能力。

3. 新都县竹友乡

该乡在农机化综合试点工作中，不断开拓进取，努力创造特色，试点工作取得了六方面的收效：一是农业机械化提高了农民种粮的积极性；二是农机化提高了劳动生产率，为农业劳动力的转移创造了条件；三是农民购机积极性提高；四是农机化服务体系和队伍得到加强；五是初步探索了不同类型机具的适宜经营形式；六是做到农机农艺互促互进。

4. 成都市邛崃县前进乡

该乡的主要做法是：一是成立了由农机、财政、乡政府领导组成的县农机化试验领导小组，由分管副县长任组长；二是认真分析情况，选择试验机具；三是摸索集体经营管理经验，实行调动、管理两统一；四是千方百计为农户服务，充分利用现有机具；五是组织机具为种粮大户服务，解决其雇请劳动力的困难；六是充分利用宣传效果，提高农民对农机化作业的信任。

5. 德阳市市中区

该区抓重点突破，首先在红光村进行试点。红光村农机站广开服务门路，开展多种经营，在“双抢”和秋耕季节开展机械作业，使该村农机化水平提高了10%—15%；通过对试点工作的总结分析，在该区面上进行指导性的推广。

第一批农机化综合试点工作的启示：一是农机化事业要以紧紧服务于农业、农村经济发展和促进农业增产增收为导向；二是要正确处理好农业生产责任制与农机化发展之间的关系；三是基础农机化服务体系的建立和健全，是农机化发展和开展综合试点工作的重要支柱；四是多渠道、多形式筹集农机化发展基金，逐步完善农机化自身积累机制；五是试点先行，点面结合，分步到位，逐步推开，这是实施分类指导、重点突破的基本工作方法；六是要加强组织领导和宣传报道工作。

（二）四川省第二批农业机械化综合试点

四川省第二批农机化综合试点从1990年开始至1994年结束。在此期间，被列入第二批四川省农机化综合试点的单位先后有成都市金牛区、成华区、武侯区、青羊区、新都县、邛崃县，德阳市中区、广汉市、中江县、绵竹县，峨眉山市、仁寿县、犍为县，遂宁市市中区、彭水县（现属重庆市）、三台县等县农机局。

为促进试点单位有步骤地开展试点工作，省农机局对第二期试点单位下达了试点的主要研究方向和具体实施的计划任务书。

根据四川的省情，搞综合性的、全面的试点比较困难。为此，省农机局重点抓了单项机械化技术试点，成效显著。其中，德阳市中区的机械化收获问题，由市中区政府投入100多万元，取得了突破。该区平坝乡镇65%小麦实现了机械化收获；遂宁市中区是川中老旱区，农业生产的主要问题是灌溉问题。通过试点，这个问题得以解决。1995年遂宁出现30年罕见的干旱，因农田用水纠纷问题，农民两次到政府请愿，通过市中区农机局抗旱服务队及时服务，迅速平息了风波，体现了农机为农业生产和社会稳定做出的贡献。

四川省农业机械化综合试点工作的主要成绩是扩大了农机化的社会影响，对四川农机化发展探索出了新路子。几年的试点实践，值得充分肯定和继续坚持的基本经验有：一是要遵循因地制宜、分类指导、重点突破的原则，选准试点的突破口，做到有的放矢；二是坚持硬件研究与软件研究相结合，即既重视机具设备的引进试验，又注重机具使用效益的提高，完善经营管理形式；三是引进试验与改进提高相结合、农机与农艺相结合。农业机械的区域适应性、工程技术与综合农艺措施相互配套的问题始终是试点工作优先考虑的问题；四是引进技术适度超前，同时注重效益选择。

二、农机化先行县建设

1998 年，根据《2010 年四川省基本实现农业机械化战略规划》以及《四川省农业机械化发展“十五”计划和 2015 年远景规划》“要切实搞好农业机械化试点示范和先行县（乡、村）建设工作”的要求，省农机局开始进行农业机械化先行县建设工作。

农机化先行县建设项目是以补贴粮食生产者购置农业机械为主要建设内容的项目。先行县项目是以支持当地农业生产和农村经济发展，实现粮食增产、农民增收、节本增效，促进农业结构调整，增强农业发展后劲，提高农业综合生产力水平为目标。其主要任务是：选择适用于不同自然类型区农业生产主要环节的农业机械及其配套方案；探索在社会主义市场经济条件下农机化发展的路子、投入机制和运行模式；研究有效利用经济手段组织和推进农机化服务，推动农机服务社会化、市场化、产业化的相关政策和措施；推动全省农机化水平的提高。

1998—2005 年，四川省共实施了 3 批农机化先行县建设项目。

为使先行县建设项目管理科学规范，省农机局 1998 年 9 月制定了《四川省基本实现农业机械化先行县建设项目管理暂行办法》，2004 年，对暂行办法进行了重新修订。省农机局对各地开展农机化先行县项目建设提出主要要求：一是要提高认识；二是在先行县建设中要做到四个“突出”（突出重点，突出特色，突出机具的推广、运用，突出宣传）；三是切实加强项目财务管理；四是项目管理工作要进一步规范。

（一）第一批农机化先行县建设（1998—2000 年）

四川省第一批农机化先行县建设项目于 1998 年至 2000 年实施。第一批农机化先行县共八个县（市、区），分别是：成都市的双流县、温江县，德阳市的旌阳区、广汉市、绵竹市，泸州市的泸县，遂宁市的射洪县，巴中市的通江县。他们分别代表平原、丘陵和山区不同类型地区。

经过 3 年项目实施，各项目县的农机化事业都有新的发展，项目县的农业机械拥有量、作业机械化水平有明显提高，项目实施取得显著成效：

一是激发了项目县对农机化发展的投资热情。两年中，8 个先行县累计完成投资 9910.88 万元，占整个项目总投资计划的 73%。在完成项目投资中，各级财政投资 2410.24 万元，其中，中央投资 245 万元、省级投资 485 万元、地县投资 1680.24 万元，分别占各级财政投资的 10.16%、20.12%、69.71%；村户农民自筹投资 7914.38 万元，占整个项目完成投资额的 79.86%。

二是改善了项目县农机装备情况。两年中，8 个先行县新增农机总动力 15.07 万千瓦，增长 12.7%；农机装备总值新增 9102 万元，增长 14.60%。在主要农业机械中，新增各型耕作机械 3812 台，增长 16%；新增播种机具 5783 台，增长 12.10%；新增联合收割机 621 台，增长 108%。

三是提高了项目县农机化水平。在主要农机作业方面，8 个县的机耕面积增加 0.98 万公顷，增长 7.42%，机播及半机播增加 1.56 万公顷，增长 23.17%；机收面积增加 2.94 万公顷，增长 138%；机脱增加 67.76 万吨，增长 111%；机械植保面积增加 3.40 万公顷，增长 25.84%。

四是探索了农机购置补贴的有关政策。财政资金用于对农民的购机补助，是否能落到实处，使农民从中受益，一直是各级农机主管部门和财政部门共同关心的问题。四川省农机部门对这一问题进行了一些有益的探索，收到了较好的效果。在农机化先行县建设工作中，省农机局对农户购机制定了补贴比例政策。鉴于农民购机，量大面广，受财政资金总量的限制，兼顾受益面，补贴比例不宜定得太高，根据四川省农村的实际情况，初步定为30%。对农民购机给予适当的财政资金补贴，这是政策探索，从后来中央实施农机购置补贴政策来看，省农机局对这项政策的探索方向是正确的，探索是成功的。

第一批农机化先行县建设经过3年的实施，省农机局对按时完成建设任务的项目县进行了验收。其中，2001年7月，温江县通过项目实施和验收，其农机化综合作业水平达到80.37%，超过基本实现农机化的综合作业水平70%的指标，成为全省第一个基本实现农机化的县。

（二）第二批农机化先行县建设（2001—2003年）

四川省2001年农机化先行县共15个，它们是：米易县、西昌市、康定县、荥经县、峨眉山市、彭山县、成都市新都区、成都市青白江区、罗江县、什邡市、安县、蓬溪县、荣县、泸州市龙马潭区、开江县。2002年、2003年农机化先行县共12个，在2001年的基础上增加了甘孜州甘孜县，减少了康定县、什邡市、彭山县、荣县。

第二批农机化先行县建设工作取得的成效：

一是农机化先行县建设工作纳入了各级政府的议事日程。各项目县成立了由党委、政府分管农业的主要领导做组长的农机化先行县建设领导小组，将农机化先行县建设工作纳入党委、政府工作的议事日程，并作为相关部门及乡镇的目标考核内容。

二是农机化先行县建设项目得到了财政部门的大力支持。省级财政每年安排300—400万元资金用于全省的农机化先行县建设，各市（州）、县（市、区）也积极安排资金予以配套。2001—2003年期间，四川省财政安排项目资金970万元，市（州）、县（市、区）财政配套1199万元，农民自筹资金4337万元（不包括农机化先行县建设项目带动，农民自行购置未享受财政补贴的投入部分）。成都市的新都区、青白江区，市、区两级财政安排的农机化先行县建设资金是省级财政的两倍。

三是农机化先行县建设项目受到了广大农民的普遍欢迎。农机化先行县项目资金用于购机补助，农机部门采取“阳光作业”，广泛宣传，让项目区农民家喻户晓，确保项目实施不搞暗箱操作。通过项目的实施，农民得到了补助，通过农机作业，减少了粮食抛洒，节约了生产成本，农机作业代替人力，节约劳动力，在保证粮食安全的前提下，能让更多有知识的农民离土离乡，外出务工，为农村奔小康做贡献，使他们间接受益。

四是农机化先行县建设项目促进了四川农机拥有量快速增长。2001—2003年之间，通过实施农机化先行县建设项目，增加了联合收割机471台、耕整机1824台，分别占全省同期增长量的33.19%、20.73%；机动脱粒机、手扶拖拉机、抛秧机等也有大幅度的增长，农机化先行县建设促进了农机拥有量的增长。

五是农机化先行县建设取得了良好的社会经济效益。农机化先行县建设项目的实施，加快了农业机械的推广应用，提高了农业劳动生产力，降低了生产成本，增强了农业生产抗御自然灾害的能力，促进了农村劳动力的转移和农村经济的发展。据成都市青白江区统计，农机化先行县建设项目实施三年，仅机收和脱粒两项，由于减少粮食抛洒损失和降低生产成本，就为农民增收1300余万元。

六是农机化先行县建设工作探索了项目管理的有效途径。在加强农机化先行县建设项目管理中，省农机局就加强资金管理、保证专款专用和加强项目管理、保证项目顺利实施等方面探索、总结出一套有效办法。探索的主要问题有：

其一，确定购机补贴比例。在第一批农机化先行县建设确定的差别补贴比例基础上，第二批先行县建设将补贴比例都定为不超过30%。这个不超过30%的补贴比例与2004年在全国实行农机购置补贴的补贴比例一致。

其二，要签订购机补贴协议。农民购机要享受国家补贴，并为当地农民提供农机作业服务，因此，县农机局要与购机农民签订协议，明确责任和义务，协议对购机农民和县农机局都有制约作用，主要是为了保证财政资金的安全和效益的发挥，体现农机部门为农服务中，好事做好，实事办实，确保所购机具在农业生产中发挥作用。

其三，要严格核实购机农民身份。由于项目县较少，项目县农民购机有补贴，非项目县农民购机没有补贴，为了有效防止倒卖，我们必须对购机农民的身份进行严格核实。

其四，机具实行目录管理。2002年，省农机局《关于印发四川省农机化技术推广总站〈2002年农机产品推荐品牌目录（第一批）〉的通知》，确定了一批产品质量优、售后服务好的农机产品，向农民朋友推荐。省农机局要求，农机化先行县建设项目的补贴机具在目录中选择。经过实践证明，统一确定机型的办法很好。这种财政资金补贴农民购机，补贴产品实行目录管理的做法，是四川省大胆而有益的探索。从2005年开始，农业部的农机购置补贴项目的补贴产品，在全国也实行了目录管理。

其五，建立健全奖惩机制。根据财政政策，资金要按规定使用，为了公正地对待所有县，省农机局采取了两种办法：一是建立奖惩机制，对项目搞得好的单位，不但继续支持，还在资金安排上加大力度；对项目实施较差的，在资金安排上要适当削减，以体现奖勤罚懒政策；二是建立淘汰机制，对上争取项目积极、做工作不积极的项目单位，经过严格认真的检查，如果资金使用得的确不好，取消其项目单位资格。在第二批农机化先行县建设中，省农机局对这两种机制都做了恰当的应用，实行优胜劣汰，收到了良好的效果。

这些探索，受到农业部农机化司和省计委等有关部门的好评。

（三）第三批农机化先行县建设（2004年）

第三批农机化先行县项目执行时间原定为2004—2006年，该项工作2005年与现代农机装备推进项目合并实施，2006年合并归入农机购机补贴工作中，故第三批农机化先行县项目实际上仅执行2004年一年。

第三批农机化先行县共21个，它们是：郫县、都江堰市、攀枝花市仁和区、泸州市纳溪区、剑阁县、江油市、遂宁市安居区、威远县、安岳县、资阳市雁江区、夹江县、眉山市东坡区、阆中市、西充县、宜宾市翠屏区、大竹县、名山县、邻水县、平昌县、康定县、会东县。

2004年，省农机局根据因地制宜、分类指导的原则，为四川省农机化先行县建设项目不同地区的项目县分别确定了省级财政资金重点补贴的机具类型。

都江堰市、郫县、江油市等项目县，重点发展水稻收获机械类，其机具类型是：履带式全喂入联合收割机、履带式半喂入联合收割机类及种子催芽机类。

眉山市东坡区、夹江县、会东县、康定县等项目县，重点发展稻麦收获机械、耕作机械类，其机具类型是：小型耕作动力机械、大中型耕作动力机械、小四轮、轮式自走式全喂入收割机、履带式全喂入联合收割机、履带式半喂入联合收割机类、青贮铡草机、青稞小麦脱粒机、牧草收获机械以及种子催芽机类。

名山县、邻水县、大竹县、平昌县、阆中市、安岳县、剑阁县、遂宁市安居区等项目县，重点发展耕作机械、小型联合收割机械类，其机具类型是：微耕机、小型耕作动力机械、大中型耕作动力机械、小四轮、履带式全喂入收割机、手扶式全喂入收割机以及种子催芽机类。

威远县、宜宾市翠屏区等项目县，重点发展耕作机械类，其机具类型是：微耕机、小型耕作动力机械、大中型耕作动力机械、小四轮以及种子催芽机类。

第三批农机化先行县项目确定财政资金的补贴额度最高为27%，补贴机具仍然实行目录管理。对于补贴机具，省农机局根据这些机具在四川市场上的销售价格，制定了参考价，防止价格过高，损害农民利益。

第三批农机化先行县建设的主要效果：一是财政加大了试点县的投入，2004年，省级财政安排400万元用于全省的农机化先行县建设，各市州县财政投入资金120万元，农民自筹1430万元（不包括受农机化先行县建设项目带动，农民自行购置未享受财政补贴的投入部分）；二是项目实施采用“阳光作业”，体现了公开、公正、公平的原则，受到农民的普遍欢迎；三是项目县农机拥有量快速增长，2004年增加了联合收割机190台、耕整机2173台，分别占全省同类机型增长量的30.06%、14.68%；四是项目实施取得了良好的社会经济效益。

三、机械化节水灌溉

四川虽然水资源丰富，但其农业抗旱能力弱，加之四川旱情较多，真正用于农业灌溉的水资源仍显紧缺。四川传统的农业灌溉又大量采用引水漫灌方式，使得水资源不能科学合理利用，浪费惊人。从20世纪80年代起，四川已经开始注重节水灌溉，尤其在20世纪90年代以后，四川的机械化节水灌溉已在全省各地得到快速推进。

20世纪90年代，在无专项资金支持的情况下，省农机局每年从其他项目中挤出部分资金，用于机械化节水灌溉的示范示点。同时也利用农业综合开发、以工代赈、生态工程等项目来发展机械化节水灌溉工程。省农机局先后在金堂县、中江县、成都市龙泉驿区、威远县、安岳县、宜宾县、阆中市、南充市高坪区、顺庆区、苍溪县、射洪县、邻水县、岳池县、大竹县、开江县、巴中市巴州区、南江县、泸州市江阳区、纳溪区、米易县、攀枝花市仁和区、洪雅县、眉山市东坡区、犍为县、夹江县、雷波县、绵竹县等县（市、区）建立了节水喷灌示范点70多个。通过试点，各地都取得了一定的经验和效益，带动了四川省机械化节水灌溉的发展，为进一步推广机械化节水灌溉打下了基础。

节水喷灌在多数示范点显示出技术上的优越性和经济上的效益。金堂县在2.66公顷脐橙果园进行提灌节水灌溉试点，试点测试表明，节水喷灌比直接冲灌节水60%，每公顷可节约提水费和人工费约225元，每年每公顷可节约费用675元左右，干旱时脐橙平均每公顷增产3750公斤以上，有的管理较好的果园，产量还成倍增长。米易县充分利用农业综合开发资金和气候好、日照时间长的地理优势，大力发展美国红提、芒果、枇杷，并在果园实施了喷灌、微喷灌和滴喷，面积达66.60公顷。通过几年的建设，果园的经济效益已开始显露头角。泸州江阳区农机局连续两年实施固定式喷灌工程的80公顷示范地，被业主踊跃承包。罗江县在金花梨基地实施了近33.34公顷的喷灌和微喷灌工程，金花梨的产量和品质有很大提高，经济效益显著。中江县的6.67公顷油桃基地，实施喷灌后产量也大幅度增加，效益可观。同时，中江县农业综合开发的66.6公顷节水喷灌工程，建成后有效地带动了四川省丘陵和山区旱坡地节水农业的发展。

1996年，省农机局在提灌工作要点中，明确要求各地要搞好旱地节水喷灌试点，结合喷灌基地建设稳妥地推广微型喷灌机具。

1997年4月，省农机局举办了以节水喷灌、机械深施化肥技术、水旱耕作机械为主的农机现场会，省委书记谢世杰等领导前往现场考察。谢世杰对农机部门推广的节水灌溉和机械深施化肥技术在抗旱、保栽中的作用给予了充分肯定，并指示将节水喷灌设备在干旱县推广。省农机局结合省委、省政府的统一部署和全省情况，及时地将赠送抗旱设备的34个县纳入节水喷灌的试点县。

1999年5月，省农机局发出《下达1999年重点提灌项目的通知》，其中安排机械化节水灌溉试点示范项目11处。要求各地农机部门严格进行项目管理，确保建设质量，按时完成任务。

2000年后，省农机局商同省财政厅，在全省有计划地逐年安排机械化节水灌溉试点示范项目多处。其中，2001年4处，补助资金37万；2002年14处，补助资金26万；随后的2003年、2004年和2005年，以每年50万补助资金，每年建设示范项目5处，更体现了对节水示范项目的重点扶持。对在建的机械化节水灌溉示范点，省农机局要求各地农机部门严格进行项目管理，确保建设质量，按时完成任务。同时还提出，在建设中，要注意将固定式节水喷灌与移动式节水喷灌相结合，将机械化喷灌项目与微池、微水项目相结合。

机械化节水灌溉示范点的建设，不仅充分显示出了节水灌溉的优势，同时，也有效地带动全省机械化节水灌溉工作。2003年建成的双流县、什邡市、安县、资阳市雁江区、遂宁市中区等5个县（区）机械化节水灌溉示范项目经运行证明：实施机械化节水灌溉后，比传统灌溉方式节水50%以上；作物比传统灌溉方式增产幅度大于30%以上；与人工浇灌相比提高功效大于5倍以上。2004年和2005年建成的邛崃市、绵竹市、简阳市、彭山县、广安市及罗江县、北川县、射洪县、南部县、通江县共10个县（市）的重点机械化节水灌溉项目，按照有关标准设计，采用了自动控制、遥控技术、变频恒压、坡地仿形灌溉等先进技术，示范点的建设不仅解决了经济作物的灌溉问题，同时可使农业园区土地租金提高、土地增值，增加了农民收入，得到当地政府和业主的认同，起到了典型示范和带动作用。示范点建成后，四川全省各市州都仿照示范点抓节水喷、滴灌技术推广。其中，攀枝花市新建喷灌、滴灌15处，受益面积333.3公顷。自贡市财政安排100万元以奖代补资金用于446.67公顷节水灌溉的补助。遂宁市在各种农业项目中挤出资金发展机械化节水灌溉点11个，新增节水灌溉机具107台套，节水灌溉面积近666.70公顷。南充顺庆区、高坪区、蓬安、西充县在经济园区实施喷、滴灌节水灌溉面积110公顷。重点示范点起到了在丘陵旱地实施机械化节水灌溉技术的带动作用。

2005年，依据国家有关规定，省农机局编制了《四川省机电灌溉设施建设规划设计实施办法》，包括内容有“四川省喷灌工程规划设计实施办法”“四川省微灌工程规划设计实施办法”。这些办法，切实保证了四川省机械化节水灌溉技术推广工作进一步的健康发展。

据统计，截至2005年，四川已发展机械节水喷灌机具8827台套，喷灌面积达3.33万公顷。

图 2－7　泸县顺河镇50亩优质水果科技园微滴灌工程

四、农机科技兴农

农机科技兴农是自1997年以来，四川省以农机化科学技术为主要依托、旨在促进农业生产和农村经济发展的一系列综合性技术推广活动。整个农机科技兴农包括“农机12项示范项目”“农业科技年活动”“农机科技兴粮行动计划”“农机科技入户试点”和“农业科技跨越计划”等内容。

（一）农机十二项示范项目

1997年，省农机局在调查分析全省农机化情况的基础上，提出了在四川省实施包括水稻生产机械化、农业节本增效和帮助农民脱贫致富3个主要内容的示范项目共计12项。这12个项目分别是：“水稻工厂化育秧示范”“水稻抛秧示范”“机电稻种催芽技术示范推广”“水稻收获机械化示范”“机械深施化肥技术示范推广”“精少量播种示范推广”“新型耕整机示范推广”“机械节水灌溉技术示范推广”“小麦机械收割技术示范推广”“电灌站防盗技术示范推广”“微量高效喷雾机示范推广”和“薯类淀粉加工示范推广”。试范项目得到省财政厅支持，解决示范项目资金849万元。在全省统筹安排下，示范项目分别落实在温江、射洪、都江堰、双流、郫县、广汉、绵竹、德阳市中区、青神、简阳、蓬溪、西昌、汉源、西充、苍溪、资阳、达县、攀枝花市仁和区等50多个市、县、区实施。

示范项目实施情况良好，达到甚至超过了预期效果。其中，通过“水稻抛秧示范”，当年作业面积超过666.66公顷，节省1万个工作日；推广催芽机560套，服务4.46万公顷，普遍提高发芽率10%；引进“洋马”联合收割机，机收每公顷省工375个、减少损失390公顷；推广“C2F—1”“2F—2”“2F—8”“EF—1”型施肥机，每公顷增产粮食375公斤，实施44万公顷；“精少量播种示范推广”，实施面积6万公顷，节种86万公斤；“新型耕整机示范推广”，推广设备500台，作业0.8万公顷；节水灌溉在丘陵山区灌溉旱地0.66万公顷、水田0.66万公顷；“小麦机械收割技术示范推广”，促使示范乡小麦机收率达60%；“微量高效喷雾机示范推广”，使农药普遍节约3%—5%。

（二）农业科技跨越计划

农业科技跨越计划是财政部、农业部于1999年开始共同设立的一项全国性农业科技成果的中试和转化计划。2000年7月，四川省农机化技术推广总站与四川省农机研究设计院共同承担了农业部2000年“农业科技跨越计划”中的“5HDXY4—40型多仓移动循环式秸秆燃气粮食干燥机中试”项目。

按照项目管理要求，省政府成立了由副省长杨崇汇、省长助理马开明、副秘书长唐建军以及农机、农业、财政、计委等部门领导组成的“四川农业科技跨越计划领导小组”。由省农机化技术推广总站站长程少兰任项目首席专家。

2003年8月，项目完成。经农业部专家组认定，该项目有效地解决了农民分散经营、小规模生产体制下，进行粮食机械化烘干的难题。按照合同要求完成了各项指标，通过验收。

项目的主要技术成就包据6个技术成果、8个技术规范、3个技术专利。

6个技术成果：一是原创性研发了“秸秆燃气自动燃烧机”。该机技术上将燃气的供给、供风、点火、火焰监察及运行调节控制等各部分集合为一体，成功地解决了秸秆燃气稳定、可靠、高效无残留转换成工业应用热源的问题。二是采用先进、合理的热交换工艺，确保干燥机干燥强度大，热效率高。现已开发出内循环、外循环、两仓、四仓等多种结构和秸秆燃气、油、煤等多样燃料的干燥机，产品形成标准化、系列化、多样化。三是对圆筒内循环式粮食干燥机结构的两项优化设计。针对多仓结构中每仓外筒直径小的特点，取消了干燥仓圆柱与锥部结合处的布料刮臂及相应的传动机构，克服了刮臂易磨损、折断及干燥中粮食不能在仓中静置3小时以上的问题。针对干燥仓底部积尘，在干燥仓底部增设隔离室及甩灰防尘装置，解决了圆筒内循环式粮食干燥机的循环螺旋底部轴承工作条件恶劣、灰尘大、轴承寿命短的致命难题。四是干燥机各零部件实现标准化生产，提高了零部件和整机的加工组装精度，为批量生产做好了准备。五是生物质气化机组的“小型一体化”开发。开发的小型“一体化”生物质气化机组，占地面积由原来的40平方米缩减到5平方米。六是干燥机移动车架专业化程度高。移动车架由峨眉山市神力机械有限公司制造，该企业生产专业挂车近30年。

8项技术规范：包括《小麦干燥工艺规程》《水稻干燥工艺规程》《玉米干燥工艺规程》《设备的制造技术条件》《设备的检验技术标准》《设备生产工艺过程卡》《设备使用操作规程》《设备使用说明书》等。这些技术规程、技术条件和技术标准为今后的规范化批量生产打下基础。

3个技术专利：项目核心技术“秸秆燃气粮食干燥机”获得国家专利权（专利号：ZL01206559.5），项目配套技术“秸秆气化炉”和“秸秆气化炉原料预热装置”也获得国家专利权（专利号分别为ZL99232298.7和ZL99232297.9）。

除直接的作业效益，干燥机以农作物秸秆为燃料，有效地利用农业废弃物，秸秆通过气化利用，与秸秆直接燃烧相比，一台机组一年消耗秸秆22—24吨，一年可减少CO_2排放35.60吨、SO_2排放322公斤及烟尘排放46公斤。农作物秸秆属可再生能源，符合国家农业环保要求。同时，项目有针对性地解决目前千家万户粮食干燥问题，对提高农产品品质、提高农业抗拒自然灾害能力及改善农业生态环境、促进农业可持续发展等具有积极作用。

（三）农业科技年活动

为提高农业科技创新能力和农业劳动者的科技文化素质，推动农业现代化和农村小康社会建设，农业部确定2003年为“全国农业科技年”。按照农业部的总体部署，省农机局将农业科技年活动纳入四川省农机科技兴农范畴，开展了农机科研、技术引进、成果转化、技术推广与科技培训等一系列活动。这些活动主要是为促进农业增效，农民增收提供科技支撑。

图2－8　2003年5月，全国农业科技年四川省温江县机械化秸秆还田现场

科技活动的重点实施内容是：提高农业科技的普及率和到位率，在全省掀起学科学、用科学的热潮；以点带面，重点抓好一系列新技术、新机具的开发、试验及示范推广工作；加大农机科技推广服务体系建设力度，加强农机企业与技术推广工作的联系；逐步拓展农业环保及无公害农产品知识培训、经营管理知识培训和农民转岗就业技能培训。

（四）农机科技兴粮行动计划

2004年，根据农业部“关于实施农机科技兴粮行动计划”的要求，四川省以“兴机富民”、支持和促进粮食的恢复发展为目标，针对水稻、小麦、玉米、红薯、土豆等粮食作物增产增收的需要，在商品粮基地县区实施了四川省的农机科技兴粮行动。其主要内容包括：1. 实施粮食生产机械化关键技术和装备的引进、开发与集成。重点是将水稻生产重要环节的机械化装备进行优化组合，集成示范。2. 推广粮食生产节本增效技术。包括：稻种催芽育秧、机械化插秧、收获和干燥技术，新增推广面积2万公顷；小麦机械化精量播种施肥机和收获技术，新增推广面积1万公顷；玉米机械化耕整地和化肥深施技术，新增推广面积1.33万公顷；机械化秸秆还田技术，新增推广面积0.66万公顷；旱作节水机械化技术，新增推广面积0.66万公顷。3. 粮食作物生产机具选型和推荐。重点是耕整机、旋耕埋草机、精量播种机、秸秆粉碎机、联合收割机和节水灌溉机具等。4. 做好农机大户及机手培训。培训农机大户3300户、农机手4400人。5. 开展农机科技下乡。在2004年开展了以下活动：春耕备耕送科技下乡；农机“双抢”现场示范会；小麦、玉米、水稻机械化烘干现场会和小麦机播现场会。

（五）农机科技入户试点

2005年，根据全国农业科技入户示范工程试点活动方案的要求，省农机局在双流县开展了农机科技入户试点。通过政府推动，市场引导，项目带动，建立科技人员直接到户、农机技术直接到田、技术要领直接到人的科技成果快速转化长效机制，不断提升主要农产品综合生产能力和劳动者素质。

全县分3个技术示范区，总共培育1000个农机科技示范户：第一示范区含双流县的东升镇、金桥镇和白家镇，重点是秸秆综合利用技术入户，示范户为400户；第二示范区含双流县的公兴镇、胜利镇和永安镇，重点是节水喷灌示范，示范户为200户；第三示范区含双流县的太平镇、藉田镇、白沙镇和永兴镇，重点是果蔬冷藏保鲜技术入户，示范户为400户。

结合项目的实施，该项活动还培训了示范户和示范农机服务组织技术人员2000人。

五、农机产业化经营试点

1998年4月，根据省农村工作领导小组决定，省农机局发出《关于对全省农机行业农业产业化经营情况进行调查有关事宜的通知》，要求各市（地、州）、县（市、区）农机局按调查提纲组织力量，重点对本地区、本县农业机械化在农业产业化经营中的情况（包括农机产业化协作组织、工厂化育秧等），进行调查研究，总结典型经验，写出书面调查报告。

2003年，省农机局印发《关于报送农机产业化示范项目的通知》（以下简称《通知》）。《通知》提出，为了促进四川省农业产业化经营，帮助农民增产增收，推动小康社会的全面建设，省农机局拟与省财政厅协调安排一定导向资金用于农机产业化示范项目建设。要求各市州可根据当地实际挑选1—2个农机产业化示范项目报送省农机局。省农机局将根据与省财政厅协调的资金落实情况择优分批组织实施。

《通知》明确，农机产业化是农业产业化的重要内容，农机产业化示范项目建设的基本要求是通过一定形式的实体提供农机作业的专业化、社会化服务，促进项目地农业和农村经济发展，带动项目地农民增收。通过项目实施，探索农机化服务的新的经营模式，加快全省农机化进程。

由于农机产业化示范项目在四川省是第一次组织实施，故《通知》请各地精心筛选项目点。项目点需要具备以下条件：项目实施地自然和经济条件较好，农机化水平较高，农业生产和农村经济发展对农机化服务要求迫切，有相应的技术人员和经营管理人员对项目实行企业化经营、市场化运作，能带动农户增收致富，投资能保值增值。项目主要示范内容包括：具有一定规模并实行专业化服务、企业化运作的农机化收获等作业；整治泥石流等毁损农田、改田改土的农机化工程作业；为农民生活和农业生产服务的打井、抽水、磨面、打米等农机化服务；农业生产过程的农机化配套工程等等。农机产业化示范项目所需资金主要由各地自筹，省上予以适当补助，各地一定要量力而行确定项目投资规模和建设任务。

2003年9月，省农机局从19个市（州）上报的41个农机产业化项目中筛选出5个项目：凉山州整治农业水毁机械化服务示范项目、安岳县农机作业综合服务示范项目、泸县农业工程机械化作业示范项目、丹棱县机耕道硬化促奶业产业化示范项目、射洪县太乙镇肉牛产业化机耕道建设配套项目。各个项目安排资金10万元，共计安排为50万元。这是四川省第一次专门设立农机产业化经营示范项目。

2003年9月，为了规范农机产业化示范项目的管理，保证农机产业化示范任务如期完成，省农机局制定了《四川省农机产业化示范项目管理办法》，从项目准备、项目实施、检查与验收、项目资金管理、项目资产登记及档案管理等工作内容做了规范。

2004 年，又继续实施了南充市高坪区机械耕作、技术培训、售后服务项目，西充县耕整机示范试验推广项目，罗江县联合收割机服务中心项目，巴中市秸秆加工、打捆贮存保鲜项目，甘孜州土豆机械加工淀粉项目，井研县农用兔粪有机复合肥项目这六个农机产业化经营示范项目。六个项目一共安排资金 50 万元。

2005 年，再次投资 50 万元分别实施了泸州市江阳区农机产业化综合服务示范项目、邛崃市平乐镇刀豆生产基地农业机械产业化示范项目、井研县农机化服务中心项目、剑阁县农机化服务队示范项目、华蓥市仔猪水暖机械保育示范项目五个项目。

连续三年实施的农机产业化示范项目，对农机产业化经营进行了有益的探索。

2005 年以后，省财政厅要求集中资金实施农机购置补贴项目，将农机产业化内容并入农机购置补贴项目中示范，至此，农机产业化示范不再作为单独的农机项目实施。

六、农机购置补贴

为鼓励和支持农民使用先进适用的农业机械，加快农业机械化进程，提高农业综合生产能力，促进农民增收，2004 年中央财政设立了农业机械购置补贴专项资金。农业部、财政部共同制定了《农业机械购置补贴资金使用管理办法（试行）》。

2004 年，根据农业部的要求和四川省农机化发展规划，省农机局在德阳市中江县、眉山市彭山县、资阳市雁江区、巴中市巴州区 4 个县（区）实施农机购置补贴项目。

为搞好农机购机补贴工作，省农机局制定了《四川省 2004 年度中央财政农业机械购置补贴资金使用方案》。

2004 年，四川补贴机具种类有动力机械、收获机械和耕整地机械三大类。4 个项目县（区）根据当地农机化发展现状及规划、农民购机意愿，确定具体的规格，按每台中央补贴机具价款 30% 且补贴额不超过 3 万元的标准进行补贴。其中，德阳市中江县重点补贴购置 18. 38—22. 05 千瓦（25—30 马力）的轮式拖拉机、联合收割机和耕整地机械，补贴标准为市场参考价的 30%，共补贴购置 103 台，中央补贴资金总额为 50 万元，引导农民和农机服务组织投资 117 万元左右；眉山市彭山县重点补贴联合收割机、耕整机和 36. 75 千瓦（50 马力）拖拉机，补贴比例为市场参考价的 13%、30% 两种，补贴 71 台机具，中央补贴资金总额 50 万元，引导农民和农机服务组织投资 117 万元；资阳市雁江区重点突破水稻机械收获，进一步提高机耕水平，主要补贴耕整机、水稻联合收割机两种，补贴比例为市场参考价的 30%，补贴 243 台机具，中央补贴资金总额为 50 万元，引导农民和农机服务组织投资 117 万元；巴中市巴州区重点补贴耕整机，补贴比例为市场参考价的 30%，共补贴 265 台套，中央补贴资金总额为 50 万元，引导农民和农机服务组织投资 117 万元。

4 个项目县（区）根据本县的实际情况，对农机大户、种粮大户，直接为粮食生产服务的农机服务组织、有农机技术的农民实行农机购置补贴在同等条件下优先的政策。这项政策有利于提高农机社会化服务程度，有利于激励农民的种粮积极性。

2004 年，四川省实施农机购置补贴工作取得成效：一是资金落实到位。项目总投资 668 万元（其中国家补贴资金 200 万元），直接与生产厂家或供应商结算；二是实施效果明显。推广了先进适用的农机具，推动了农机社会化服务，促进了农机工业进步，带动了农机消费市场的发展；三是建立健全了招标投标制、受益公示制、集中支付制、监督管理制、绩效考评制和信息档案管理制度；

四是采取积极措施，保证了工作的顺利进行。

2005 年，四川省在 21 个市（州）的 25 个县（市、区）实施了中央农业机械购置补贴项目。这 25 个县是：双流县、金堂县、荣县、米易县、合江县、罗江县、梓潼县、旺苍县、蓬溪县、资中县、乐至县、乐山市中区、仁寿县、仪陇县、蓬安县、南溪县、宣汉县、雅安市雨城区、广安市广安区、通江县、马尔康县、甘孜县、稻城县、冕宁县、越西县。为搞好本年度农机购机补贴工作，省农机局制定了《四川省 2005 年农业机械购置补贴资金使用方案》，向各项目市（州）、县（市、区）农机局印发了《四川省 2005 年农业机械购置补贴产品目录》，同时还采取了以下办法：

补贴机具选型　2005 年实行由部、省两级组织开展补贴农机具的选型工作。2005 年农业机械购置补贴项目的实施规定，农民购置的农业机械，只能在《四川省 2005 年农业机械购置补贴产品目录》中选择。农民购置补贴产品目录以外的农业机械，不得用中央下达的项目资金给予补贴。对于久保田、洋马这两种高性能联合收割机，为鼓励农民购买，省农机局与省财政厅研究决定每台增加 3 万元补贴资金。农业机械购置补贴目录实行分级制定，分级管理。

确定机具价格　农业部和四川省统一选型的机具，价格确定以后，年度内不允许上浮。选择机型确定的价格，是给农民的最终价格。按农业部要求，四川实行全省一个价。补贴的比例是以出厂价格为基数计算。

补贴机具供应　补贴机具的供应是实施好项目的重要环节。机具的供应由供货方负责。供货方可以是生产厂家，也可以是生产厂家指定的经销商。供货方必须切实把机具供应工作做好。

规范运作程序　农业机械购置补贴的运作程序，必须严格按照财政部、农业部及省农机局和四川省的相关规定执行，做到公开、公正、透明。

补贴资金管理　根据财政部和农业部的文件规定，农业机械购置补贴项目资金直接由省级财政部门与供货方结算补贴资金。减少资金周转环节，提高工作效率。公正的过程和简单、透明的机制更能保证农民在购机时得到实惠。

售后服务工作　要保护农民的利益，就必须做好售后服务工作。具体措施如下：一是要求企业履行售后服务承诺。二是对企业承诺进行监督，不能履行承诺的将取消第二年企业进入补贴目录资格。

2005 年农机构置补贴全面完成了项目管理的各项任务。25 个项目县共购置各类农业机械 4697 台，其中大中型拖拉机 91 台、耕整机 4124 台、联合收割机 482 台，购机总值达 5458 万元，其中：中央补贴 1250 万元、地方财政补贴 118 万元、农民自筹 4090 万元；直接受益农民 4694 户。

由于农机购置补贴使农民得到实惠，因而此项目实施深受广大农民的欢迎。

七、现代农机装备推进项目

国家优质粮食产业工程是经国务院批准实施的重大农业项目。该项目实施的目的是保护和提高粮食生产能力，调动粮食主产区和种粮农民的积极性，确保粮食安全，促进农民增收。

2004 年，中共中央、国务院在 1 号文件《中共中央国务院关于促进农民增加收入若干政策的意见》中明确指出：要“集中力量支持粮食主产区发展粮食生产，促进种粮农民增加收入”。国家农业部决定从 2004 年开始，在全国 13 个粮食主产省区启动国家优质粮食产业工程项目。项目主要包括良种良繁、病虫害防控、标准粮田建设、现代农机装备推进和粮食加工转化五大子项目。四川省有

39 个县（市、区）被纳入实施现代农机装备推进项目县。这 39 个项目县（市、区）是：简阳市、仁寿县、安岳县、中江县、三台县、达县、渠县、大竹县、荣县、资阳市雁江区、宣汉县、遂宁市中区、宜宾县、资中县、泸县、巴中市巴州区、岳池县、南部县、邻水县、合江县、富顺县、仪陇县、乐至县、射洪县、广安市广安区、眉山市东坡区、彭州市、邛崃市、营山县、崇州市、武胜县、西充县、威远县、南充市嘉陵区、剑阁县、平昌县、通江县、叙永县、蓬溪县。遂宁市中区由于随后的行政区划调整，分为船山区和安居区，项目县最终确定为安居区。

现代农机装备推进项目实施重点是购置粮田作业动力机械、耕整地机械、播栽机械和收割机械及机具库棚和育秧中心建设等。

经农业部批准，四川省彭州市、射洪县、营山县、三台县、中江县和大竹县等 6 个县（市）正式实施 2004 年国家优质粮食产业工程农机装备推进项目，安排中央资金 600 万元，每个县 100 万元，省级资金 250 万元，其中彭州市、射洪县、营山县和大竹县每个县 50 万元，中江县 30 万元，三台县 20 万元。中央和省级资金合计 850 万元。

四川省南部县、崇州市、邛崃市、宜宾县、剑阁县、遂宁市安居区、威远县、安岳县、邻水县、简阳市、眉山市东坡区等 11 个项目县（市、区）在 2005 年实施国家优质粮食产业工程现代农机装备推进项目。中央资金 860 万元，其中：邛崃市 70 万元、崇州市 80 万元、剑阁县 80 万元、遂宁市安居区 70 万元、威远县 70 万元、南部县 80 万元、眉山市东坡区 70 万元、宜宾县 110 万元、邻水县 70 万元、安岳县 80 万元、简阳市 80 万元。省级资金 300 万元，其中：剑阁县、遂宁市安居区、威远县、眉山市东坡区、邻水县、安岳县各 50 万元。

为加强国家优质粮食产业工程管理，提高项目实施质量和效率，省发展改革委员会、省农业厅和省农机局联合制定了《四川省国家优质粮食产业工程投资计划管理办法》。为使项目顺利实施，省农机局要求项目单位要严格按部、省相关规定执行。对农机推进项目资金要按“专人管理，专户储存，专账核算、专款专用”的要求做好资金管理工作。

2004—2005 年，四川省实施现代农机装备推进项目的 17 个项目县共完成项目投资 7573.7 万元，为计划的 62%。其中 2004 年完成了项目投资 3537 万元，为计划的 74%，2005 年完成了 4036.7 万元，为计划的 54%。补助性投资购买各类农机装备 7410 台（套），占计划的 65%，其中联合收割机 388 台、大中型拖拉机 624 台、耕整机械 6390 台（分别比项目实施前增长了 273%、9%、214%）、插秧机 2 台。另外，购置仪器设备 6 台（套），占计划的 15%。

项目的实施，为项目县（市、区）带来了良好的社会效益和经济效益：一是提高了粮食综合生产能力；二是促进了农民增收；三是降低了农业作业成本；四是更新了农民观念，适应了社会发展；五是改善了农业机械装备现状。

第五章　标准化管理

按《中华人民共和国标准化法》，四川省标准化工作是统一管理与分工负责相结合的管理体制。四川省质量技术监督局（以下简称省质监局）统一管理四川省行政区域内的标准化工作，省农机局协助管理农机行业标准化工作。

农机标准化管理工作主要集中于三个方面：一是对行业内标准化工作的指导；二是抓行业地方标准；三是农机标准化管理工作的专业技术组织。

四川省农机标准化工作在20世纪80年代开展。1987年，四川省成立农机标准化技术委员会，1988年，《中华人民共和国标准化法》正式颁布，四川省农机标准化工作真正展开。20世纪90年代后期开始直至2005年，随着四川体制改革的逐步深化，农机生产制造企业由于改制，与行政主管部门脱离，隶属关系发生了变化，省农机局对省级以下行业标准的管理职能逐步减弱。

第一节　标准化工作指导

农机行业对标准化工作的具体指导有三个方面：一是对国家和省有关标准化方针、政策的宣传贯彻；二是对行业标准化工作的检查；三是抓标准化培训。

1987年4月，在省质监局和省农机局的共同努力下，首届四川省农机标准化技术委员会成立。从此，四川省农机标准化工作开始有了专业技术组织。

1988年，国家开始对GB7718—87《食品标签通用标准》执行情况进行检查，对标签标注违反标准要求的销售包装食品进行查处。为保护四川省生产企业利益，避免造成重大经济损失，省质监局发出紧急通知，要求各主管部门监督所属企业严格执行标准规定。当时，省农机局所属企业中有食品生产企业。为此，省农机局及时转发了省质监局的《实施〈食品标签通用标准〉通知》。

1990年11月，省农机局在郫县举办了两期计量检定人员培训班。采取请专家授课、现场操作实习、参观有关工厂计量室等方式为企业培训了一批计量标准技术骨干。省农机局还为参加培训通过考试合格者颁发了《计量检定员证》。

1993年2月，为贯彻实施《中华人民共和国标准化法》，加强企业标准化管理工作，省农机局决定对全省农机系统中的县农机企业和乡镇农机站站办企业生产的所有产品执行标准情况进行一次普查。普查结果，无标准生产或不按标准生产现象普遍存在，产品质量令人担忧。针对这种情况，省农机局加强指导，把帮助企业自觉采用标准、贯彻标准、优化管理、提高产品质量工作作为全省农机系统企业标准化工作的重点。为帮助企业提高产品质量，省农机局为企业做了大量服务工作。

包括帮助企业制定企业标准，编写标准化审查报告，进行标准化产品图样审查，新标准的宣传、贯彻和培训等。省农机局先后为南充、内江、重庆、宜宾等20多个市（地、州）、地（市、区）的企业提供了所需的标准和标准技术咨询等服务。

1993年7月，省农机局在成都举办GB/T19000—ISO9000《质量管理与质量保障体系》系列标准培训班。培训宣讲了“ISO9000”系列标准，如何建立企业质量体系，如何开展企业质量体系认证、检查等。全省市（地、州）农机局和40多家企业的工程技术人员参加了宣贯培训学习。

1994年，GB/T1.1—1993《标准编写的基本规定》批准发布，于1995年1月1日起实施。为使企业更好地贯彻执行该标准，按照省技术监督局的要求，省农机局于1994年10月在彭县举办培训班。全省近50名参训骨干经过考试合格，取得国家质监局颁发的《标准化人员资格证书》，为农机系统培训了一批骨干。

1996年，国家技术监督局与农业部联合召开了第三次全国农业标准化工作会议，对“八五”期间农业标准化工作进行了全面总结和交流，对“九五”期间农业标准化工作提出了新的要求。省质监局经省政府同意出台了《印发“关于认真贯彻落实国家技术监督局、农业部〈关于加强农业标准和农业监测工作，促进高产、优质、高效农业发展的意见〉的意见”的通知》，要求农业、畜牧、粮食、农机等农口部门贯彻执行。省农机局遵照通知精神，在同年4月全省农机企业管理工作“九五”时期总体思路中明确提出，要加大推进贯彻“GB/T19000—ISO9000《质量管理与质量保障体系》”系列标准的力度，提高全省农机产品质量。

1996年9月，省农机局在都江堰举办“企业标准体系”培训班。

1998年7月，《四川省企业产品标准备案与执行标准登记管理办法》以省政府令发布实施。该办法是依据《中华人民共和国标准化法》《四川省标准化管理条例》制定的。办法要求凡在四川省行政区域内从事产品生产的企业，应当按照本办法规定进行企业产品标准备案和企业产品执行标准登记。只有经过技术监督部门备案的产品标准和登记的企业产品标准，才能成为企业生产产品的有效标准。为此，省农机局于1998年9月转发了该办法，要求各市（地、州）农机局认真学习、贯彻执行。

2001年12月，中国加入“WTO”（世贸组织）。为切实履行“WTO”透明度义务，根据国家质检总局的要求，国家标准化管理委员会做出加强强制性国家标准通报工作要求。根据这一要求，中国强制性地方标准也将逐步建立国内外通报制度。省农机局决定：按照有关规定，自2002年8月起，四川省农机系统在制定强制性地方标准时应编制中、英文标准文本，并同时报送《地方标准报批稿》和《地方标准编制说明》中、英文版本各3份。

2002年4月，省质监局转发国家标准化管理委员会文件《关于印发关于加强强制性标准管理的若干规定的通知》就强制性标准的性质、范围、起草、批准发布公告等做了详细的规定。该规定对四川省农机系统制定强制性标准具有很好的指导意义。省农机局在行业内加强了对这些规定的宣传、贯彻和执行。

2003年4月，省政府发出《关于进一步加强全省标准化工作的通知》，省农机局宣传贯彻执行。

2005年11月，《四川省标准化管理条例》修订通过。省农机局派员参加该条例的培训学习，并随后在本系统内组织宣传贯彻。

第二节　行业地方标准

一、行业地方标准管理

根据《中华人民共和国标准化法》《四川省标准化监督管理条例》等法律法规规定：对没有国家标准、行业标准而又需要在全省范围内统一的技术要求，可以制定在全省范围内实施的地方标准。地方标准包括强制性标准和推荐性标准，由省质监局按照统一计划、统一审查、统一编号、统一批准和发布的原则进行管理，并按规定报国务院标准化行政主管部门备案。省农机局协同省质监局负责四川省农机行业内部的地方标准管理。

四川省农机行业地方标准管理主要指在行业内部对地方标准进行的制、修订工作。它包含三方面内容：一是制定，二是审查，三是修订调整。一般情况下，农机行业地方标准是由省农机局主持制定，再由省农机标准化技术委员会组织专家审查，标准审查通过后形成报批稿，最后由省农机局报省质监局审批、编号、对外发布。对于地方标准在执行过程中出现的问题，允许修订和调整。农机行业地方标准的修订调整由省农机局提出意见，经省质监局审核批准。

1988 年 7 月，省农机局在成都召开了由犍为县川南铝制品厂负责起草的四川省地方标准《摩托车后减震器》评审会。同年 10 月，在广泛征求意见的基础上，省农机局在成都召开四川省地方标准《茶叶飘筛机》评审会。

1991 年，省农机局在成都召开了由省农机研究所起草的四川省地方标准《无管式热风炉节能通用技术条件和试验方法》评审会。同年，省农机局审查制定地方标准《拖拉机小功能柴油机修理质量标准》。同年，省农机局审查制定地方标准《S195 型柴油机节能改造技术条件》。

1994 年，省农机局审查制定地方标准《电力提灌站检测方法》。

1995 年 12 月，省农机局要求全省各市（地、州）农机部门做好《电力提灌站检测方法》的宣传实施和学习培训，同时要求各地要切实抓好测试手段建设。

1996 年 4 月，省农机局再次提出要全面实施《电力提灌站检测方法》标准，加强项目管理，争创优质提灌站工程。

1997 年，省农机局审查制定了地方标准《运输拖拉机通用技术条件》。同年 10 月，四川省地方标准 DB51/266—1997《运输拖拉机通用技术条件》开始实施。经过一段时间的贯彻执行，省农机局为加强对标准的监督管理，于 1998 年 11 月向全省印发了《进一步加强全省运输拖拉机行业管理》文件。要求生产企业严格执行标准，对未按标准生产的产品将注销推广（试销）许可证；农机监理机关不得办理上户手续。

1999 年 1 月，省农机局公布《全省运输拖拉机生产企业及其产品目录》，再次要求生产企业严格按相关标准组织生产，并实行月报制度。同年，省农机局审查制定地方标准《耕整机通用技术条件》。同年 5 月，省农机局对 DB51/266—1997《运输拖拉机通用技术条件》中的相关数据和条款进行了修订，并根据省质量技术监督局的要求将标准属性由强制性调整为推荐性。同年 8 月，省农机局在成都召开了近百人参加的 DB51/T266—1999《运输拖拉机通用技术条件》标准宣传贯彻培训会。

会后，省农机局先后印发了三个文件来规范运输拖拉机的管理：一是《关于加强运输拖拉机上户管理等有关问题的紧急通知》，二是《关于贯彻四川省地方标准 DB51/T266—1999〈运输拖拉机通用技术条件〉的实施意见》，三是《关于加强运输拖拉机管理的意见》。这三个文件在运输拖拉机的生产、入籍、驾驶员培训、考核及日常安全监督管理等方面都做了较详细的规定，形成了一整套健全、科学、规范化的管理制度和办法。

2002 年 10 月，省质监局对省农机局制定的 DB51/89—1991《无管式热风炉节能通用技术条件》、DB51/30—1991《拖拉机小功能柴油机修理质量标准》和 DB51/31—1991《S195 型柴油机节能改造技术条件》三个强制性地方标准提出调整标准属性或取消标准的要求。经研究，省农机局决定取消 DB51/89—1991《无管式热风炉节能通用技术条件》和 DB51/31—1991《S195 型柴油机节能改造技术条件》两个地方标准；保留“DB51/30—1991《拖拉机小功能柴油机修理质量标准》。

2003 年，省农机局审查制定地方标准《乡村机耕道通用技术条件》。

2004 年，省农机局审查制定地方标准《果蔬气调保鲜库技术要求》。同年 7 月，省质监局发出《关于进一步规范我省地方标准审查、批准、发布和备案管理工作的通知》。省农机局在此后的地方标准管理工作中，严格按照通知要求进行，切实提高制定地方标准的质量和水平。同年 10 月，省农机局根据国家标准化技术委员会和省质监局的要求，对农机系统标准进行了清理复审。11 月，省质监局印发了《关于调整部分地方标准属性和废止部分地方标准的通知》。其中农机系统地方标准的情况是：保留 DB51/T208—1994《电力提灌站检测方法》、DB51/T300—1999《耕整机通用技术条件》、DB51/T379—2003《乡村机耕道通用技术条件》，将 DB51/30—1991《拖拉机小功率柴油机修理质量标准》由强制性地方标准调整为推荐性地方标准，废止 DB51/T266—1999《运输拖拉机通用技术条件》。

二、农机行业地方标准

（一）DB51/T208—1994《电力提灌站检测方法》

该标准由省机电提灌管理总站牵头，由全省各市、州及部分县的农机、水电相关部门共同参与完成。1994 年 7 月，标准经省质监局发布，于 1994 年 8 月 1 日起在全省实施。

四川省的固定提灌站有 3 万余处，在农业生产中发挥着重要作用。其机电设备大多存在年久失修和老化问题。在很长一段时期中，农村电力提灌站因无相关的检测标准，技术状况很难有权威性的表述。DB51/T208—1994《电力提灌站检测方法》的颁布实施，弥补了提灌站技术管理的空白，使四川省电力提灌站检测正式步入规范化、科学化管理，为四川省农村机电提灌站技术改造工程提供了技术支撑。

（二）DB51/266—1997《运输拖拉机通用技术条件》

该标准由省农机局提出，省农机局、省农机鉴定站和四川省拖拉机厂负责起草，由四川省农机标准化技术委员会组织制定。1997 年 9 月，该标准由省质监局发布，于 1997 年 10 月 1 日起在全省实施。

该标准的发布实施，为企业提供了统一生产、检验的依据，改变了四川省内运输拖拉机产品技术标准不统一的现状，促进了企业发展。同时，该标准的发布实施，也激活了农村消费市场，促进了地方经济发展。据统计，四川省运输拖拉机从 1997 年的 0. 3 万辆迅速发展到 2005 年的 4. 44 万辆。

其中，运输拖拉机三分之二销往省外，实现利税近2亿元。由于该标准的实施，四川省内的20余家相关企业得到了较好发展。

1999年，该标准根据省质监局的要求由强制性调整为推荐性。2004年11月，该标准废止。

（三）DB51/T300—1999《耕整机通用技术条件》

该标准由省农机局牵头制定。1999年6月，由省质监局发布，于1999年8月1日起在全省实施。

耕整机是20世纪80年代后在四川迅速发展起来的小型耕整地机具。耕整机因其轻巧、实用，特别适合四川特点，已逐步成为四川省内受欢迎的机具而大量使用。在耕整机发展初期，存在品牌、型号杂乱，技术性能无规范的现象。该标准的制定为规范耕整机的生产和管理，为企业控制产品质量和检测部门进行质量监督检测提供了技术依据。标准的实施，有利于耕整机行业的健康发展。

（四）DB51/T379—2003《乡村机耕道通用技术条件》

该标准由省农机局提出，由省农机标准化专业技术委员会组织制定。2003年6月，标准经省质监局发布，于2003年7月23日起在全省实施。

乡村机耕道建设是"十五"农田水利基本建设的一项新任务，是社会主义新农村建设的重要内容。四川省乡村机耕道建设自归口农机部门管理以来，已新建6771公里、硬化路面4372公里。未来十年，拟新建4万公里、硬化路面2万公里。乡村机耕道建设初期，没有国家、行业和地方标准作为修路、检查、验收的依据，使道路修建质量参差不齐。该标准的实施，对于指导四川省乡村道路的新建和路面硬化提供了技术支撑，由此规范并加快了四川省修建乡村道路的步伐。

省农机局除制定四川农机地方标准外，还根据需要积极派员参加国家标准、行业标准的制修定工作。先后参加国家、农业部制定的标准有：《水田耕整机安全运行技术条件》《背负式抛秧机作业技术要求》《农用排灌机械安全运行技术条件》《青饲料切碎机安全技术条件》《人力打稻机产品质量分等》《机制钢锹产品质量分等》《机动插秧机运行安全技术条件》《水田化深施机械化技术规范》等。

第三节　标准化专业技术委员会

根据《中华人民共和国标准化法》《四川省标准化监督管理条例》等有关规定，省农机局组织了由行政领导和专家组成的标准化专业技术委员会。该技术委员会是农机行业从事标准化工作的技术组织，业务上接受省质监局和四川省标准化协会的指导。该委员会负责提出农机行业标准化工作的建议，参与本专业国家标准、行业标准和地方标准的制、修订，参与本专业地方标准、企业标准的审查等工作。

一、组织机构

根据省质监局对标准化专业技术委员会的统一规划，第一届四川省农机标准化技术委员会于1987年4月4日在四川省农业机械研究所召开成立大会。会议通过了《四川省农机具标准化技术委员会章程》和第一届委员会组成名单。这次会议标志着四川省农机行业负责标准化的专业技术组织正式诞生。根据章程规定，四川省标准化协会农机标准专业技术委员会设主任委员 1 人、副主任委员若干人、秘书长 1 人、委员若干人。技术委员会委员由农机化管理、科研、生产、高等院校、维修、质量监督、安全监理等方面具有较高理论水平和从事标准化工作的中级以上技术职称的科技人员组成。委员任期五年，可连任三届，经农机主管部门同意后，由省质监局颁发聘书。四川省标准化协会农机标准专业技术委员会秘书处负责处理技术委员会的日常工作和本专业标准化工作的技术归口工作。

从 1987 年 4 月 4 日到 2001 年 12 月 19 日，共产生四届农机标准化技术委员会。

第一届：四川省农机具标准化技术委员会（1987 年 4 月）

主任委员：尹渠泰（省农机局）；副主任委员：卞大德（省农机局）、郭骅（省农机研究所）；秘书长：李业琏（省农机局）；联络员：杨惠生（省质监局）；其他委员 21 人。秘书处设在省农机研究所标准化室。

第二届：四川省农机具标准化技术委员会（1991 年 3 月）

主任委员：母世杰（省农机局）；副主任委员：郭骅（省农机研究所）、陈学志（省农机局）；秘书长：李业琏（省农机局）；其他委员 6 人。秘书处设在省农机局修造处。

第三届：四川省农业机械标准化技术委员会（1997 年 8 月）

主任委员：姜庆芳（省农机局），副主任委员：陈学志（省农机局）、郭骅（省农机研究设计院）、罗廷科（省农机鉴定站）、张经福（省质监局）、李万芬（省农机局），秘书长：庞跃（省农机局）。秘书处设在省农机局企业指导处。

第四届：四川省标准化协会农机标准专业技术委员会（2001 年 11 月）

主任委员：姜庆芳（省农机局），副主任委员：刘基华（省农机局）、张山坡（省农机鉴定站）、董焕然（省农机研究设计院），秘书长：庞跃（省农机局）。秘书处设在省农机局行业指导处。

虽然以上各届专业技术委员会的名称略有差异，但总的工作目标、工作任务和委员会章程的内容基本是一致的。

二、工作任务

根据《四川省标准化协会农机标准专业技术委员会章程》规定，专业技术委员会的工作任务包括：积极宣传、贯彻国家标准化的方针、政策。提高对《中华人民共和国标准化法》《标准化法实施条例》《四川省标准化监督管理条例》和《企业标准化管理办法》等有关配套法规认识；按照国家的有关方针、政策，参与农业机械化标准工作的方针、政策和技术法规的编制；根据国家及行业制、修订标准的原则和采用国际标准、国外先进标准的要求，提出农业机械化标准化工作的发展规划和制、修订农业机械化标准的工作规划、年度计划建议；根据已批准的标准计划、组织制、修订农机标准；审查标准草案，提出审查结论性意见，并对标准涉及的技术问题负责，提出落后标准的废止建议；向主管部门提出有关标准贯彻实施的建议，参与本专业国家、行业和地方标准的宣传贯彻工作；组织标准化业务培训、经验交流和学术活动，收集对标准的反馈意见，组织并承担标准化技术咨询服务工作；承担上级委托办理的有关农机标准化工作的其他事项等。

第三篇　农机科技教育

农业科技教育包括农机科研、鉴定、技术推广、教育培训和学会五部分。农机科研单位主要含省、市（州）两级。农机科研单位在改革中历经考验，两级科研单位在服务“三农”的实践活动中都为社会推出了大量的科研成果和获奖项目。

农机鉴定是通过科学试验、检测和考核，对农业机械的适用性、安全性和可靠性做出技术评价；同时，开展产品质量跟踪调查及监督投诉，保证生产、销售、使用者三方面权益。20 年来，四川省农机鉴定工作逐步规范、健全，已走上依法鉴定的轨道。

农机技术推广是通过试验、示范、培训、指导及咨询服务等，把农机产品与技术普及应用于农业生产产前、产中、产后全过程的活动。20 年来，四川省农机技术推广体系逐步完善，各级推广机构在长期实践中完成了大量好的项目。

农机校包括农机中专校和县级农机化学校（常训班）两类。在改革中，农机中专校在完成国家计划内招生的同时，开展联合办学，拓展计划外招生任务和中短期培训项目，促进了自身巩固和发展。2000 年前后，随着教育体制改革的逐步深化，大部分农机中专校先后脱离农机主管部门。县级农机化学校（常训班）在改革中经过艰苦努力和打拼，也发生了较大变化。2005 年，全省县级农机校较 1986 年有较大缩减。

四川省农机学会包括四川省农业机械学会和四川省农业工程学会两家，是四川省农业机械与农业工程科技工作者的学术性群众团体。学会自成立以来，发挥学术团体的科技优势和影响，在四川农机化事业的各个方面开展了大量的学术活动。这些学术活动主要是内部学术交流、促进技术进步，同时也包括开展科普培训，为“三农”服务和为企业搭桥，促进科技向生产力转化等方面。

第一章　农机科研

第一节　科研单位

一、省级农机科研单位

四川省有省级农机科研单位1所，即四川省农业机械研究设计院（以下简称省农机院）。

（一）沿革

省农机院的设立可追述到20世纪50年代初期。1952年，四川农业实验所（现四川省农业科学院）设立农具组。1953年，农具组改建成农具股，1957年扩建成农具系。1958年，农具系从四川农业实验所中独立出来，与省工业厅农具研究室合并，组建成四川省农业机械研究委员会（以下简称农机委）。农机委隶属于省人民委员会。1960年，农机委撤销，成立四川省农业机械研究所（以下简称省农机所），隶属于省农业机械厅，1963年隶属省机械工业厅。“文化大革命”中，省农机所隶属关系分别为省革命委员会生产指挥组、农机组和省机械工业局革命领导小组。1978年划归省农机局。1992年，正式更名为省农机院。

（二）科研工作

省农机院科研工作一直围绕“三农”开展，经历了五个转变，即从引进、试验、选型、仿（改）制到自主创新研究设计农机产品的转变；从单纯研发田间作业机械到研发农、林、牧、副产品加工机械以及食品、建材、能源、环保技术及产品等多种经营加工机械的转变；从单纯承担国家下达科研课题到应社会需求承接横向合同的转变；从单机设计到研制成套工艺技术装备，为用户提供设计、安装、调试、培训和承接整套工程的转变；从单纯以实现社会效益为目标到实现社会效益、经济效益和生态效益综合目标的转变。1989—1996年，省农机院连续5次被省科委授予四川省先进科研单位称号。

1952—1958年创始初期的农具组主要开展对旧农具的调查和新式农具、半机械化农具的小规模试验推广，并对引进的一批畜力农具进行试验。其间主要开展了对旧打谷机的调查和改制。改打谷机竹木结构为铁木结构，研制出主要由脱粒滚筒、传动、机架三部分组成的手摇或脚踏等多种形式的新型打谷机，推广了27万台。1956年，对引进的双轮双铧犁、双轮单铧犁、步犁、畜力播种机、畜力镇压器以及山地犁等进行试验示范。

为加强群众性工具改革运动的领导，增强科研能力，适应“大跃进”的形势，农机委当时兼行政和科研两项职能，肩负领导和推动四川省群众性农具改革运动和农机科研的双重任务。主要任务是负责农业机械化的规划、发展协调和方针政策的制定以及农机化软科学研究工作。在农机委时期，主要开展了包括耕作、播收、排灌、加工、拖拉机和农用动力等机具的试验示范研究。

随着群众性的农具改革运动蓬勃兴起，省农机所一方面继续将农具改革运动中出现的好机具改进提高，另一方面开始承担国家下达的农机区域性试验和新机具研制任务，使科研工作由单纯引进试验转向了基础应用性研究。这一时期是农机科研发展的关键时期。省农机所先后开展了对播种机、插秧机、内燃机、水泵、小型动力脱粒机、收割机、简易拖拉机、畜力双向犁、栅条犁、旋转活塞发动机以及改良龙骨水车等科研课题的研究。对引进拖拉机进行试验选型，对省内引进推广的（苏）“K”“Д”型泵进行技术改造。在此基础上研制出适应四川省情的手扶拖拉机、小四轮拖拉机和川农系列水泵。1964 年，副省长邓华到省农机所检查工作，对农业机械提出四点要求：第一，工效高；第二，质量好；第三，成本低；第四，经久耐用。在他的要求下，省农机所研制出了“四条板凳”。“四条板凳”是将半机械化加工机具安装在板凳上进行加工作业。这四条板凳是手摇薯类切丝切片磨粉机、手摇玉米脱粒机、手摇小麦磨粉压面机和手摇打米机。这类机具技术含量不高，但小型适用，适应当时农村生产力水平，受农民欢迎。

1978 年，中共十一届三中全会以后，四川对农村生产关系进行了重大调整和改革，建立了以“包”为特点的各种联产承包责任制。面临新形势，省农机所的科研工作逐步适应了农村经济体制的变化和大农业的发展。一方面抓住传统的田间作业机械，另一方面注重开发新的农副产品加工机械。这段期间，省农机所新开发了红碎茶、蚕茧、薯类淀粉、柑橘果汁、果瓤、橄榄油、粮食干燥、无管式热风炉、小型多用泵以及石材加工机械等新型加工设备。针对中国南方地区气候相对湿度大、日照少、阴天多雾的特点，还研制出多种干燥方式的机具，广泛应用于各类农副产品的干燥加工。农机科研项目的扩展开拓，不仅有力促进了农业生产和农村经济的发展，锻炼了科技队伍，也同时搞活了省农机所自身的经济，增强了科研竞争能力。

20 世纪 90 年代，四川省科技体制改革逐步深化。省农机院在改革中主要采取了三项措施：一是各部门实行目标责任制管理；二是修订奖励办法，加大分配改革力度；三是以科技为龙头，兴办各类经济实体。

1995 年，省农机院削减事业经费到位后，经济一度出现滑坡。与此同时，大批科技人员相继退休，科研实力逐渐削弱，造成技术创新不足，缺乏新的经济增长点和支柱产业，院收支严重失调。到 1999 年，院科研工作处于最低谷，经济陷入危机。科研工作不饱满又促使人员流失，省农机院在职职工人数从 1993 年的 322 人下降到不足 200 人。

2000 年，省农机院一方面对内推行深化改革的措施；另一方面，对外积极争取各方面的支持，主动申报承担部、省级科研项目，抓住“秸秆燃气成套设备”“集约化养禽场废弃物无害化处理设备”“魔芋精粉加工成套设备”“薯类淀粉加工成套设备”“现代化节水灌溉技术推广”“果蔬气调贮藏设备”及“种子贮藏库建设”等一大批好的科研推广项目，使省农机院科研工作步入恢复性发展。到 2001 年底，农机院初步实现财务收支平衡、扭转了亏损局面。到 2005 年，科研项目增加，职工信心恢复，稳住了队伍、科研工作重拾升势。

（三）队伍建设

省农机院在发展的各个时期，一直注重科技人才队伍的建设。长期以来，在科技人员中，高、中、低三个层次基本上保持了恰当比例。50 多年来，省农机院先后培养了一大批享有盛名的技术专家，其中刘祖荣、金益生、郭骅、钟承祥、何志盛、董焕然、岳体林、魏宗元、刘君望等为发展中国农业工程技术事业做出了突出贡献，受到国务院表彰，享受国务院政府津贴；刘从伟、庹大元、谢祖琪等人也被省委、省政府授予“四川省有突出贡献的优秀专家”称号，享受省政府津贴。

截至2005年底省农机院科技人员情况统计表

表3-1　　单位：人

年度	职工总数	其中科技人员数	年度	职工总数	其中科技人员数
1952	5	—	1961	107	41
1957	25	—	1962	93	49
1958	68	25	1963	138	94
1959	85	—	1964	181	122
1960	106	41	1965	201	115
1966	209	127	1986	319	195
1967	205	117	1987	317	187
1968	207	117	1988	315	188
1969	211	118	1989	304	186
1970	213	117	1990	301	179
1971	248	131	1991	326	181
1972	248	135	1992	314	190
1973	241	128	1993	322	170
1974	242	134	1994	302	158
1975	242	131	1995	284	115
1976	242	132	1996	215	139
1977	256	134	1997	206	88
1978	256	137	1998	202	87
1979	269	143	1999	198	77
1980	293	132	2000	167	76
1981	292	135	2001	159	71
1982	301	174	2002	159	87
1983	309	158	2003	154	81
1984	311	179	2004	152	81
1985	310	184	2005	149	79

（四）科研及获奖成果

省农机院科研成果及获奖甚丰。在20世纪70年代以前，国家对科技成果没有形成正式的报批制度，直到1978年全国科技大会召开，才开始对科技成果进行颁奖，对科技成果的登记、评奖等逐步规范。1978—2005年，省农机院共取得科技成果314项，其中获奖项目共计181项。在获奖的科技成果中，部、省级奖励91项，地市级90项。

1978—2005年省农机院荣获部、省级科技成果奖汇总表

表3-2

序号	成果名称	奖励种类及等级	获奖年份	备注
1	无底阀抽水——排气引射装置	全国科学大会奖 省科学大会奖 省重大科技成果二等奖	1978	
2	5马力、12马力喷灌机组	全国科学大会奖 省科学大会奖 省重大科技成果三等奖	1978	
3	沼气—柴油机	全国科学大会奖 省科学大会奖 省重大科技成果三等奖	1978 1979	
4	川农水泵系列	机械部科学大会奖 省科学大会奖 省重大科技成果二等奖	1978 1979	
5	川—76型伸缩式打眼机	机械部科学大会奖 省科学大会奖	1978	
6	5TBQ—40型水旱两用稻麦脱粒机	机械部科学大会奖 省科学大会奖	1978	
7	红旗—5型小底盘拖拉机	机械部科学大会奖 省科学大会奖	1978	
8	摇臂式喷头系列	机械部科学大会奖 江苏省科学大会奖	1978	
9	工农—12型手扶拖拉机	省科学大会奖	1978	
10	6DHY川—130型圆筒式茶叶烘干机	省科学大会奖	1978	
11	川丰5—3型梭式机耕船	全国科学大会奖 省科学大会奖 省重大科技成果二等奖	1978	参加单位之一
12	75系列旋耕机联合设计	全国科学大会奖	1978	参加单位之一
13	南方水田犁系列设计	全国科学大会奖	1978	参加单位之一
14	500千瓦以下农用水轮机系列设计	省科学大会奖 省重大科技成果三等奖	1978	参加单位之一

续表 3－2

序号	成果名称	奖励种类及等级	获奖年份	备注
15	水平摆式双向（三、四、五）铧犁	省科学大会奖 省重大科技成果三等奖	1978	参加单位之一
16	6CH—59 型茶叶自动烘干机	农机部重大科技成果三等奖 省重大科技成果三等奖	1981 1979	
17	5HY—2.5 型谷物烘干机	机械部重大科技成果四等奖 省重大科技成果二等奖	1981 1979	
18	川丰—12 型（15）小四轮拖拉机	省重大科技成果三等奖	1983	
19	CYF—4 型异步发电机	省重大科技成果三等奖	1979	
20	岷江 60——300 型廻旋钻机	省重大科技成果三等奖	1979	
21	3CJ—17 型深井泵	省重大科技成果三等奖	1980	
22	S195 沼气—柴油机调速器	省重大科技成果四等奖	1980	
23	S195 柴油机调压节油（簧片式节油器）	省重大科技成果四等奖	1980	
24	S195 柴油机两用油箱装置	省重大科技成果四等奖	1980	
25	9N100 公升牛奶分离器	省重大科技成果四等奖	1980	
26	9GZX—1.7 型旋转割草机	省重大科技成果三等奖	1980	参加单位之一
27	广汉县农业区划调查研究	省重大科技成果三等奖	1980	参加单位之一
28	中小功率沼气—柴油双燃料发电机	农机部重大科技成果三等奖	1981	
29	2Z 系列水稻插秧机	农机部重大科技成果三等奖	1981	参加单位之一
30	2CJ—6 型深井泵	省重大科技成果四等奖	1981	
31	6CH—10 型茶叶烘干机	一机部重大科技成果二等奖 省重大科技三等奖	1982 1983	
32	5HZ—3.2 型循环式谷物种子烘干机	机械部重大科技成果三等奖	1982	
33	风扇脱粒机	省重大科技成果四等奖	1982	
34	JB15 手抬消防泵	省重大科技成果四等奖	1982	
35	红碎茶初制加工成套设备	机械部重大科技成果二等奖	1983	
36	4ZX—35 自吸泵	省重大科技成果四等奖	1983	
37	1.5 万只蛋鸡笼成套设备与标准鸡舍设计推广	国家科技进步三等奖 机械部重大科技成果一等奖	1985 1983	参加单位之一
38	广汉县农业现代化试验（农机具选型试验及配备）	农业部科技成果二等奖	1983	参加单位之一
39	红碎茶 LTP 机新工艺技术	省重大科技成果三等奖	1983	参加单位之一
40	四川省农村部分专业户、重点户机具需求考察报告	机械部农机局全国农机情报总网优秀科技情报成果二等奖	1984	
41	四川省小型农机具技术水平及发展方向	机械部农机局全国农机情报总网优秀科技情报成果二等奖	1984	

续表 3－2

序号	成果名称	奖励种类及等级	获奖年份	备注
42	四川省柑桔运输、保鲜及综合利用技术装备的调研	机械部农机局全国农机情报总网优秀科技情报成果三等奖	1984	
43	四川省蚕桑机具的现状及发展方向的研究	机械部农机局全国农机情报总网优秀科技情报成果三等奖	1984	
44	6D—500 型红苕初制淀粉机械成套设备	省重大科技成果四等奖	1984	
45	中国农机区划西南区划	全国农机区划委员会区化优秀成果二等奖	1985	
46	茶叶烘干机配套无管式热风炉	机械部科技进步三等奖	1985	
47	红碎茶发酵设备、萎调装备的调研	机械部科技进步三等奖	1985	
48	蚕桑生产技术装备调查研究	机械部科技进步三等奖	1985	
49	四川盆地农业机械化研究	机械部科技进步二等奖 省重大科技成果三等奖	1986 1985	
50	省农业机械化区划	农牧渔业部优秀成果二等奖 省农业资源调查和农业区划成果奖	1986 1985	
51	无管式热风炉	省重大科技成果二等奖	1985	
52	农村交通运输方向	机械部科技进步三等奖	1985	参加单位之一
53	6ZG—115 型橄榄榨油成套设备	机械部农机局科技进步奖	1986	
54	削茧机、剥茧机	机械部农机局科技进步奖	1986	
55	蚕茧干燥机理研究	省科技进步二等奖	1986	
56	世界经济发达国家七十年代八十年代初农业机械技术水平分析（蚕桑机械部分）	机械部农机局全国农机情报总网优秀科技情报成果一等奖	1986	参加单位之一
57	农村交通运输的发展方向问题（属于国家十二重要领域技术政策的研究子课题）。	国家科技进步一等奖	1987	参加单位之一
58	85 型大理石花岗石加工成套设备	省科技进步三等奖	1987	
59	四川省农村主要机械装备发展预测	省科技进步三等奖	1987	
60	6AG—1 型小型柑桔复合式榨汁机	机电部科技进步三等奖	1988	
61	乡镇柑桔果汁初制加工技术及成套设备	农业部科技进步三等奖	1988	
62	农用排灌机械节能潜力的调查	机电部科技进步三等奖	1988	
63	小型柑桔果汁初加工成套设备	机电部科技进步三等奖	1988	
64	农业适度规模经营研究	国务院农村发展中心农村经济社会发展研究优秀成果二等奖 国家科技进步三等奖	1989	

续表 3－2

序号	成果名称	奖励种类及等级	获奖年份	备注
65	班产一吨甘薯玉米淀粉机械成套设备	农业部科技进步三等奖	1989	
66	五菱牌 S195—Z 沼气发动机 TF—S—8—4 型 8 千瓦三相自动恒压发电机	农业部农村能源环保优秀成果三等奖	1989	参加单位之一
67	6SJ—2 型香肠加工成套设备	省星火科技三等奖	1989	
68	四川机械工业技术政策	省科技进步二等奖	1989	
69	中国农业机械基本情况调研	机电部科技进步三等奖	1989	参加单位之一
70	绿茶加工新工艺及成套设备	省星火科技三等奖	1989	参加单位之一
71	川丰 5—4 深泥脚水田耕耘机	省科技进步三等奖	1989	参加单位之一
72	我国农机化发展战略及政策研究	国务院农研中心科技进步二等奖	1989	参加单位之一
73	L86—1 型热风烘茧室	对外经贸部科技进步四等奖 省科技进步三等奖	1990 1990	
74	1.2 千瓦（1.6 马力）汽油机配套离心泵系列	省科技进步三等奖	1990	
75	JZH 酒糟干燥加工成套设备	省科技进步三等奖	1990	
76	75—46—01—04 新型热风烘茧机	纺织工业部科技进步三等奖	1991	
77	新型热风烘茧机	纺织工业部奖	1991	
78	屠宰及肉食加工机械调研	机电部科技进步三等奖	1991	
79	果品加工机械调研	机电部科技进步三等奖	1991	
80	技术开发型科研机构事业费减拨到位后的发展模式及政策研究	省科技进步三等奖	1991	
81	DNGB—1.2 型金刚石框架锯	省科技进步三等奖	1991	
82	CDQ—0.37 型微型单相潜水泵系列	省星火科技三等奖	1991	
83	3FM—1 人力地膜覆盖机	省星火科技四等奖	1992	
84	农业机械作业经济效果评价方法	农业部科技进步二等奖	1992	
85	鸡粪再生饲料加工技术及成套设备	省科技进步三等奖	1992	
86	武陵山区农机化扶贫规划及项目可行性研究	农业部科技进步三等奖	1993	
87	BZE 型汽油机自吸泵系列	省科技进步三等奖	1994	
88	优质粮食作物机械化增产增收技术	全国农牧渔业丰收二等奖	1997	参加单位之一
89	NGJ12 型魔芋精粉干法加工成套设备研制	省科技进步三等奖	1999	
90	水稻节本增效综合增产机械化技术	全国农牧渔业丰收二等奖	1999	参加单位之一
91	SR300 型工业化秸秆燃气成套设备	省科技进步三等奖	2001	

（五）对外交流

在20世纪70年代以前，省农机院与国际同行的科技交流几乎是空白。1978年以后，随着改革开放，省农机院的外事活动渐趋活跃。省农机院采取了请进来和走出去的方式，相继与一些发达国家和第三世界国家如日本、意大利、法国、英国、美国、南斯拉夫、巴基斯坦以及莫桑比克等进行科技交流。到2000年以后，随着世界日益重视能源和环保领域的科技成就，省农机院在生物质能源利用上取得显著成果，技术装备首次出口埃及，国际合作交流也日趋频繁。

截至2005年底省农机院出国进行科技交流情况表

表3-3

时间	姓名	到达国	科技交流内容
1973.05	赵京一	达荷美人民共和国（1975年改为贝宁人民共和国）	受外经部委托，农业部外事局、省外事局接受原由台湾对达进行的“农业垦殖”援助项目，组成21人“中国援外专家组”对其进行无偿援助
1979.05	刘祖荣	日本	随以廖承志为团长的访问团乘“中日友好之船”，赴日进行友好访问
1980.10	岳体林	日本	参加中国农机部外事局组织的“赴日烘干技术学习组”，到日本金子农机株式会社学习农产品物料干燥和加工机械的设计技术
1980.12	魏宗元	意大利	国家经委组织农机部等人员赴意大利菲亚特公司进修
1980	余尚三	日本	受机械工业部派遣，赴日进行农副产品加工机具考察
1981.06	曹泽玺	南斯拉夫	受中国农机学会派遣，随中国科协代表团赴南进行农机考察，参加第十七届世界青年技术员大会
1982.05	胡进帆	日本	由中国农机学会组织，赴日研修
1983.03	曹泽玺	巴基斯坦	受农牧渔业部派遣，赴巴出席国际再生能源研讨会，并宣读了“沼气在农用动力上的应用”论文
1983.09	金公望	布隆迪、卢旺达、扎伊尔	受农牧渔业部总公司派遣，组成中国沼气专家组，赴大湖经济共同体进行资源考察和沼气工程指导培训
1984.04	金益生	肯尼亚	受经贸部、农牧渔业部派遣，组成专家组赴肯进行茶叶生产及加工情况的考察
1985.07	冯维成	泰国	受农牧渔业部派遣，赴泰进行讲学和技术支援
1985.08	刘重光	布隆迪、卢旺达、扎伊尔	根据1985年5月我国与大湖共同体签署的沼气援助项目，组成沼气专家组对其进行沼气工程指导修建
1986.11	吴兰	英国	随省科委组织的“四川省专利代表团“对英进行专利考察，吴兰担任翻译
1986.11	董焕然	法国	随机械工业部果蔬加工机械考察团进行技术考察
1987	赵永力	日本	由省科学技术协会派遣，赴日进修农业机械
1988.04	庹洪章	日本	受省农牧厅派遣，赴日研修农业机械
1990.03	刘涛	日本	由中国科协派遣，赴日进行工业管理、注塑机修理技术与改造研修
1990.09	岳体林	南斯拉夫	由机电部国际合作司主办，赴南考察烤烟栽培、管理加工和农用初烤烟机等
1992.02	孟榆	日本	赴日研修

续表 3－3

时间	姓名	到达国	科技交流内容
1992.04	郑东黎	日本	赴日研修
1992.10	郭骅	荷兰、芬兰	科技合作与交流
1993.03	钟承祥 岳体林 刘涛	日本	随四川农机考察团赴日考察引进农机事宜
1994.06	岳体林 岳浩 杨选金	日本	应日本金子农机株式会社邀请，赴日本培训稻谷干燥、精米加工技术
1996.01	魏鼎才 陈建平	日本	受省科委派遣，赴日研修水力机械
1997.01	廖功磊	日本	受省科委、省科技交流团派遣，赴日研修流体机械
2000.10	谢祖琪	美国	随农业部组团参加“国际农业机械博览会”
2002.05	刘和宁	埃及	随科技代表团访问埃及，其间草签了秸秆气化设备出口埃及协议
2002.11	蒋立茂	德国、法国、 意大利、荷兰	随农业赴欧考察团考察欧洲农业、畜牧业和农业机械的发展
2004.03	谢祖琪	法国	随中国农业机械化科学研究院组团，参加第六届“国际食品工程大会”
2004.04	谢祖琪 熊昌国	埃及	开展“SR300 型工业化秸秆燃气成套设备”出口安装前期准备工作
2005.04	廖功磊	西班牙	由中国农机协会排灌分会主办，随国际农机技术交流团对西进行技术交流及参观考察
2004.05	刘建辉 庹洪章等	埃及	在开罗进行“SR300 型工业化秸秆燃气成套设备”安装施工直至竣工
2004.05	刘泽生	南非、 莫桑比克	随中国科技部星火展览团展出中国星火成果及科技交流
2005.12	谢祖琪	印度	随四川科技代表团参加科技部在印举办的“中国实用技术产品展览会”

截至 2005 年底省农机院接待外国或合作组织来访情况表

表 3－4

时间	来访国家	科技交流内容
1980.05	日本	由团长山中勇率领的“日中农交农机技术交流团”交流农业机械、沼气技术发展等内容
1980.12	日本	中国留学生、研究生援助协会代表上原信夫先生和日本帝国书院编辑部长代理江口信雄先生，介绍日本农机化方面的情况，应允为我赴日学习和考察日本农业机械化方面的技术给以帮助
1981.09	日本	由金子爱次郎先生为团长率领的日本金子农机株式会社来访，举行了小型技术交流会

续表3－4

时间	来访国家	科技交流内容
1982.03	日本	由团长团也信夫、副团长山中勇率领的“日中农业农民交流协会代表团”交流农业机械化、沼气应用、农业运输和插秧机械化等内容
1985.03	日本	日本金子农机株式会社海外课课长樋口公广先生交流稻谷、饲料加工机械、猪牛粪便处理设备、烟叶干燥机械的生产等内容
1986.11	日本	由阪野建司先生率领的“日本机械输出组合访华团”来访，进行技术交流
1989.04	南斯拉夫	由伊凡·巴奇率领的“南农烟叶通用公司”考察烤烟设备引进合作事宜
1992.07	荷兰	根据农业部中国——欧洲共同体农业技术中心（1992）农中欧中心（技）字第二号文精神，邀请欧共体畜禽废弃物加工技术专家AntoonGeertSchols来所讲授废弃物加工技术设备和发展方向课程
1994	美国	美国丹普斯公司欧洲分公司就“屠宰废弃物加工技术和设备”进行了技术交流
1995.02	日本	知念悌郎先生率领日本金子农机株式会社一行访问，为成都引进精米加工设备做准备
2002.07	埃及	埃及环境部派代表考察，并对四川省秸秆气化设备运行情况进行实地调研
2002.10	埃及	埃及环境部副部长麦戈迪博士和埃及驻华使馆商务参赞对农机院进行详细考察，签定进口全套秸秆气化设备合同
2005.03	合作组织	“东盟非传统能源委员会代表团”来访，对生物质能源和农村环保等问题进行了技术交流
2005.09	西班牙	“西班牙农业代表团”来访，就农业机械化发展等问题进行了相互探讨

附：省农机院科研体制改革、监测工作及主要设施建设

1．科研体制改革

省农机院在科研体制改革方面走的是一条不平常的道路。

四川省从1980年起开始对科研单位进行科技体制改革，省农机院即被纳入省科技体制改革首批试点单位。

省农机院1980年制定的《关于用经济办法管理科研及实行奖励试行办法》的管理制度，拉开了改革的序幕。在此期间，省农机院在承担国家科研任务的同时，开展对外技术服务、技术咨询和成果转让等，并且试行合同制。

1983年，省农机院根据省委《当前我省科技工作改革的若干问题》文件精神，向省农机局报送了《关于我所科研改革初步方案》的请示报告，省农机局批复基本同意此方案。省农机院开始对部分课题和部门试行科研承包责任制和岗位承包责任制的改革尝试。

1984年，省农机局原则上同意农机院提出的《由事业费开支改为有偿合同制的改革方案》，于当年7月开始，正式试行有偿合同制的改革。

1991年，省农机院事业费在1985年的基础上削减了70%。省科委颁发了《实现科学事业费减拨到位证书》，明确“事业单位性质不变，并按规定享受到位后的优惠待遇”。省农机院成为财政差额拨款支持的开发类省属农业事业单位。

自改革以来，省农机院实施了一系列改革措施：（1）所长负责制，（2）扩大科研自主权，（3）岗位责任制，（4）用经济办法管理科研，（5）科研管理工作制度化、规范化，（6）改进财务管理，

（7）改变试制工厂经营方式等。

由于削减事业费，拨款额度不如以前，迫使科技人员变压力为动力。经过多年的努力，省农机院基本实现了由单纯科研型向科研经营型的转变，建立起科研直接面向市场、面向经济建设的运行模式，逐步形成了自我发展、自我积累、自我激励、自我约束的运行机制。

建立和实行各种责任制，把竞争机制引入科研工作之中，调动了职工积极性，科研周期缩短，科技成果推广速度加快，促进了科技创新。同时，科研与市场的紧密结合，使科研课题更多地来源于市场。

2．农机产品质量监督检测工作

省农机院承担着部分农机产品质量监督检测的工作。

（1）四川省泵类及通用设备产品质量监督检验站

1974 年，由省计委拨款，在省农机院内修建了一座无底阀抽水试验室。1978 年，为进一步加强测试手段建设，以提高泵类产品性能，将无底阀抽水试验室扩建为水泵试验室，建成了流量为 1—1000 米^3/小时的水泵试验测试系统。

1984 年，经由省标准计量局组织专家进行机构和计量双认证评审之后，正式建立“四川省水泵质量监督检验站”，负责对全省中低压水泵的质量监督和检测工作。1998 年，通过省技术监督局组织专家进行增项、复查的双认证评审，将站更名为“四川省技术监督局泵类及通用设备产品质量监督检验站”。2001 年，随着省级质检机构的改革，再次更名为“四川省泵类及通用设备产品质量监督检验站”。质检站被授权对全省泵类及通用设备产品进行监督检验，检测范围包括通用设备、建材机械、农产品加工机械、食品包装、茶叶及饲料机械等 6 大类、14 小类、124 个产品、333 项参数的产品质检。

（2）四川省机械工业内燃机质量监督检测

1985 年 3 月，四川省机械局委托省农机院设立“四川省机械工业内燃机质量监督检测站”，负责全省内燃机质量监督和创优产品的检测工作。质检站相继对四川省生产企业，如三峡柴油机厂和沱江动力厂生产的“195 型”柴油机、成都柴油机厂生产的“490 型”柴油机、成都空压机厂生产“492Q”汽油机以及南充内燃机厂生产的“6102 型”柴油机等进行了质量检测。随着后来隶属领导机构发生变更，1995 年该站自行撤销。

（3）四川省机械工业拖拉机质量监督检测

1985 年，省机械局委托省农机院设立“四川省机械工业拖拉机质量监督检测站”。质检站的建立使省拖拉机质检监督工作，由过去行业检查改变为执行定点监督检查。质检站相继对四川省生产企业如四川拖拉机厂的“15YUI 型”短途运输车、成都拖拉机厂的“川丰—15 型”小四轮拖拉机、岷山机械厂的“川丰—15 型”小四轮拖拉机以及遂宁市机器厂的“工农—12 型”手扶拖拉机等进行了质量检测。随着后来隶属领导机构发生变更，1995 年该站自行撤销。

（4）农产品加工机械设备质量监督检验测试中心（成都）

1998 年，省农机院按照农业部《关于申报和推荐第三批部级质检中心的通知》精神，申报了“关于建立农业部农产品加工机械设备质量监督检验测试中心”（成都）立项初审的申请报告，报告列入农业部计划并下达了筹建计划。经过 3 年筹建工作，2001 年 5 月，该中心通过了农业部组织的双认证专家评审组机构审查认可和计量认证双评审，农业部批准建立部质检中心。中心占地面积

1300多平方米，其中试验室面积1060平方米，设置有热功试验室、综合机电试验室、干燥机械测试室、扭矩传感器校验室、动平衡试验室以及温度仪表检测室。配置了高精度动平衡机、精密电子天平等仪器设备100多台/套。中心面向全国承担农副产品加工机械、干燥机械设备、粮油加工机械、饲料加工机械以及水泵和泵站等26项产品的质量监督检测。

3. 主要设施建设

省农机院主要设施建设包括一厂两室。

(1) 试制工厂

试制工厂成立于1959年。工厂设厂长办公室、金工、钳工、铸工、锻工、木工车间等。初期设备仅有金属切削机床、锻压设备、弹簧锤、卷板机、筛沙机、刨木机等普通机床设备。工厂曾试制过二冲程煤气机、人工降雨设备、内燃水泵、插秧机、水田耙、割禾器以及稻麦两用脱粒机等结构简单的农机产品。1964年，邓华副省长亲自抓四川省农机科研，工厂实力得到充实。在此期间，工厂对日本“洋马”、英国“李思特”、西德“汉茨”三个系列的发动机分别进行了试验。1978年以后，国家高度重视科技成果尽快转化为生产力，工厂作为科技成果转化的载体，在各项优惠政策和资金投入的扶持下，迅速发展壮大。目前，试制工厂有占地面积3500平方米的厂房，拥有全套车、铣、刨、插、磨、钻等金工设备，还有卷板机、剪板机、数控折弯机、焊切等钣金设备。工厂有一批高、中级技术力量和一支熟炼的技工队伍。试制工厂经多年建设，已逐步成型为具有一定规模的机械制造工厂。工厂尤其擅长制造各型非标设备、农业机械、秸秆气化设备以及大型的农副产品加工成套设备等。

(2) 生物质实验室

鉴于可再生能源将成为常规石化燃料的一种替代能源，在西部先期建立生物质实验室，对可再生能源着手研究利用很有必要。2001年，省农机院自建了一座具有国内先进技术水平的生物质实验室。实验室的任务是围绕能源、环保等社会问题，开展可再生能源利用的原始创新与技术集成，对可再生能源试行优质化、多元化的能源利用，生物质气化参数与燃气成分的关系以及太阳能、水能利用机理等研究工作。通过试验和理论分析，取得科学翔实的数据，筛选参数，解决技术难题，为可再生能源的发展及设备更新换代奠定理论基础。

(3) 农产品加工技术工艺与加工装备试验室

为促进四川省农产品加工业的发展，为农产品加工企业提供先进的加工工艺和设备，开发性能优良的加工机械，2005年，在农机院内自建了一座“农产品加工技术工艺与加工装备试验室”。试验室功能是对农产品加工过程中的物质变化规律、技术进行探索试验、分析研究，攻克关键技术的难题。通过试验，为农产品加工提供新工艺、新技术和新产品。试验室也面向社会，面向“三农”，提供试验平台。

二、市（地、州）级农机科研单位

（一）概况

1986年，四川省有市（地、州）农机科研单位17个，职工人数475人，其中科技人员259人。当时拥有农机科研单位的市（地、州）有：成都（成都市包括原成都市和原温江地区两个农机所）、重庆、自贡、渡口、绵阳、南充、涪陵、内江、乐山、万县、宜宾、达县、雅安、凉山、阿坝、甘孜。

20 世纪 80 年代和 20 世纪 90 年代，在改革开放中，市（地、州）农机研究所面临着许多新的情况：一是农业生产体制引起了外部环境变化；二是科研单位面临改革，形成了内部压力；三是国家课题和经费渠道改变，市（地、州）农机科研单位获得纵向课题更加困难。在这种情况下，四川省多数农机研究所都调整或中断了传统的农机科研，自谋出路。1989 年，据《四川农机》杂志刊登的《在改革中前进的我省市、地、州农机研究所》报道，当时四川省市（地、州）农机研究所大致归纳为五种类型。一是发展型，主要指重庆市农机所。该所实力强、底子厚、思路宽，在改革中锐意开发。1983 年以前，该所由上级下达的纵向课题占总课题数的62% 以上，1988 年只占23%，相反的是，1988 年全所横向技术服务收入已超过总收入的 90%。该所从事的项目已不限于机械产品，而是涉足于环保、化工、食品、渔业、仪表等多种行业。二是稳步发展型，包括成都、绵阳、南充、内江、宜宾等市（地）农机所。这类研究所在市（地、州）研究所中相对而言实力较强，在改革中，他们也积极开发项目，逐步扩大经营服务收入，力求发展，但跨步不如重庆市所大。以绵阳所为例，该所内部实行课题承包，1988 年已开始出现横向课题多于纵向的趋势。1988 年该所经营服务收入约占总收入的 60% 以上。三是急于翻身型，主要指万县地区农机研究所。该所技术力量属中等，在改革中，该所励精图治，按企业管理办法治所，作出了一定成绩。该所积极开发竹材、建材、化工、果品加工等项目，急于在改革中寻求翻身。四是维持型，包括雅安、自贡、乐山、攀枝花、涪陵、甘孜、阿坝、凉山等市（地、州）所。这类所或因建所时间短、或因实力弱、或因地处“老、少、边、穷”地区，在改革中虽有小小的跨步，但队伍不稳、技术力量薄弱，各方面困难较多，一般只能维持现状，难有发展和突破。五是特殊型，专指达县地区农机研究所。该所 1987 年与达县地区金陵电器设备厂合为一体，走上了特殊的改革之路。合并后的实体有三块牌子（农机所、自动化所、电器设备厂），主要业务事实上只能是产品生产，科研工作难于开展。合并后，原研究所 8 名技术骨干相继离去。1992 年，所、厂分开，合并宣告失败。

1997 年，重庆直辖后，四川省市（地、州）农机科研单位减为 11 个，职工人数 210 人，其中科技人员 113 人。当时拥有农机科研单位的市（地、州）有：成都、自贡、攀枝花、广元、乐山、南充、宜宾、达州、凉山、阿坝、甘孜。

2005 年，四川省市（地、州）农机科研单位在统计报表中仅存 9 个，职工人数 190 人，其中科技人员 113 人。拥有农机科研单位的市（地、州）有：自贡、攀枝花、内江、乐山、南充、宜宾、达州、凉山、甘孜。

（二）部分市（州）农机科研单位选介

1. 成都市农业机械研究所

成都市农业机械研究所创建于 1966 年。主要承担适用新型农机的研制开发、应用推广、试验示范以及技术咨询、技术服务、农业工程承包等工作。

2001 年，该所被确定为社会公益类事业单位。2002 年，名称变更为成都市农机科研推广服务总站，实际上是所与站两块牌子，一套人马。①

该所下设科技推广室、党政办公室、财务室、科技与信息室、机加工车间 5 个部门。在职职工

① 2007 年，按照中共成都市委、成都市人民政府的决定，和成都市其他农、林、水产科研院所一起，合并组建为成都市农林科学院（成都市人民政府直属事业单位），名称变更为成都市农林科学院农机研究所，同时保留成都市农机科研推广服务总站的牌子。

人数 28 人，其中具有高级技术职称人数占总人数的 30%，享受国家特殊津贴的专家 2 人，全国劳模 1 人，部省级劳模 1 人，市级劳模 1 人；正高级技术职称人数 3 人，中级技术职称人数占总人数的 50%。建所以来，取得科技成果 100 多项，获得国家专利技术 10 多项。

2. 南充市农业机械科学研究所

1965 年，国家八机部在四川建立农业机械试验站，属四川省农业机械研究所的派出机构。1973 年，下放到南充地区更名为“四川省南充地区农业机具科学研究所”，后更名为“南充市农业机械科学研究所”。内设机构为办公室、科技科、推广培训科、测试科。2005 年，该所实有在职人数 28 名，其中各类专业技术人员 15 人。主要承担开展农业机械化研究、农业机械研究、农机质量测试、农机技术储备、农机化技术推广项目的实施，参与农业机械化规划，农机先进实用新技术、新机具的引进、试验、示范、技术咨询服务，普及农机科技知识。

建所以来，该所共完成科技项目 110 多项，取得 16 项达到国内先进水平的部、省级科研成果，获得国家专利 14 项，84 篇论文在国际国内学术会及刊物上发表。15 项科技成果转让给国内 200 多个中小企业、乡镇企业生产推广。27 项科技成果获得全国、省、地（市）的奖励，16 次荣获全国、省、地（市）先进集体称号。

3. 宜宾市农业机械研究所

宜宾市农业机械研究所创建于 1959 年 6 月，是“全国农业科普示范基地”、四川省重点科研机构。“十五”期间，该所被农业部评估为四川省农机综合科研能力最强的单位。该所以推进农业机械化进程，构筑现代化农业为宗旨，致力于丘陵山区农业机械的研究、设计、制造、推广应用和科普教育工作。拥有各种大中型生产、教学设备。2005 年，该所在职职工 47 人，专业技术人员 32 人，其中高级工程师 3 名、工程师 28 名。

4. 绵阳市农业机械研究所

绵阳市农业机械研究所成立于 1974 年，建所后，多次搬迁，1986 年 1 月完成重建工作。新所占地 0.63 公顷，建有试制车间、生产库房、科研办公大楼、职工食堂等，建筑面积 4300 平方米。

绵阳市农机研究所主要从事乡镇企业及农村所需各类机械产品研制和技术开发以及农业机械化研究工作。建所以来，共完成科研课题 40 余项。其中 1 项获全国科学大会重大科技成果奖；5 项获四川省科学大会重大科技成果奖；15 项分别获四川省重大科技成果三、四等奖，农机部重大科技成果三等奖，四川省农机科技进步一、二、三等奖，市科技成果二、三、四等奖。1983 年全国农机科研规划会上，绵阳市农机研究所被定为重点地市农机所之一。1988 年获“四川省科技体制改革先进单位”称号。1989 年、1990 年连续两年获得四川省先进科研单位二等奖。从 1992 年开始，连续 5 年获得绵阳市支援乡镇企业先进单位。

2000 年 6 月，绵阳市农业机械研究所撤销。当时该所已拥有高级工程师 9 人，工程师 10 人。

5. 达州市农业机械研究所

达州市农业机械研究所成立于 1972 年。农机所成立之初，工作重点主要放在农业机械推广上。该所曾将视野扩展到地区整个机电行业，一度规划要逐步把农机所建设成川东北地区机械、农机、电子研发中心。在科研改革中，为及时调整和把握科研方向，从 1982 年起，该所有计划地对全区资源现状进行了摸底调查。鉴于当时上级下达课题减少，该所自找横向项目弥补。先后与机械、建筑、轻工、水电、保险等十余家企业、公司开展过横向协作。

1987 年 5 月，该所与达县地区京陵电气设备厂合并，组成科研与生产相结合的经济实体。1992 年 11 月，所、厂分家，历时 5 年。所厂合并期间，地区电气厂有一定的发展，但农机所在此期间发展受限。所厂分家后，农机所科研课题渐趋活跃。在科研活动中，该所逐渐适应了市场运作，积极开展横向经济服务，重新步入了发展阶段。

该所建所 34 年来，先后共评聘高级职称技术人员 8 人、中级职称技术人员 14 人。共开展了 64 项科研课题，完成 54 项，获得鉴定（验收）的成果 52 项，获得各级成果奖、进步奖 6 项，获得国家专利 1 项，撰写学术论文 153 篇，其中发表于省、地级刊物及获得地区机械工程学会优秀论文奖的计有 6 篇。开展对外技术服务 50 项，与 24 个单位开展过横向合作。

三、县（市、区）级农机研究所

1978 年，四川省县（市、区）级农机研究所有 125 所，职工人数 624 人。县（市、区）级农机研究所从事科研任务极少，主要承担当地的农业机械化技术推广工作。1985 年，按照农牧渔业部通知，县（市、区）级农机研究所更名为农业机械推广服务站。但据四川省农业机械化管理统计报表反映，1985 年，四川省有县（市、区）级农机研究所 110 所，职工人数 460 人，其中科技人员 290 人。1986 年，四川省仍有县（市、区）级农机研究所 87 所，职工人数 343 人，其中科技人员 250 人。1986 年以后，县（市、区）级农机研究所陆续更名为农机化推广服务站，县（市、区）级农机研究所在四川省不复存在。

第二节 科研成果

一、省农机院成果

（一）“工农—12”型手扶拖拉机

1965 年，八机部科技司下达改进国产“工农—7”型手扶拖拉机驱动型为兼用型的“工农—12”型手扶拖拉机科研项目任务。由省农机院主持，八机部拖拉机厂、成都农机学院等单位参加，共同完成了主机、配套犁及旋耕机的设计、试验，1968 年通过部级鉴定。该机结构简单，体积小巧轻便，适用性强，在省内广泛推广，1978 年获四川省科学大会奖。

（二）川农水泵系列

1963 年，由省农机院、成都农机学院及有关生产厂共同努力，研制成功与 3—20 马力级动力机配套共 14 个型号的川农系列水泵，通过鉴定和推广应用，省内推广了 20 多万台。1978 年分别获机械工业部和四川省科学大会奖，1979 年获四川省重大科技成果二等奖。

（三）蚕茧干燥加工成套设备系列

1982 年，省农机院分别承担了机械工业部下达的“蚕茧干燥机理研究”和四川省科委“JH—100 型蚕茧干燥机”科研课题。两课题通过科研鉴定之后分别获四川省科技进步二等奖和省农牧厅技术改进一等奖。在此成果的基础上进行扩展，设备形成多样化、系列化特点，可满足不同用户的需求。该成果在四川、湖北、云南、江苏、安徽、河南、重庆、江西等地推广应用，改变了中国长期以来蚕茧干燥采用土烘法烘烤的落后状况，提高了蚕茧的解舒率和烘茧品质。

（四）石材加工设备

该设备包括往复锯石机、圆盘切机、机动切边机和磨石机等，实现了锯石、切石、切边、倒角、磨削以及抛光的连续作业，加工出的大理石、花岗石材精度达到建筑板材的一级品标准。设备主要在四川盛产大理石、花岗石的宝兴县、小金县、荥经县、芦山县以及省外等地推广应用。其中“85型大理石花岗石加工成套设备”和“GDB—1.2型金岗石框架锯”分别于1987年和1991年获四川省科技进步三等奖。

（五）无管式热风炉

该成果是参考国外热交换器结构研制的新型无管式热风炉。具有结构新颖，热效率高，烟尘无泄漏污染，配套性好等优点，广泛与蚕茧、茶叶、淀粉、魔芋、挂面、香肠、烟草等农副产品烘干机配套。1985年获机电部科技进步三等奖。

（六）薯类淀粉加工成套设备

该成套设备采用卧式清洗除石、逆流洗涤、旋风粉碎气流干燥等先进工艺。从原料清洗到淀粉干燥，整个流程机械化程度高、劳动强度小、操作维修简便、比同类设备节能40%，淀粉质量和卫生指标符合国家相关标准。适用于甘薯、木薯、马铃薯、芭蕉芋、蕨根、百合、莲藕、茨果等新鲜块根原料的加工。该成果先后在广东、四川、甘肃、云南等地区推广。成果分别获1984年四川省重大科技成果四等奖和1989年农业部科技进步三等奖。

（七）魔芋精粉加工成套设备

该成果分别是省科委重大科研项目和省农机局科研项目。成果获1999年四川省科技进步三等奖。2000年列入省重点推广项目，2005年列入国家星火计划项目。

（八）“SR300”型工业化秸秆燃气成套设备

该成果系省科技厅重大科研招标项目，于2000年通过鉴定，2001年获四川省科技进步三等奖。分别列入国家和四川省科技成果重点推广计划项目。拥有“秸秆气化炉”“秸秆气化炉原料预热装置”和“秸秆燃气粮食干燥机”三项专利技术。国内已建立26座秸秆气化站。2004年，在埃及也成功建设了两座秸秆气化站，实现了中国与埃及技术设备在商业项目上零的突破，开创了中国农机产品技术出口埃及的商贸关系。

（九）集约化养禽场废弃物无害化处理成套设备

该成果是四川省重大科技攻关项目和科技部“农业科技成果转化资金项目”，于1992年获四川省科技进步三等奖，拥有“鸡粪再生饲料干燥机”“齿板粉碎气流干燥机”“高湿物料自卸式搅拌机”三项专利技术。成果在省内外广泛推广。

二、部分市（州）农机所成果

成都市农业机械研究所、南充市农业机械科学研究所、宜宾市农业机械研究所、绵阳市农业机械研究所、达州市农业机械研究所等部分市、州农机研究所的有影响和有代表性的部分科技成果见表3—5。

部分市（州）农机研究所成果汇总表

表 3－5

单位	成果名称	备注
南充市农业机械科学研究所	沼气池出料机具的研制	该项目是1979年农业部重点攻关课题。有“嘉陵I”型和“嘉陵II”型提水提粪器、“ZHC”和“ZHK”手提式抓卸器、“7YC—I”型自吸液罐车、“ZHC—30”型单纯牵引抓卸器、“嘉陵丫—F—10”型液肥泵等。1983年，农业部主持在成都召开的全国选型会上，上述机型均被选为全国推荐机型，占全国选型量的40%。手提式抓卸器分别获四川省1980年重大科技成果三、四等奖。整个沼气池出料机具大课题1983年获南充地区重大科技成果二等奖
	“70—12”型多用泵	该项目为农业部1984年重点攻关项目。1985年，通过部级鉴定。该泵已在沼气工程，环卫部门推广，生产企业获得效益。该成果1986年获农业部科技进步二等奖，1988年获全国“星火计划”银奖，并参加了中华人民共和国成立40周年四川重大科技成果展出
宜宾市农业机械研究所	“R50”型软颗粒机	该机结构新颖，工作可靠，通过地区鉴定，获四川省人民政府1988年全省优秀新产品奖
绵阳市农业机械研究所	沼气柴油机	该机1976年通过省级鉴定，截至1979年，四川省已推广使用300余台。该项成果曾获全国科学大会重大科技成果奖及四川省重大科技成果三等奖
	“C50Y”“C35Y”喷灌机组	该机在四川省推广3000余台套，获省科学大会重大科技成果奖和四川省重大科技成果三等奖
	“700—5”联合收割机、“红旗一50”型拖拉机三角履带配套推土铲	均获省科学大会重大科技成果奖
	“1105”型双燃料发动机调速器及小型沼气—柴油机	该机先后获省重大科技成果四等奖，农机部重大科技成果三等奖
	手拖三角履带配套“220型”加强犁	该机推广210台，先后获地区重大科技成果三等奖，省重大科技成果四等奖
达州市农业机械研究所	四川省农业机械化区划	系农牧渔业部课题，配合省农机研究所完成。1985年获省政府四川资源调查和农业区划成果二等奖、1986年获农牧渔业部专业区划成果二等奖
	县级农机系统的编制和大队机具配备的研究	1981年农牧渔业部下达课题，1983年获省科技成果二等奖
	巴中县农业机械化规划	1982年农牧渔业部下达课题，1984年获农牧渔业部工作二等奖

三、民间成果

（一）顶出式定向排种机

顶出式定向排种机是四川省冕宁县交通局职工、冕宁县人大代表何爱民的发明专利（授权公告号为 CN1125584C）。该机在县有关部门支持下用 4 年时间试产 4 台，解决了传统排种机依靠种子重力作用从孔中下落进入育秧盘和育种圃的问题。由于一般非球形种子在箱中不易进入排种机构，即使进入，孔中的种子，由于壳上有芒刺，附在孔中不能靠自身重力脱落，因而排种效率低，更不能实现定向播种。该机研制的具有凹槽盛种和滑动式顶出部件顶出槽中单粒种子的强制式排种装置解决了这一难题。该装置工作可靠、排种精度高，其单粒囊种率达 98%，定位准确率达 95%。用于当地烟草播种，累计播种育苗 68616 盘，移栽 571.8 公顷。这种顶出式播种机用于水稻穴播已发展到第三代样机，可一次完成铺土、播种、覆土，合格率达 92% 以上，生产率可达 550—960 盘/小时。特别是用于玉米定向种植，可保证玉米苗叶的展开方向垂直于行列，利于植株通风透光，提高产量。

此外，何爱民还研制成功《秧苗透管直插式定植机》《农作物地膜种植方法及覆膜机具》《双层秧盘培植器》以及能够提高工效、节约用种的《油菜匀播机》《油菜点播机》。其中《秧苗透管直插式定植机》《农作物地膜种植方法及覆膜机具》《双层秧盘培植器》亦已获发明专利（授权公告号分别为 CN1146161C、CN100435620C 和 CN1278599C）。

（二）负式机动压缩空气抛秧筒

负式机动压缩空气抛秧筒是冕宁县水电局退休职工任宣文在 1998 年获得的发明专利。它是在背负式机动喷雾器的基础上，在操作者的胸前挂一托盘放置秧盘，托盘上安装有喷风口将秧苗吹到空中，利用其土坨的重力下落到田间，而代替人工手抛作业，提高工效。1999 年受到成都市农机局表彰并引进生产，2000 年获四川省农机管理局特别贡献奖。该项专利后来转让给北京丰茂机械有限公司批量生产。

（三）油菜直播机

该机设想系 2006 年广汉市农民与广汉市农机局、省农科院有关专家共同提出。2007 年生产出样机，并在该市连山、兴隆和西高等乡镇进行作业试验。到 2008 年 10 月，累计生产 3 台，作业面积达 2000 余亩。该机特点：采用强排式播种机构，播种可靠，漏播的情况大大减少；播种量大小可调，通过不同的链轮传动，改变播种器的转速，即可实现播种量的调节；播种机构的动力来自驱动轮，传动可靠，能保证良好的播种效果；改进排种管，呈倒喇叭口，能有效的避免排种管堵塞的现象；

（四）双轴螺旋水耕机

内江市威远县水耕机厂刘明相等人根据丘陵区田块小、土质黏重、水田泥脚深的耕作难题，研制成功双轴螺旋水耕机。1988 年获国家专利，1990 年通过省级鉴定并纳入四川省重点新产品计划。该机由小型柴油机、双轴螺旋体、竹叶形半船体、张紧离合器、前后扶手架组成。双轴螺旋体分左旋与右旋螺纹、等速反转、对称做功，以平衡机身并产生推力而滑行前进，完成土壤耕翻作业。成功地解决了深泥脚田机身下滑、下陷问题，覆盖性好，还可实现秸秆还田、不缠草。实践证明该机具有不择田块大小、不择泥脚深浅、不择稻茬高低，能广泛适应各种水田和泡水旱田作业，其结构重量仅为机耕船的 50%，制造成本比之低 30%。当时在全省推广 5000 台，每台平均可负担耕地 120 亩。

（五）单履带微型耕作机

20 世纪 90 年代初期，汶川县农民姚若松提出单履带微型耕作机发明专利需要省上解决生产资金问题。四川拓海电子科技公司邀请省农机局和四川省农业机械学会参加将此微耕机作为扶贫光彩事业进行扩大生产的项目论证会。论证会通过现场试验考察和专家咨询活动，在充分肯定该机附着力强、通过性能好等优点的同时，指出该机存在操作重心不容易掌握、劳动强度大、耕深不易控制、制造质量差、出现损坏等问题。对生产企业领导人着重指出该机自身不能在作业时保持平衡的致命缺陷。论证会上，省农机局和四川省农业机械学会有关专家特别对发明人的精神表示了敬佩和尊重。

第三节　四川省农机科技进步奖

一、农机科技进步奖设置

20 世纪 80 年代，省农牧厅印发《四川省农牧业科学技术进步奖励试行办法》。1987 年，省农机局根据省农牧厅的试行办法，结合农机科技成果评审中的实际情况，向全省各地（市）州农机管理部门、科研部门及学校印发《实施〈四川省农牧业科学技术进步奖励试行办法〉的细则》。该细则明确：省农机局受省农牧厅委托，负责四川省农牧业科技进步奖农机类项目的组织评审工作。省农机科技进步奖的范围包括六个方面：农业机械化软科学研究成果；农业机械新产品、新技术研究成果；农业机械科技成果的引进、消化、改进、提高；农业机械科技成果的试验、示范、推广；农业机械基础理论的研究成果；用于农业机械科研、生产、运用、维修的测试设备、测试仪器、测试方法的研究成果。省农机科技进步奖奖励等级划为四等，每年评定一次。在实际评审中，农机科技进步奖一般都是按三个等级掌握。

四川省农机科技进步奖于 1987 年正式开展评审工作。

二、农机科技进步奖取消

1999 年 12 月 26 日，科学技术部以部长令颁发《省、部级科学技术奖励管理办法》。该办法的制定是为了规范省、部级科学技术奖励的设立和备案工作，加强国家对省、部级科学技术奖励工作的管理和指导。该办法规定：省、自治区、直辖市人民政府可以设立一项省级科学技术奖，以分类奖励在科学研究、技术创新与开发、推广应用先进科学技术成果以及实现高新技术产业化等方面取得重大科技成果或者做出突出贡献的个人和组织。省级科学技术奖由省、自治区、直辖市人民政府颁发获奖证书和奖金。省、自治区、直辖市人民政府所属部门不再设立科学技术奖。

根据科学技术部的这项规定，省农机局 1999 年度的农机科技进步奖成为最后一次。对这次评审结果，经 2000 年 12 月公告，于 2001 年 2 月 6 日印发颁奖通知。至此，四川省农机科技进步奖评审工作全部结束。

第二章　农机鉴定

农业机械试验鉴定是指农业机械试验鉴定机构通过科学试验、检测和考核，对农业机械的适用性、安全性和可靠性做出技术评价，为农业机械的选择和推广提供依据和信息的活动。农机鉴定的目的是保障农机产品的可靠性、安全性、适应性和先进性。四川农机鉴定工作职责主要是围绕四川省农业机械化中心工作，贯彻《中华人民共和国农业机械化促进法》《农业机械试验鉴定办法》《四川省农业机械管理条例》，积极开展农机试验鉴定、质量调查及质量监督投诉等工作，为广大用户推广先进适用的农机产品，把好产品质量关，防止不合格、质次价高的劣质产品流向市场。

农机鉴定工作在服务体系中是面向多方面的重要环节。四川农机鉴定工作在四川农机体系中具体提供五个方面的服务：一是对引进农机具进行测试，摸清其构造、性能；二是对科研试制中的农机项目进行测试、试验，为研制工作提供准确可靠参数；三是为新机具正式生产提供权威认证和许可；四是对农机销售市场提供产品质量监督，打击假冒伪劣产品，保证市场健康稳定，维护企业合法权利；五是对农机产品的使用进行跟踪调查和监督，受理消费者有关农机产品的质量投诉，切实保护农机消费者的权益。

第一节　鉴定体制

四川省农机鉴定机构有四川省农业机械鉴定站和重庆市农业机械鉴定站。其中，四川省农业机械鉴定站是四川农机鉴定工作的主体。

一、四川省农业机械鉴定站

（一）沿革

四川省农业机械鉴定站（以下简称省农机鉴定站）建立于 1964 年 5 月。当时是按照农业部要求，经省人民委员会批准正式成立的。省农机鉴定站初始名称为“四川省农业厅农业机械试验鉴定站”，直属省农业厅领导。建站时主要职责为：承担中央指定的西南三省（四川省、云南省、贵州省）农业机械的试验鉴定任务；提供适合西南三省的主要机具型号，机具编组配套，各种使用定额，为制定规划提供依据；承担西南三省提出的有关农业机械的试验鉴定工作；协助“四化[①]试点”的技术指导工作。站址初设在成都市西外金牛公社跃进大队（原成都农业机械修理厂内）。

① 当时“四化”系指机械化、化肥化、水利化、电气化。

省农机鉴定站初期工作主要是开展农机具和半机械化改良农具的各种鉴定工作，重点是进行水田机具（插秧机）、拖拉机、喷雾器和稻麦脱粒机等农机具的试验鉴定、新产品鉴定和选型鉴定。建站职责中，虽然职权范围明确为西南三省，但省农机鉴定站实际开展工作主要是在四川省内。

1966—1976 年期间，受“文化大革命”干扰和冲击，农机鉴定工作被当作“管、卡、压”的典型和绊脚石受到批判。省农机鉴定站任务大量削减，隶属关系几经变更。1970—1971 年，先后下放给成都市城郊工作组和成都市农机工业局领导。1971—1972 年转由四川省机械局领导。其中一段时间，按照组织安排，鉴定站人员下放“五七干校”锻炼，试验任务一度中断，样机和仪器设备大量调出，技术人员流失，人员相应减少，人心浮动，单位处于“撤、并”边缘。

1972 年 10 月，省农机局成立后，省农机鉴定站归属省农机局领导。1976 年 3 月，省农机鉴定站迁址至成都市红光西路北侧营门口花照壁，即现在的成都市银沙西街 19 号。1979 年 1 月，四川省农业机械试验鉴定站正式更名为四川省农业机械鉴定站，开始实行党委领导下的站长分工负责制。

1982 年，省农机局明确省农机鉴定站主要担负省内农机新产品选型、定型、试验鉴定及农机科研新产品的鉴定。

1999 年，省农机局再次重申省农机鉴定站的任务，并进一步明确其负责全省农机产品质量监督检验的工作性质。

（二）农机鉴定工作

1964—2005 年，随着四川省农机试验鉴定事业的不断深入和发展，省农机鉴定站的工作职能不断增加、人员素质不断提高，已逐步发展成为农机鉴定检测与技术服务相结合的综合性检测机构。

1964—1984 年，农机鉴定工作重点是开展对农机具的试验鉴定和选型、定型。据不完全统计，在此 20 年中，四川省农机鉴定工作总计完成各类课题任务 222 项，为四川省引进农机具的选型和新机具的研制工作发挥了积极作用，为农机具制造、推广提供了可靠的试验数据和资料。

1985—1994 年，农机鉴定工作的最大特点：一是鉴定领域逐步拓宽，二是工作重心发生转移。1985 年，经四川省标准计量管理局委托授权，在省农机鉴定站内成立四川省农用机具质量监督检验站（以下简称质检站）。质检站与省农机鉴定站一体，行政隶属关系不变，业务受四川省标准计量局领导。质检站的成立，标明省农机鉴定站工作的重心正式由过去的田间作业机具试验鉴定开始向农机产品质量检查和监督转移。据不完全统计，在此 10 年中，鉴定站总计完成各类课题任务 1406 项，其中日常监督 601 项、推广鉴定 274 项、委托检验 167 项、报检 44 项、市场抽查 176 项、国家监督抽查 82 项、省部优复查 55 项、其他 7 项。在全国农机鉴定检测系统中，省农机鉴定站已居领先水平。

1995—2005 年，四川农机鉴定工作的最大特点是依法鉴定和规范鉴定。省农机鉴定站工作得到了全面发展。据不完全统计，在此 10 年中，省农机鉴定站总计完成试验鉴定任务 6558 项，其中：日常监督 2904 项、推广鉴定 1238 项、委托鉴定 650 项、报检 316 项、市场抽查 669 项、国家抽查复查 68 项、省统一检查 22 项、仲裁检验 4 项、国家监督抽查 447 项、国家统检 204 项、定期复查 9 项、工商市场复查 1 项、监督市场复查 14 项、农博会 3 项、生产许可证 8 项、收割机调查 1 项。

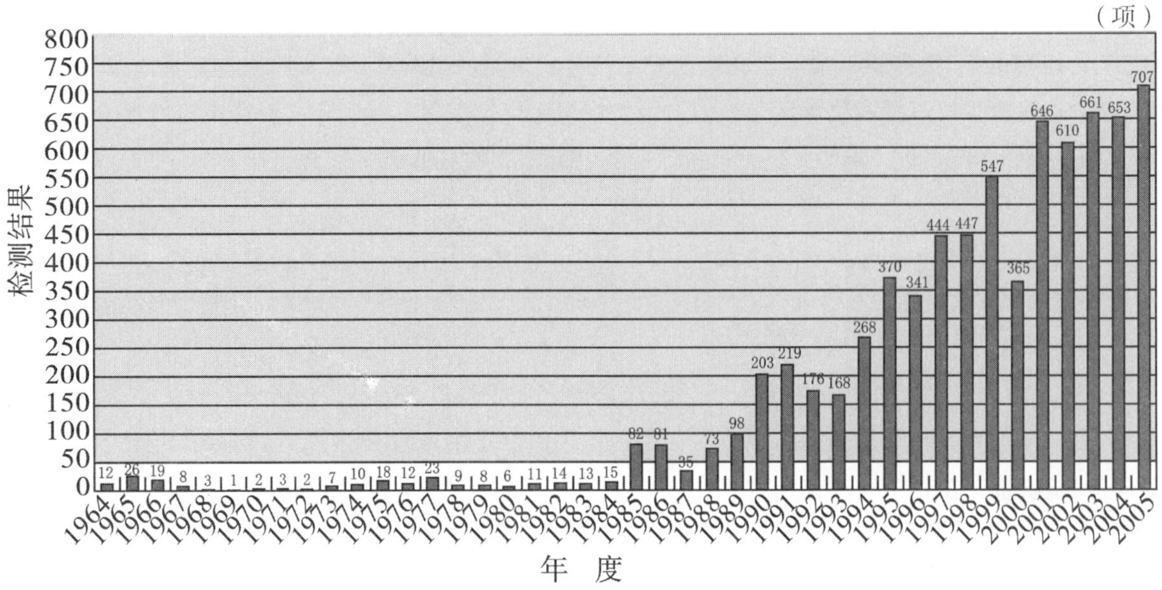

图3－1 四川省农业机械鉴定站历年检测情况图

（三）机构设施和人员队伍

建站初期，核定人员编制20人，内设机化组、半机化组、机务队等部门。到1964年底，站内实有职工22人，其中技术人员12名（大专8人、中专4人）。

1985年底，全站职工总数为62人，其中专业技术人员32人，包括工程师5人、助理工程师8人、技术员11人。内部机构设有办公室、科管室、鉴定推广室和情报资料室。

2005年，省农机鉴定站占地面积已达10150平方米。拥有实验室面积7200平方米，主要仪器设备380余台套，馆藏各类标准10000余册。全站有工作人员70人，其中专业技术人员56人，占总人数的80%，专业技术人员中，包括在职研究员2名、高级专业技术人员24名、中级专业技术人员14名、初级专业技术人员16人。本科以上学历37人，大专14人，中专5人，具有专科以上学历的人员占专业技术人员的91.1%，具有中级职称以上人员占专业技术人员的71.4%。站内建有内燃机检测室、拖拉机检测室、运输机械检测室、植保机械检测室、农副产品加工机械检测室。另外还有负责长度、硬度、金相、精密测量、材质分析、平衡试验、液压试验等的各类专业检测室。可从事多种试验、鉴定和产品质量监督、检验以及综合性的技术服务工作。

（四）获奖情况

农机鉴定绝大部分工作是由繁锁细碎的检测或产品查验任务组成的。这些检测和查验次数繁多，但任务完成后能算成果乃至获奖的很少。即便如此，在长期的农机鉴定工作中，省农机鉴定站的工作质量和人员素质还是得到了各级部门的高度肯定。1982年，省农机鉴定站获得四川省科技工作先进单位称号。1990年，全国低温烘干设备综合利用技术推广技术联络中心的“烘干设备综合利用技术”课题获得了农业部科技进步二等奖。1995年，农业部农机零配件质量监督检验测试中心（成都）被农业部评为“全国农业质量监督工作先进集体”。在鉴定站的发展过程中，还先后涌现出农业部先进个人3名和全国保护消费者权益先进个人1名，有3名技术专家享受国家级政府特殊津贴，1名享受省级政府特殊津贴。

四川省农业机械鉴定站主要奖项一览表

表 3 - 6

序号	奖　　项	颁奖单位	获奖单位（人员）	获奖时间
1	农业部质检工作先进集体	农业部	部中心	1995 年
2	四川省先进科研单位	省政府	鉴定站	1982 年
3	四川省保护消费者权益先进集体	四川省消费者权益保护委员会	投诉站	2003 年
4	农业部质检工作先进个人	农业部	罗廷科	1995 年
5	农业部质检工作先进个人	农业部	黄远浩	1995 年
6	农业部质量安全工作先进个人	农业部	张山坡	2005 年
7	全国保护消费者权益先进个人	中国消费者协会	张山坡	2004 年
8	政府特殊津贴（国家）	农业部	罗廷科	1993 年
9	政府特殊津贴（国家）	农业部	黄远浩	1993 年
10	政府特殊津贴（国家）	农业部	李体华	1992 年
11	政府特殊津贴（省）	省政府	周志孝	1994 年
12	四川省劳动模范	省政府	周志孝	1980 年
13	四川省农业劳动模范	省政府	周志孝	1989 年
14	农业科技进步二等奖	农业部	李体华等	1990 年

二、重庆市农业机械鉴定站

1984 年 2 月，经重庆市政府批准，原重庆市永川地区农机研究所改建成立重庆市农业机械鉴定站，隶属重庆市水电农机局管理。重庆市农业机械鉴定站由于成立时间晚，工作范围有限（仅限于原重庆市），再加之 1997 年随重庆市被设为中央直辖市，从四川划出，故对四川的农机鉴定工作影响很小，本志不作深入介绍。

第二节　鉴定与质量监督

1966 年，四川省手扶式拖拉机厂试制出全国第一台自行设计制造的“工农—12 型”手扶式拖拉机，经农机鉴定通过了 1966—1968 年三年耐久试验，1968 年通过国家鉴定，由国家计委批复生产。

1972 年，四川省机械工业局组建“小四轮拖拉机试验组”。由省农机鉴定站牵头，在什邡、简阳、眉山等地对宜宾机械厂、江东机械厂两厂试制样机进行耐久试验。

1975 年 12 月，由四川省农业机械研究所、重庆市农业机械研究所、四川省农机鉴定站等单位组成攻关组，对四川省设计的“川—74 型”插秧机进行了一年多的试制和改进。同年，四川设计生产的“川丰”小四轮拖拉机、“工农—12 型”小麦播种机等均通过省级鉴定投入批量生产。

1979 年 3 月，国务院农机化领导小组要求四川承担南方山区拖拉机及配套机具试验，分配了意大利产拖拉机、旋耕机、动力稻麦割捆机等 14 种机型的机具，省农机局组织试验组，对各种机型分别进行了适应性试验。

1979 年，四川省开展重点县农机化试验研究工作，在广汉县进行了农机适应性试验，并继续进行插秧机、脱粒机、烘干机的选型试验工作。在广汉县进行的稻、麦、油菜三大作物机械生产过程的选型对比试验中，筛选出了一批适用机具。

1981 年 7 月，四川拖拉机厂试制成功的“峨眉—7 型”小马力手扶拖拉机，经省级鉴定合格后出口泰国和叙利亚，这是四川省手扶拖拉机首次进入国际市场。

1982 年 8 月，中华人民共和国农牧渔业部发布《中华人民共和国农牧渔业部农业机械鉴定工作条例（试行）》（以下简称《条例》）。四川省按《条例》规定，于 1983 年开始实施农机推广许可证制度，由省农机鉴定站负责对企业申报产品进行试验检测，由省农机局组织专家对企业的设备、生产条件、产品采用标准、生产图纸、质量保证体系、产品售后服务规定等生产技术条件进行综合评价鉴定合格，再经省农机局审批核发证书。在 1995 年前，该证书不具有强制性，企业是否申请办理，完全自愿。证书由农业部统一式样，由省农机局负责印制。

1984 年，经省标准计量局评审，四川省水泵质量监督检验站在省农机院正式设立。

1985 年以前，四川省农机鉴定工作重点是农机具的试验鉴定、选型和定型。1985 年以后，四川农机鉴定的领域开始向农业现代化领域拓展，农机鉴定工作重心也开始向农机产品质量监督方面转移。

1985 年 1 月，国务院“1 号文件”《进一步活跃农村经济的十项政策》出台，四川省农机鉴定业务由过去的农机试验鉴定延伸到农、林、牧、副、渔等农业机械装备和农村多种经营及乡镇生产、生活急需机械装备的试验鉴定，业务范围由试验鉴定扩展到农机化技术推广、技术服务及产品质量监督检验，逐步把农机试验鉴定工作拓展到为实现农业机械化、农业现代化服务的轨道。

1985 年，经省机械局委托授权，四川省机械工业内燃机质量监督检测站和四川省机械工业拖拉机质量监督检测站先后在省农机院设立。同年，经省质监局委托授权，四川省农用机具质量监督检验站在省农机鉴定站设立。

1987 年，设在省农机鉴定站的农业部全国低温烘干设备综合利用推广联络中心在全国范围内承担了对烟草、香菇等农用干燥设备检测与推广工作。同年，经省标准计量局与省农机局联合发文批准，设在省农机鉴定站的质检站扩项，承担全省农用内燃机、拖拉机质量监督检验任务。

20 世纪 90 年代，四川省农机鉴定事业和全国农机鉴定系统一并整体步入了国家技术监督工作的轨道。这一时期，国家技术监督局、农业部、省技术监督局加强了对农业生产资料的监督力度。农业部增加了对农业生产资料抽查次数，加快了对国家和部级质检中心的建设步伐。

1994 年，四川省适时抓住机遇，进入了农业部质量检测中心行列。同年，挂靠在省农机鉴定站的农业部农机零配件质量监督检验测试中心（成都）正式对外开展工作，在全国范围内承担国家监督抽查、农业部统检任务以及四川省技术监督局下达的农机零配件抽查任务。

在适应农村产业结构调整，促进农村经济发展的过程中，省农机鉴定站贯彻落实农机产品推广许可证制度和国家技术监督局提出的“抽查一类产品，整顿一个行业”的工作方针，坚持监督抽查后的质量分析制度。自 1991 年开始，每年召开一次由全省的农机产品生产企业法人代表、质量科长参加的质量工作会，向参会的农机企业宣传贯彻国家的质量法律法规，为质量管理工作提供交流平台，表彰连续3年产品合格的企业，增进了鉴定检测机构与受检企业相互理解，增强了受检企业的质量意识和法律法规观念，促进了四川省农机产品整体质量水平的稳步提高。企业从被动接受检查变为主动配合，欢迎检查，从而提高了受检率，扩大了检查工作覆盖面。

1995年后，随着法律、法规的逐步建全和完善，农机鉴定工作进入了依法鉴定阶段。

依法鉴定具体的工作内容涉及多方面，主要有农机试验鉴定、国家监督抽查、农机产品生产许可证检验、农机产品安全普查、委托检验、仲裁检验、3C强制性检验、四川省内产品质量定期监督、专项抽查、农机打假、农机质量投诉、农机产品质量跟踪调查等项目。四川农机鉴定的服务领域不仅涉及全省，个别项目还涉及全国。这一时期，四川省农机鉴定工作始终坚持“科学、公正、廉洁、高效、服务”的方针，为规范农机鉴定工作，四川建立了严格的质量管理体系，使农机鉴定工作更加规范化、程序化，保证了鉴定检测数据准确性，提高了工作效率和鉴定工作质量。

1995年8月，《四川省农业机械管理条例》开始施行。根据该条例规定，“农业机械推广许可证”成为新产品进入四川农机市场的强制性准入证。负责申报产品鉴定检测的指定机构有四川省农业机械鉴定站、四川省水泵质量监督检验站、重庆市农业机械鉴定站3个。

农机企业标准制修订工作是农机试验鉴定工作的重要任务之一，也是农机鉴定工作全面发展和依法鉴定、规范化管理的又一个重要方面。自1997年以来，省农机鉴定站对涉及人身、财产安全、环境污染的农机产品开展了地方标准和行业标准的制定修订工作，先后制定了《运输型拖拉机通用技术条件》《耕整机通用技术条件》《抛秧机作业质量》《青饲料切碎机安全使用技术条件》《农用挂车质量评价技术规范》《农机零配件螺杆螺母质量评价技术规范》《秸秆气化炉质量评价技术规范》等一系列标准。

2000年以来，随着联合收割机跨区作业，省农机鉴定站对在四川省使用的稻麦联合收割机质量实施跟踪调查；对各类在用收割机适用性作出评价，针对生产企业产品存在的质量问题，提出了改进意见；为四川省联合收割机的引进推广提供了科学、准确的决策依据。

2003年，农机鉴定部门为了深入调查和摸清青饲料切碎机生产和质量情况，解决切碎机切手伤人的问题，配合四川省工商行政管理局组织了全省青饲料切碎机市场抽查，对质量问题反映较集中的内江、广元、南充、达州等市的22种青饲料切碎机商品进行了抽检。针对抽检中发现的问题，省农机鉴定站起草编制了农业部标准《青饲料切碎机安全使用技术条件》。对青饲料切碎机安全使用中的一般要求、安全要求和安全操作要求做出了统一规定，促使青饲料切碎机生产逐步走向正轨。

2004年，省第十届人大常委会第十一次会议根据《中华人民共和国行政许可法》的有关要求，对《四川省农业机械管理条例》进行修订，农机推广证在四川省不再是行政许可证书。同年，“农业机械推广许可证”正式更名为“农业机械推广鉴定证”。

2004年，针对省内部分地区发生高致病性禽流感的疫情，受省质量技术监督局委托，省农机鉴定站对市场销售的喷雾器产品进行了专项抽查工作，共抽查了27家生产企业，完成39个样本。

2004—2005年，省农机鉴定站分别对四川、重庆等省（区、市）的43个农机产品及农机零配件生产厂家进行调查，完成了98个样本的抽检工作，提出了部分假冒伪劣农机零配件和假冒伪劣青饲料切碎机的识别方法。建议将涉及人身安全健康的青饲料切碎机纳入国家强制性产品认证范围和实施生产许可证管理范围，从源头上杜绝假冒伪劣产品进入市场。省农机鉴定站还与农业部农业机械试验鉴定总站、江苏省农业机械试验鉴定站共同编写了《假冒伪劣农机产品表现形式与判定方法》

一书，由中央农业出版社出版，为广大农民正确选购农机产品，提高识假辩假能力提供了可靠依据。

2005 年 11 月，农业机械鉴定有效期调整为 4 年，并停止使用原来由省农机局印制的证书，正式启用由农业部统一印制的“农业机械推广鉴定证书”。同年，根据国家质量监督检验检疫总局的安排，省农机鉴定站又在全国范围内承担了喷雾器产品质量国家监督抽查任务，抽取了浙江、江苏等 11 个省（市）的 82 家企业生产的 82 种产品，抽查企业数占全国手动喷雾器生产企业总数的 60% 以上。通过抽查，整顿了喷雾器市场，对全省乃至全国禽流感疫情的控制起到了积极的作用。

农业机械推广实行证书制度以来，农机生产企业积极申办。2001 年，全省有 133 家企业的 173 个农机产品经审定获得省农机局颁发的“农业机械推广许可证书”。2002 年 1—11 月，有 68 家企业的 82 个产品获得该证。2003 年 1—10 月，有 71 家企业的 126 个产品获得。2004 年，有 93 家企业的 104 个产品获得。2005 年，有 68 家企业的 110 个产品获得。

由于依法鉴定和鉴定工作规范化，四川农机鉴定的法律地位进一步明确，鉴定工作进入了全面发展阶段。随着发展，四川鉴定人员队伍也进一步壮大，人员素质进一步提高。检测设施和手段达到了国内同行业先进水平。

第三节 质量投诉

农业机械质量投诉监督工作是依据农业机械投诉者反映的质量信息，有针对性地采取质量督导、质量调查、公布投诉结果等措施，从而达到解决纠纷，促进农业机械质量提高的活动。农业机械质量投诉工作依据《中华人民共和国消费者权益保护法》《中华人民共和国农业机械化促进法》《农业机械产品修理、更换、退货责任规定》《农业机械质量投诉监督管理办法》等法律法规，强化对农业机械质量的监督管理，提高农业机械质量和售后服务水平，维护农业机械所有者、使用者和生产者的合法权益。

1999 年 7 月，省保护消费者权益委员会批准，四川省保护消费者权益委员会农机产品投诉站（以下简称投诉站）在省农机鉴定站成立。投诉站主要职责是受理农机产品质量投诉，协调处理消费者、销售者、生产企业三方关系，打击假冒伪劣产品，保护农机消费者合法权益。

2000 年 3 月 15 日和 2001 年 3 月 15 日，投诉站都要主动配合省保护消费者权益委员会的统一安排，在成都开展“3·15”保护消费者权益日活动，投诉站主要是宣传本站的宗旨和对农机产品消费者的权益保护，因刚开始规模一般不大。

2002 年，投诉站与省农机局在成都市体育中心开展“农机产品质量投诉‘3·15’统一大行动四川分会场活动”。会场活动结束后，投诉站立即组织鉴定站有关专家和市（州）、县农机局的技术人员共同奔赴基层乡、镇，现场宣传法律、法规知识。“3·15”整个活动期间，全省共设立各级分会场 161 个，其中，省级分会场 1 个，市（州）分会场 17 个，县（市、区）级及县级以下分会场 143 个。参加活动人数达 18.71 万人次，发放宣传资料 21.26 万份，出动宣传车辆 294 辆次。同时，现场受理咨询 8.71 万人次，现场培训人数 1.15 万人，设立假冒伪劣农机产品与名优产品对比展示现场 35 个。

2003 年，投诉站针对四川农村存在“青饲料切碎机”对消费者造成人身伤害的严重安全问题，在“3·15”纪念国际消费者权益日期间，除在成都市举办了识假辩假和假冒伪劣农机产品现场曝光活动外，同时，在《四川农机》杂志上还开辟了“3·15”专版，宣传《中华人民共和国消费者权益保护法》和正确选购农机产品常识。

2003 年 4 月，投诉站会同省农机局、省保护消费者权益委员会在全省范围内举办了“诚信·维权，送优质农机产品下乡”的专题活动。在活动主会场乐山市沙湾区，省内外 26 家生产企业带来了适合四川省农村特点的农用动力机械、运输机械、耕整地机械、收获机械、农副产品加工机械、农机零配件等各类优质产品，对展示的农机具进行了现场操作演示。活动中，对首批获得省保护消费者权益委员会颁发的“四川省消费维权定点联系单位”的企业举行授牌仪式，企业代表向全省农村消费者做出了质量承诺。新华社四川分社、四川日报社、四川卫视等多家媒体对活动进行了全程跟踪报道。

2004 年 5 月，绵竹市农民在田间使用手扶式拖拉机进行旋耕作业的过程中，由于翻车事故导致双腿被旋耕机绞伤，一条腿高位截肢。绵竹市农机监理所求助投诉站对事故原因做技术鉴定。投诉站发挥省农机鉴定站的技术优势，对造成消费者人身伤害的情况及时做出技术鉴定，同时派出工作人员和两位专家赶赴事故现场，提供了科学、公正的结论。

2005 年，四川省联合收割机投诉量急剧上升，一度占到总投诉量的 66%。投诉站根据这种情况，在全省联合收割机适用性专项调查质量分析会和受理联合收割机质量投诉情况通报会上，通报了受理投诉中反映出的主要问题，要求到会企业对产品存在的质量问题认真研究、认真整改，规范产品使用说明书、完善售后服务，加强对用户的操作培训。

据不完全统计，1999—2005 年，投诉站共受理农机产品质量投诉 110 件，结案率 98%，为农民消费者挽回直接损失 147.94 万元，解决了质量纠纷，促进了农业机械质量和售后服务水平，较好地维护了农业机械所有者、使用者和生产者的合法权益，取得了显著的社会效益。

第三章　农机技术推广

第一节　推广体系

1985年以前，四川省没有专门的农机技术推广机构。大量的农机技术推广工作分别由各级农机主管部门的科技教育或管理机构承担。1985年，按照农牧渔业部通知，四川省110个县的农业机械研究所先后更名为农业机械推广服务站，四川省开始有专门的农机技术推广机构。

1986年，四川省有县级农机技术推广机构89个（含2个县级推广站和87个县农机研究所），人员348人，其中科技人员254人。

1990年3月，四川省农机化技术推广总站成立，各市（地、州）农机推广机构也先后相继设立，由此逐步形成了四川省的农机技术推广体系。

1993年7月，《中华人民共和国农业技术推广法》经第八届全国人大常委会第二次会议通过。该法表明了农机技术推广的含义及要求。该法明示，农业技术包括农副产品加工、保鲜、贮运技术、农业机械技术和农用航空技术、农田水利、农村能源利用和农业环境保护技术等。这表明，农业技术包括农业机械和农业工程的全部内容。该法提出，“农业技术推广，是指通过试验、示范、培训、指导以及咨询服务等，把农业技术普及应用于农业生产产前、产中、产后全过程的活动”。同时提出，“向农业劳动者推广的农业技术，必须在推广地区经过试验证明具有先进性和适用性”。

1995年，四川省农机技术推广机构数为159个（省级1个、市（地、州）级11个、县（市、区）级147个），人员626人，其中科技人员482人。

1995年8月通过的《四川省农业机械管理条例》明确规定四川省各级农机技术推广机构的职责为：“各级农业机械技术推广机构参与制定农业机械推广计划并组织实施，提供农业机械技术、信息服务，指导下级农业机械技术推广机构、群众性科学技术组织和农业机械技术推广人员开展农业机械技术推广活动”。

根据上述规定，省农机化技术推广总站的职能为：参与制定全省农机化技术推广发展规划和年度计划，并负责具体实施；承担国家和省下达的农机化技术推广项目的实施、科技成果的推广和农机先进实用的新技术、新机具的引进、试验示范、宣传、技术服务；收集、整理、传递农机科技情报和农机信息，开展农机技术指导、技术咨询、技术承包，普及农机科技知识；对下级农机化技术推广机构实行业务技术指导；承担上级有关部门下达的其他任务。

1997年1月，省政府结合四川省农业生产实际，颁布实施《四川省农业技术推广法实施办法》。农机技术推广作为四川农业技术推广的重要组成部分，其含义和要求在办法中更加具体、明确。

根据《四川省农业技术推广法实施办法》规定，农业技术推广应当遵循下列原则：有利于农业和农村经济的发展；尊重生产经营组织和农业劳动者的意愿；因地制宜，经过试验、示范；国家、农村集体经济组织扶持；实行农业技术推广机构、科研单位、有关院校与群众性科技组织、农业劳动者相结合；讲求农业生产的经济效益、社会效益和生态效益。

四川农机技术推广在上述原则的基础上更强调了“因地制宜、分类指导、重点突破”的原则。这是根据四川省的地理、气候及种植业传统布局等特殊省情决定的。四川的地理、气候及种植业传统布局较为复杂。按四川省农机化区划划分的6个片区，分别为：“盆西平原片区”“盆东丘陵旱地片区”“盆南丘陵水田片区”“盆周低、中山片区”“川西南安宁河宽谷、盆地片区和川西北高原、高山、峡谷及川西南凉山中山、山原片区”。其地理、气候、种植业传统布局以及地方经济发展等情况差异甚大，实施农机化推广不可能“一刀切”。四川农机技术推广强调“因地制宜、分类指导、重点突破”这一原则十分必要。

农机技术推广必须贯彻试验、示范、推广三步走的程序，逐步实现农业机械化，采取以点带面、点面结合的方式，集中资金、技术、人才优势，精心搞好科技示范点建设，树立不同地区农机科技示范样板，增强辐射功能，从而拉动面上工作的整体发展。

《四川省农业技术推广法实施办法》明确提出：“农业技术推广实行以农业技术推广机构为主，农业科研单位、有关院校及群众性科技组织、农民技术员相结合的推广体系。”在农业技术推广体系中，专门的农业技术推广机构是最关键也是最主要的。

1997年1月，经省人大农业委员会审定通过的《四川省农业技术推广法实施办法应用中若干问题解释》中，明确提出了农机主管部门管理农业技术推广的11项职责范围：农业机械田间作业技术；农业机械加工技术；农业机械运输技术；农业机械安全监理技术；农业机械提灌技术；农业机械产品质量监督技术；农业机械油料供应、贮运技术；农业机械维修技术；农用航空技术；农机企业经营管理技术；乡（镇）农业机械管理服务站经营管理技术。

在《四川省农业技术推广法实施办法》中，对乡镇农业技术推广机构的主要职责也做了专门规定：“（1）参与制定农业技术推广计划并组织实施；（2）组织农业技术的宣传培训；（3）提供农业技术、信息服务；（4）对农业新技术进行试验、示范；（5）指导村农业技术综合服务站或农民技术人员及其群众性科技组织的农业技术推广活动；（6）开展技物结合，兴办经济实体。”

1997年12月，省农机局根据农业部的有关文件，下发《关于乡镇农机站增挂乡镇农机技术推广站的牌子的通知》。到1998年，全省农机推广机构总数为3180个，其中省级推广站1个，市（地、州）级推广站20个，85人；县（市、区）级推广站142个，608人；乡镇级农机技术推广站3017个，13940人。当年，全省农机技术推广人员共计14643人，其中科技人员总数5470人。乡镇级农机技术推广站是事实上的农机技术推广的基层队伍和主力军。

2000年，四川省农机技术推广机构数为164个（省级1个、市〔州〕级18个、县〔市、区〕级145个），人员680人，其中科技人员478人。

2005年，四川省农机推广机构数为165个（省级1个、市〔州〕级16个、县〔市、区〕级148个），人员603人，其中科技人员400人。

第二节　推广项目

四川省各级农机技术推广机构在农机技术推广的长期实践中，完成很多项目，其中，省级项目在全省影响较大。四川省省级农机技术推广项目有四个共通点：一是时间跨度大。一般都是几年至十几年。其中，“稻麦收割、脱粒机械化技术”和“山区微型水力发电站建设”等均长达近20年。这种情况一方面反映了农机技术推广项目在技术上的复杂性，另一方面也反映了面对20多年来农村情况的变化，农机技术推广部门科学、审慎的态度。二是试点范围宽，各有特色。推广项目的试点区一般都选在不同的市（州）、县（市、区）、乡同时进行。这些试点区分别反映不同的地理、气候特点，同时也代表了经济发展的不同程度。这样试点、示范的结果在全省才更具代表性。三是推广项目都是长期影响农业生产和农村经济发展的“难点”和“热点”，是农民期盼、政府关注的问题。四是多数项目都以科研课题立项形式开展。

一、农业机械化丰收计划

四川省农业机械化丰收计划是“全国农牧渔业丰收计划”的组成部分，旨在通过将先进适用的农机化技术组装配套，在全省范围内大面积推广，促进农业增产增收。这是实施科技兴农战略，转变农业增长方式的一项重大举措。

省农机局在1992—2002年的10年间，共承担实施农业部丰收计划13万公顷。其中小麦5.67万公顷、水稻7.33万公顷。小麦平均每公顷增产528公斤，总增产小麦累计达29920吨；水稻平均每公顷增产554.25公斤，总增产水稻累计达40645吨。农机部门分别在四川省的22个县（区）的丰收计划实施区内进行了农机化新技术的推广示范工作。

随着“全国农牧渔业丰收计划”的开展，四川省从1992年开始，启动“四川省省级农机化丰收计划”。四川省省级农机化丰收计划先后在省内15个县（区）实施小麦、玉米丰收计划共5.67万公顷，每公顷增产玉米平均达488.40公斤，每公顷增产小麦平均达377.55公斤，累计增产小麦、玉米达26568吨。省级丰收计划为一些贫困山区农民解决温饱，脱贫致富打下了基础，为平坝区实施丰收计划创造了经验，促使一些经济基础较好的地区出现了农机经营承包户，为农业生产走上规模化、集约化的生产模式奠定了技术基础。

按照实施农作物分类，四川省的农业机械化丰收计划分为玉米、水稻和小麦三个内容。

（一）玉米综合机械化技术

四川丘陵山区玉米综合机械化技术是一项针对四川省丘陵山区玉米生产农艺技术而采取的农机化综合技术。该任务主要是属于“四川省省级农机化丰收计划”的项目。整个工作通过立项选点、组建领导班子、制定实施方案、技术培训与宣传示范、人员资金、物质准备、项目实施测产、验收等7个阶段完成。通过在通江县、大竹县和峨眉山市的大面积试验示范，采取了多项措施，如用营养钵制钵机制作肥团基体培育壮苗，用注射器深施液态化肥，用手动、机动喷雾器综合防治病虫害，确保玉米高产丰收，用脱粒器脱粒玉米，粉碎机加工玉米、玉米芯、玉米秆用作畜禽饲料，增加农民收入等。1992年和1993年，试点区共实施3.01万公顷，投入各种机具79043台套，机械化程度达70%以上，平均每公顷产4661.4公斤，比前三年平均每公顷产净增488.4公斤，总增产量达146699吨。经测算，实现经济效益2895.96万元，投入产出比为1∶2.75。

（二）水稻综合机械化技术

1. 第一期计划

1995年，农业部下达四川省2万公顷“水稻丰收计划”推广项目，分别在德阳市中区和绵竹县各实施1万公顷。合同要求实施区内1995年、1996年两年水稻平均每公顷产比前三年净增300公斤，推广机械稻种破胸催芽面积占实施面积10%、机械深施底肥达70%以上、机械化秸秆还田面积达50%以上、其他几项综合机械化程度达70%以上。

项目实施过程中，农机部门得到了省、市各级政府重视，建立了以农机部门为主，农技等相关部门参加的水稻“丰收计划”领导小组，负责指导、协调实施区的工作，形成了一套较完善的项目组织管理技术保障体系。

实施“水稻丰收计划”项目任务，农用物资（含化肥、种子、农用薄膜、机具等各项折合）共投入23610万元，项目实施面积20750.06公顷，平均公顷增产稻谷369.75公斤，总计增产稻谷7669.8吨，新增产值1134.8万元。节种费用13.86万元，机械化肥深施作业节约用工费13.4万元，联合收割机收获水稻节约用工费161.2万元。项目新增产值与新增投入的投入产出比为1∶2.5。

2. 第二期计划

1997年，第二期水稻丰收计划项目在温江县、郫县共实施了2.73万公顷，包括辖区的20个镇，321个村，超过了合同要求。当年，项目实施县遭受数十年不遇的暴雨洪水灾害，由于及时组织排水机械作业和组织植保机械对淹过水的水稻秧田及时防病，确保了灾害损失减少到最低程度。

1997年和1998年两年水稻平均每公顷产8712公斤，比前三年平均每公顷产8247公斤增产了465公斤，超过了合同要求的增产375公斤的指标。

在第二期水稻丰收计划中，采取的措施有：机电一体化稻种破胸催芽、工厂化育秧抛秧技术试验示范、机耕、机械化肥深施、机械化秸秆还田、机械植保、机械收割和脱粒等。

经测算，第二期水稻丰收计划试点区农户总的新增效益为2658万元，农机化综合技术总投入1259万元，投入产出比为1∶2.11。

（三）小麦综合机械化技术

1998年，农业部下达四川省丰收计划“小麦节本增效及秸秆有效利用工程技术”项目。项目任务2万公顷，落实在德阳市旌阳区、都江堰市实施。1999年，农业部下达四川省丰收计划“小麦施肥机械化技术”项目。项目任务2.66万公顷，落实在中江县、彭州市实施。2000年，农业部下达四川省丰收计划“小麦施肥机械化技术”项目。项目任务2.66万公顷，落实在阆中市、绵竹市实施。三个年度的小麦节本增效丰收计划，共7.33万公顷。

三批次的小麦节本增效丰收计划均达到预期效果。其中，都江堰市和旌阳区实施的丰收计划，两年的平均亩产比实施前三年每公顷增产309公斤，每公顷节种56.55公斤，每公顷节肥65.4公斤，全面超过了合同书规定的面积增产效益指标。整个项目的投入产出比为1∶1.62；中江县和彭州市实施的丰收计划，实施一年，平均每公顷产比前三年每公顷增产439公斤，项目总的投入产出比为1∶1.76。

（四）丰收计划获奖情况

1992—1993年，“全国农牧渔业丰收计划项目——四川省丘陵山区玉米综合机械化技术”在通江、大竹、峨眉山等县市实施 2 万公顷计划，获 1994 年“全国农牧渔业丰收奖二等奖”。

1994—1995 年，“节本增效计划项目”和“机械深施化肥技术”在德阳市市中区、双流县、温江县、涪陵市（现属重庆市）、达县、南充市高坪区等 6 个县（区）实施 4. 66 万公顷计划，获 1996 年“全国农牧渔业丰收奖二等奖”。

1997—1998 年，“农业部全国农牧渔业丰收计划项目——水稻节本增效综合增产机械化技术”在温江县、郫县实施 2. 66 万公顷计划，获 1999 年“全国农牧渔业丰收奖二等奖”。

1999—2000 年，“四川省重点地区农作物秸秆机械化还田工程项目”在成都、德阳、资中、眉山 4 地市实施 6. 67 万公顷计划，获 2001 年“全国农牧渔业丰收奖二等奖”。

1998—1999 年，“农业部全国农牧渔业丰收计划项目——小麦节本增效及秸秆有效利用工程技术”在德阳市旌阳区、成都市都江堰市实施 2 万公顷计划，获 2002 年“全国农牧渔业丰收奖二等奖”。

二、山区微型水力发电站建设

20 世纪 80 年代初，四川省最早在开县（今属重庆市）和屏山县试办家用微水电。省长蒋民宽对两县经验作了“要大量推广”的批示。

1984 年，省农机局在开县召开现场会，决定从 1985 年开始在全省推广两县经验。由此，山区县开始掀起兴办微水电的热潮。

到 1990 年，四川省共建微水电站 2539 座，装机 3666 千瓦，解决了 32992 户、14. 25 万人生活照明用电，年发电量 550 万千瓦时，发展数量在全国居于领先行列。省委书记杨汝岱称赞这项工作“促进了山区经济发展，为山区人民办了一件大好事”。

1991 年，省长张皓若考察通江县时也指出：“利用零星水力资源办微水电是山区资源开发的有益尝试，是党和政府为山区农民带来的福音，是一件大好事”，“农机部门抓得实在，抓到了点子上，希望继续办好，不断探索，抓出特色”。

1992 年，省农机局承担的“微水电开发利用”项目，获省政府颁发的科技进步三等奖。1993 年，巴中地区行政公署计划用 3 年时间在全区推广安装微水电 1500 台。

微水电站在贫困山区开发利用的成功经验，引起四川省少数民族居住相对集中的甘孜、阿坝、凉山三州的重视。2002 年，根据三州的反映和省委书记对三州部分地区电力建设的重要指示，省政府召开了三州微水电工作协调会议。会议议定：四川省在部分地区加紧实施“民族地区微水电开发利用工程”；微水电项目建设范围指农网改造不能覆盖的地区，主要包括三州所辖的 48 个县（市）和其他享受民族地区政策待遇的 9 个县；计划用两年时间对已坏损的原 6000 座微水电站进行更换和重建。2004 年、2005 两年新建 3000—4000 座微水电站，使总量达到 11000—12000 座；由三州政府负责落实地方配套资金，制定建设规划，由省计委、省民委、省财政厅、省扶贫办、省以工代赈办等省级有关部门负责筹集资金；由省农机局、省水利厅、省电力公司分别负责对口支援凉山、阿坝、甘孜州；确定省农机局为项目建设牵头单位，并负责制定技术标准、检测、选型及编写培训教材等。

图 3－2　攀枝花市米易县得石镇对箐村微电站

协调会后，省农机局作为项目实施牵头单位，立即开始项目建设的技术选型工作。在对全国范围内的微水电设备生产企业进行摸底调查的基础上，省农机局向全国 22 个企业发布了关于组织微型水力发电设备选型送检的报告，共有 13 个企业的 18 个产品送农业部微水电检测中心检测，经检测有 8 个企业的 13 个产品合格。2002 年 10 月，省农机局邀请有关专家在成都对 13 个产品的检测报告中的各项技术指标进行了审查，落实了产品目录。省农机局召开了微型水力发电设备选型会。会上，被选用产品的企业介绍了各自产品的特色和性能，并同项目建设单位代表就今后的合作事宜进行了深入的接洽。

为做好第一批标准站的建设，通过标准站的示范引导，省农机局在凉山州普格县、喜德县、乐山市马边县、金口河区、攀枝花市米易县、绵阳市北川县等 6 个县（区）确定了 10 个站作为四川省的第一批标准站。标准站确立和建成完善后，很快对周围县区产生轰动效应。三州群众渴望尽快建成微水电站的呼声更大、积极性更高。

2002 年 11 月，四川电视台专门前往凉山州普格县的微水电示范点进行了采访报道，并由中央电视台作为落实“三个代表”重要思想，为民办实事典型范例，在中央电视台向全国播出。

2002 年 12 月，联合国关于分散型可再生能源电力开发研究项目专家专程到四川省凉山彝族自治州进行微水电方面的基础技术工作调查。联合国专家对四川省在边远贫困地区进行微水电建设的工作给予了高度肯定和评价。

2003 年 1 月，国家计委可再生能源规模化发展项目管理办公室特邀四川省代表参加了在北京举行的“分散型可再生能源电力引入中国强制市场份额的可行性分析项目报告研究会”，听取了四川省贫困地区微水电建设的情况汇报及政策建议，为下一阶段争取国家支持，继续搞好项目实施打下了良好基础。

2002 年，省政府召开的协调会关于三州微水电站修复及新建的目标，当时预计资金投入总需 2 亿元，其中省补资金 1 亿元以上，后因资金未及时跟上，以至于三州微水电目标任务暂未兑现。

三、机械化肥深施技术

1994年，四川省首次承担农业部下达的农业节本增效技术推广项目“机械化肥深施技术”，计划任务6.33万公顷。分别在一个示范县区（德阳市中区）、五个蹲点市、县、区（双流县、温江县、涪陵市［现属重庆市］、达县、南充市高坪区）实施。同时，四川省结合玉米丰收计划，自定了7个推广县、区（金堂、忠县［现属重庆市］、夹江、巴中、宣汉、蓬溪、高坪区）实施，计划任务2.66万公顷。两项合计9万公顷。

该项推广按照农艺要求，对水稻、小麦实行机械化耕翻深施底肥技术；对油菜实行底肥耕翻和追肥深施技术；对玉米实行机械化肥团育苗和半机械化追肥深施技术。

该项目推广结果，每公顷增产分别实现水稻180—225公斤、小麦225—300公斤、油菜105—150公斤、玉米300—375公斤、大蒜150公斤指标。各类作物总增产2978.78万公斤，氮素化肥利用率提高15%，节肥2004.8万吨，每公顷节肥207.6公斤，达到降低化肥挥发流失，改变资源浪费和污染环境的不良状况，实现了降低生产成本，增产增收的目的。

1995年，农业部再次下达四川省机械化肥深施技术推广项目。实施面积16.66万公顷，分别在成都、德阳、绵阳、南充、巴中、资阳、凉山和重庆等8个市（地、州）的40个县（市、区）组织实施。40个县（市、区）在同等施肥量、同等作物生长条件下，采用机械深施化肥技术获得了更为显著的增产增收效果。与前两年平均每公顷产相比，水稻每公顷平增产349.8公斤；玉米每公顷平增产438.45公斤；薯类每公顷平增产折原粮361.05公斤；棉花每公顷平增产皮棉105.45公斤；烤烟每公顷平增产37.35公斤；花生每公顷平增产369.90公斤。当年气候持续低温寡照，影响了小麦收成。在全省小麦普遍减产的情况下，项目实施区仍然实现了每公顷平增产258.30公斤。此外还在油菜生产、水稻制种、蔬菜生产等方面实施了机械深施化肥技术，均获得了增产增收的效果。如垫江县（现属重庆市）在340公顷杂交水稻制种田中实施机械深施化肥示范，每公顷平增收种子208.5公斤。

1998—1999年，四川省继续承担农业部下达的农业节本增效工程项目——机械深施化肥技术280万公顷，同样取得较好效果。

通过机械深施化肥技术的示范推广，明显提高化肥利用率。经测算，按形成100公斤经济作物所吸收的氮素数量计算，各种作物氮素利用率提高比例分别如下：水稻4.71%，玉米5.97%，薯类11.14%，棉花10.34%，烤烟0.85%，花生34.61%，小麦7.60%。

四、精少量机械化播种技术

种子是农业生产的重要生产资料，科学合理地投入种子对提高农作物产量，降低农业生产成本具有重要意义。作为“九五”期间农业部重点推广的十项农业重大技术之一的农业节本增效工程——精少量机械化播种技术，是通过机械化或半机械化技术将农作物种子按农艺栽培要求的合理数量和位置投入土壤，以确保作物的疏株密植，从而达到省种、省工、增产的效果。该技术的推广实施是一项降低农业生产成本、费省效宏、造福于民的重要措施，有利于发展农业和农村经济。

为实施精少量播种技术，四川省选用了多种机型，有“2BJ—2型人力小麦播种机”“2BJ—6小麦播种机”“SGT120Z6A3型浅旋施肥播种机”“1GFB系列小麦旋耕施肥播种机”与水稻钵苗育秧盘配套的“2BJP—1 型（台式）小型窝眼精量播种机”“2BJP—2 型（手持式）气吸式小型窝眼精量播种机”“RZB—II50 型制钵机”等。其中以“2BJ—2 型小麦人力播种机”“2BJ—6 型小麦机动播种机”和“玉米肥团移栽机”使用最多。

在资金筹集方面，项目投入体现了多层次多渠道。该项目的总经费 292.07 万元，其中部、省两级国家投入 24 万元，占 8.22%；县区一级财政投入 19 万元，占 6.51%；乡镇一级 10.05 万元，占 3.44%；农户自筹 239.02 万元，占 81.83%。

1995 年，四川省承担农业部“精少量机械化播种技术示范推广项目”3.66 万公顷，分别在德阳市市中区、双流县、温江县、涪陵市、达县和南充市高坪区 6 个县（区）开展实施。项目实际完成 3.80 万公顷，超任务指标的 3.73%。与习惯性人工撒播相比，项目实施区在同等作物生长条件下，采用精少量机械化播种技术均获得了增产、节种、增收效果，共计增产粮食 958.69 万公斤，节种 140.37 万公斤。

五、农作物秸秆气化工程技术

农作物秸秆气化工程技术按规模大小可分为“固定式集中供气秸秆气化站”和“户用型秸秆气化炉”两项技术。

（一）固定式集中供气秸秆气化站

1999 年，省农业机械研究设计院获得省科委重大招标项目，研制成功《SR300 型工业化秸秆燃气成套设备》。该设备较好地解决了稻、麦秸秆等固体生物质的气化问题。该项成果处于国内领先水平，列入 2001 年国家科技成果重点推广计划项目。

集中供气的秸秆气化技术得到省政府及省财政厅、省科委等部门的充分肯定，并决定在四川省先试点示范，逐步推广。在农业部小型公益设施农村能源秸秆气化项目资金 160 万元和四川省财政厅秸秆气化专项资金 350 万元的支持下，省农机局积极组织开展秸秆气化工程技术示范试点项目的实施，成功地在德阳、绵阳、成都、广安、南充、乐山、眉山、资阳、宜宾、遂宁等 10 市建造了 23 座固定式秸秆气化站，解决了 5000 余户农民的生活用气。该项目的实施，使当地农作物秸秆变废为宝，有效地改善和保护了生态环境，解决了农村实施“退耕还林”和“天保工程”后燃料缺乏的问题，同时农民使用方便实惠、清洁卫生、安全可靠的秸秆燃气，大大地改善了农村居家条件和提高了农民生活质量，是落实中共中央全面建设小康社会和建设社会主义新农村的具体体现，深受农民群众的欢迎。

2003 年 12 月，中共中央政治局常委、国家副主席曾庆红在四川调研时，考察了峨眉山市新平乡净安村农机秸秆气化站，对四川省农机系统实施的秸秆气化项目给予了充分肯定，认为：这种秸秆气化项目前景广阔，值得在全国推广。

2004 年，省农业机械研究设计院研制的“SR300 型”秸秆气化设备成功出口埃及，实现了中国与埃及技术设备商业项目合作中零的突破，获得埃及政府及用户的高度赞扬。

（二）户用型秸秆气化炉

根据四川省广大农民居住分散，农村经济水平较差等实际状况，四川多家部门分别研制开发了适合单家独户使用的秸秆气化炉。为做好推广工作，自 2003 年以来，省农机局连续 5 年，先后在乐山、泸州、德阳、广安、成都、眉山、甘孜等市（州）布点进行试验、选型。在不同区域对各种机型进行燃料种类的适应性评价，指导机具根据地理、原料等情况做进一步的分类开发与完善。为促进长江上游生态区建设，减少森林砍伐，省财政还解决了128万元专项资金，专门用于四川省甘孜藏族自治州示范推广户用型秸秆气化炉技术。

在四川省应用和反映较好的户用型秸秆气化炉有英格瑞“6J—5型”高效家用秸秆气化炉、“峨眉山牌”户用秸秆气化炉、“双一牌”生物质气化炉3种。

1. 英格瑞“6J—5型”高效家用秸秆气化炉

2003年底，成都英格瑞科技有限公司自主开发了家用秸秆气化炉，先后通过了省级“推广鉴定检验”和“产品技术鉴定”，并在生产中持续开展试点示范。参与了四川省甘孜州秸秆气化示范项目，示范推广100台。在省内其他地区示范推广约200台。这种“6J—5型”家用秸秆气化炉采用负压即向下吸气技术，可以使得秸秆气化炉燃烧桶开启，随时加料，保证秸秆燃料源源不断地送向炉内，达到连续产气。为配合气化炉使用，公司还开发了配套的小型秸秆粉碎机和可进入田间拾草制粒的“秸秆制粒机”，为农户提供处理秸秆的便利。

2. “峨眉山牌”户用秸秆气化炉

四川峨眉山神力机械有限责任公司从1999年就开始着手研制户用型秸秆气化炉，经多次改进，性能逐步完善。2005年开始，乐山市农机局与该公司联手合作开发改进和试验示范，该设备推广了300余台。此设备采用正压送风。炉膛容积大，一次可装3公斤燃料。并设计膛内燃料压实装置，为气化炉较长时间连续产气提供保证。因为正压送风，故使用过程中不能揭开炉盖续加燃料。燃气净化处理采用了旋风除尘、冷热交换和木炭过滤3项技术，并设计了焦油收集装置，特别适用于食用菌生产基地的废物利用，可以有效地消化处理废菌包带来的白色污染，变害为利，变废为宝。

3. “双一牌”生物质气化炉

由四川省芦山县农机推广站引进示范的湖南产“双一牌”生物质气化炉，机构简单，燃料适应性较好，对粗柴细草不挑剔；缺点是无燃气净化处理装置，焦油易造成炉具、管道堵塞。该炉因其售价较低，受到四川省农机推广人员和农户的欢迎。此炉在全省推广1350台，其中甘孜州占1050台。

六、水稻育秧、插秧及相关配套机械化技术试验、示范

水稻是四川省种植面积最大、单产最高的粮食作物。全省水稻种植面积常年200万公顷左右，占全省谷物种植面积的43%，稻谷总产量一般1500万吨，占全省粮食总产的47%。四川省水稻育秧、插秧及相关配套机械化技术主要开展的试验、示范推广工作如下：

（一）机电一体化稻种催芽技术示范

稻种催芽是提高种子发芽率，培养多蘖壮秧，实现农业节本增效的重要措施。传统土法催芽花费时间长，温度不均匀，发芽率低，用种量大，且容易发生烧种、烂种。省农业机械研究设计院根据水稻两段育秧和旱育秧的需要，从1990年开始研制稻种催芽机。到1994年，稻种催芽机已形成蒸气加热、自动控温、自动供水和自动报警，达到国内先进水平。机催芽与土法相比，一般可提高发芽率10%以上，具有快速、优质、安全、省种、省工、使用方便等特点。

1994年2月，省农机局在成都、德阳、绵阳等11个市、20个县（区）示范推广42台。1995年，四川吉峰农业工程公司接受技术转让，开始批量生产SC—500型种子催芽机。随后成都市农机

研究所、宜宾市农机研究所也分别研制出各有特点的种子催芽机。1997 年，省农机化技术推广总站承担省财政厅下达的科技兴农项目“机电稻种催芽技术示范推广”，当年累计推广 617 台，产品还销到湖北、河南等地。在四川省内使用效果较好的地方有温江、泸县、射洪、蓬溪、都江堰、资阳及重庆沙坪坝等县（市、区）。其中温江、射洪、泸县三县的拥有量均超过百台。温江县推广 119 台，全县 70% 的村都配套了催芽机，年催种 14.90 万公斤，约占全县整个稻种用量的 60%；射洪县推广催芽机 130 台，稻种发芽率由火塘催芽的 80% 提高到 96% 以上。由于机催芽控温准确，比土法催芽缩短一半的时间，且出芽快而整齐，秧苗素质好，增产 5%—8%；泸县 1997 年推广催芽机 120 台，催种 7.98 万公斤，控栽稻田 0.44 万公顷，每公顷节约稻种 405 公斤。该县太伏镇凉亭村同一播期的对比田，一月后调查发现，机催芽的秧田，比不催芽撒湿谷的秧田平均多长出一叶、苗高出 46 毫米，基部宽出 1 毫米，水稻增产 5%。

1998 年 3 月，省农机局局长黄彦蓉、副局长母世杰和泸州市人民政府领导前往泸县嘉明镇稻种催芽现场听取农民意见，并接受了四川电视台“今晚十分”栏目组采访。迄至 2005 年，四川已研制成功棚、箱、台式多种系列的种子催芽机，在省内外累计推广达 7000 多台，其中泸县累计推广 500 多台。

（二）工厂化育秧试验

工厂化育秧是 20 世纪 90 年代开展的一项新的先进技术。该技术具有省工、省时、省水、省肥、省秧母田等多项综合经济效益。

图 3－3　1998 年 5 月，省农机局在绵竹召开水稻农机生产现场会，图为插秧机正在作业

1997 年，省农机局先后在温江、郫县、绵竹、简阳、蓬溪、德阳市中区、广汉、泸县等地结合抛秧技术推广进行水稻工厂化育秧试验研究。其中，温江县引进一套贵州省黔东南农机研究所研制的电热蒸汽加温，转盘式自动调整育秧盘位置的工厂化育秧设备，建立了 20 平方米的育秧棚；郫县引进干土播种生产线，结合机电稻种催芽机催芽，进行软盘露地简易工厂化机械化育秧试验，育苗 2100 盘的试验；蓬溪县购置稻种催芽机 50 台，该县 7 个镇 3400 公顷实施良种精选、集中催芽、温室带土育秧、人工抛秧试验示范。1997 年，各项目实施县（市）共实施工厂化育秧、抛秧（含机抛

与人抛）8606.60公顷，平均每公顷增产409.50公斤、节约种子3.75公斤。

工厂化育秧的主要硬件设施包括：稻种催芽机、播种机及孔穴式塑料秧盘等。广汉市农机局在进行了小拱棚旱育秧、大棚和田间两段旱育秧及全程大棚育秧三种育秧方式的试验对比后，得出的结论是：工厂化育秧操作、成功。其中机催芽、机精播和田间小拱棚育秧具有一定实效；而全程大棚育秧和棚田两段育秧由于投资大，实施难度大，营运费用高，短期内很难大面积推广。且与前者相比，并无明显的增产效果。

（三）机械化抛秧技术示范、推广

机械化抛秧技术是为了减轻水稻传统栽插作业的劳动强度而兴起的。抛秧技术的关键是秧苗要规范。一般要求采用塑料穴盘育秧，每穴1—3株秧苗，每穴之间相互分开。当秧苗长到适合抛栽时，将秧苗拔出，均匀地抛撒于大田。抛撒时，秧苗依靠根部钵形土块下落时的重力栽落到田间，完成栽插作业。抛秧技术的应用能较大地降低劳动强度，人只需站在田埂上即可完成水稻插秧。

1995年，省农机局先后从北京农业大学引进园盘离心抛秧机，从黑龙江省八一农垦大学引进2SB—6型水稻钵苗行抛（摆栽）机。通过温江和绵竹农机推广站的试验表明，离心式抛秧机栽插无序，立苗率低，均匀性差；行抛（摆栽）机虽然株行有序、分布均匀，但漏抛率和重穴率较大，工作可靠性差，对整地质量和秧苗高度要求严格。两者都不能很好适应四川省水稻种植的要求。

四川省较大面积推广抛秧技术的设备是由冕宁县一位退休职工任宣文发明的。该设备后来由北京丰茂机械有限公司开发生产为背负气流式3M—2型喷雾、喷粉、抛秧机。它由背负式机动喷雾、喷粉机增设抛秧附件而制成。这种气流式抛秧机具有体积小、重量轻、投资少、工效高的特点，每天可抛栽2.66—4公顷，比人工抛秧提高工效6—8倍，抛栽的均匀度高，秧苗入土直立效果好，能在坝丘和山区使用，其增产效果在10%左右。该机在四川省累计推广量达6909台，作业面积13.33万公顷。

机械化抛秧对田间平整度要求较高，提高工效程度和各项性能指标次于机插秧，且刮风天气作业效果欠佳，因而大面积推广有局限性。

（四）水稻机械化育秧、插秧技术试验、示范

早在20世纪70年代，四川省曾大力推广插秧机，但由于当时水稻的传统种植方式，不仅拔秧、洗秧工序复杂，且设备易伤苗，推广效果不佳。

2002年，农业部在全国大力推行江苏省新一轮水稻机械化育秧、插秧技术成果和经验，省农机局开始启动四川省水稻机械化育秧、插秧技术试验、示范工作。

2002年3月，四川作为全国5个试验点之一，省农机局无偿调拨了一台浙江诸暨插秧机厂生产的乘坐式插秧机在德阳市旌阳区杨家镇进行首次试验，结果育秧和插秧效果均不理想。

2003年3月，四川再次确定德阳市旌阳区、泸州市江阳区两个机械化育秧、插秧试验点，引进东洋牌PF455S型插秧机。试验点完全按照农业部提供的“江苏省机械化育插秧技术规范”开展试验，由于农业生产自然条件的地域差异，适宜江苏的育秧技术规范在四川应用仍未能取得成功。5—10月，两个试验点根据当地特点又分别开展了3—4期模拟试验，基本掌握了育秧技术的一般规律，为四川省机械化育插秧技术的发展打下了基础。

2004年，两个试验点继续开展机械化育秧、插秧技术试验。这次两个试验点育秧技术试验均取得成功。在插秧技术方面，两个示范点采用了不同秧龄、不同水平肥效、不同晒田控苗、不同前茬

田、不同栽插密度等各种方案的对比试验。试验表明：东洋牌 PF455S 型插秧机操作简便灵活，减轻了机手的劳动强度；多档调整装置，能满足秧龄 30—40 多天的秧苗和大部分田块栽插水稻的农艺要求；比人工栽插能节省 80%—90% 的秧母田，每公顷节省育秧成本 600 多元，节约 45 个人工，并具有节水、节肥、节药的效果；基本苗得到充分保证，每公顷增产 600—1200 公斤。

试验点为四川省两种完全不同生产条件的水稻生产区域制定出了不同区域特点的《机械化育秧、插秧技术规范》，为在全省扩点试验提供了至关重要的技术蓝本。

2004 年后，省农机局先后选择了彭州市、江油市、阆中市、武胜县、大竹县、成都市青白江区、剑阁县等 10 余个县（市、区）作为扩大试验区，同时专门召开了两期机械化育秧、插秧技术培训班。2005 年开春，各试验区积极与当地农业部门配合，开展了规范化育秧技术试验，取得初步成功。插秧季节，各地均召开了不同层次的现场演示会，既摸索经验，又扩大影响。2005 年，四川省机械化育秧、插秧试验面积增加到 33.33 公顷。

2005 年 11 月，省农机局在德阳市旌阳区再次举办了较大规模的机械化插秧培训班，聘请了中国水稻机械化插秧走在前列的江苏省农机局前局长、农业部水稻机械化插秧专家组首席专家陆为农和旌阳区农机局副局长张顺华授课，全省 20 个市（州）50 个县（市、区）的技术推广人员和农户共 110 余人参加培训。

七、南方水、旱轮作区机械化保护性耕作技术的研究开发与示范

2004 年，国家科技部下达中国农业大学“粮食主产区保护性耕作制与关键技术研究”课题，四川省农机局承担了该课题在中国南方稻、麦两熟地区开展的“‘稻、麦轮作区’机械化保护性耕作技术试验示范”项目子课题。省农机局确定将德阳市旌阳区作为试验示范点。从 2004 年 10 月下旬开始至 2005 年夏，经过一个小麦生产季节，完成了小区生产试验和大区生产试验及相关配套技术的前期研究开发。

2005 年，根据省农业部门提出的保护性耕作的试验示范情况，省农机局课题组主持制定了《机械化保护性耕作试验方案》，针对免耕种植小麦、水稻的农艺要求，组织开展了一系列农机配套作业的技术路线及机具引进、研究开发与试验工作。工作内容主要包括三个方面：一是小麦免耕播种机具引进试验；二是稻茬田免耕条播机的开发试验；三是水田埋茬起浆整地机的引进、改进开发研究试验。

2005 年 12 月，四川承担的子课题完成，课题组向中国农业大学课题组提交了《项目工作总结报告》和《项目技术总结报告》。在审议两个报告时，有关专家认为：四川的试验、研究工作做得扎实，完成得很好。其中，“稻茬田小麦带状开沟播种机”的第一代样机的研究成功是项目研究取得突破性进展的重要标志，为总课题下一步研究工作打下了基础。

保护性耕作的问题一直受到农业部和四川省人民政府的高度关注和重视。2005 年以后，省农机局在部、省两级财政的统一部署和支持下，进一步围绕机械化保护性耕作的试验、研究工作仍在进行。

第四章　教育培训

第一节　农机化学校

一、农机中专校

四川省农机中专校包括省级农机中专校和市（地、州）级农机中专校。省级农机中专校属省农机局的直属事业单位，市（地、州）级农机中专校分别为对应市（地、州）农机主管部门的直属事业单位。农机中专校主要承担国家计划的农机化中等专业招生任务，为国家培养农机化事业需要的中等专业人才。中专的计划内招生归属国家教育主管部门统一管理。在改革中，各农机中专校积极开展联合办学，分别拓展了一些计划外的招生任务和中短期培训项目。20 世纪 90 年代中后期，尤其是 2000 年以后，随着教育体制改革的逐步深化，大部分农机中专校或撤、或转、或并，先后脱离了农机主管部门

（一）省级农机中专校

1. 沿革

四川省有省级农机中专校一所，即四川省农业机械化学校（以下简称省农机校）。

民国初年，巴县乙种农业学校建立于重庆市浮图关。1917 年易名为巴县甲种农业学校。1927 年并入巴县中学，设农科专业。1934 年，成立巴县县立三里职业学校，迁至浮图关外茶亭。1943 年改名为巴县县立高级农业职业学校，1947 年迁重庆市南温泉花溪。1951 年移交重庆市所属，更名为重庆市巴县农业学校。

1953 年 8 月，按照《西南区中等农林技术学校调整方案》（修正稿）的精神，巴县农业学校与重庆市第一高级农业学校合并，在董家溪建立重庆市农业学校。归重庆市人民政府教育局领导。当时，学校设农艺、园艺、农具制造及初级农业等专业。

1954 年 5 月，西南行政委员会农林局报经中央农业部、高教部批准，将重庆市农业学校改为重庆农业学校，迁址重庆市北碚歇马场。

1954 年 9 月，西南大区撤销，学校改属省农林厅领导，更名为四川省重庆农业学校，设农科和中学班。1955 年秋增设农业会计核算专业。

1958 年，在“大跃进”形势下，学校将大部分师生和教学仪器设备调配到涪陵、江津、泸州、重庆几所农校。在原校址新建四川省重庆农业机械化学校，开设农业机械化专业。1960 年 5 月，由四川省农业机械厅领导。1963 年 9 月，省农业机械厅撤销，移交省农业厅所属。

1965年2月，上级抽调学校部分领导和教师在成都市郫县犀浦组建四川省农业机械化技工学校。1965年9月，经省人委农办同意，四川省重庆农业机械化学校校名分别改为“四川省遂宁农业机械化学校”和“四川省农业机械化技工学校”。随即，四川省重庆农业机械化学校于1965年11月迁址遂宁。1969年，经省农业厅批准，定名为“四川省农业机械化学校”。

1967—1972年，省农机校曾划归省革委农机组、省机械工业局主管。1973年1月至2002年，归口省农机局领导。1995年7月，经省教育委员会和四川省农机局同意，增挂“四川省机电工程学校”校牌。

2002年4月，省政府下文，批准四川省机电工程学校（四川省农业机械化学校）与川北教育学院合并组建“四川职业技术学院”，原两校建制撤销。

省农机校自建校以来，历经的多次曲折变迁和调整变化。大体可分为三个重要阶段：

一是20世纪50年代以前，为初建阶段。该阶段，时值战乱，学校不断迁址更名，办学条件极为艰难。学校虽然得到生存和发展，但因种种局限，作为不大。

二是20世纪50—70年代，为调整阶段。该阶段，学校在不断变迁调整中，坚持农业中等专科学校的本色，并在20世纪60年代开始转向农业机械化方向。

三是20世纪70年代以后，为成熟发展阶段。该时期，学校各方面得到快速发展。尤其是正式更名为四川省农业机械化学校后，作为四川省农机行业重点中专校，以发展机电工程专业为主的专业特性逐渐显现并加强。机电工程和农机化管理发展迅速，学校已成为具有相当规模的机电类工科中专校，在全国同类中专校中有很大影响。

2. 基础设施

到2002年，省农机校的发展已达到相当规模。省农机学校占地为8.32公顷，校园成公园式布局。校舍建筑面积6.20万平方米。建有标准游泳池及篮球场、乒乓球场、田径场等，运动场地2万余平方米。图书大楼2400平方米，藏书16.2万册。学校内设遂州机械厂，对外加工制造，对内供学生实习。学校还另外拥有包括汽车、通用机床、数控机床、电机、制冷、焊接、计算机、多媒体、自动控制等43个设备完善的教学实习、实训、实验室（场）。

3. 师资力量

2002年，省农机校有教职工286人。教师128人，其中，高级讲师31人、讲师79人、助理讲师18人；学科带头人3人；享受国务院政府津贴的专家3人；四川省有突出贡献的专家1人；四川省青年教师标兵1人。

4. 办学特色

在长期发展中，经过不断总结积累，省农机校形成五大特色。

历史悠久。从1917年建校算起，至2002年与川北教育学院合并组建四川职业技术学院止，省农机校历时85年。积沉了较深厚的专科教育理念，逐步形成了一套良好的传统治学风气和文化氛围。

严谨治校。在办学历史上，省农机校注重提高教学质量，严谨治校，严格管理，重视教学的正规化、规范化、制度化建设。长期以来，省农机校按正规教育要求，加大教学管理力度，健全完善教学管理制度。较为典型的是1999年，省农机校汇编了《教学管理手册》，全面地收录了学校教学管理制度、规定、办法、考核表格等119个，制订并实施“模具设计与制造”专业教学计划，修订“文秘与档案”“焊接技术”两个专业教学计划，编写、修订全部课程教学实习大纲等381个，完善了所有课程和实习环节教学大纲和管理制度，制定并完善了一系列的规定和办法。

图 3－4　四川省农业机械化学校计算机室

多层次、多渠道办学。自 20 世纪 80 年代以来，省农机校坚持多层次、多渠道办学，以适应为社会培养各种专业、层次人才的需求。学校先后开办“社来社去”班、“送培班”、农村青年不包分配班等。90 年代初，省农机校委培生、自费生比例不断扩大，占在校中专生人数的四分之三，较早地适应了中专招生全面并轨的发展趋势。

专业特色突出。省农机校开设有机械、电子、管理类的 20 多个专业，其中确定了 4 个重点骨干专业，即机械制造专业、汽车拖拉机运用与维修专业、工业企业电气化专业、机电技术应用专业。围绕这四个重点骨干专业，学校配备了强有力的师资力量，加强相应的配套建设，保证了重点骨干专业的核心影响。在职业技术教育改革中成绩突出。以“能力教育”为本位的“分段模块式”教学改革成果，受到国家农业部教育司、省教委的好评。教改成果经农业部评审通过，在全国农业中专学校推广应用。

为社会输送实用型人才。省农机校强调学生实践操作能力的培养，与社会紧密结合，为社会培养实用型人才。学校培养的学生普遍受到社会使用方的好评。20 世纪 90 年代以来，省农机校毕业生就业率较一般高、中专学校为优。

5．学校荣誉

省农机校于 1980 年、1994 年、2000 年三届被国家教育委员会评为“国家级重点中专”，先后被评为“全国中小学德育工作先进集体”“四川省最佳文明单位”“四川省社会治安综合治理模范单位”“四川省文明服务示范窗口单位”“省级校风示范学校”“国家职业技能鉴定所表扬单位”“省部门绿化百佳单位”“市园林式单位”等。学校被考核认定授牌的有：“国家职业技能鉴定所”“特有工种职业技能鉴定站”“四川省计算机技能培训集团董事单位”“四川省国家公务员培训施教机构”“四川省下岗职工再就业培训基地”“汽车驾驶学校”等。

1993—1999 年省农机校享受荣誉专家名单（部分）一览表

表 3－7

姓　名	年　度	荣誉名称	颁奖单位
邓世富	1993	四川省优秀教师	省教委、省人事厅
徐安舒	1994	全国中等农校优秀教育工作者	农业部
张德炳	1994	全国中等农校优秀教师	农业部
叶寒芳	1994	享受国务院政府特殊津贴专家	国务院
	1997	全国中等农校优秀教育工作者	农业部
黄杰东	1995	四川省优秀教师	省教委、省人事厅
刘志刚	1996	享受国务院政府特殊津贴专家	国务院
刘　炼	1997	中华农业科教奖 四川省有突出贡献的优秀专家	中华农业科教基金 中共四川省委、省人民政府
杨秀质	1998	享受国务院政府特殊津贴专家	国务院
王香明	1999	能力体系试点工作优秀教师	全国农业中专教指会农业工程学科组
刘志刚	1999	能力体系试点工作优秀教师	全国农业中专教指会农业工程学科组
邱永成	1999	能力体系试点工作优秀教师	全国农业中专教指会农业工程学科组
李金国	1999	能力体系试点工作优秀教师	全国农业中专教指会农业工程学科组
周翼翔	1999	四川省优秀青年教师标兵	省教委、省教育工会 省教育基金会

1934—1949 年四川省农机中专校历年在校生、招生、毕业生情况统计表

表 3－8

年度	在校生		新　生		毕业生人　数	备　注
	班级数	人数	班级数	人数		
1934	1	18	1	18	—	巴县三里职校
1935	2	59	1	41	—	同上
1936	3	103	1	44	—	同上
1937	3	117	1	32	18	同上
1938	3	99	1	23	41	同上
1939	3	75	1	20	44	同上
1940	3	70	1	27	32	同上
1941	4	87	2	40	23	同上

续表 3-8

年度	在校生		新　生		毕业生人　数	备　注
	班级数	人数	班级数	人数		
1942	5	105	2	38	20	巴县三里职校
1943	8	156	4	78	27	巴县农校
1944	9	253	3	137	40	巴县农校
1945	11	416	4	201	38	巴农、市思克农校合并计算
1946	14	629	7	291	78	同上
1947	16	812	5	320	137	同上
1948	22	1032	10	421	201	同上
1949	21	1007	6	266	291	巴农、市思克农校合并计算
合　计					990	

1950—2012 年四川农机中专校历年学生情况统计表

表 3-9

年度	在校生		新　生		毕业生人　数	备　注
	班级数	人数	班级数	人数		
1949/1950	14	384	2	78	14	巴农、市高农校合并计算
1950/1951	15	392	3	149	24	巴农、市高农校合并计算
1951/1952	16	489	3	207	53	巴农、市高农校合并计算
1952/1953	13	574	2	120	66	重庆农业学校
1953/1954	12	572	1	50	235	四川省重庆农业学校
1954/1955	8	420	2	92	290	四川省重庆农业学校
1955/1956	7	299	4	160	117	四川省重庆农业学校
1956/1957	38	1655	32	1407	41	省重庆农校、农经校合并计算
1957/1958	36	1500	2	70	238	省重庆农校、农经校合并计算
1958/1959	19	897	16	769	127	四川省重庆农业机械化学校
1959/1960	26	1378	13	645	104	四川省重庆农业机械化学校
1960/1961	31	1453	5	253	626	四川省重庆农业机械化学校
1961/1962	5	200	—	—	159	四川省重庆农业机械化学校
1962/1963	1	41	—	—	41	四川省重庆农业机械化学校
1963/1964	2	75	2	75	—	四川省重庆农业机械化学校

续表 3－9

年度	在校生		新　生		毕业生人　数	备　注
	班级数	人数	班级数	人数		
1964/1965	8	313	6	238	—	四川省重庆农业机械化学校
1965/1966	16	720	8	404	—	四川省遂宁农机校、四川省农机技工校合并计算
1966/1967	16	720	—	—	82	四川省遂宁农机校、四川省农机技工校合并计算
1967/1968	14	642	—	—	—	四川省遂宁农机校、四川省农机技工校合并计算
1968/1969	14	642	—	—	642	四川省农业机械化学校
1972/1973	3	120	3	120	—	四川省农业机械化学校
1973/1974	11	440	8	320	120	四川省农业机械化学校
1974/1975	14	560	3	120	240	四川省农业机械化学校
1975/1976	11	440	6	240	200	四川省农业机械化学校
1976/1977	12	360	6	244	238	四川省农业机械化学校
1977/1978	12	438	4	160	80	四川省农业机械化学校
1978/1979	10	405	2	80	166	四川省农业机械化学校
1979/1980	13	519	7	280	159	四川省农业机械化学校
1980/1981	15	596	6	240	157	四川省农业机械化学校
1981/1982	15	602	4	160	199	四川省农业机械化学校
1982/1983	14	562	4	160	—	四川省农业机械化学校
1983/1984	18	725	4	163	238	四川省农业机械化学校
1984/1985	16	648	4	162	161	四川省农业机械化学校
1985/1986	17	705	5	211	164	四川省农业机械化学校
1986/1987	18	734	5	195	163	四川省农业机械化学校
1987/1988	19	778	5	207	212	四川省农业机械化学校
1988/1989	20	787	5	220	211	四川省农业机械化学校
1989/1990	20	782	4	195	199	四川省农业机械化学校
1990/1991	18	707	4	183	235	四川省农业机械化学校
1991/1992	20	778	8	318	247	四川省农业机械化学校
1992/1993	25	989	10	423	190	四川省农业机械化学校
1993/1994	28	1292	10	448	145	四川省农业机械化学校
1994/1995	36	1614	12	542	246	四川省农业机械化学校

续表 3-9

年度	在校生		新生		毕业生人数	备注
	班级数	人数	班级数	人数		
1995/1996	38	1738	15	610	476	四川省农业机械化学校 四川省机电工程学校
1996/1997	44	1987	18	779	508	四川省农业机械化学校 四川省机电工程学校
1997/1998	47	2199	17	736	498	四川省农业机械化学校 四川省机电工程学校
1998/1999	55	2516	22	992	612	四川省农业机械化学校 四川省机电工程学校
1999/2000	53	2458	18	771	706	四川省农业机械化学校 四川省机电工程学校
2000/2001	52	2158	9	400	629	四川省农业机械化学校 四川省机电工程学校
2001/2002	42	1851	13	571	795	四川省农业机械化学校 四川省机电工程学校
2002.04—						与川北教育学院合并建立 四川职业技术学院
合计					11053	
总计	中华人民共和国前毕业生			990		
	中华人民共和国后毕业生			11053		

（二）市（地、州）农机中专校

四川省的地区农机中专校是20世纪70年代先后创建起来的。1986年，四川省有市（地、州）农机中专校12所。这12所农机中专校分别为：成都市农业机械化学校、重庆市农业机械化学校、绵阳市农业机械化学校、内江市农业机械化学校、万县地区农业机械化学校、涪陵地区农业机械化学校、宜宾地区农业机械化学校、南充地区农业机械化学校、雅安地区农业机械化学校、达县地区农业机械化学校、阿坝州工业学校和凉山州农业机械化学校。

20世纪80年代，随着国民经济的调整，地区一级农机中专校计划内招生数量锐减。1982年，四川省12所地区农机校有6所无在校生，另6所在校生只有286人，年均每校44人。形势逼着农机中专校寻求新的出路。

1983年10月，省农机局在大邑县召开全省农机教育工作会。会议提出：农机中专校要在“不改变性质、不改变隶属关系、不改变牌子”的前提下，打破部门、行业、地区界限，广开办学门路，接受委托培养或签订合同联合办学；要开办新专业，对外招生；要有偿培养，收取学费，接受其他部门投资。同时号召各校大胆探索尝试，取得直接经验。

1984年，农牧渔业部在四川温江县召开有关农业中专教育改革会议。会议提出农业中专教育要“立足农业，面向农村，服务农民”，鼓励和提倡各类农业中专校要加强横向联系，开展多形式、多层次、多渠道的联合办学。

从1985年开始，四川省农机中专校联合办学和计划外招生工作全面铺开。联合办学形式多样，有中、长期学习和短期培训；有全脱产学习、半脱产或业余学习；有在校学习、校外开班学习；有面授、函授；有中专层次、大专层次、职业高中（含技工班和专业培训）；有完成学习后颁发毕业证书的，有不发证书的；有培养应届毕业生的，有培养农村青年或在职职工的；有定向招生定向分配、定向招生不定向分配、不定向招生也不包分配的。四川省农机中专校在联合办学中，一般都进行了专业拓展。在原有《农业机械化》《农机制造》《农机修理》三个老专业的基础上先后新增设了《汽车拖拉机运用与修理》《农业电气化》《机械与电器》《工业与民用建筑》《公路道路与桥梁》《食品工程》《电子计算机应用》《企业管理》《财会》等专业，充分适应和满足用人方面的需要。

联合办学的改革实践，使四川农机中专校得到巩固和发展。据1990年四川省农机中专校的一次专项统计：1985年，全省农机中专校（含省农机校，以下同）招生总人数1295人，其中各类联合办学18个班，招生731人，占招生总人数的56%，到1989年，全省农机中专校招生总人数1762人，其中各类联合办学32个班，招生1537人，占招生总人数77%；在1989年，全省农机中专校除普遍开展合同制办学外，增挂校牌联合办学的已有6所。这6所学校是：四川省农机校增挂遂宁市汽车驾校、绵阳农机校增挂四川工业学院绵阳分部、南充农机校增挂南充工业学校、宜宾农机校增挂宜宾地区工交干校、涪陵农机校增挂涪陵工业学校、阿坝州农机校增挂阿坝州工业学校。四川省农机中专校1989年在校生总数达5359人，比1982年的848人增加了6.3倍。平均每校在校生412人，比1982多65人，增加6.33倍。教职工总数1127人，比1982年801人增加1.4倍。变化较大的南充农机校在校生人数由1983年的一个职工班42人发展到1989年的13个班600余人，增长了14倍。绵阳农机校在校生也由1983年的一个班40人发展到1989年的13个班540人，增长了13.5倍；另外，联合办学解决了长期困扰农机中专校办学经费紧张的难题。据不完全统计，1989年，成都、绵阳、南充、宜宾、涪陵、万县6所地区农机校事业费拨款为749.38万元，联合办学收入为157.32万元，占了事业费拨款的20.99%。

20世纪90年代中期，四川省农机中专校一方面继续沿着联合办学方向持续发展，另一方面又不断受到体制改革及隶属关系变化的影响。

1995年，四川省市（地、州）农机中专校保持10所，其中少了内江市和阿坝州两所学校（两校均系改名为工业学校后，隶属关系发生变化）。当年，全省市（地、州）农机中专校教职工人数为937人，其中专职教师为589人。

1996—2000年，四川省市（地、州）农机中专校缩减为6所，教职工587人，其中教师352人。这次中专校缩减的主要原因是重庆市分设，减少了重庆、万县、涪陵三校。雅安农机校当时也不复存在。

2000—2005年，四川省农机中专校经历了转轨、合并的教育体制改革，多数农机中专校先后与农机主管部门脱离了隶属关系。根据四川省农机化管理统计报表，2005年，四川省市（州）级农机中专校仅保留成都市农业机械化学校和凉山州农业机械化学校两所。

二、县级农机化学校（常训班）

县级农机化学校（常训班）主要是县（市、区）级的农机校和常训班，其中也包括少量的市（地、州）农机化干校和常训班。以1978年为例，当年全省共有农机化学校（不含农机中专校）和常训班147个，其中，地（市）农机化干校和常训班仅有11个。

县级农机化学校（常训班）的主要任务是负责本地中、短期的农机化职业技术培训。在计划经济时代，为保证农机培训的规范性和质量，省农机局一直强调对县级农机化学校的培训工作严格管理。一是统一培训大纲和教材，二是不断增强师资力量配备，三是加强学校的规范性建设。

1985 年 7 月，省农牧厅印发《四川省县级农机校改革意见》，具体内容包括：县级农机校是担负全县农民农机职业技术教育的独立的区、科级事业单位，隶属县农机主管部门领导，应按农牧渔业部颁发的《县级农机校章程》的规定，报请当地政府批准改名为县级农业机械化技术学校；扩大学校自主权，实行校长负责制；学校实行单独建账，独立核算，有权依照国家规定支配资金。学校广开门路所得的净收入，可采取“六、二、二”比例分配。即 60% 用于学校建设和事业发展基金，20% 交县农机主管部门统筹使用，20% 用于学校教职工的集体福利和奖金；广开培训门路，实行培训、推广、服务相结合，讲求效益，把学校办好、办活；加强教师队伍建设；改革教学方法，提高培训质量，积极发展电化教学；加强对学校改革工作的领导。

按照上述改革意见，各县级农机校在改革中经历了艰苦努力和打拼。1985 年以来，尤其是 1995 年以后，县级农机校的培训工作既存在机遇，也存在来自社会各方面的影响、竞争和压力。在这种情况下，四川省的县级农机化学校（常训班）这一板块逐渐发生着分化。其中有搞得好、搞得活，培训工作红红火火的；有培训工作艰难维持的；也还有连维持都困难，最后撤并消失的。1986 年，四川省有县级农机化学校（常训班）188 个，教职工人员 1232 人；1995 年，学校和常训班达到 194 个，教职工人员 1177 人；2000 年，学校和常训班减为 157 个，教职工人员减为 845 人；到 2005 年，四川省县级农机化学校和常训班再次减为 133 个，教职工人员减为 719 人。

“四有”[①] 农机校建设是农业部抓全国县级农机校工作的重要内容。

1988 年 10 月，省农机局对四川省县级农机校“四有”情况展开全面评估调查。

1989 年 1 月，省农机局在叙永县召开四川省“四有”农机校建设评估总结会。会议强调，四川应把县农机校“四有”建设作为农机成人教育工作的重要内容。会议公布了 1988 年调查结果：全省 181 所农机校（其中县校 175 所，市〔地、州〕农机化干校 6 所），实地参加评估的学校 173 所。其中，被评为基本实现“四有”的学校 51 所，基本具有办学条件的学校 70 所，有一定办学条件的学校 35 所，不具备办学条件的学校 16 所。评估分数在 98 分以上的全省有 11 所，它们是：长寿县农业机械化学校（今属重庆市）、邛崃县农业机械学校、广汉市农业机械培训学校、简阳县农业机械学校、资中县农业机械化学校、资阳县农业机械化学校、万县农业机械技术学校（今属重庆市）、南川县农业机械化学校（今属重庆市）、邻水县农机校、南充县农业机械化技术学校、雅安市农机汽车技术培训学校等。其中，简阳和资中两校分数为 100 分。会议表彰了四川省市（地、州）农机局教育培训工作先进单位 13 个：重庆市农机水电局、成都市农业机械管理服务公司、自贡市水电农机局、攀技花市水电农机局、德阳市农业机械管理局、绵阳市机械农机局、遂宁市机械农机局、内江市农机管理局、万县地区农机局、涪陵地区机械工业局、达县地区农机局、南充地区农业机械化管理公司、雅安地区农机局等。

1989 年，农业部正式通报表彰第一批全国“四有”农机校，四川省获表彰的有 21 所。

① “四有”条件指：有独立配套的培训基地，有一支素质好，数量足的师资队伍，有适应教学需要，比较先进的教学设备，有办学经费并财务独立。

1989 年农业部通报表彰第一批全国“四有”农机校名单一览表

（四川共计 21 所）

表 3－10

单位名称	单位名称
长寿县农机校（今属重庆市）	简阳县农机校
北培区农机校（今属重庆市）	资中县农机校
邛崃县农机校	资阳县农机校
新都县农机校	万县农机校（今属重庆市）
盐边县农机校	南川县农机校（今属重庆市）
德阳市中区农机校	邻水县农机校
绵竹县农机校	南充县农机校
广汉县农机校	江安县农机校
三台县农机校	雅安市农机汽车技术培训学校
平武县农机校	甘孜州农机化技术学校
江油市农机校	

1990 年，农业部通报表彰第二批全国“四有”农机校，四川省获表彰的有 37 所。

1990 年农业部通报表彰第二批全国“四有”农机校名单一览表

（四川共计 37 所）

表 3－11

单位名称	单位名称
璧山县农机校（今属重庆市）	涪陵市农机校（今属重庆市）
綦江县农机校（今属重庆市）	垫江县农机校（今属重庆市）
荣昌县农机校（今属重庆市）	武隆县农机校（今属重庆市）
江北县农机校（今属重庆市）	梁平县农机校（今属重庆市）
大足县农机校（今属重庆市）	云阳县农机校（今属重庆市）
铜梁县农机校（今属重庆市）	荥经县农机校
温江县农机校	汉源县农机校
金堂县农机校	彭县农机校
荣县农机校	都江堰市农机校
叙永县农机校	隆昌县农机校
中江县农机校	威远县农机校
剑阁县农机校	安岳县农机校

续表 3－11

单位名称	单位名称
犍为县农机校	蓬溪县农机校
眉山县农机校	射洪县农机校
宜宾市农机校	遂宁市中区
宜宾县农机校	汶川县农机校
长宁县农机校	重庆市农业机械化干部学校
南溪县农机校	自贡市水电农机干部学校
珙县农机校	

1990 年底，农业部通报表彰第三批全国“四有”农机校，四川省获表彰的有 34 所。

1990 年农业部通报表彰第三批全国“四有”农机校名单一览表

（四川共计 34 所）

表 3－12

单位名称	单位名称
大邑县农机校	筠连县农机校
双流县农机校	兴文县农机校
郫县农机校	屏山县农机校
蒲江县农机校	开县农机校（今属重庆市）
青白江区农机校	忠县农机校（今属重庆市）
合川县农机校（今属重庆市）	奉节县农机校（今属重庆市）
永川县农机校（今属重庆市）	黔江县农机校（今属重庆市）
什邡县农机校	达县农机校
绵阳市中区农机校	营山县农机校
盐亭县农机校	蓬安县农机校
梓潼县农机校	阆中县农机校
北川县农机校	仪陇县农机校
安县农机校	广安县农机校
乐至县农机校	天全县农机校
旺苍县农机校	西昌市农机校
仁寿县农机校	喜德县农机校
高县农机校	乐山市农业机械化干部学校

至此，四川省经农业部批准的“四有”农机校已达到92所，占全省县级农机校总数的49.5%，在全国列第十三位。1990年以后，农业部有关“四有”农机校创建工作基本停顿。

农业部有关“四有”农机校创建工作时间虽不长（时间集中在20世纪80年代后期和20世纪90年代初期），但对县级农机校的建设和发展有较大影响。四川省县级农机校在面临20世纪90年代教育培训的激烈竞争和复杂多变的形势后，在2005年仍保有133所县级农机校，一方面说明了这批农机校顽强的适应能力和生存能力，另一方面也得益于这批学校扎实的“四有”条件。

第二节　系统公务员培训

1998年4月，省农机局根据省政府《四川省国家公务员培训暂行办法》，印发《关于实施四川省农机系统公务员培训工作的通知》。该通知明确了农机系统公务员培训的对象和范围，提出省、市（地、州）、县（市、区）各级农机主管部门均属于系统公务员培训范围，

1998年10月，第一届四川省农机系统公务员培训局长班在省农机校正式开班。参训的有县（市、区）农机局正、副局长和市（州）局科、处长33人。

1999年1月，省农机局根据公务员培训的有关规定以及省人事厅制定的《四川省国家公务员“九五”培训规划》，向各市（地、州）发出《关于加强我省农机系统国家公务员培训管理工作的通知》。该通知提出要加快农机系统公务员培训步伐，力争在四川省统一规划的时期内，使农机系统公务员队伍轮训一遍。明确提出“先培训，再上岗，先培训，再提拔”和“未经专门业务知识培训或培训不合格者，不得参加专门业务工作”的要求。

省农机校是四川省农机系统国家公务员培训施教机构。2002年，省农机校与原川北教育学院合并，升格为四川职业技术学院，其教学条件在硬件和软件方面都有较大改善。学校升格后，仍保留施教机构职能。

2005年，省农机局与四川职业技术学院共同努力，顺利通过了省人事厅组织的四川省国家公务员培训施教机构综合质量评估。

截至2005年，省农机局共开办四川省农机系统国家公务员培训班17期。

1998—2005年四川省农机系统历次公务员培训情况表

表3－13

年度	培训班名称	参培人员	人数（人）	地点
1998	农机局长培训班	县（市、区）农机局正、副局长，市（州）局科、处长	33	学校
1999	普通班（共三期）	市（州）、县（市、区）农机局一般干部	150	学校
	省农机局国家公务员基础知识培训班	省农机局干部	54	成都
2000	普通班	市（州）、县（市、区）农机局一般干部	75	学校
	市州农机局局长班	市（州）农机局正、副局长	20	成都
2001	首届乡村机耕道建设工程技术管理人员培训班	市（州）、县（市、区）农机管理干部及技术人员	150	省交通干校

续表 3－13

年度	培训班名称	参培人员	人数（人）	地点
2002	第二届机耕道建设培训班	市（州）、县（市、区）农机管理干部及技术人员	145	学校
	省农机局人事干部培训班	省农机局及直属单位人事干部	17	学校
	省农机局依法行政知识培训班	省农机局干部	54	成都
2003	市、州、县农机局局长班	市（州）、县（市、区）农机局局级领导	55	郫县
	四川省机械化节水灌溉泵站技术培训班	农机管理干部及技术人员	95	中江
2004	局长研讨班	市（州）、县（市、区）局农机局长	50	郫县
	四川民族地区微水电站建设研修班	乐山、绵阳、攀枝花及三州农机管理干部及技术人员	121	泸定
2005	县农机局局长研讨班	县（市、区）农机局局级领导	43	学校
	四川省拖拉机驾驶培训机构教员“准教”资格培训班	县（市、区）农机局、农机校管理技术干部	110	成都和德阳

说明：表中“地点”所列的“学校”即指农机系统施教机构

第三节　特有工种职业技能鉴定与培训

1986 年，省农机局印发《关于对国营农机修造企业的农村机械修理工进行统一考核的意见》及《四川省农机修理工统考评审工作的补充规定》，开始对四川省农机修造行业修理工实施统一考核。统一考核分理论考试和实际操作考核两部分。理论考试试题由省农机局统一命题并确定标准答案和评分标准。实际操作考核试题及评分办法由县主管部门确定并尽可能结合企业的生产进行。工人技术等级评定，是按理论考试和实际操作考核的结果，决定其升级。为保证考核质量，一般都组织了相应的职业技术培训。这种制度一直延续到 1995 年。

1995 年 2 月，根据农业部有关要求，省农机局制定《四川省农机修造工人技术管理办法》。文件明确：修理工经考核合格，发放由农业部统一印制、省农机管理部门盖章颁发的《技术合格证书》。文件规定了分级管理的原则。

1995 年以后，国家开始实施职业技能开发。各部门自行制定的技术等级证书逐步过渡到全国统一的《中华人民共和国职业资格证书》。证书由国家劳动部统一印制，条块结合，分级鉴定发放，通用工种由各级劳动部门鉴定，特有工种（含农机修理工）由相应的行业主管部门组织鉴定。

2000 年 1 月，省劳动厅同意并报经劳动和社会保障部批准，省农机局成立四川省农机行业特有工种职业技能鉴定站，负责四川省范围内农机行业的就业准入和职业技能鉴定工作。

2000 年 8 月，省农机局根据农业部《农机修理工实行就业准入制度实施方案》，发出《关于贯彻实施农机修理工实行就业准入制度的意见》（以下简称《意见》）。《意见》明确，从 2001 年 10 月

1 日起，新就业的农机修理工，上岗前必须经过职业培训和职业技能鉴定，取得相应的职业资格证书后方可上岗。对 2001 年 10 月 1 日前就业的农机修理工，分期分批进行职业培训和职业技能鉴定，取得相应的职业资格证书后，逐步实行持证上岗。从 2001 年 1 月 1 日起，全省农机修理工的资格证书统一使用国家劳动行政主管部门印制的“职业资格证书”。

2001 年 2 月，省劳动厅批准成立四川省农机行业国家职业技能鉴定所，编号为：川—180 所。四川省农机行业国家职业技能鉴定所是一个面向全行业和全社会的综合性职业技能鉴定机构。鉴定所负责农机制造（车工、铣工、刨工、磨工、钣金工、铸工、电工、热处理工、电焊工、锻工、钳工）、农机维修（镗缸工、热喷涂工、散热器修理工、轮胎修理工、燃油系调试工、液压系修理工、内燃机曲轴修磨工、气门研磨修理工、农机电器修理工）、农机操作（手拖、联合收割机、中拖、小四轮拖拉机驾驶员）、农机试验（发动机试验工、水泵试验工）等专业 25 个工种的初、中、高级工和技师的职业技能鉴定。

2003 年，省农机局在遂宁市举办了全省职业技能鉴定考评员培训班。经省职业技能鉴定指导中心考核、省劳动和社会保障厅批准，137 人取得了考评员资格。

根据农机维修培训及农机职业技能鉴定工作的需要，省农机局推出一批培训教材和普及读物。主要的培训教材和普及读物有：《机电修理》《构造与维修》《农机维修制度与标准汇编》《四川省农业机械维修质量监督检查员培训教材》《小型农用柴油机使用与维护》《拖拉机驾驶员读本》等。这些教材和读物在四川省农机修造行业普遍实用，具有一定的影响力。其中《小型农用柴油机使用与维护》还作为“中国农村文库”图书 100 种之一在全国广泛印发。

2000—2005 年，全省累计完成鉴定农机从业人员 37000 人次，农机职业技能鉴定范围涉及农机维修及其车、铣、电、漆、焊、钣金、拖拉机驾驶、农机营销等 10 多个工种。全面实现了从农机修理工技术考评到农机行业特有工种职业技能鉴定的顺利转轨，技能鉴定工作更加规范化、制度化和社会化。

第五章　农机学会

四川省农业机械学会、四川省农业工程学会是四川省农业机械与农业工程科技工作者的学术性群众团体，是四川省科学技术协会的组成部分，业务上受中国农业机械学会和中国农业工程学会的指导。

四川省农业机械学会创建于1980年，挂靠在四川省农业机械研究所。四川省农业工程学会成立于1994年，挂靠在省农机局。

四川省农业机械学会和四川省农业工程学会虽名为两个学会①，但其学会的常务办事机构、专业委员会设置及主要开展的学术活动并未严格分开。

第一节　学会组织

学会宗旨是团结和组织广大农业科技工作者，面向现代化、面向世界、面向未来，促进农机与农业工程学科的繁荣和发展，促进农业工程技术的普及推广，促进科技人才的成长和提高，为实现四川省农业现代化作贡献。

学会贯彻“经济建设必须依靠科技进步，科技工作必须面向经济建设”的方针，坚持百家争鸣，倡导社会主义的科学道德和实事求是的优良作风，完成下列任务：开展学术交流，活跃学术思想，提高学科水平；围绕农村经济发展，积极进行农业工程科技开发；宣传、普及农业科学技术知识，推广农村实用工程技术，促进科学技术向生产力的转化；接受国家、地方有关部门的委托，对农业工程发展战略、农业建设项目，进行决策咨询、技术咨询和技术服务，对科研项目和科技成果组织专家论证和鉴定；开展继续教育，帮助科技工作者不断更新知识，组织技术培训和开展青少年科普活动；开展国际间农业工程科技交流活动，发展国外农业工程科技团体和科技工作者的友好联系；编辑出版学报，学术性文集和科普读物，兴办为科技工作者服务的事业；向有关方面反映农业工程科技工作者的意见和要求，维护他们的合法权益，举荐优秀科技人才，表彰奖励在学会各项活动中取得优异成绩的先进集体和个人。

学会会员包括个人会员和团体会员两类。

截至2005年，全省农机学会在省农业机械学会和省农业工程学会两会注册的个人会员共990人。在省农业机械学会注册的团体会员有13个，在四川省农业工程学会注册的团体会员有66个。

① 以下所称“学会”，若无专门说明，即包括四川省农业机械学会和四川省农业工程学会两个组织。

学会最高权力机构是全省会员代表大会。理事会是在全省会员代表大会闭会期间的领导机构。理事会采取无记名投票方法选举理事长、副理事长、秘书长及常务理事若干人，组成常务理事会。在理事会休会期间，常务理事会负责行使理事会的职责，常务理事会每年召开1—2次。

理事会根据工作需要，设立下列工作委员会，协助理事会工作：学术编辑工作委员会；科普教育工作委员会；国际学术交流工作委员会；农业工程技术服务工作委员会。

各委员会的主任委员由常务理事会中产生，副主任委员、委员、秘书由常务理事会聘任，其任期与理事会同。

学会设有4个工作委员会，但真正开展活动的只有学术编辑和科普教育两个工作委员会。

根据学科和专业发展的需要，在学会领导下成立分科学会或专业委员会。分科学会和专业委员会实行委员制，其正、副主任委员、秘书由常务理事会聘请，任期与理事会同。学会专业委员会设置有13个，包括：农机化技术经济、农机市场经济、农用动力水力机械、农业工程建筑、农副产品加工机械、农用运输及田间作业机械、农村能源、农机企业管理、农机安全监理、农机化生产、设施园艺工程、产品质量监督、农机离退休科技人员等，分科学会活动未开展。

学会办事机构是学会办公室。办公室在常务理事会的直接领导下，由秘书长或副秘书长负责处理日常工作。

第二节　学术与科技

省农业机械学会、省农业工程学会自成立以来，坚持“创新、求实、协作”精神，发挥学术团体的科技优势和影响，在四川省农机的各个方面开展了大量的学术性活动。这些学术性活动最主要的是内部开展学术交流，促进技术进步。同时也包括开展科普培训，为“三农”服务和为企业搭桥，促进科技向生产力转化等方面。

1980年9月，省农业机械学会在成都召开成立大会。会议讨论了学会章程，确定了学会机构，选出了学会理事，确定理事长梁维舟，副理事长寇润圻、尹渠泰、刘华安、余尚三、杜同，秘书长赵京一。会议要求全体会员积极参加学会活动，为早日实现四川省农业机械化和农业现代化作出更大贡献。会议还同时举行了首届农机学术交流。

1982年9月，省农业机械学会与重庆市农业机械学会在重庆市举行农用能源学术讨论会，中国农业工程院派员参会。

1984年10月，省农业机械学会第二次代表大会暨学术年会在成都召开。会议总结了第一届理事会工作，选出了第二届学会理事会。副省长顾金池到会作了重要讲话。他肯定了农业机械化在农业生产上的作用，号召广大农机科技人员要振奋精神，为发展四川省农机化事业作出新贡献。会议同时举行了学术交流。

1987年1月，省农机学会在成都召开第二届二次理事会。会议传达了四川省科学技术协会会议精神，总结1986年学会工作，提出1987年学会工作计划。

1990年9月，省农业机械学会职业技术教育学组成立。该学组是联系四川省农机中专校和县农机校广大教职员工的纽带，是为各农机校快出成果、快出人才开辟的一条新路。

1993年，学会承担了四川省科技协会下达的“金桥工程”项目的实施工作。该工程配合省农机局的科技推广工作，先后组织实施“5TGQ—76（x/c）型稻麦脱粒机”“稻麦联合收割机”“稻种催芽机”“微型喷灌设备”“4GZ—12型稻麦割晒机”“天佛耕整机系列”“稻麦埋草旋耕机”等7个项目的研制开发和使用推广，历时3年。由于学会技术力量雄厚，“金桥工程”项目取得了成功。其中，由学会科普教育工作委员会与郫县农业机械电子设备厂共同研制开发的“5TGQ—76（x/c）稻麦脱粒机”技术上取得重大突破，填补了四川省稻麦脱粒机械化的空白，问世就受到广大用户欢迎，被定为四川省稻麦脱粒的推广主要机型；由学会技术经济专业委员会与四川吉峰农业工程公司联合开发推广的“稻种催芽机”，解决了四川省水稻生产中传统催芽时间长、出芽率低、成本高的问题。

1993年8月，省农机学会农用运输、田间作业机械专业委员会在省农机鉴定站召开成立大会。同年11月，省农机学会农用动力、水机专业委员会在荣县召开学术研讨会。

1994年1月，省农业工程学会在郫县召开成立大会。中国农业工程学会常务副理事长、中国农业工程研究设计院院长胡楠强、省政府副秘书长刘忠彬以及四川省科协、省民政厅领导到会祝贺。会议通过了学会章程和机构设置方案，会议选举产生了第一届理事会，确定理事长刘祖荣，副理事长黄彦蓉、郭骅、陈忠慧、谭中和，秘书长张泽林，特聘刘忠彬为省农业工程学会顾问。刘忠彬在会上提出：省农业工程学会应围绕四川省农业基地县建设的实际，为发展“三高”农业作出积极贡献。

1996年2月，省农业机械学会和农业工程学会在成都召开学术年会。省政府副秘书长刘忠彬到会作重要讲话。会议评出优秀论文22篇。

1997年1月，省农业机械学会和农业工程学会在广汉市召开学术年会。会议评出优秀论文19篇。同年，根据农业节本增效工程项目的实施，由四川省农机化技术推广总站和学会科普教育工作专委会联合召开了“化肥深施研讨会”，对化肥深施器的结构、原理、效果及推广前景和改进措施进行研讨。同年，学会办公室和科普教育专业委员会结合四川省科协举办的“科普之春，科技下乡”活动，在郫县、眉山两地利用赶集的机会开展农机科技下乡活动。活动采用农机科技录像带、宣传资料、机具样品等进行宣传，印发资料1万多份，受教育的群众达10万人（次）以上。同年，科普教育专委会还组织了全省农机科普声像作品评选，并推荐两部作品参加全国优秀作品展。同年9月，省农机局、省农机学会联合召开“大力推广稻种催芽机的必要性和可行性论证会”。会议由学会理事长刘祖荣主持，邀请省、市（地、州）、县（市、区）部门领导及同行专家参加，引起全省农机同行对水稻机械化的重视。

1998年，学会农副产品加工专委会在成都召开了魔芋加工干燥技术研讨会，传达了全国烘干设备发展情况，通报并学习《干燥设备型号编制方法》《振动流化床干燥技术》《转盘式喷雾干燥装置》等3个行业标准。1998年学会召开的学术性研讨会还有：由科普教育工作委员会召开的割晒机、联合收割机的发展现状和地区适应性分析研讨会；由农机监理专委会召开的安全目标管理、农用车管理、形象建设等学术研讨会；由学术编辑工作委员会开展的《四川农机》杂志优秀论文评选活动等。同年，农机安全监理专委会举办了两期共500多人参加的安全技术培训班；同年，科普教育工作委员会举办了机械脱粒技术培训班。同年，省科技协会下达由中国科技协会组织实施的“千厂千会协作行动”活动任务。学会把此项任务交给科普教育工作委员会具体承办。科普教育工作委员会与生产稻麦脱粒机、稻麦割晒机的郫县电子机械厂成为“千厂千会”的协作双方。学会组织相关专家和工程技术人员，在产品技术、培训、加强企业管理和提高经济效益等方面进行咨询帮助。随即在企业原“5YGQ—76（x）”稻麦脱粒机基础上研制、开发了“5TGQ—76（x/c）”新型脱粒机。经专家评议，新机进一步提高了湿脱性能，适应性更广泛，损失率、清洁度均有提高。

1999年，学会协助中国农业机械学会在成都举办农机化技术经济问题研讨会，参会代表80多人，交流学术论文50余篇。

2000年，学会再次在成都协助中国农业工程学会举办“无公害农产品生产技术研讨会”，参会代表40多人，交流学术论文30余篇。

2001年，学会配合农机科技推广工作重点开展了两次针对农民机手的自走式稻麦联合收割机现场展示、培训活动，使机械化的收获技术广为传播。

2002年，学会组织了多次学术研讨会。一是针对桂林自走式水稻联合收割机在四川省的适应性举办了技术研讨会；二是学会农机化管理专业委员会举办了“四川省乡镇农机站改革和发展面临的问题与对策”研讨会、“乡村机耕道建设目的意义和对策措施”研讨会；学会还与省农机局共同召开“实现四川农机新跨越研讨会”，邀请各市（州）农机局长，部分市（州）、县（市、区）分管农机工作的党政领导、专家、学者共同探讨实现四川农机新跨越的良策；12月，学会结合四川省“三州”微水电项目建设，邀请“三州”项目单位和有关大专院校、科研单位的专家、学者召开“分散型可再生能源电力研讨会”。

2003年，学会组织会员代表参加四川省中青年专家学术大会。同年，学会配合农业部安排的农业科技年活动，组织“科技小分队”送科技下乡。通过送资金、送农机技术、送农业机械（具），直接将温暖送到了农村；为配合科技兴农项目的实施，科普教育工作委员会先后举办了稻麦割晒机专项技术培训。

2004年4月，省科技协会主办了“首届博士专家论坛”，论坛的主题是“农业科技发展与农民增收”。省农业工程学会是这次会议的协办单位之一，学会组织了3篇论文参会；同年，学会科普教育工作委员会组织了2004年四川省水稻机械栽植研讨会，并向各地编印下发了《水稻机插秧技术》教材及VCD光盘；学术编辑工作委员会召开了农机化宣传及信息开发研讨会。同年11月，学会科普教育工作委员会组织了《中华人民共和国农业机械促进法》四川省农机宣传现场会，同时还协助农业部在四川省广安市举办了农机科技下乡活动。据不完全统计，在宣传普及《中华人民共和国农业机械促进法》期间，由学会出面组织四川省农机大户和农机手的各类培训有2.3万余人（次），组织省级科技现场会4次，省、市、县三级举办科技赶场1078次，印发科技资料1200余万份，展示新机具46种，参加人数3000余万人（次），技术咨询500余万人（次）。学术编辑工作委员会也利用《四川农机》杂志印发了宣传“中华人民共和国农业机械化促进法”的专刊。

2005年11月，学会科普教育工作委员会配合省农机局科技推广工作，在德阳市旌阳区举办了较大规模的机械化插秧培训班。培训涉及全省20个市（州）、50个县（市、区）的技术推广人员和农户。同年，学会科普教育工作委员会配合农机科技兴农项目，在双流县培训科技入户示范户和示范农机服务组织技术人员。

第三节　自身建设

一、创办经济实体

学会在开展咨询服务的同时，坚持服务效益“两手抓”。学会创办两个经济实体，一是四川宏达农业工程技术开发部，该开发部从20世纪80年代末期起，先后推广内燃机“起动灵”、桂林系列稻麦联合收割机、联合收割机零配件等；二是与四川吉峰农业工程公司合作，1995年重点开发稻种催芽机，1997年引进日本“久保田”等先进稻麦联合收割机。

二、《四川农机》杂志

利用宣传媒体进行学术交流和信息传播是学会工作的重要手段，也是学会自身的主要工作。《四川农机》杂志创刊于1977年。该杂志是由省农机局主管，由学会和省农业机械研究设计院共同主办的综合性农机技术刊物。它是连结全省农机科研、管理人员和工程技术人员的纽带。学会一直将办好《四川农机》杂志视为自身最重要的工作之一。在不断促进各地农机化信息交流，为农机企、事业单位提供咨询服务的同时，学会还在每期《四川农机》上开辟了“学习园地”专栏，集中介绍学会动态，让省内、外农机同行关注学会、支持学会、热爱学会。

三、组织建设

在改革开放和面向市场经济的考验中，学会始终在进行着组织体制和运行机制改革的探索。重点开展三项工作：一是调整充实部分专业（工作）委员会。增设了农机化管理专业委员会，调整了技术经济专业委员会、农机化管理专业委员会和企业管理专业委员会的主任、副主任；二是随时发展会员。在每年发展的会员中，中青年占了90%以上，为学会不断注入了新鲜血液；三是争取学会工作得到相关重视和支持。

1998年，在中国农业机械学会第六次全国代表大会上，省农机学会理事长刘祖荣，副理事长黄彦蓉、郭骅当选为中国农业机械学会第六届理事会理事，黄彦蓉被选为常务理事。

2003年，在中国农业机械学会第七次全国会员代表大会上，省农机学会理事长母世杰当选为中国农业机械学会常务理事，副理事长陈次昌、秘书长程少兰当选为理事；省农机学会常务理事刁学锋当选为中国农业机械学会农机化分会第六届常委。

省农业机械学会和省农业工程学会被评为1994—1998年度全国农机学会先进集体。省农机学会秘书长张泽林被评选为中国农业机械学会1994—1998年全国先进工作者。

1997年，省农业工程学会被评为1997年度省科协系统统计工作先进集体单位；1998年，省科技协会召开四川省“金桥工程”第三次表彰暨经验交流会。省农业机械学会被评为优秀组织单位二等奖，“5TGQ—76（x/c）”稻麦脱粒机被评为优秀项目二等奖，省农业工程技术开发部被评为1998年度省科技咨询服务中心先进集体二等奖；1998年，《四川农机》杂志被中国农机学会编辑委员会评为优秀期刊一等奖。

1997 年、2001 年、2003 年，省农机学会被省科技协会评为先进学会。

1980—2005 年四川省农业机械学会历届理事会组成情况表

表 3－14

届次	组建时间	理事长	副理事长	秘书长
第 1 届	1980 年 9 月	梁维舟	寇润圻、尹渠泰、余尚三、杜同	赵京一
第 2 届	1984 年 10 月	尹渠泰	杜同、陈忠彗、刘祖荣	孟祯祥
第 3 届	1988 年 10 月	刘祖荣	郭骅、黄彦蓉、陈忠彗、林桂山	张泽林
第 4 届	1993 年 1 月	刘祖荣	郭骅、黄彦蓉、陈忠彗、林桂山、周昌治、华渊祥	张泽林
第 5 届	2002 年	母世杰	刁学锋、王雪梅、杜元耀、王光四、陈高原、赵学谦、黄刚、邓良基、陈次昌、刘和宁	程少兰

1994—2005 年四川省农业工程学会历届理事会组成情况表

表 3－15

届次	组建时间	理事长	副理事长	秘书长
第 1 届	1994 年	刘祖荣	黄彦蓉、郭骅、陈忠慧、谭中和	张泽林
第 2 届	2002 年	母世杰	刁学锋、王雪梅、杜元耀、王光四、陈高原、赵学谦、黄刚、邓良基、陈次昌、刘和宁	程少兰

学会历届工作委员会和专业委员会组成情况表

表 3－16

专委会名称	组建时间	挂靠单位	主任
学术编辑工作委员会	1993 2002	省农机院	刘祖荣 母世杰
科普教育工作委员会	1993 2002	省农机局 省农机局科教处	张泽林 程少兰
离退休科技人员专委会	1993	省农机院	赵京一
农机化技术经济专委会	1993 2002	省农机局 省农机局计财处	陈林仙 胡德理
农机市场经济专委会	1993	省农机供应总公司	李月齐
农用动力、水力机械专委会	1993 2002	省农机局排灌站	周伟民 刘泽生
农业工程建筑专委会	1993	省农机院	董焕然
农副产品加工机械专委会	1993 2002	省农机院	岳体林 谢祖琪
农用运输及田间作业机械专委会	1993	省农机鉴定站	罗廷科
农村能源专委会	1993	省农机局排灌站	周伟民
农机企业管理专委会	1993	省农机局企管处	母世杰
农机安全监理专委会	1993 2002	省农机局监理站	黄彦蓉 李红星
设施园艺工程专委会	2002	川农大	马荣朝
产品质量监督专委会	2002	省农机鉴定站	张山坡
农机化生产专委会	2002	省农机局农机化管理处	夏攀峰

第四篇　农机修造及流通

四川省农机修造行业包括农机维修和制造两部分，历年来均以维修为主，制造为辅。20 世纪 80 年代后，四川省经过管理体制多次变化，以维修为主的格局更甚。

随着四川省农村经济体制改革的逐步深入，省、市（地、州）、县（市、区）各级修理厂相继转产、改行、改制，与此同时，从事农机维修业个体户大量涌现。针对农机维修个体户发展的新情况和新问题，四川省加强了对农村机械维修行业的监督管理。全省农机修造行业经过多年的发展，到 2005 年，一个以县农机修造企业为骨干、乡镇农机站站办维修点为基础、个体维修点为补充、民营维修点与农机生产销售企业维修服务相结合的农机维修网络基本形成。

四川省农机供应企业形成于 20 世纪 70 年代。20 世纪 80 年代后，农机供应企业实施“以农机为主，扩大经营业务范围”“跨行业经销、代购代销、产销见面”以及改变经营体制、独立核算、自负盈亏等多项改革措施，取得了较好的发展。20 世纪 90 年代，各级农机供应企业经营业务都不同程度取得好的成绩。2000 年前后，随着经济体制改革的不断深化，四川省各级农机供销企业相继发生变化：有的转型、有的划走、有的隶属关系脱钩，而同时又另外涌现出一批新的企业和大量个体营销户，四川省农机供销网点呈现出新的格局。

第一章　农机修造

第一节　修造行业

农机修造行业包括农机维修和制造两部分。四川的农机修造行业自1978年以来都是以维修为主，制造为辅。20世纪80年代后，四川省经过管理体制多次变化，以维修为主的格局更甚。

20世纪80年代以前，四川省已基本形成县、区、乡三级农机修造网。1979年，四川省有县以上农机修造厂266家，区级厂228家，公社修造厂3787家，大队修配点3695个。三级网点建全的地方，基本上做到大修不出县，中修不出区，小修不出社。

20世纪80年代中期，农村实行改革开放，农机开始进入千家万户，农机修造行业发生了较大变化。随着四川省经济体制改革的逐步深入，省、地两级修理厂相继转产改行，1985年，县农机修造厂减为127家，区、乡修理厂（车间）减为3722家，村修理点减为521个，相反的是，农机修理专业户发展到1564户。形成了国营、集体、个体多层次、多种经营形式共存的局面。

1986年，省农牧厅和省工商局联合下发《四川省农村机械维修点管理办法实施细则》。细则在原农村维修点分为一般维修、小修、大修的基础上重新提出一级、二级、三级的分类标准。

1988年，农业部参照四川标准，向全国下发《关于农村机械维修网点等级审定管理的补充规定》。补充规定正式明确农村机械维修网点分为一级维修点、二级维修点、三维维修点和专业维修点的分类标准。

农村经济体制改革的变化，带动了四川从事农机维修业的个体户发展。针对农机维修个体户大量涌现的新情况和新问题，四川省加强了对农村机械维修行业的监督管理。

1992年9月，省农机局在都江堰市召开四川省农村机械维修点整顿工作总结会。资料汇总显示，截至1992年10月，四川省农村机械维修网点8384户，其中：国营275户（含县、区两级企业）、集体3589户、个体4520户。按修理企业等级划分，其中一级68户、二级753户、三级4120户，其余为专业维修点。专业维修点中，燃油泵调试24户、电机电器修理505户、水箱修理37户、电焊气焊887户、补胎充气300户、喷漆钣金16户、金属加工100户、其他专业修理1574户。修理人员总数为42422人，总产值2.60亿元，盈利1854万元。

1993年，全年新审定发证维修点450个，审验维修点6539个，提高了修理工持证上岗率，达到了71%，修理大中型拖拉机3.1万台次、小拖26.7万台次、内燃机28.3万台次，修理农机具349万件次，修理产值比上年增长10.30%，确保了85%的农机具技术状态完好。

2000年，各类农村机械维修网点达到19876户，其中：一级维修企业64户、二级维修企业863

户、三级维修企业 6330 户、专业维修点 4953 户。修理人员总数达到 66112 人。修理年产值达到 7.28 亿元。

2005 年，四川省农机修理厂及修理点总数为 12154 户。其中，一级修理点 69 户、二级修理点 997 户、三级修理点 4576 户、专业修理点 6397 户。从事农机维修人员有 29531 人。

全省农机修造行业经过多年的发展，一个以县农机修造企业为骨干、乡镇农机站站办维修点为基础、个体维修点为补充、以民营农机维修点与农机生产销售企业维修服务相结合的农机维修网络基本形成。

1978—2005 年四川省农机修理网点发展情况表

表 4－1

年度 / 修理网点	1978	1985	1990	1995	2000	2005
县以上农机修理厂（个）	275	127	—	—	—	—
区、公社农机修理厂（个）	3980	3722	—	—	—	—
大队修理厂（个）	3337	521	—	—	—	—
农机修理厂及修理点（个/人）	—	—	11224/37074	8030/31741	19876/6612	12145/29531
其中：一级修理点	—	—	19/440	91/1453	64/1203	69/985
二级修理点	—	—	339/3570	858/7845	863/4342	997/3841
三级修理点	—	—	2030/7803	6162/19678	6330/14121	4576/11934
专业修理点	—	—	1465/4984	—	4953/9459	6397/12234

说明：1. 1988 年后，农机修理网点实行按级分类，统计口径与 1988 年前不同；
2. 本表所列为各市、州上报的修理网点，其中一级、二级、三级及专业修理点均为正式办理了《农业机械维修技术合格证》的修理点；
3. 1995 年专业修理点缺统计数

第二节　维修行业管理

一、管理机制探索

20 世纪 80 年代以前，四川省农机维修管理是在计划经济体制下的管理。农村经济体制改革后，原来的管理机制已不适应农机维修业发展的实际需要，探索新的农村机械维修网点管理办法成了农机维修管理工作的重要任务。省农机局对农村机械维修网点管理的探索主要集中在改革开放后的 20 世纪 80 年代中后期和 20 世纪 90 年代初期。

1984 年 5 月，省农牧厅与省工商行政管理局联合发出通知，试行《四川省农机个体修理户管理试行办法》，规范对农机个体修理户的管理。该办法在个体户雇工政策方面进行大胆尝试与突破。明确提出："农机个体修理户需要请帮手、带学徒的，按国务院和省政府有关规定执行。请帮手、带学徒必须签订合同，规定双方的权利、义务、期限和报酬等。""允许农机个体修理户按照自愿的原则，实行联户、联业修理。"在四川省乃至全国都是首次。

1986 年，结合贯彻农牧渔业部农机化局《关于组织"七五"期间农机维修网点建设规划调研安排意见》，省农机局在拟定的"四川省农机维修网点建设规划意见"的基础上，邀请四川省农业机械学会、四川工业学院的专家和部分有实际工作经验的基层人员召开"农机维修网点建设规划座谈会"。

1986 年 6 月，省农牧厅、省工商局联合发出《关于印发〈四川省农村机械维修点管理办法实施细则〉的通知》。该细则对四川省农村机械维修点的建设和管理具有指导作用。

1988 年 10 月，省农机局发出《关于开展农村机械维修点维修技术等级审定和换发〈技术合格证书〉工作的通知》。通知指出：凡在四川省境内从事拖拉机、农用汽车、农用动力机械、农田作业机械、排灌机械、植保机械、农副产品加工机械及其他农、林、牧、渔业机械等农村机电设备修理业务的国营、集体、私营企业单位和个人（通称农村机械维修点），均属农机维修行业，应接受农机管理部门的行业管理。

1992 年 7 月，农业部农机化司在山东省召开全国农机包修工作经验交流会，四川省内江市东兴区农机局做了《农业机械预防包修制的研究及运用》的交流。

1993 年 4 月，省农机局根据农业部下达的《农村小型拖拉机技术承包预防修理制的研究》成果，结合四川省开展包修制的经验，制定《四川省农机预防包修管理办法》（试行），印发各市（地、州）、县（市、区）农机局贯彻执行。

1993 年 9 月，省农机局根据农业部的有关文件精神，决定专题调查农机维修行业管理和企业发展问题，确定仁寿、中江、江油、渠县、遂宁市市中区、简阳等 6 县农机局和川南减震器厂、阆中配件总厂、简阳农修厂、安县农机厂、遂宁通用机械厂等 5 个企业为调查的重点。仁寿等 6 县（区）农机局开展农机维修行业管理调查，调查的重点是农业部制定的一系列有关行业管理办法、规定方面存在的问题及原因，以及如何强化法规管理的建议、意见等。川南减震器厂等 5 个企业结合本厂实际，写出专题报告，重点是贯彻《全民所有制工业企业转换经营机制条例》情况及问题。省农机局根据所收到的调查报告，形成《关于农机化企业发展情况汇报》和《关于农机维修行业管理的情况汇报》两个报告报送农业部农机化司，为农业部制定相关政策做了先行探索。

二、证书管理

四川省农机维修行业通过改革探索，在管理方式上，在全国最先尝试采取证书管理，效果很好。对四川省农机修造行业而言，最重要的证书是"农业机械维修技术合格证"和"职业资格证书"。这两种证书实施的对象，前者主要是针对从事农机维修的企业，后者主要是针对从事农机维修执业人员。

（一）农业机械维修技术合格证制度

"农业机械维修技术合格证"是农机维修网点技术条件审定合格的行政许可证书。自施行以来，在规范四川省农机维修行业管理、完善农机维修服务、发展农机维修行业、促进农机维修网点技术水平的提高等方面取得了显著成效。

1984 年 5 月，省工商局、省农牧厅联合发出《关于印发〈四川省农机个体修理户管理试行办法〉的通知》。办法规定："凡有一定的修理技能并具备开展修理业务的基本手段，从事营业性修理的农机个体修理户，须持所在生产大队或村民委员会证明，经县农机管理部门考核合格，取得农机修理技术合格证，并经工商行政管理部门审核批准，发给营业执照后，方可营业。"由此，农机修理技术合格证制度在四川省正式施行。

1984 年 11 月，在总结四川农机维修管理经验的基础上，农牧渔业部与国家工商行政管理局联合发出《印发〈全国农村机械维修点管理办法〉的通知》。该"办法"规定："申请从事农村机械维修的服务点，须经当地农业机械管理部门签署意见，县农业机械管理部门考核发给技术合格证，工商行政管理部门颁发营业执照后方可营业。"该办法首次在全国统一使用"农村机械维修点"的称谓并对其实行"技术合格证"管理。

1986 年 6 月，省农牧厅、省工商局发出《关于印发〈四川省农村机械维修点管理办法实施细则〉的通知》，通知明确："农村机械维修点，不论其所有制和隶属关系如何，都必须遵守国家政策、法令和维修工作的各项规定，接受农机管理部门和工商行政管理部门的指导、管理。"

1995 年 8 月，《四川省农业机械管理条例》公布实施。条例规定："从事农业机械维修的单位和个人，必须取得县级农业机械主管部门核发的农村机械维修技术合格证，并按核定的维修等级承揽相应的维修项目。"该条例第四十一条明确了对违反该规定应承担的相应法律责任。至此，农村机械维修技术合格证制度成为地方法规规范的内容。

2004 年 6 月，国务院总理温家宝签署国务院令，公布《国务院对确需保留的行政审批项目设定行政许可的决定》。其中"农业机械维修技术合格证书核发"与"联合收割机及驾驶员牌照牌证核发"一起作为该令保留的两个有关农机的行政许可事项。该令使用"农业机械维修技术合格证书"的称谓。

2006 年 5 月 10 日，农业部部长杜青林、国家工商行政管理总局局长王众孚共同签署发布农业部、国家工商行政管理总局联合制定的《农业机械维修管理规定》，正式规范使用"农业机械维修技术合格证"名称，并规定证书的有效期为 3 年，由农业部统一证书式样。

2001 年，全省新审定合格的有 1000 余个；2002 年有 1040 个；2003 年有 350 个；2004 年有 430 个；2005 年审批核发的有 725 个。

（二）职业资格证书制度

农机行业特有工种的职业资格证书全称为"中华人民共和国职业资格证书"，它是由"农业机械修理工技术等级证书"发展而来，是劳动者具有从事农机行业特有工种所必备技能的证明。该证书是从事农机维修业务人员的技术资格证明，在规范农机维修行业管理、完善农机维修服务、增强农机维修人员的技术水平等方面发挥了重要的作用。

1984 年 5 月，省工商局、省农牧厅联合发出《关于印发〈四川省农机个体修理户管理试行办法〉的通知》。该通知规定："农机个体修理人员要求评定技术等级，须先提出申请，由县农机管理部门按国家颁发的技术等级标准进行考核，合格者发给技术等级证书。农机个体修理人员要求评定技术职称，按有关部门文件办理。"该通知的印发表明，农机维修管理在四川正式实行修理工技术等级证书制度。农机修理工技术分为 8 个等级，一级最低，八级最高。

1984 年 11 月，农牧渔业部与国家工商行政管理局联合发出《印发〈全国农村机械维修点管理办法〉的通知》，农机维修管理实行修理工技术等级证书的制度在全国正式施行。

1985 年 6 月，省农机局发出《关于作好农村机械修理技术合格证书发放及修理工技术等级考核工作的意见》。意见明确规定：国营、集体（合作）、个体修理单位的农村机械修理工，必须经过技术考核，合格者，按其工种和技术等级，发给“四川省农村机械修理工技术等级证书”。农村机械修理工的技术晋级考核，原则上每两年进行一次。

随后，农机修理工的 8 个等级制度逐步过渡到初、中、高三个等级制度。在后来的实际工作中，为了把好考核质量关，四川省对省、市（地、州）、县（市、区）三级农机主管部门的考核权限作了明确分工：县负责初级工的考核，市（地、州）负责中级工的考核，省负责高级工的考核，并成立了修理工考核委员会。

从 1995 年起，修理工证书更名为“农业机械维修工人技术合格证书”，改由农业部统一印制，原八级制技术等级证书从 1997 年 1 月 1 日起作废。

2000 年，农机修理工作为特有工种纳入劳动部统一管理，开始启用劳动部统一印制的职业资格证书。2000 年 8 月，省农机局发出《关于贯彻实施农机修理工实行就业准入制度的意见》，该意见要求：从 2001 年 1 月 1 日起，全省农机修理工的资格证书统一使用劳动部印制的职业资格证书，原来按《四川省农机修理工人技术考核办法》取得的技术合格证书，在有效期内继续有效，有效期满需换发相应等级职业资格证书的，报农业部农机行业职业技能鉴定指导站审核，审核合格者换发；需要晋级的，按职业技能鉴定程序重新进行考核鉴定。“职业资格证书”取代“农业机械维修工人技术合格证书”。

2001 年，全省共完成职业技能鉴定颁证的有 1068 人；2002 年有 6700 人；2003 年实行目标管理，全年全省完成 12800 人，超过 28% 完成年度计划；2004 年完成 14160 人，超过 136% 完成年度计划；2005 年，全省共完成农机职业技能鉴定 4070 人，大幅度超额完成年度计划。

三、农机维修钢材计划分配及取消

农机维修用钢材，从 20 世纪 50 年代后期开始至 20 世纪 90 年代中期的近 40 年中，一直由国家计划分配。国家为了解决农机修造企业所需钢材，每年专门安排计划分配。

农机维修钢材供应的运行机制是：每年农机维修用钢材计划指标由国家计委、省计委分配下达，省物资部门根据国家和省的计划指标组织物资，省农机局根据国家和省的分配计划以及农机修造企业年度维修任务进行安排，再由省农机局供销处及其后来的四川省农业机械供销公司具体负责与省物资部门衔接农机维修钢材的采购与供应。

国家每年计划分配四川省的维修钢材指标 2 万吨左右。1986 年以后，随着国家经济体制的改革，计划物资和计划指标均逐年减少，到 1990—1992 年的连续 3 年，每年计划分配维修钢材为 17435 吨，其中国家分配 9000 吨，地方资源安排 8435 吨。

从 1993 年起，由于国家对钢材不再区分市场价格和计划价格，两种价格并轨，对农机维修用钢材不再进行计划分配。农机修造企业从事维修所需钢材直接在市场中采购。至此，四川省计划分配农机维修钢材的历史正式结束。

四、维修质量监督

1989 年 12 月，省农牧厅、省标准计量管理局联合发出《关于印发四川省农业机械维修质量监督检查管理办法的通知》。《四川省农业机械维修质量监督检查管理办法》对农机维修质量监督检查的主要内容、标准、依据、对象、农机维修质量监督员的职权等多方面做出规定。

1990 年 2 月，省农机局转发农业部《农村机械综合维修点基本设备、工具、量具、仪器配备方案（试行）》。

1990 年 4 月，省农机局在资阳县举办农机维修质量监督检查经验交流会和农机维修质量监督检查员培训班，经培训考试合格，有 150 人获得四川省农机维修质量监督员证。9 月，在郫县举办培训班，92 人获得四川省农机维修质量监督员证。（1991 年 8 月，103 人获得四川省农机维修质量监督员证。1993 年 2 月，52 人获得四川省农机维修质量监督员证。全省经过培训合格的前后四批，共有 397 人。这项工作为全省范围内的农机维修质量监督检查作好了人才准备）。

1991 年 3 月，省农机局印发《关于对农机维修网点实行监督检查的具体内容和评分标准的通知》，决定在全省各地开展整顿、检查验收的总结评比工作。同年 6 月，省农机局、省工商行政管理局、省标准计量局联合发出《关于检查整顿农村机械维修点的通知》，对四川省农机维修网点进行整顿，检查合格者办理新的技术合格证，实行挂牌经营。

1992 年 3 月，省农机局发出《关于切实抓好春耕前农机检修工作的通知》，要求各地组织技术力量，认真抓好春耕前对现有各种农机的检修工作，努力提高技术状态，保证适时投入春耕生产，并搞好有关后勤服务，尤其是耕牛少的地方，更要加强这一工作。同年 5 月，省农机局部署开展农机维修点整顿情况抽查。全省分 4 个片区进行。川东片区：重庆、涪陵、黔江、万县、达县；川南片区：乐山、内江、自贡、宜宾、泸州；川西片区：攀枝花、凉山、雅安、成都；川北片区：德阳、绵阳、遂宁、南充、广元。同年 8 月，省农机局在《关于抓好农村机械维修网点年审工作的通知》中，要求各地在清理整顿农村机械维修点的基础上抓好一年一度的审验工作，并逐步形成制度，以促进网点技术素质的提高。

1998 年 1 月，省农机局下发《关于搞好农机经营企业和农机维修网点年度审查的通知》，要求各地每年开展一次农机经营企业和农机维修网点审验工作。

五、表彰

1990 年 9 月，农业部表彰全国农机修理工技术等级考核和农机维修点分级审定工作先进集体和先进个人，四川省 8 个先进集体和 8 个先进个人受到表彰。

1990年农业部表彰全国农机修理技术等级考核和农机维修点分级审定工作先进集体和先进个人名单（四川部分）

表4－2

先进类型	单位（或个人）	备 注
先进集体	省农业机械管理局修造处	
	成都市农业机械管理局	
	铜梁县农机水电局农机管理股（今属重庆市）	
	绵阳市农业机械局	
	乐山市市中区农业机械管理局	
	叙永县农业机械局	
	仪陇县农业机械局	
	德阳市市中区农业机械局	
先进个人	李绍武	省农机局
	李锡宗	成都市
	尹舒香	重庆市
	邓学发	万县地区
	陈春生	涪陵地区
	郑关荣	凉山州
	付正先	德阳市
	柳显权	江油市

1992年9月，农业部发出《关于表彰全国农机修理先进集体的通报》，表彰28个农机修造厂和35个农机站为全国农机修理先进集体。其中，四川省有6个。

1992年农业部表彰全国农机修理先进集体名单（四川部分）

表4－3

单位名称	单位名称
简阳农机修造厂	旺苍县嘉川乡农机站
梓潼县机械厂	开县临东乡农机站（今属重庆市）
江津县农机修造厂（今属重庆市）	华蓥市双河镇农机站

1992年9月，省农机局发出《关于表彰农机维修行业管理工作先进单位和先进个人的通报》，表彰1991年度农机维修行业管理先进集体和先进个人。其中，先进集体有成都市农机局、重庆市农机水电局修理处等47个，先进个人有李锡宗、付正先等55人。

第三节　制造企业管理

1978年的部门职能调整，原来归口农机部门管理的农机生产企业大部分移交四川省机械厅系统管理。剩下的归口农机主管部门管理的农机修造厂全省尚有278家。调整后的农机修造企业分为三种类型：一是纯从事修理经营的企业，二是兼营修理、制造的企业，三是纯从事制造的企业。为了与本篇第二节农机维修行业相区别，本节将农机修造企业特称为农机制造企业。

从1986年到2001年，农机主管部门对制造企业的管理大体分为两个阶段：一是1986—1992年，为隶属管理阶段；二是1992—2001年，为隶属管理逐步转向宏观指导的过渡阶段。2001年以后，农机主管部门不再承担对企业的管理。

一、隶属管理

农机主管部门对制造企业的隶属管理是一种直接的，包括人、财、物全方位的管理。其具体的隶属管理关系主要反映在县一级农机主管部门和企业之间。在这一阶段，省农机局的职责主要包括6个方面：一是分析企业生产经营运行情况；二是推行全面质量管理和企业上档升级；三是指导企业开发新产品；四是帮助企业转轨变型和落实经济责任制；五是负责企业技改项目审查、立项及资金协调，促进企业技术进步；六是组织钢材供应。

由于20世纪80年代，制造企业及其产品的各项创优评级是企业发展的重要内容，所以在整个隶属管理阶段，省农机局领导并大力帮助各地企业开展创优评级。省农机局6项职责的成效也都不同程度地体现在创优评级等系统管理工作中。

四川省各地农机系统制造企业在农业部和省级部门（农机系统外）开展创优评级。

1986年2月，四川省资阳县农机修造厂的“香肠加工成套设备”、犍为县清溪农机厂的“GT—470人力打谷机”获得农牧渔业部1985年度优质产品奖。同年4月，安县机械厂、泸县机械制造厂、四川省裕丰机械厂、大邑县农机厂、资阳县农修厂、德昌县农业机械修造厂、射洪县机械厂、犍为县农机修造厂等8家农机系统企业被四川省计经委评为1985年度工业交通经济效益显著企业受到表彰。

1988年8月，农业部通报表彰1988年度优秀质量管理小组，四川省遂宁市通用机械厂“船山牌红旗—330型多用粉碎机QC小组”获得二等奖。同年12月，农业部公布系统优质产品奖，四川省阆中配件厂的“同心牌95钒钛铸铁气缸套”、蓬安县农机修造厂的“天府牌8FQ—40锤片式饲料粉碎机”、青神县青城机械厂的“中岩牌MJ327A型木工带锯机”获奖。

1989年9月，农业部通报表彰系统第二届优秀QC小组评选结果，四川省蓬安县农机修造厂“40型粉碎机创部优QC小组”获三等奖。同年12月，盐亭县机械厂的“钳工冲压QC小组”被省计经委等5家单位命名为省优秀QC小组。

1990年1月，农业部通报了1989年度农业部质量管理奖评审结果及推行全面质量管理达标验收情况，四川省阆中配件厂获得质量管理奖。同年2月，农业部表彰第三届设备管理优秀单位，四川省绵竹县农机局、四川省犍为川南减震器厂获奖。同年7月，农业部通报系统第三届优秀QC小组评选结果，四川省阆中配件厂“工艺设计 QC 小组”获二等奖。同年 12 月，省农牧厅、省计经委联合向国家计委、农业部报送 1991 年度四川省农村能源基本建设示范项目。项目包括：阆中配件总厂新型节油活塞环生产线建设、成型煤机生产线，简阳县农修厂沼气钢模及炉灶生产线建设、四川省农机研究院沼气综合利用工程、眉山县农机检测维修中心强磁消烟节油器、易燃蜂窝煤机、绝热柴油机改装项目，重庆红旗胶粘厂（今属重庆市）新型建筑材料生产、邻水县农机修造厂易燃蜂窝煤机生产厂房建设等农村能源基建等项目。

1991 年 9 月，四川省加强企业管理领导小组公布四川省农机企业中的泸州橡塑制品厂、成都建工机械厂被评为省级先进企业。同年 10 月，农业部公布 1991 年度农业部优质产品名单。四川省获得优质称号的有：江油市厚坝机械厂的“PE—150 型鳄式破碎机”、新津机器厂的“XJW—40 行星齿轮减速机”、绵阳市金保农药器械厂的“金保—16 型手动背负式喷雾器”、德阳市跃鲤化工厂的“DJ—04 金属清洗剂”、北川县茶机厂的“6CC—900 型茶叶杀青烘干两用机”。同年 12 月，四川省质量奖审定领导小组公布 1991 年度四川省优质产品、优质工程名单。农机系统获省优质产品称号的有：绵阳市义青农机厂的“9FQ—40 型锤片式粉碎机”、简阳县农机修造厂的“9FZ—25 型齿爪式粉碎机”、简阳县三岔口农机厂的“6NJ—11B 型分离式铁筋砂辊碾米机”、射洪县工程机械厂的“MT4—200 型组合面机”、合江县机械厂的“9FQ—20A 型粉碎机”、武隆县农机修造厂（今属重庆市）的“9FZ—310 型爪式粉碎机”、犍为县川南减震器厂的“JH125 摩托车后减震器”、“CY80 摩托车前后减震器”、富顺县美乐食品厂的“美乐牌香辣酱”等。

1993 年 8 月，农业部公布第六届优秀质量管理小组评选结果，四川省犍为川南减震器厂“模具车间 QC 小组”、阆中配件总厂“工艺设计 QC 小组”、安岳县机械厂“三车间 QC 小组”荣获三等奖。同年，青神县青城机械厂“MJ 系列木工锯机”首批荣获“四川名牌产品”称号。

二、过渡阶段管理

1992 年 1 月，省机构编制委员会同意，省农机局修造处更名为企业管理处；1995 年，更名为企业指导处；2001 年 5 月，再次更名为行业指导处。更名为行业指导处后，省农机局不再承担直接对企业的管理职能。

1992—2001 年，是农机主管部门对制造企业从隶属管理逐步地转向宏观指导的过渡。在整个过渡阶段，省农机局对四川省农机系统制造企业实施管理和宏观性指导。

1992 年 1 月，省农机局发文表彰四川省农机系统在 1991 年度“质量、品种、效益年”活动中的 50 个先进企业和 53 名先进个人。同年 1 月，省农机局在全省农机系统提出加强“农业机械推广许可证”管理。

1992 年 2 月，省农机局印发《关于 1992 年农机企业管理工作的意见》，意见提出 6 个工作重点：一是深化企业内部改革；二是继续抓好新产品开发技术进步工作；三是增强竞争意识，努力提高产品质量、修理质量和服务质量；四是强化基础管理，努力提高企业素质；五是加强领导，严格考核；六是进一步完善农机维修行业管理工作。同年 8 月，农业部和机械电子工业部联合下发《关于县农机修造厂归口管理问题的通知》。该通知明确县级农机修造厂的归口管理问题，主要内容有 4 点：其一，县农机修造厂由农业部、机电部共同管理，以农业部为主，企业管理归口农业部；其二，县农机修造厂制造部分的发展规划工作，纳入农、牧、渔、林业机械规划组，由机电部负责统筹规划；

其三，县农机修造厂的有关产业政策、修理规划、农机修理科技、企业技术进步、技术改造、产品质量、生产、销售、企业管理法规、信息咨询服务等工作由农业部负责；其四，县农机修造厂是农口企业的一个重要组成部分，应和农口其他国营企业同样对待。

1992 年 10 月，省农机局在都江堰市召开 1993 年度农机维修钢材供应座谈会，各有关农机企业与四川省农业机械供销总公司签订了 1993 年农机维修钢材供应合同。

1993 年 3 月，省农机局转发 1992 年度国家级、地方级新产品减免税名单。四川省岳池县农机修造厂承担的“9FZW—31 型无尘高效粉碎机”被列入国家级重点新产品，享受减税两年的优惠政策。在地方级减免税名单中，四川省农机系统有 17 个项目列入。这 17 个项目分别为：家用微型米机（简阳三岔农机厂）、JD231 蓄电源开关（泸州锅炉厂）、JG23—10 可倾式压力机（叙永县永宁机械厂）、塔式起重机（泸州川江起重机厂）、绵阳 11 号浅旋播种机（绵阳市农机所）、PC—64 型石灰精粉机（绵阳市青义农机厂）、PHJ—1 型烘茧机（北川县茶叶机械厂）、CCX—1800 新型高效选粉机（安县机械厂）、CXX—1800 型新型高效选粉机（安县机械厂）、燃气电子监测器电子节能器交流接触器防颤装置（梓潼翠云电子仪器厂）、浅旋条播机：2BG—6A 型稻田浅旋播种机（绵阳前锋机械厂）、677—90 型等级粉加工成套设备（南充县农机厂）、塑料材料柴油机燃油滤芯（垫江县铸造厂）、2BJ—411 型窝眼式机动播种机（德阳市中区农机局）、5TGD—60 型风选式稻麦脱粒机（蓬溪县通用机械厂）、WR10 新型热风机（四川省农机研究所）、QSM1. 8 型桥式磨石机（四川省农机研究所）。同年 3 月，省农机局向省经委报送了云阳县机械厂摩托车系列成品气缸体技改（扶贫）项目的报告。同年 5 月，省农机局发布了 1993 年获得“农业机械推广许可证”产品及企业目录的公告，此后，每年都视情况发布多次类似公告。同年 12 月，省农机局受省经委委托，在阆中配件总厂召开“新型节油活塞环”技术改造竣工验收暨新产品生产鉴定会，其技改竣工、新产品生产通过验收、鉴定。

1993 年，全省农机管理系统工业企业完成工业总产值 8. 53 亿元，比上年增长 35. 18%，实现销售收入 8. 78 亿元，创利税 8336 万元，分别比上年增长 54. 31% 和 67. 23%，劳动生产率达到 8418 元（工业增加值），提高了 65. 80%，资金利税率为 11. 19%，比上年增加 2. 39 个百分点。

1994 年 1 月，省农机局下达 1994 年“农业机械推广许可证”复评计划。根据有关规定，其推广许可证有效期满后自然失效，不得继续使用。同年 3 月，省农机局通报表彰 1993 年度全省农机管理系统工业企业“经济效益十佳企业”“创利税十佳企业”以及“优秀厂长”18 名。

1993 年度全省农机管理系统工业企业“经济效益十佳企业”及“优秀厂长”名单一览表

表 4－4

经济效益十佳企业	优秀厂长
四川犍为川南减震器厂	陈仁华
国营长城机械厂成都分厂	袁成军
隆昌县农业机械厂	黄其荣
四川省安县机械厂	寇容生
江油市厚坝机械厂	侯德华

续表 4－4

经济效益十佳企业	优秀厂长
成都内燃机总厂景峰分厂	罗兴智
四川省宜宾杞酒厂	曹仲清
西昌市国营机械厂	杨富勇
安岳县机械厂	刘期生
遂宁市通用机械厂	伍卫东

1993 年度全省农机管理系统工业企业“创利税十佳企业”及“优秀厂长”名单

表 4－5

创利税十佳企业	优秀厂长
四川犍为川南减震器厂	陈仁华
国营长城机械厂成都分厂	袁成军
四川省石棉县华康石材公司	林建忠
青神县青城机械厂	王云清
四川离合器厂	钟永枢
崇庆县农业机械修理制造厂	李　林
重庆市潼南机械总厂	谢文学
芦山花岗石总厂	黄友竹
四川省阆中配件总厂	周世泽
眉山县齿轮厂	黄世文

此外，还经各地推荐评选出农机维修行业管理先进工作者 43 名、质量管理先进工作者 40 名、工业统计先进工作者 41 名。

1994 年 8 月，省农机局转发农业部《关于编制农机管理系统企业“九五”和 2010 年技术改造规划的通知》。

1995 年 3 月，省农机局通知绵阳、内江、宜宾、乐山、遂宁、万县、凉山农机局和省局直属单位，根据农业部要求进行农机管理系统企业改革与发展专题调查研究。

1996 年 7 月，根据西昌美日太阳能有限公司的申请、省农机鉴定站的检测结果以及凉山州农机局意见，省农机局同意其试制的“7CH—1.5 型农用挂车”在凉山州境内试销，试销时间从发文之日起至 1996 年 12 月底止，试销数量控制在 100 台以内。这是实行试销制度的第一家企业和产品。同年 11 月，省农机局分别向省经委和农业部报送了新都县龙桥机械厂小四轮（180 型）拖拉机及其配套农具生产线、四川川佛耕整机制造有限责任公司耕整机及配套农具生产线、技术改造项目的报告，争取中国农业发展银行拨付给农业部扶持农业机械发展的专项技改贷款。

1997 年 3 月，省农机局《关于表彰先进集体、优秀厂长和先进个人的通报》评选出 1996 年度的先进集体 66 个、优秀厂长和先进个人 92 名。同年 4 月，省农机局向农业部申请将四川川南减震器股份有限公司由定向募集公司转为上市公司。

1998 年 1 月，鉴于全省生产运输型拖拉机的企业已经超过 20 家，为及时、准确掌握运输型拖拉机的生产情况，并为加强运输型拖拉机行业管理提供依据，省农机局决定从当年起要求各运输型拖拉机生产企业报送《工业生产销售总量及主要产品产量月报》，对不按时报送、甚至不报送月报的运输型拖拉机生产企业，暂时停止向其发放推广许可证章或试销许可证章，直至吊销推广许可证或试销许可证。

1997 年和 1998 年，经省农机局批准，在全省范围内发放运输型拖拉机推广许可证。

1997—1998 年四川省运输型拖拉机推广许可证发放情况一览表

表 4－6

年份	产品名称	生产企业
1997	180T 运输型拖拉机	省农机鉴定站技术开发部、安岳人民机器厂
	飞川牌 FC100T 型运输拖拉机	内江车辆厂
	长源牌 NT—1 农用运输拖拉机	宜宾天工机械有限公司
	岳城牌 YC100T 运输型拖拉机	安岳轻型车辆厂
	方圆牌 FY100T 型运输拖拉机	四川方圆车辆有限责任公司
	峨眉牌 EM100T 型运输拖拉机	四川拖拉机总厂
	王牌 CDW100T 型运输拖拉机	成都王牌车辆股份有限公司
	南竣牌 RF100T 型运输拖拉机	资阳市南骏车辆制造总公司
1998	川交牌 CJ100T 型运输拖拉机	四川广成车辆制造有限公司
	小巨龙 JL100T 型运输拖拉机	都江堰巨龙车辆有限公司
	岷都牌 MD100T 型运输拖拉机	都江堰岷江车辆有限公司
	顺达牌 SD100TⅢ型运输拖拉机	四川省安岳顺达机械制造厂
	康庄 GT100TⅠ型运输拖拉机	广元市拖拉机厂
	公牛牌 GL100T 型运输拖拉机	宜宾市汽车车身厂
	戎州牌 RZ100T 型运输拖拉机	四川宜宾双九车辆有限责任公司
	小康牌 GY100TⅡ型运输拖拉机	四川农用运输车集团公司广元农用车厂
	四通牌 ST100T 型运输拖拉机	四川省资阳市四通车辆制造有限公司
	华川牌 DZ100T 型运输拖拉机	四川华川汽车厂
	泸州牌 LZ150T 型运输拖拉机	重庆市渝州汽车总厂泸州分厂
	川路牌 CGC100T 型运输拖拉机	四川省公路机械厂
	康路牌 KL100T 型运输拖拉机	四川省康路机械有限责任公司
	兴旺牌 XW100T 型运输拖拉机	成都市希望机械制造厂
	华强牌 HQ100T 型运输拖拉机	成都华强农用运输车制造厂
	长箭牌 CJ100T 型运输拖拉机	双流长城农用汽车制造厂
	180T 型运输拖拉机	四川省农机鉴定站试验厂、成都三河农机

1999 年 8 月，为宣传贯彻“DB51/T266—1999”《运输拖拉机通用技术条件》这一地方标准，省农机局在双流召开了各市（地、州）农机监理所所长、各市（地、州）农机局主管生产的负责人以及所有生产运输型拖拉机的企业负责人参加的会议，共同研讨四川省运输型拖拉机的现状和前景。

2000 年 3 月，省农机局发出《关于坚决制止超标生产运输拖拉机的紧急通知》，要求各运输型拖拉机生产企业严格按“DB51/T266—1999”《运输拖拉机通用技术条件》标准组织生产，严禁不符合该标准要求的运输拖拉机产品出厂，监理部门不得上户。

三、第三次全国工业普查

1994 年 5 月，为配合全国第三次工业普查需要，做好四川省农机工业企业普查工作，省农机局决定成立四川省农机工业普查领导小组。局长刘祖荣任组长，副局长母世杰任副组长，省农机工业普查领导小组办公室设在省农机局企业管理处，由企业管理处副处长刘基华任办公室主任。

农机工业企业普查对象是全省农机管理系统全部独立核算或非独立核算工业企业，普查重点是国有工业企业（含改制的原国有企业）和年产值在 100 万元及其以上的非国有企业。普查内容是 1995 年工业生产经营基本情况。

1994 年 5 月，省农机局转发了省经委、省统计局《关于实施新质量指标统计工作的通知》。1995 年 4 月，“四川省 1994 年度农机管理系统工业统计年报表”完成。该统计表明：1993 年全省农机管理系统乡及乡以上工业企业有 379 户，全系统全年完成工业总产值 91202. 3 万元，工业增加值 26812. 8 万元，销售收入 87775. 2 万元，实现利税 8335. 9 万元。年末职工人数 31852 人。这次年报统计，为正式的全国工业普查做好了前期工作。

1995 年 12 月，省农机局发出《关于填报一九九六年农机工作统计定期报表的补充通知》。在《关于填报农机管理系统工业普查报表和 1996 年定期报表的通知》基础上，增报“工业企业主要经济指标”，明确定期报表指标的计算口径和有关注意事项。

1996 年，四川省农机管理系统全国第三次工业普查工作结束。这次工业普查是继 1985 年全国第二次工业普查后，对四川省农机管理系统工业企业 10 年来情况的一次大摸底。本次普查结果表明：四川省农机系统调查的 1659 户工业企业，共完成工业总产值 23. 73 亿元（其中年工业总产值在 10 万元以上的企业 755 户，完成工业总产值 22. 32 亿元，占 94. 05%），与 1985 年第二次全国工业普查相比，工业企业的户数增加了 6. 69 倍，工业总产值增长了 25. 7 倍，利税增长了 6 倍。

普查工作结束后，为了充分开发利用此次工业普查数据资料，向社会广泛宣传农机的产业化地位，宣传农机工业企业取得的成绩，为各级领导决策、编制行业发展规划提供全面完整的参考数据，帮助企业提高经营管理水平，省农机局将有关资料编印成册。资料包括：全省和分地区、分县的汇总表、分析表，全部企业的基本情况基础数据的汇总表、分析表，与第二次工业普查的有关指标对比表、与 1990 年的对比表（分别反映 10 年来和 5 年来四川省农机管理系统工业企业的发展变化）等，其中全部企业的分析表包括 59 个指标，对企业加强经济核算、改进经营管理具有很好的参考价值。

1996 年 11 月，省农机局在眉山召开工业普查总结表彰及工业统计报表布置会。在此之前，四川省统计局召开表彰大会，省农机局刘基华和邱云桥两人分别荣获国家级和省级“全国第三次工业普查工作先进个人”称号。

四、农机修造企业标兵

在改革中，四川省的农机修造企业发展千差万别，四川川龙拖拉机制造有限公司在众多农机修造企业中通过不断发展，脱颖而出。四川川龙拖拉机制造有限公司（以下简称川龙公司）前身为1976年成立的新都龙桥铸造厂，历经30年的建设和发展，前后经过铸造、机械加工、农机制造三次大的创业阶段，从一个作坊式的小铸造厂，发展成为四川省专业生产轮式拖拉机、耕整机及配套机具的农业机械制造骨干企业。川龙公司的发展，代表了四川在改革中新兴的一批农机修造企业。

川龙公司最初在低矮的民房内，仅能生产农村使用的铁器。1983年，开始转入各型汽车制动鼓、汽车轮毂、工程机械设备底座、东风箱体等球墨铸铁、灰口铸铁的铸造产品生产，1990年，公司依托铸造，投资购置加工设备，扩建厂房，建成了一条由铸件毛坯到成品生产的汽车制动鼓生产线。先后与都江机械厂、重庆望江机械厂、成都水表厂、阀门厂、成都拖拉机总厂等20多家国营大、中型企业建立了长期的协作关系，占领了该产品大部分市场份额。1990—1991年，川龙公司生产的130制动鼓、轮毂等被相关部门评为优质产品，企业的经济效益上升。随着企业经营范围的不断扩大，当初几千元的小作坊逐渐发展成了几百万元的新都龙桥机械厂。

1992年，川龙公司与四川红旗拖拉机厂签订联合生产小四轮拖拉机的协议。在与红旗拖拉机厂合作过程中，企业克服了集体和国营两种机制差异造成的管理困难。经过不断努力，创办“川龙”品牌，发展了以川龙200型拖拉机为主打的8大系列40个型号产品，并拥有了8个实用新型专利，其中传动箱体荣获国家星火计划奖。1996年，企业完成改制，改名为成都市新都龙桥机械制造有限公司。

从1993年生产拖拉机开始，由当初每月产品100台左右发展到500台左右。1997—1999年，企业面临市场波动，连续亏损。在严峻形势下，企业坚持发展不停步，客观分析原因，提出对策。到2000年，开始扭亏为盈，至2002年，企业年产突破万台，产销额突破亿元大关。出口量逐年上升。并取得了自主经营出口权。企业于2004年顺利通过了ISO9001质量管理体系认证。

2005年，为体现拖拉机生产的专业性，企业正式更名为四川川龙拖拉机制造有限公司。公司生产的“川龙”牌各型拖拉机、耕整机、插秧机及各型配套机具已远销越南、缅甸、巴西、厄瓜多尔、肯尼亚、赞比亚等国家。在国内市场，“川龙”产品遍及四川、云南、贵州、重庆、西藏、陕西、甘肃、湖北、湖南、广西、山东等省（市、自治区）。在2005年，该公司销售收入已达到2亿元，成为四川省农机修造行业的标兵。

第四节 行业协会建设

20世纪80年代，为适应管理方式的转变，逐步实施行业管理，全省农机修造行业专业协会组织相继成立。1986年4月，四川省农用碾米机行业组在安县成立。1986年6月，四川省饲料粉碎机行业组成立。这些专业组织为后来四川省农机修造协会的成立奠定了基础。

1990年8月，四川省农机修造协会正式成立。协会挂靠省农机局修造处，由省农机局局长刘祖荣兼任理事长。第一届协会有会员102个。1991年，根据国家重新审查登记社团组织的规定，协会主动配合，开展自查自检，采取改进措施，顺利地获准重新注册登记，使协会成为合法的社团组织。

首届农机修造协会在成立后的3年中做了大量的工作：一是建立会员基本情况档案，提供技术、政策等咨询服务；二是促成企业间的协作联系；三是帮助企业填补生产经营资金缺口，为会员企业争取到银行贷款1200万元；四是协助会员企业调剂生产资料余缺；五是建立修造信息网络。

1993年10月，四川省农机修造协会换届改选，组成了第二届农机修造协会理事会。第二届协会理事会由省农机局副局长母世杰兼任理事长，有会员121个。

第二届农机修造协会的主要工作：一是信息收集传递服务工作；二是帮助企业搞好人才培训工作；三是加强各专业行业组的活动（协会有脱粒机、碾米机、饲料粉碎机等三个专业行业组），加强交流与合作；四是发挥协会优势，协助企业做好管理工作；五是协助企业加强质量管理，提高产品质量；六是大力开展咨询服务；七是发展会员，使协会成为更加广泛、更具实力的社会团体；八是研讨新问题，配合四川省农业机械学会举办农机修造行业学术交流会，评选表彰优秀论文。

1997年3月，四川省农机修造协会换届改选，产生第三届农机修造协会理事会，由省农机局副局长姜庆芳任理事长。

2000年11月，四川省农机修造协会代表大会修改了《四川省农机修造协会章程》，选举产生了第四届农机修造协会理事会。

2002年1月，四川省农机行业管理工作会议提出："随着中国加入"WTO"和政府职能转换，行业组织的作用将越来越明显。各级农机主管部门必须充分认识行业协会在未来行业管理中的重要性，加强行业协会建设。""有条件的地方要尽快着手建立行业协会，广泛吸收农机生产、销售、维修企业和相关事业单位为会员，制定好行业协会章程，努力为会员服务。"至此，在每年全省农机行业管理工作中，都将帮扶建立农机行业协会建设作为一项重要内容来抓。从2004年起，省农机局将帮扶组建农机行业协会工作纳入各地农机化年度目标管理。全省各地先后有遂宁、成都、眉山、乐山、泸州、井研、五通桥、崇州、大邑、都江堰等市县相继成立农机行业协会。2004年12月，四川省第一个村级农机行业组织——崇州市白头镇三洞村农机协会正式挂牌成立。

第二章　农机流通

第一节　供销体系

1973 年 3 月，四川省农业机械供应公司（以下简称省农机供应公司）正式成立。

20 世纪 70 年代以后，四川省各地（市、州）、县（市、区）先后设置了专门负责当地农机产品供应的企业机构。省农机供应公司受省农机局、中国农业机械化服务总公司的委托授权，承担起了四川省地（市、州）、县（市、区）农机供应企业的行业管理任务。

1979 年 5 月，省农机供应公司在射洪县首次举办为期两个月的经理训练班，地、县农机供应公司副经理以上级别 200 多人参加学习。训练班开设了农机技术课和农机供应企业管理课。这是全省性的第一次对农机供应企业负责人进行专门业务培训。

1979 年 10 月，省农机供应公司在郫县召开农机产品订货会，大批农机配件实行产销见面，这是四川农机供销企业贯彻计划调节与市场调节相结合的开端。

1980 年，为促进经济发展，适应新的经济形势，在“调整、改革、整顿、提高”的指导思想下，省农机供应公司制定并实施“以农机为主，扩大经营业务范围试行办法”，实行“跨行业经销，代购代销，产销见面”等新的经营措施。

1981 年 9 月，省政府发文同意：在现行体制和企业性质不变的情况下，将省和地（市、州）、县（市、区）农机供应公司改名为农业机械化服务公司，上级公司对下级公司实行业务指导。委托省农机供应公司归口管理四川省农机化服务公司系统，对地、县级公司实行业务领导。

1983 年，为适应单一的计划经济向计划调节与市场调节相结合的趋向发展。省农机局将内设的供销处改建为四川省农业机械供销公司。

1983 年 11 月，在中央 1 号文件“关于农村经济改革”精神的号召下，四川省农机供应公司召开地（市、州）、县（市、区）农机公司经理会议，就提高经济效益，搞活农机市场预测等问题进行了充分讨论。

1984 年 4 月，农机商品全国统一销售价取消。要求农机商品的经营实行“合理计费、保本经营”的原则。

1984 年 12 月，省农机供应公司下属的四川省农村机电物资贸易中心在成都正式开业。四川省农机化服务公司系统 21 个地（市、州）级公司加入了“四川省农村机电物资贸易中心”，实行联合经营。贸易中心是由省农机化服务公司系统和省内外农机及农村用机电产品生产厂家组成的经营服务型联合体。

1986年12月，四川省农机供应企业（公司）集团（以下简称集团）正式组建成立，由省内的省、地（市、州）、县（市、区）级农机化服务（供应）公司177家成员单位和137家协议厂组建，通过了《四川省农机供应企业（公司）集团章程》，组成集团常务董事会，集团董事长为省农机供应公司负责人李月齐。集团不定期召开董事会、理事会和物资交易会，密切联系，沟通信息，扩大物资流通量。

1986年，四川省农机经营销售总额3.15亿元，居全国第12位；利润总额707万元，居全国第14位；自有流动资金2536万元，居全国第20位。

1987年，全省农机系统销售4.8亿元，上交税利252万元，实现利润1255万元，省农机供应公司销售2924万元，实现利税62.3万元，全省系统和省公司经济效益均创历史最好水平。

1989年，全省农机经营单位224个，其中，省级公司2个，地级公司22个（成都市分设一、二公司），县级公司200个，区、乡下伸供应网点近2000个，省、地、县三级公司职工6000多人。1989年，全省系统销售总值6.60亿元，实现利润总额2150万元。

1992年，四川省农机公司系统销售达12亿元。1993年，四川省农机公司系统销售达15亿元。1994年，四川省农机公司系统销售达14亿元。

2000年前后，随着经济体制改革的不断深化，四川省各级农机供销企业不同程度地发生了较大变化：有的改型，有的划走，有的隶属关系脱钩。而同时又另外涌现出一批新的企业和大批个体供销网点。此时，过去的龙头企业省农机供应公司对全省农机公司系统的业务领导减弱，但全省的农机供销流通网仍然存在。

2000年，四川省省级以下农机流通企业①数为967个，农机供应点②为5621个，农机供销从业人员为1.47万人；到2005年，全省流通企业数为701个，农机供应点为5693个，农机供销从业人员为1.61万人。

第二节　市场监督

四川省农机系统的市场监督工作最早是从农机修理质量及配件质量的监督开始的，后逐步延伸到农机产品的其他领域。农机市场监督是为了规范农业机械制造、流通、维修市场的秩序，维护农机生产者、经营者、维修者、使用者的合法权益，维护公平、公正竞争，促进行业健康快速发展。主要形式是实施不定期的专项检查，开展打击假冒伪劣农机产品的行动。

1991年，省农业机械鉴定站对省内19个市（地、州）农机供应公司的在销农机配件质量进行市场商品监督检查，共抽取了18类38个样本。检查结果，合格样本16个，样本合格率42.10%。

1992年2月，省标准计量管理局通报了1991年农机配件产品质量抽查结果。同时，对省农机局所属的四川省农业机械供应总公司经销的农机零配件进行了质量监督抽查。共抽查了10个企业的7类14个样本，样本合格率为50%。根据抽查结果，省标准计量管理局要求省农机局按有关法规对省

① “农机流通企业”主要指市（州）、县（市、区）、乡正式的农机供销企业，属国营或集体性质。
② “农机供应点”主要指乡及乡以下的农机供销门市，属集体或个体性质。

农机供应总公司进行处理并督促其整改。

1992 年 4 月，省农机局发出《关于确认农机供应企业质量检验员（第一批）的通知》，对 1991 年 11 月下旬在资阳县参加农机供应企业质量检验员培训班并通过考试合格的 71 人进行确认并颁发“检验员证”。同年 8 月，省农机局发出《关于在全省农机系统开展质量自查的通知》，决定立即在全省农机系统所有从事产品生产、维修、经营的国营、集体农机修造企业、农机供应（供销）企业、直属单位附属工厂中开展一次产品质量、农机修理质量、工程质量及服务质量的自查活动。

1994 年 11 月，省农机局下发《关于建立农机商品质量抽查制度的通知》，决定从当年起建立全省农机商品质量抽查制度。该通知规定了抽查的产品范围和对象：凡进入四川省流通领域的耕作、植保、排灌、收获机械、农用运输、农副产品加工机械及各种农机零配件等农机产品，不论其生产、经销企业的隶属关系，经营性质，均为抽查对象。抽查内容：一是查“三证”：即查生产许可证、农机推广许可证、出厂合格证是否齐全；二是查包装：即是否注明生产厂厂名、厂址、产品执行的标准代号等；三是查质量：即对商品质量进行检测，是否符合国家现行有关标准的规定。

1995 年，四川省开始在全省施行“四川省农业机械经营技术合格证”管理。该证是农机销售行业的一种资质管理证书，对推进农机销售网点技术水平的提高，规范农机流通市场的正常秩序，加强农机商品质量监督管理有积极作用。四川省在全国是最先在农机销售网点中采用证书管理的省份。

1997 年 3 月，省农机局、省技术监督局、省工商局联合发出《关于打击假冒伪劣产品，整顿农机市场的通知》，决定对全省农机市场进行全面检查整顿。“通知”对检查整顿的范围、对象、内容、方法、时间安排及步骤等均有严格的要求部署，同时要求各级农机、技术监督、工商行政管理执法人员在检查整顿工作中要依法办事、严格执法。

1998 年 8 月，省农机局转发了国家六部委颁布的《农业机械产品修理、更换、退货责任规定》及国家技术监督局、国家工商行政管理局制定的《农业机械产品修理、更换、退货责任规定条文释义》。同年 9 月，省技术监督局、省农机局发出通知，要求在全省范围内广泛宣传国家六部委出台的农机“三包”（指包修、包换、包退）责任规定，要求各地各部门之间要相互配合、各司其职、各尽所能，使四川农机市场朝着健康有序的方向发展。据初步调查，全省大部分生产、销售、维修企业，能够按照农机“三包”责任规定，履行义务，确保广大农民的合法权益。

1998 年 12 月，省农机局继续深入开展农机市场整顿和规范化管理，采取了强有力的管理措施，农机市场清理整顿工作查出大量无证产品和假冒伪劣产品，清理整顿面达 70%。当年，四川省大部分地区在清理整顿后，又接着开展年审工作，年审面达 95%，对农机经营网点同时进行了建档管理。各级农机主管部门对清查整顿工作查出的无合格证的产品、对未获得农业部或者省农机局颁发的“农业机械推广许可证”的产品，责令生产企业停止生产和销售。据统计，全省清理农机经营网点 12000 多个，查处（封）无证不合格产品 8755 台（套、件），价值 900 多万元。各地农机部门按《四川省农机管理条例》有关条款对其进行了处罚。

2000 年 3 月，省农机局下发《各地开展农机产品质量监督检查，保障春耕生产的紧急通知》，决定在全省范围内开展农机产品质量监督检查，整顿农机产品市场秩序，重点打击农机产品生产、经销、维修中的坑农、害农现象。同月，省农机局下发《关于对〈农业机械推广许可证〉进行年审的通知》，决定从当年起，对在有效期内的《农业机械推广许可证》进行年审，当年获得推广证的从次年起参加年审。每年 4—6 月为年审时间。由各市（州）农机局与有关县农机局联合组成年审小组到企业进行年审。经年审合格的，应在其“推广证”右上角贴上省农机局统一制作的年审标志。各市（州）应在6月底前将年审情况汇总表上报省农机局。同年9月，省农机局组织6个检查组，分别对全省19个市（地、州）（甘孜、阿坝除外）三年来的农机市场清理整顿工作开展交叉检查。经过检查，全省清理整顿农机市场工作已初有成效。其表现：一是各地农机部门领导开始重视此工作，成立了专门机构，有专人负责；二是主动与当地有关部门协调工作，制订方案、制度，个别地方设立了举报电话；三是全省办证率达95%以上，年审率达80%。

2001年2月，省工商局、省农业厅、省农机局联合发出《关于转发国家工商行政管理、农业部<关于印发〈农资市场“打假”整治联合执法行动工作方案〉的通知>的通知》，要求各地从2月中旬至4月底，把对农资市场“打假”整治作为“2001年红盾执法行动”的第一战役，认真组织，切实做好工作，对查处的大要案和重大线索及重大情况及时报省工商局、省农业厅、省农机局。

2002年1月，省农机局《关于上报农业部〈四川省2001年整顿规范农机市场专项检查情况总结〉的报告》，对2001年整顿规范农机市场专项检查情况的总结是：四川省于2001年2月上旬至11月底，在全省范围内开展农机产品、零配件市场专项打假活动，严厉打击制售假冒伪劣农机产品、零配件的违法行为。全省共出动执法人员17252人次，先后检查了356家企业，1万多个经营单位，查处案件290起，涉案金额195万元，查处产品73252台（件），价值390万元。同年4月，省农机局通过问卷调查、实地考察厂家、专家咨询等形式，对四川省现有田间作业大中型农机和主要新机具的技术适应性、质量可靠性、售后服务保障能力等方面情况进行综合评价，选择一批相对较好的机具品牌，编制了《2002年农机产品推荐品牌目录（第一批）》。

2002年，经省农机局审定合格，发出的“四川省农村机械经营技术合格证”900个。同年底，省农机局为了完善农用运输机械产品质量责任制度，草拟了《四川省农用运输机械产品质量责任暂行规定》，广泛征求各市州农机主管部门、农用运输机械生产企业、销售企业的意见。

2003年1月，省农机局发出通知，正式发布《四川省农用运输机械产品质量责任暂行规定》。该规定共27条，明确了农用运输机械生产者、销售者、维修者、使用者各自的质量责任，“三包”的范围、期限等。规定于2003年1月1日起实施。同年2月，省农机局发出《关于开展全省农机市场专项整治活动的通知》，要求各地在春耕备耕期间和秋收秋播时期，全面开展农机市场专项整治活动，重点是各种农机产品的主要生产地、销售地和集散地，重点产品是：耕作机械、播种机械、收获脱粒机械、植保机械、农副产品加工机械、饲料机械（特别是青饲料切碎机）、农村运输机械、水泵、喷灌节水设备及上述产品的主要零配件。同年，经省农机局审定合格，发出的“四川省农村机械经营技术合格证”500个。

2004年12月，省农机局发出《关于开展青饲料切碎机专项治理的紧急通知》，针对少数企业忽视产品使用安全，盲目降低生产成本，不惜偷工减料，致使产品存在极大的使用安全隐患，切草机成了“切手机”，严重威胁用户人身安全的情况，决定在全省范围内开展青饲料切碎机专项治理。要求各地及时安排部署，力争在一个月内完成此次专项治理工作。

从2004年下半年起，“四川省农村机械经营技术合格证”名称变更为“农业机械经营技术合格证”。该项管理制度实施以来，得到了基层农机管理部门的认同，也得到农机销售企业的积极支持。

2005年1月，针对四川省农机配件市场商品仍存在不少质量问题的情况，省农机局决定在全省开展更切实的农机商品质量抽查工作，并再一次强调和重申了1994年对抽查产品范围、对象及抽查内容的规定。同年，经省农机局审定合格，发出“农业机械经营技术合格证”577 个。

第三节　重要流通企业

四川省农机系统全省性的重要流通企业包括四川省农业机械供应总公司、四川省农业机械供销总公司和四川吉峰农机连锁股份有限公司 3 家。

一、四川省农业机械供应总公司

1958 年 5 月，省农业厅设立物资供应站。地址设在成都市八里庄。1961 年 5 月，省物资供应站办理的供应业务归省商业厅主管。1962 年 1 月，省商业厅农业生产资料贸易局经营的有关农业机械、机具及配件业务以及半机械化的运输工具等，全部划归省农业机械厅管理。同年 2 月，省农业机械厅决定设立成都供应站和重庆供应站。1963 年 8 月，省农业机械厅撤并。有关排灌机械的使用、管理、修配和农业机械供销工作，并入省水利电力厅。成都和重庆两供应站随即并入省水利电力厅。1970 年，省革命委员会组建省机械工业局。成都供应站改名为“省机械工业局物资供应站”。

1972 年 10 月，省农机局成立。成都和重庆两供应站归口省农机局领导。1973 年 3 月，在两站基础上组建“四川省农业机械供应公司”（以下简称供应公司），隶属省农机局。供应公司主要任务：负责四川省农机产品供应计划的管理、调拨平衡；加强调查研究和资料统计；经营和储备少量农机产品；负责四川省农机产品的销售价格管理等工作。省农机供应公司本部设在成都市青年路，原重庆农机供应站改设为四川省农业机械供应公司重庆办事处。

1979 年 3 月，省农机局同意供应公司试行月评季奖制度，按进、销、费用、资金占用和利润 5 项指标进行考核。这是打破“大锅饭”，改革分配制度的初步尝试。

1981 年 9 月初，供应公司总部迁至永兴街 12 号（后来街道定名为少城路 1—5 号）。

1981 年 9 月，供应公司改名为“四川省农业机械化服务公司”（以下简称省农机服务公司）。省农机服务公司主要任务明确为：加强农业机械化服务管理；负责省、地（市、州）所需农机具和维护配件的计划编制、分配订货和余缺调剂等组织工作；开展技术服务管理、培训业务和技术骨干；经营县公司难于经营或无力经营的农机具及配件。省农机服务公司更名后，扩大经营服务范围，包括各种农业机械及农村用机电产品。

1983 年 3 月，省农机服务公司展销服务部批准成立。同年 8 月，省政府副省长刘纯夫参加展销服务部揭幕开业的剪彩仪式。展销服务部的成立为推广、经销四川省的农机新型产品起了桥梁作用。

1984 年 5 月，省农机服务公司根据中央有关企业扭亏增盈的指示精神，率先制定出经营承包办法。

1985 年 4 月，省农机服务公司召开支援春耕生产现场会，省人民代表大会常务委员会副主任刘海泉到会指导。同年 8 月，省政府印发《关于整顿省级部门现有公司的通知》。经省政府重新批准，四川省农业机械化服务公司仍然代表省农机局行使部分行政职能。同年 10 月，由东北三省、华北一市、华东二省市、中南四省、西北五省区、西南三省的省级公司联合组成的“十八省、市、自治区农机公司联营体”在四川省峨眉县正式创立。联营体是 18 个省级公司在系统内加强横向联系的经营服务型企业的联合。11 月，《中国农机化报》发布新闻广告，向全国同行业宣告联营体成立。

1986 年 3 月，联营体在四川召开 1986 年农村机电物资看样订货及调剂交流会，这是联营体第一次交易会。同年 10 月，联营体第五次全体理事会议在湖南省长沙市举行。此时，又有 12 家主要生产厂参加联营体。联营体由 18 家省级农机（供应）公司与全国主要生产企业基于共同愿望，本着自愿、平等、互利互惠原则，组建成跨省（市、区）的商（业）商（业）、工（业）商（业）松散型的经营联合体。1988 年 4 月，联营体已发展有 20 家省级公司和 24 家成员生产厂，共 44 家成员单位。

1986 年 1 月，省农机服务公司制定经济责任制和经营承包制。这是公司尝试进行全面、系统的企业内部改革，在同行业中引起关注。

1986 年，省农机服务公司销售总额 1664 万元，在全国省级公司中居第 14 位；利润 16 万元，在全国省级公司中居第 18 位；自有流动资金 80 万元，在全国省级公司中居第 27 位。

1987 年 2 月，省计经委员会批准公司更名为四川省农业机械供应总公司（以下简称省农机供应总公司），企业性质和任务不变。5 月，省农机供应总公司实行经理负责制；7 月，实行经理任期目标责任制。

1987 年，由于开拓了经营服务范围和加强了企业基础工作，省农机供应总公司销售 2924 万元，实现利税 62.30 万元，经济效益大增。

1988 年 8 月 15 日，省政府授予省农机供应总公司“四川省省级先进企业”称号。公司成为全省非生产企业中第一家省级先进企业。8 月 15 日，省农机供应总公司举行庆祝成立 30 周年大会。参加活动的有省市领导、主管厅局领导、新闻界友人以及省内外 200 多家公司系统的单位和农机生产厂家的代表千余人。省农机供应总公司步入发展的强盛时期，当年财务决算表明，全年完成销售 4560 万元，创利税 169 万元，各项指标均已达到国家二级企业标准。

1989 年，省农机局确定省农机供应总公司性质为全民所有制国有供应企业，是负责全省农用机电商品销售业务的省级计划内专业公司。省农机供应总公司经营宗旨是：促进生产、保障供给、搞活流通、发展经济、面向用户、面向基层、面向农村、全心全意为工农业生产服务，为农业机械化和农村经济发展服务。

1991 年，经省农机局和省民政厅同意，成立“四川省农业机械流通协会”。该协会具备全省性社会团体法人资格，代表省农机供应总公司行使全省行业管理。

1992 年 7 月，由省农机供应总公司与成都市青白江区轧钢厂分别投资 140 万元和 30 万元联营组建的四川省农业机械供应总公司祥福高频焊管厂在青白江区正式成立，该厂经济性质属全民与集体联营。

至 1992 年底，省农机供应总公司共设立了 19 个经营部门，重点开发了机床、汽车、电机等业务，经营活动空前活跃。

1992 年，省农机供应总公司销售额 1.02 亿元，在全国 2700 家农机公司中进入百强企业行列，居第 19 位，创利税 235 万元。1993 年，省农机供应总公司销售额 1.34 亿元。

1994 年 6 月，四川省农业机械（集团）股份有限公司（以下简称省农机股份公司）成立。股份公司是以省农机供应总公司为主要发起人，与广汉市人民政府招待所、四川省渝江企业集团公司 3 家共同发起，采取定向募集方式设立，并经政府授权部门批准成立的规范化股份制试点企业。其中，省农机供应总公司投资（折股）1174.90万元，占股权比例58.74%。省农机股份公司是全国农机行业第一家股份制公司，同时也是四川省省级20家股份制试点企业之一。省农机股份公司与省农机供应总公司合署办公。

1996年1月，省农机股份公司总经理李月齐因商业受贿罪被逮捕。4月，省国资局撤销了李月齐国家股权代表资格，增派姜庆芳（省农机局副局长）、白树君、张秀琼、程恪吉、唐素琼、许内平为公司国家股股权代表，由姜庆芳作为国家股权行使人。

1996—1997年，经省农机局及相关单位批准，以省农机股份公司为主，与省数控机床公司、广汉政府招待所共同组建成立四川省蜀农房地产开发有限责任公司。省建设委员会授三级资质等级证书。

1997年4月3日，省农机局任命姜庆芳为省农机供应总公司、贸易中心法人代表，赵贵强为总经理，白树君为副总经理。

1997年7月，公司总部迁至二仙桥西一巷10号。此时，省农机股份公司已总共辖有20个经营部门（含连资二级法人机构），它们分别为：省数控机床公司、电机公司、通用机械公司、拖拉机内燃机公司、配件公司、轮胎公司、摩托车公司、汽车公司、材料公司、公司物资贸易中心、第一经营部、第二经营部、重庆分公司、广安分公司、西昌分公司、绵阳分公司、眉山分公司、雅安分公司、内江分公司和祥福高频焊管厂等。公司业务涉及经营、投资、租赁、生产、服务、贸易、加工、储运等方面。业务网络遍及四川、重庆，辐射西南。

1997年11月，省建委同意开工修建成都市青年路67号综合楼工程，建筑面积5851平方米，总投资700万元（核算投资2300万元）。全部工程于1999年初竣工。至此，省农机供应总公司办公、经营、仓储面积达3万平方米，总固定资产跃居全国农机流通行业前列，达到公司自成立以来资产总值最大值。

1998年底至1999年初，根据新的经济形势，省农机供应总公司深化改革，进一步完善经营体制和分配体制，从深层次解决公司管理和经营上的弊端，这是省农机供应总公司自成立以来最彻底、最深入的一次改革，全员上下都全力投入到公司的建设中去。

1999年3月6日，《中国农机化报》将“省农机供应总公司成立40周年、蜀农大酒店落成开业、贸易中心第30次订货会”作专刊报道，省农机供应总公司达到空前的社会影响力。

省农机供应总公司计划利用占地25亩的仓库筹建西南地区最大的四川省农机配送中心已经报建，年度投资计划已下达。省计划委员会1999年6月30日、8月9日分别对省农机供应总公司和省蜀农房地产公司下达建设计划，前期的各项报批手续也全部到位，后由于省农机供应总公司主要领导人调离，修建工程中断。

1999年底，省农机供应总公司总资产12431万元，总占地近50亩，职工人数268人。

2001年4月，省农机股份有限责任公司将中成市场房产，折价28万元，抵给江苏泰丰潜水电泵厂（集团）。6月4日，将青年路67号综合楼5楼房产，折价132万元，抵给闽东电机（集团）股份有限公司。同年6月，公司注销了第一经营部、第二经营部和经销维修部。

根据《中共四川省委办公厅、四川省人民政府办公厅关于印发〈四川省省级党政机关与所办经济实体和管理的直属企业脱钩调整改组的实施方案〉的通知》要求，企业必须与政府机关脱钩。2001年7月17日，省农机局将省农机股份公司移交至省国资公司，7月24日，省农机局将省农机供应总公司移交至省国资公司。

二、四川省农业机械供销总公司

1978 年，省农机局经过部门职能调整，机械制造部分划归省机械工业局。原省农机局内设的生产处、供销处及技术处等均移交四川省机械工业局。调整后，留下来的全省农机修造企业（县以上还有 278 家农机修造厂）所需物资的计划渠道不通，无法组织物资供销，农机维修与部分零配件生产一度受到影响。经省革命委员会批准，省农机局于同年秋在局内部重新设置供销处。新设立的供销处职能为：负责安排、衔接省及中央部委分配农机维修金属材料的计划，组织和补充供应部分金属材料和二类机电设备（主要指国家计划控制指标外的各类机电产品）及零配件，帮助农机修造企业推销产品。1978 年，在省农机局设立供销处后，四川省革命委员会曾发文批准成立四川省农机供销公司，但公司之名未正式对外，对内对外都仍叫供销处。

供销处成立之初，发挥职能，重点开展了三次工作：一是落实物资分配。当时，省计委每年安排农机维修与部分零配件生产的钢材 8000 余吨，中央部委直接下达农机的钢材 1 万余吨，供销处将这些钢材中的大部分通过市（地、州）计划委员会和农机主管部门分别安排到县以上农机修造厂，余下的 3000 多吨由供销处直接订货，实行重点调剂；二是采购供应设备。主要是采购供应各企业必须的设备和二类机电，维持正常生产维修，保证农业机械正常使用；三是逐步打开销售“窗口”。供销处一方面参加了 1981 年广州秋季交易会，参展了四川省生产的打米机、水轮泵等样机和图片，对打入国际市场做了初次探索，另一方面，供销处又与省内部分农机修造企业，在自愿互利原则下，组建了产、销联合的松散门市。供销处设立的农机产品展销门市部，是一个重要“窗口”，为克服农机修造企业产品销售困难发挥了一定作用。

1983 年，随着改革的逐步深入，单一的计划经济开始向计划调节与市场调节相结合的趋向发展。行政兼企业的供销体制已不适应新的形势。省农机局于年初报经省农牧厅同意，将原供销处改建为省农业机械供销公司。公司下设供应、生产经营、财务、储运、秘书五个科室。1984 年，供销公司增挂“四川省农村机械化技术开发服务中心”牌子。

1993 年，供销公司报经省农机局批准，改名为四川省农业机械供销总公司。总公司下设“金属材料”“物资”“实业开发”“机电”“成都分部”“现代办公用品”等 6 个分公司，连同“川农商行”“招待所”，共有 8 个非法人单位。除此之外，总公司还另设有一个具有法人资格的“四川省水电气工程处”。

供销公司为了适应“双轨制”的特点，实行了“三个为主”和“三个面向”的经营服务方针，即：以为农机修造企业服务为主，面向市场，拓宽服务领域；以供销经营为主，面向广大城乡，发展多种技术服务；以国内市场为主，面向国际市场，争取外销，既为农机产品找出路，又为国家创汇。

自成立以来，直至 20 世纪末，公司千方百计组织订购货源，直接供应省内农机修造企业所需钢材近 7 万吨，连同供应铜、铝、锌、锡等其他有色金属，基本满足了生产需要。每年供给省内农机修造企业的原材料和推销其产品的金额，都占到了供销公司销售总额的 60% 以上，有力地支持了农机修造企业的生存和发展。

公司在拓宽服务领域，发展经济实体的道路上也做了诸多探索和尝试。

1984 年和 1985 年，供销公司在四川省内红薯产量较多的几个乡镇安装推广了 10 套红薯淀粉加工成套设备。这些设备是由四川省科技委员会委托四川省农机研究所研制的。由于研制项目尚未完善，安装设计也存在一些缺陷，农民工缺乏严格的技术培训，再加之在红薯的收储、调运及淀粉销路等方面出现多种问题，致使推广的 10 套设备仅 1 套正常使用。这项工作从总体看是失败的，但启迪了农机供销部门可以从多方面直接为农村人民生产、生活服务，是一次技术综合服务的试验。

1984—1985 年，供销公司与芦山县农机厂、中国气动力研究二所在芦山县委、县政府的支持下，达成联合开采经营芦山大理石的协议，并很快投入生产。每年加工销售大理石、花岗石上千立方米。

20 世纪 80 年代，公司多次参加广州交易会，直接与外商接触谈判，并通过四川省五金机械公司、四川省机械设备进出口公司和四川省农牧厅外事办，组织出口四川的农机产品包括打米机、玉米脱粒机、机动铰磨机、自行车式脚踏泵、流化槽烘干机及环链等，为四川农机产品探索出口创汇的路子。

截至 1991 年，供销公司累计销售额 1. 70 亿元，经营性获利 330 多万元。到 1996 年，加其他业务利润、房租收入和投资分红所得，账面利润达 500 多万元。在发展过程中，公司在成都市青羊区红庙子修建了 5 千多平方米的经营门市、办公用房和职工宿舍。

从 1993 年起，由于国家对钢材不再区分市场价格和计划价格，两种价格并轨，对农机维修用钢材不再进行计划分配。农机修造企业从事维修所需钢材直接在市场中采购。至此，四川省由农机供销部门经营计划分配农机维修钢材的历史结束。

随着计划经济逐步削弱，在市场经济的形成和发展中，企业竞争日趋激烈。由于各种原因，作为国营企业的供销公司体制在市场经济中已开始不相适应。1992 年以前，一般正常经营贷款年末余额仅几十万元，然而 1992 年末贷款余额突升至 350 万元，且逐年呈增加趋势。到 2000 年末，欠贷金额已高达 1250 万元，每年仅付资金利息就达 100 多万元。公司已逐渐步入资不抵债的局面。

2001 年，省委、省政府要求四川省级党政机关所有直属企业脱钩。供销总公司召开全体职工大会，讨论公司与农机部门脱钩及公司解体事宜。经职工代表大会通过，由省农机局报请“四川省省级党政机关非金融类企业脱钩工作小组”审核回复，最后同意撤销四川省农业机械供销总公司。将下属的物资分公司和四川省水电气工程处出售，其余分公司随总公司一并撤销。债权银行依法将抵押的营业房、办公房等拍卖抵还部分欠贷。

三、四川吉峰农机连锁股份有限公司

四川吉峰农机连锁股份有限公司（以下简称吉峰农机），创立于 1994 年，正式运营于 1998 年，是一家立足四川、面向西部乃至全国的按照现代流通业要求发展起来的新型企业。公司总部位于郫县成都现代工业港北片区港通北二路 219 号。

吉峰农机坚持开拓创新精神，不断提高流通效率、扩充流通功能，积累了在经济相对落后的广大农村地区发展农机连锁的初步经验，逐步成为中国中西部农机流通连锁行业的龙头企业。

中国连锁经营业在 20 世纪 90 年代，特别是“十五”期间发展迅速，建立并加快发展农机连锁经营，用全新的经营组织形式改造传统的农机经营模式，是现代农机流通业发展的一条新路。10 年来，吉峰农机抓住传统国有农机流通体制受挫的机遇，积极拓展产品经营范围，形成涵盖传统农业装备、载货汽车、农用中小型工程机械、通用机电产品四大类农村机电产品资源体系，公司经营规模快速增长，经营收入由创立之初的70万元增长到2007年5亿元，吉峰农机已成为中国中西部地区农机流通行业最知名的品牌。

吉峰农机现为中国农业机械化协会副会长单位、中国农机流通协会副会长单位、全国农机流通杰出贡献单位、中国连锁经营协会理事单位、2006年四川省成长型中小企业（全省排名第一位）、《四川农机》杂志社协办单位、《四川农业科技》副理事长单位、成都市农业产业化经营重点龙头企业、四川农业大学毕业生就业基地、四川职业技术学院联合人才培训基地、成都现代工业港构建和谐园区先进企业。董事长兼总经理王新明被评为全国农机流通行业“百强企业家”和“2005年度农机工作杰出贡献者”。

吉峰农机的经营服务理念主要包含三个方面：其一，坚持“服务创造新价值”的核心经营理念。吉峰农机从创立初期就提出并坚持“服务创造新价值”的核心理念，从把好品牌关入手，先后引进推广一大批国内外知名农机品牌，最终获得了广大农民对吉峰农机的认可。品牌知名度有了大幅提升。农机连锁经营从两个方面让顾客放心，一方面，公司的计划、财务、法律、公共事务管理等活动以及人力资源管理、新产品新项目开发、采购营运等均纳入规范化、系统化管理；另一方面，尽可能加强对顾客在选择和使用产品后的后续服务，减少顾客的后顾之忧。其二，坚持“和谐共生，互助共赢”的核心管理理念，推动行业内的重组与联合。鉴于中国中西部地区原有的传统农机流通体系受挫后行业集中度低、过度竞争现象极为突出、行业可持续发展能力日趋衰弱的局面，吉峰农机推出“和谐共生，互助共赢”的理念，实现人力资源、股权和优质网络资源的同步整合。在大量沟通、协调的基础上，吸纳四川、重庆及周边省市区二级城市的优秀流通企业，通过并购重组和战略协同，提升“联合企业”的整体价值，提高各区域市场的集中度和组织化程度，逐步实现现代农机流通企业“新机具展示—试验示范—体验式营销—全程培训—后续服务”为一体的新模式。目前，吉峰农机拥有直营店60余家、加盟店500余家，是中国中西部地区农机流通领域经营规模最大、品种资源最齐全、直营网络覆盖面最广、售后服务能力最强的农机流通企业。其三，坚持“推动行业进步，发展现代农业”的宗旨。针对农机流通产业长期以来积累的矛盾和问题：一是农机“大生产”与“小流通”的矛盾；二是农机购买者对农机服务日益增长的需求与农机社会化服务体系相对薄弱的矛盾；三是农机产品季节性、集中性购买及使用与单个农机企业服务能力调配困难的矛盾，吉峰农机本着“推动行业进步，发展现代农业”的宗旨，从不断优化行业内部环境入手，进行实践。一是厂商一体化。本着战略协同、资源共享、优势互补、互促共进的原则，实现厂商整体效率和效益的提升；二是促进人才发展。公司着眼于员工长远发展，实施外派“充电”、内部培训等一系列人才增值计划，取得显著成效。吉峰农机有员工635名，研究生3名，本科及大专238名，受过系统专业训练的人才比例达到90%以上。人员素质远远优于一般的农机流通行业；三是敢于承担社会责任。公司一直坚持不懈地强化“规范”“专业”“负责任”的社会公德意识、积极发挥作为区域龙头企业在行业的导向作用，在员工劳动和社会保障、按章纳税、严格执行购置补贴各项规定、参与社会公益活动方面都经受住了检验，赢得了社会的信任与尊重。2009年，吉峰农机成功登陆首批中国股市创业板，成为全国农机流通行业首家上市企业。

第五篇　农机法规与信息化建设

20 世纪 90 年代中期，四川省农机立法工作取得突破性进展。1995 年，《四川省农业机械管理条例》颁布，1996 年，《四川省农村机电提灌管理条例》颁布，1997 年，《四川省农业机械安全监理和事故处理条例》颁布。这三个直接涉及四川农机的地方性法规颁布实施，为四川省农机化管理工作法制化奠定了基础。

1997 年 1 月，《四川省《〈中华人民共和国农业技术推广法〉实施办法》颁布，9 月，省政府规章《四川省人民政府关于加快发展农业机械化的决定》印发，2004 年，《中华人民共和国农业机械化促进法》颁布。一系列法律、法规和规章，构建起了四川省农机法律、法规体系，为四川省农机化管理工作步入法治化轨道创造了有利条件。

为便于法律、法规实施，省农机局加强对相关法规的宣传贯彻，对几个农机条例贯彻执行中的问题及时作出修改，同时配合行政执法采取了多项措施，包括行政执法检查、完善制度、推行责任制、顺应行政审批制度改革等，保证了农机行政执法工作健康发展。

农机信息化建设主要包括信息资源建设和信息网络建设。农机化信息主要向行业内部和社会报道全省农机化的发展形势，工作进展及经验、做法等。20 年来，随着技术进步，农机化信息工作已逐步由过去的纸质资料传递迈进了电子网络时代。

第一章　农机法规建设

第一节　法规制定与宣传

一、法规制定

20世纪90年代中期，四川省农机立法工作取得突破性进展。

在1995年、1996年和1997年连续三年中，省人大常委会先后颁布了《四川省农业机械管理条例》《四川省农村机电提灌管理条例》《四川省农业机械安全监理和事故处理条例》三个地方性法规。这三个直接涉及农机的地方性法规的颁布，为四川省农机化管理工作法制化奠定了基础。

1997年1月，《四川省〈中华人民共和国农业技术推广法〉实施办法》颁布实施。1997年9月，省政府印发政府规章《四川省人民政府关于加快发展农业机械化的决定》。2004年11月，《中华人民共和国农业机械化促进法》颁布施行。除此之外，赋予农机化管理工作职能的法律、法规和规章还有《中华人民共和国农业法》《中华人民共和国农业技术推广法》《中华人民共和国道路交通安全法》《中华人民共和国道路交通安全法实施条例》《四川省〈中华人民共和国农业法〉实施办法》《四川省〈中华人民共和国大气污染防治法〉实施办法》《四川省〈中华人民共和国道路交通安全法〉实施办法》《联合收割机跨区作业管理办法》《拖拉机驾驶证申领和使用规定》《拖拉机登记规定》《农业机械试验鉴定办法》等。这一系列的法律法规和规章构建起了四川省农机法律法规体系，为四川省农机化事业的健康发展提供了有力的法律保障。农机相关法律法规的颁布、实施，为四川省农机化管理工作步入法治化轨道创造了有利条件。

（一）《四川省农业机械管理条例》

20世纪90年代以前，四川省农业机械的管理、生产和经营等，主要依靠政策性文件指导。随着改革开放的不断深化，社会主义市场经济体制的建立，尤其是农业机械的迅速增多，迫切需要通过立法来规范农机管理。

制定《四川省农业机械管理条例》主要依据是《中华人民共和国农业法》《中华人民共和国农业技术推广法》，并参照了国家工商局、农业部、国家计委等发布的有关规章和政策性文件，借鉴了山西、山东、江苏、黑龙江等省颁布的有关地方性法规或规章，也与四川省过去有关行政规定作了必要的衔接。

1995年8月17日，省第八届人大常务委员会第十六次会议通过并公布了《四川省农业机械管理条例》。条例自公布之日起施行。

颁布的《四川省农业机械管理条例》共8章51条。第一章总则；第二章农业机械科研、推广和教育培训；第三章社会化服务；第四章经营与管理；第五章质量监督；第六章安全监理；第七章法律责任；第八章附则。

1996年10月1日，《中华人民共和国行政处罚法》施行，按照省人大常委会办公厅的要求，省农机局对《四川省农业机械管理条例》中有关行政处罚的行为、种类和幅度以及对执法主体、行政处罚的管辖、处罚的委托和授权、处罚程序和执行问题等进行了全面认真清理。清理结果：《四川省农业机械管理条例》符合《中华人民共和国行政处罚法》，勿需修订。

（二）《四川省农村机电提灌管理条例》

农村机电提灌是四川省农业稳产高产、抗灾夺丰收的重要基础设施。

截至1995年，四川省由农机部门管理的固定电力提灌站有3万余个，流动的机械提灌服务组织1.2万个，还有较多小型机电提灌设备分散在集体或个人手中。全省机电提灌设备总动力达300万千瓦。四川省农村机电提灌在建设与发展中存在着很多突出问题：一是机电提灌设施老化严重；二是发展和更新改造投入不足；三是管护不力，人为盗毁情况严重；四是提灌站发展综合经营困难多，难以实现自我积累、自我发展的运行机制；五是机电提灌承担了提水灌田和抗旱保丰收的重要任务，然而提水费收取却无保障。由于机电提灌在促进粮食生产发展和农业抗旱夺丰收中承担着重要任务，因此，各级政府对机电提灌的发展和管理极为重视，希望通过制定法规来加强机电提灌的管理和提灌设施的保护，促进资金投入的增加。

制定《四川省农村机电提灌管理条例》主要的依据是《中华人民共和国农业法》《中华人民共和国水法》、国务院颁发的《电力设施保护条例》和《关于加强国有资产管理工作的通知》、水利部颁发的《违反水法规行政处罚暂行规定》以及《四川省农业机械管理条例》等法律、法规和规章。

1996年8月19日，省第八届人大常务委员会第二十二次会议通过并公布了《四川省农村机电提灌管理条例》。条例自公布之日起施行。

颁布的《四川省农村机电提灌管理条例》共6章46条。第一章总则；第二章提灌设施建设；第三章经营管理；第四章提灌设施保护；第五章法律责任；第六章附则。

1997年3月，省农机局向全省印发《四川省农村机电提灌管理条例》行政执法法律文书。包括：《提灌站建设（迁移）项目审批表》《四川省机电提灌站建设（修复、改造）验收表》《提灌机械购置、转让登记表》《四川省集体（个体）所有农村机电提灌站产权登记表》《集体（个体）所有提灌站变更财产关系申报书》《集体（个体）所有提灌站资产清单格式》《集体（个体）所有提灌站变更财产关系批复通知单》《四川省农村机电提灌站建设施工许可证》《合格证》等。

（三）《四川省农业机械安全监理和事故处理条例》

四川省地形复杂，农业机械量大面广，重大农机事故时有发生。为了规范农村驾驶、操作人员的行为，预防、减少和正确处理农机事故，1991年和1992年，省政府先后制定颁布了《四川省农业机械安全管理办法》和《四川省农业机械事故处理办法》。这两项政府规章的施行，有助于加强农机安全管理，预防减少农机事故。尤其是《四川省农业机械事故处理办法》经省政府第90次常务会议审查批准，以省政府省长令发布实施，是四川省第一部比较具体、完整的农业机械事故处理的政府规章。然而，两项规章毕竟不是正式法规，条款上不尽完善，同时与1996年3月通过的《中华人民共和国行政处罚法》的部分条款相悖。鉴于这种情况，出台《四川省农业机械安全监理及事故处理条例》很有必要。

1997 年 4 月 7 日，省第八届人大常务委员会第二十六次会议通过并公布了《四川省农业机械安全监理和事故处理条例》。条例自公布之日起施行。

颁布的《四川省农业机械安全监理和事故处理条例》共 9 章 65 条。第一章总则；第二章农业机械的安全监理；第三章农业机械事故的管辖；第四章农业机械事故的现场处理；第五章农业机械的责任认定；第六章农业机械的事故调解；第七章农业机械事故的损害赔偿；第八章法律责任；第九章附则。

1997 年 5 月，为加强和规范农机安全监理行政执法，省农机局制定了《四川省农业机械安全监理行政执法程序规定（试行）》。1999 年 1 月，省农机局制定《四川省农业机械安全监理法律文书格式（试行）》，印发各地农机部门。

（四）《四川省人民政府关于加快发展农业机械化的决定》

1997 年 9 月 22 日，省政府印发政府规章《四川省人民政府关于加快发展农业机械化的决定》（以下简称《决定》）。

《决定》肯定了四川省农业机械化在提高农业劳动生产率、农副产品加工率、农业综合生产力、增强农业抗灾能力以及推进农业产业化中的地位和作用，提出 2010 年四川省基本实现农业机械化的奋斗目标。根据四川省实际，《决定》提出，必须加快发展农业机械化。同时，《决定》要求各级农机管理部门认真履行法律法规和政府赋予农机的行政职能，当好政府的参谋。要求各级政府抓住机遇、开拓进取，全面推进农机化快速发展，为振兴四川省经济和加快实现农业现代化做出贡献。

省政府发出的《关于加快发展农业机械化的决定》，是继江苏、黑龙江、湖南之后第四个由省政府做出的加快农业机械化发展的政府文件，也是中共十一届三中全会以来的 20 年中，由四川省人民政府发出的关于农业机械化的专门文件，对四川省农机化事业的进一步发展影响巨大。

二、法规宣传

四川省对农机相关法律法规的颁布实施，采取了强有力的宣传贯彻措施。

1995 年 8 月，《四川省农业机械管理条例》（以下简称《条例》）颁布。省农机局即刻向全省印发了《大力抓好〈四川省农业机械管理条例〉法规宣传的通知》。对全面宣传贯彻《条例》作出了部署：确定当年 9 月中旬联合四川省人大常委会召开《条例》颁布施行新闻发布会；10 月的第二周为《条例》宣传周；抓好《条例》手册发行工作，以市（地、州）为单位分配下达了《条例》手册的最低发放数量，要求本系统人手一册外，还要发放到当地党委、人大、政府、政协、计委、经委、财政、工商、技监、公安、交通等部门。同年 8 月，省农机局向各市（地、州）、县（市、区）农机局印发《四川省农业机械管理条例应用中若干问题解释》。同年 9 月，省农机局对局机关各处、室、站认真学习和贯彻《四川省农业机械管理条例》提出了三点要求：组织本部门职工集中学习《条例》及《条例》法律解释，深刻领会其含义，在今后的工作中做到依法办事；在适当的时候，组织进行《条例》知识竞赛；尽快清理和掌握本部门承担了《条例》中哪些执法职能，抓紧研究制定本部门贯彻实施《条例》的方案和具体措施。同年 9 月，省农机局印发《关于宣传贯彻〈四川省农业机械管理条例〉若干具体事项的通知》到各市（地、州）农机局。就“《条例》宣传周”作出具体部署。

1995年9月29日，省人大常委会、省政府举行《四川省农业机械管理条例》新闻发布会。省委常委、省政府副省长张中伟就各级政府贯彻《条例》发表讲话，他指出：《条例》是四川省颁布的首部农机管理法规，地方各级政府及有关部门要高度重视，积极学习和宣传《条例》，使广大农机生产者、经营者、使用者熟悉、掌握有关规定，同时要认真履行法律法规赋予农机主管部门的各项行政管理职能。省人民代表大会副主任孙自强对《条例》的立法精神、目的等发表讲话，并强调：《条例》自公布之日起，如再发生诸如未经批准而改变农机化学校财产关系，或者侵占、无偿调拨乡镇农机服务站及其企业资产等问题的，当地政府和农机主管部门应依法及时纠正和处理。省农机局局长刘祖荣就全省农机系统宣传实施《条例》、依法进行农机化管理等发表了讲话。

1996年8月，《四川省农村机电提灌管理条例》颁布。省农机局及时向全省各市（地、州）农机局、省局各处、室、站发出《关于大力抓好〈四川省农村机电提灌管理条例〉法规宣传贯彻工作通知》，对宣传贯彻工作进行了部署。同年10月，省农机局印发了经省人大常委会审定的《四川省农村机电提灌管理条例应用中若干问题解释》。同年12月，为了更好地学习、宣传、贯彻机电提灌管理条例，做到准确、全面、系统理解和正确应用施行，省农机局制定了几乎包含《四川省农村机电提灌管理条例》全部内容的60道测试题，印发各地。1997年4月，省农机局向各市（地、州）农机部门作出了更具体的宣传、贯彻实施好机电提灌管理条例的工作部署。

1997年4月，《四川省农业机械安全监理和事故处理条例》颁布实施。该条例颁布后，省农机局立即通知全省各地抓好对该条例的宣传。4月18日，省农机局又在全省印发了《四川省农业机械安全监理和事故处理条例应用中若干问题解释》的通知。要求各地在宣传和贯彻执行条例时必须准确领会法规精神。

图5－1　1997年，省人事厅、省农机局在广汉市召开贯彻四川省农机监理人员编制标准、四川省农机安全和事故处理条例工作会议

2004年11月，《中华人民共和国农业机械促进法》正式颁布实施。该法是国家关于农机化发展

的大法。该法的出台，为鼓励、扶持农民和农业生产经营组织使用先进适用的农业机械，促进农业机械化，建设现代农业提供了有力的法律保障。省农机局为贯彻实施《中华人民共和国农业机械促进法》开展了一系列宣传活动。同月，省人大常委会、省政府和省农机局在成都召开了《中华人民共和国农业机械促进法》贯彻实施动员大会。省人大常委会副主任敬中春、省人大农业委员会主任舒维双等出席会议并作重要讲话；省农机局局长母世杰在会上作了发言。省人大法工委、省财政厅、省公安厅等30多家省级单位的代表及省级有关新闻单位共60余人出席会议。

动员大会后，省农机局与省人大农业委员会共同举办了《中华人民共和国农业机械促进法》有奖知识竞赛活动，近10000人参加活动；省农机局向全省各级农机系统及相关部门赠阅《中华人民共和国农业机械促进法》单行本、《中华人民共和国农业机械促进法释义》和《中华人民共和国农业机械促进法学习资料》等共两万余册；省农机局组织各市（州）农机局局长参加《中华人民共和国农业机械促进法》培训学习；采取小集中方式，组织省局及直属单位副处级以上干部学习《中华人民共和国农业机械促进法》；还举办由市（州）、县（市、区）农机部门人员参加的《中华人民共和国农业机械促进法》培训班，培训宣传骨干300多人。

通过咨询、发放宣传资料、张贴、悬挂标语等形式向农民和社会各界广泛宣传《中华人民共和国农业机械促进法》及其相关政策，并在全省各地开展了一场既声势浩大，又气氛热烈的上街、下乡宣传《中华人民共和国农业机械促进法》的活动，让社会各界了解农机法律法规，关心和支持农机化事业，增强各级领导、各相关部门依法促进、依法兴机富民的观念。进一步调动和保护农民的积极性，在全社会营造出关注农村、关心农民、支持农机、发展农业的舆论氛围。

第二节　法规管理

从1993年开始，省农机局根据省政府法制办的要求，在局内推行行政执法责任制。按农机行政执法责任制，农机行政执法工作由省农机局局长负总责，分管法规工作的副局长具体负责，安全监理处、机电排灌处、行业指导处、管理处、科教处、办公室、人事处等部门负责组织实施，法规机构负责行政执法的日常工作和监督工作。

1998年9月，省人大农业委员会和省农机局联合组成两个执法检查组，分别对成都、德阳、绵阳、广安、达川等5个市（地）、12个县（市、区）贯彻施行农机化法规的情况进行了执法检查。检查主要内容：农机化法规贯彻实施情况及效果；各级政府落实法规赋予农机主管部门职能情况；各级农机主管部门全面履行法规赋予职能情况；贯彻实施农机化法规中存在的问题和建议。执法检查组听取了市（地）、县（市、区）、乡（镇）政府及其农机部门的汇报，参观了部分乡镇农机站、各类农机专业服务组织和农机专业户与农机现场服务情况。省人大常委会副主任兼省人大农委主任孙自强、省人大常委会委员、省人大农委副主任周新远、陈协蓉、陈历伟及省人大常委会农委委员等参加了执法检查。

执法检查活动结束后，省人大专门召开执法检查结果通报会，向省委办公厅、省人大常委会办公厅、省政府办公厅、省政协办公厅以及省级计划、财政、科技、农业、工商、技术监督等部门及有关新闻单位通报农机化法规贯彻执行情况的结果，省人大常委会副主任孟俊修、副主任孙自强分别发表了讲话，强调发展农村经济要进一步发挥农机这支队伍的作用，要重视稳定农机化体系。

通过执法检查，省人大常委会认为地方各级政府及其农机主管部门在贯彻实施农机化法规中宣传有力，行动积极，重视落实，效果显著。执法检查也了解到基层政府及农机主管部门集中反映的一些问题，如：假冒伪劣产品充斥市场，农机主管部门难以依法进行监督管理和查处，希望颁布加强农机产品质量监督的地方法规；损坏农机化服务设施的现象时有发生，还存在违规无偿侵占或平调农机站资产的现象，希望加强农机化法规的执法监督等。

2000 年 9 月，按照省政府要求，省农机局对所涉及的农机化行政审批事项进行了清理。

2001 年 2 月，省政府公布省级各部门行政审批事项的清理结果。其中：省农机局根据《四川省农业机械管理条例》《四川省农机安全监理和事故处理条例》《四川省农村机电提灌管理条例》中的有关规定，保留三项行政审批事项：一是农业机械推广许可证，二是确需改装改制农业机械，三是列入省农田水利基本建设计划的农村机电提灌站建设。同时，批准此三项行政审批事项纳入省政务中心审批。11 月，省行政审批制度改革工作领导小组对省农机局行政审批事项提出进一步清理精简意见：保留农业机械推广许可证和确需改装改制农业机械审批事项；将列入省农田水利基本建设计划的农村机电提灌站建设下放到市（州）、县（市、区）农机局审批。

2002 年 1 月，省行政审批制度改革工作领导小组致函省农机局，就行政审批事项提出再次清理精简处理意见：仍保留农业机械推广许可证；将列入省农田水利基本建设计划的农村机电提灌站建设和确需改装改制农业机械两项审批权一并下放市（州）、县（市、区）。2 月，省行政审批制度改革工作领导小组印发《关于印发行政审批项目登记表的说明》，其中省农机局行政审批清理结果是：保留农业机械推广许可证；取消列入省农田水利基本建设计划的农村机电提灌站建设审批；取消确需改装改制农业机械审批。5 月，省行政审批制度改革工作领导小组办公室采纳省农机局意见，将省农机局行政审批事项确定为：保留 1 项，即农业机械推广许可证；备案 1 项，即确需改装改制农业机械审批。

2002 年 3 月 20 日，根据行政审批制度改革精神，省人民政府第 75 次常务会同意删去《四川省农村机电提灌管理条例》第十一条中“列入省农田水利基本建设计划的农村机电提灌站，由省政府农业机械主管部门审批”的行政审批，同时提请省人大常委会审议。经省九届人大常委会第二十九次会议审议通过。

2002 年 7 月，根据中共中央办公厅和国务院办公厅关于适应加入“WTO①”，清理地方性法规、地方政府规章和其他政策措施的统一要求，省农机局向省政府报送建议，请示对 1995 年 8 月 17 日省人大常委会颁布施行的《四川省农业机械管理条例》部分条文进行修改。省人大常委会将《四川省农业机械管理条例》（修正代拟稿）发各市（州）征求意见，由于所征求到的意见分歧较大，最终该《条例》未能进行修改。

2002 年以后，为规范行政执法行为，促进依法行政，根据有关法律法规规定，省农机局制定了一系列行政执法责任制度。先后制定的有：《四川省农机行政处罚暂行规定》《四川省农机行政复议暂行规定》《四川省农机行政执法监督暂行规定》《四川省农机行政执法责任制考核暂行办法》《四川省农机规范性文件制定和备案暂行规定》《四川省农机规范性文件备案表》《四川省农机规范性文

① WTO 是 World Trade Organization 英文缩写，即世界贸易组织。

件报送备案情况一览表》《四川省农机行政执法错案责任追究暂行办法》《四川省农机行政执法人员考核制度》等。

2003 年 12 月，省政府下发《贯彻落实国务院办公厅关于进一步推进省级政府行政审批制度改革意见的通知》，要求进一步做好行政审批项目的全面清理工作，切实做好已取消的行政审批项目的落实工作，加强政务公开，规范审批行为，加强组织领导与监督检查。

2004 年 2 月，为加强规范全省农机行政执法行为，使行政执法文书系统完整地反映行政执法的全过程，省农机局印发了《四川省农机行政处罚法律文书式样》《四川省农机行政复议法律文书式样》《四川省农机行政执法监督法律文书式样》等。2004 年 3 月，国务院印发《全面推进依法行政实施纲要》，2004 年 12 月，省政府印发《四川省人民政府全面推进依法行政五年规划》。

按照省政府的要求，省农机局再次进行了全面自查清理，并将清理结果于 2004 年 3 月 4 日报四川省行政审批制度改革工作领导小组办公室。

2004 年 9 月，为贯彻《中华人民共和国行政许可法》，省人大常委会决定对《四川省农业机械安全监理和事故处理条例》作如下修改：删去第八条第一款中的“和推广许可证”字样；删去第九条第二款和第五十一条；删去第六十四条；条文中的“市、地、州”修改为“市、州”。为贯彻《中华人民共和国行政许可法》，四川省人大常委会决定对《四川省农业机械管理条例》作如下修改：第二十二条改为：“开办农业机械维修点，必须取得县级农业机械主管部门核发的农村机械维修技术合格证，并按核定的维修等级承揽相应的维修项目”。删去第二十六条末尾的“产品合格的，发给推广许可证”字样；删去第三十一条第一款中的“和推广许可证”字样；删去条文中的“地区行政公署”。条文中的“市、地、州”修改为“市、州”；删去第四十二条；删去第五十条。

2005 年 5 月，农业部印发《农业系统贯彻落实〈全面推进依法行政实施纲要〉》。12 月，省农机局结合四川省农机系统的实际情况制定了《四川省农机系统依法行政五年规划》，下发各市州农机局和直属单位。

2005 年，按照省政府加快推进行政执法责任制工作的统一要求，省农机局依法行政工作得到了较好较快的发展。根据省农机局 1993—2005 年的年度行政执法责任制工作监督检查情况报告：省农机局行政执法主体合法，无内设机构、合同工、临时工执法现象，无违法委托执法情况；严格执行行政执法人员管理制度，所有行政执法人员均持省政府统一制定的行政执法证件亮证执法。严格按照行政执法的有关规定进行执法，未出现无证上岗或使用失效执法证件执法的情况；几年来对行政执法人员进行了 108 人次的培训考核，及时换发“行政执法证”；没有发生行政执法案件被行政监督机关责令纠正或予以撤销，经复议机关决定撤销、变更或经人民法院审判予以撤销等情况。也没有发生因执法违法引起的国家赔偿案件；行政执法严格执行处罚罚款分离制度。执法文书规范，没有乱收费、乱罚款、乱集资、乱摊派行为。没有向所属执法机构及下级行政执法机关和执法人员下达罚款指标；按照规定程序制定、备案《四川省农用运输机械产品质量责任暂行规定》等规范性文件；无行政不作为，没有出现过一起行政执法人员玩忽职守、打击报复、滥用职权、索贿受贿等违法违纪案件。

第三节　法规建设成效

农机相关法律、法规及规章的颁布施行，从法律角度明确了四川省发展农机化工作的重要性，规范了农机行政的行为，使农机化工作步入法治轨道，充分调动了农机管理者、经营者等各方面的积极性，使四川省农机化事业各方面的发展都受到法律保障，成效明显。其中，四川省农机法制建设成效较为直观的表现有如下几个方面：

其一，依法开展质量监督检查，净化了农机市场。

为保证农机产品的质量和安全，四川省农机行业以法律为武器，在执法中采取了从企业生产和流通市场两方面着手的措施。一方面，四川省以实施农机行政许可为重点，认真审批核发农村机械维修技术合格证，把好农机维修市场准入关；对四川省农机企业生产的新产品在正式投入生产前，均做到经四川省农业机械鉴定站检测，以确保农机产品质量。另一方面，四川省农机系统执法人员在行政执法中，加强对农机市场检查和监督，对坑农害农违法行为进行综合整治。“十五”期间，全省共出动执法检查人员 32600 多次，先后检查了 1847 家企业、21560 多个经营单位，查处非法生产企业、非法销售企业和非法维修网点共 853 个，捣毁制假窝点 37 个，查处质量案件 843 起，涉案金额 1650 万元，涉案人数 157 人，查处假冒伪劣农机产品 36540 台/件，价值 4960 多万元。农机市场秩序进一步好转。

其二，依法管护，保证农机重要设施安全。

《四川省农业机械管理条例》《四川省农村机电提灌管理条例》以及其他很多涉及农机的法律、法规均对四川省境内的重要农业机械设施规定了严格的保护性条款，并对各类违法行为制定了相应惩罚。这就使农机设施的管护有了法律依据，保证了重要农机设施的安全。以机电提灌设施为例，省农机局根据《四川省农村机电提灌管理条例》和四川农村实际情况，一方面加强条例的宣传贯彻，另一方面把提灌设施建设和管护任务纳入各级政府目标层层落实，建立健全了提灌站管护制度。条例自公布实施后，震慑于法律的威力，全省偷盗农村高压输电线、变压器及其他设备的不法行为明显减少，提灌站设施安全性大增。

其三，依法加强农机监理，确保农机安全生产。

四川省以贯彻落实《四川省农业机械安全监理和事故处理条例》等法律法规为主线，积极推进农机安全生产。在全省建立起了各级农机安全生产责任体系，使农机安全生产形成了强大的社会综合治理防范网络。同时，农机安全监督执法者以法律为依据进行执法工作，各项管理措施和制度都较过去更严格、更具体，杜绝了很多农机安全生产中的隐患，保证了全省主要安全指标控制在目标以内，切实保护广大人民群众的生命财产安全。

其四，依法维权，保护农机所有者的权益。

农机法律、法规的立法宗旨不仅在于鼓励、扶持农民和农业生产经营者使用先进适用的农业机械，促进农业机械化，更要切实保护他们的合法权益，使他们更乐意购买和使用农业机械，成为农业机械推广示范和用机致富的带头人。农机法律法规的颁布施行，使农机所有者的合法权益得到法律保障。如：2003 年 11 月，甘孜州炉霍县农牧民利用小额贷款购买了 139 台小四轮拖拉机，在使用中发现存在冒黑烟、机器无力、漏油等现象。州农机局根据《四川省农业机械管理条例》第二十七条，联合县工商局等部门向厂家反映，厂家当即派人解决，更换了全部机器，为农牧民挽回了经济损失。2004年，南充市青居电站建成蓄水，由于建设单位漠视农机提灌站的权益和作用，事先没有通知提灌站的所有权者进行拆迁和移建，造成青居电站上游嘉陵江段10余座电灌站被淹没。市农机局和高坪区、嘉陵区农机局依照《四川省农业机械管理条例》第四十五条和《四川省农村机电提灌管理条例》第五条、第十五条、第二十九条、第三十条规定，依法提出侵害赔偿诉求和异地还建补偿诉求，共计获得赔偿金220余万元，切实保护了农机所有者的合法权益，维护了农村农机化基础设施建设秩序，树立起了农机部门依法维权、依法护民、依法发展的良好形象。

第二章　农机机关信息化建设

1973 年以来，省农机局一直是通过交换内部信息资料、收发文件、电话以及发行《四川农机》杂志向本行业和社会各界宣传农机化工作，交换信息。1996 年以后，省农机局开始创建和使用电子信息网络系统，使四川农机化信息及时跟上了现代化步伐。

第一节　内部信息资料

一、《农机情况简报》和《农机简报》

1977 年，省农机局开始编印内部信息资料《农机情况简报》。《农机情况简报》主要刊载全省各市（地、州）农机部门开展农机化工作的经验、做法。《农机情况简报》无固定的年度期刊数量要求，由省农机局各处室编印，报送国家农业部农机化司、中共四川省委、省人民政府领导、省农村工作委员会、省政府办公厅农业处、信息处；发各市（地、州）农机局；在省农机局为省农牧厅二级局时期，也报送省农牧厅、省水利厅农水局等部门。1982 年，《农机情况简报》改名为《农机简报》。

2003 年，省农机局停止《农机简报》纸质件的印发，相关信息内容通过国际互联网的“四川省农机化信息网”网站的各专题报道栏目向公众发布。

1977—2002 年历年《农机情况简报》以及《农机简报》情况汇总表

表 5－1

年度	印发期数	重要简报标题
1977	25 期	1. 深揭猛批“四人帮”，抓紧搞好农机维修配套工作，迅速投入抽水和春耕 2. 各地农机作业、春耕、“双抢”、农机冬修与提灌动态 3. 加强领导狠抓冬修充分发挥农机效益 4. 抓纲治厂加快工业学大庆的步伐 5. 决战 77 年基本上实现农业机械化
1978	38 期	1. 各地农机部门开展春耕、提灌机械抗旱、秋收秋种、冬修、农机作业服务等情况 2. 认真学习主席信抓紧冬修迎春耕 3. 关于农林部工业学大庆检查组在我省检查三个县农机修理厂情况的综合简报 4. 射洪县大抓储油节油，广泛开展“一池三化”运动 5. 机务审验促春耕

续表 5-1

年度	印发期数	重要简报标题
1979	36 期	1. 两种作法，两种效果——蓬溪县寸塘口水库冬季提水会战的情况调查 2. 温江地区农机局拖拉机修理质量检查提纲 3. 省农机管理局召开农机冬修调度会议，要求各地加快进度，提高质量 4. 提水蓄水实行《水方验收单》办法好 5. 江津地区农机局关于加强农机安全工作的意见
1980	29 期	1. 重庆市试行用经济办法管理农机修理大大调动了企业和职工的积极性 2. 各地农机部门开展春耕、提灌机械抗旱、秋收秋种、冬修、农机作业服务等情况 3. 农机修造厂怎样“找米下锅”搞经济 4. 加强管理、把农机站的经济搞活搞富 5. 拖拉机负担的农业运输量越来越大
1981	56 期	1. 内江地区旱地经济作物机械化专题通过评价报告 2. 从统计年报看我省 1980 年农业机械化发展的情况 3. 犍为县人民政府关于加强公社农机站建设及归属问题的通知 4. 各地农机部门开展春耕、提灌机械抗旱、秋收秋种、冬修、农机作业服务等情况 5. 关于农机如何适应农业生产责任制的调查
1982	58 期	1. 农机产品出口工作会议简况 2. 介绍 105 合成清涤剂 3. 成都农机管理局关于认真做好农机节油工作的意见 4. “记件工资”联产计酬责任制有利于调动农机人员积极性 5. 签定合同推动备耕
1983	24 期	1. 介绍一个经济效益好的公社农机站 2. 农机业务技术承包效果好 3. 开展农机咨询服务好 4. 实行油料管、供、用、节约一条龙的办法好 5. 适应新形势搞好农机站经营承包
1984	21 期	1. 大力加强乡农机站的建设——崇庆县人民政府召开农机工作会 2. 简阳县发挥农机专业户作用解决甘蔗卖难运难的问题 3. 农用拖拉机养路费增多，农民负担不起 4. 充分利用当地水力资源发展家用微型水电站 5. 关于我省拖拉机负担问题的情况反映
1985	21 期	1. 乐山市安谷乡运销公司联合经营道路宽广 2. 南充地区农机系统适应城乡经济发展，广泛开拓服务领域 3. 茂汶羌族自治县较好解决了拖拉机监理分工的问题 4. 四川省农机修造企业在调整改革中开拓前进 5. 全省各地农机春耕备耕情况
1986	13 期	1. 资阳县关于农机化学校、农机化研究所进行体制改革的“五定”意见 2. 绵竹县政府加强领导，农机、交通部门紧密配合，拖拉机监理工作成效显著 3. 仪陇县复兴区农机管理站组织用户签订抽水合同，充分发挥提灌机械效益 4. 简阳县手扶拖拉机按技术状态等级供油 5. 全国首届县级农机校教学观摩评比会记实

续表 5－1

年度	印发期数	重要简报标题
1987	18 期	1. 安县先林电灌站经过技术改造经济效益显著提高 2. 四川省委农村工作会议发布的关于改革抗旱经费由无偿使用改为贴息使用办法和粮食合同定购与供应柴油挂钩的两条重要信息 3. 绵竹县人民政府办公室转发该县农机局《关于县农业机械技术学校改革的意见》 4. 成都市关于乡农机站类型划分的标准 5. 省农机局关于 S195 型柴油机节油改造技术推广情况 6. 天全县梅岭乡人民政府何永福写信向谢世杰副省长反映当地农村耕牛减少，建议研制多功能耕地运输机械
1988	24 期	1. 省农机局关于做好小型耕整机试验试范的情况 2. 越西县实施粮油挂钩的办法 3. 1987 年全省县级农机校改革和培训情况 4. 三台县干坝王电灌站经过整顿和改造对农业生产贡献突出 5. 遂宁市中区财政局、水利农机局研究建立农业机械化发展基金
1989	25 期	1. 全省各地农用提灌机具维修情况 2. 温江、井盐等地农机为农服务情况 3. 全省开展农机安全大检查、取缔无证开车的情况 4. 全省 S195 型柴油机节油改造技术推广工作、小麦机播情况 5. 全省农机志编纂情况汇总
1990	28 期	1. 凉山州机械化垦荒两万余亩 2. 全省农机安全大检查及全省农机监理工作会议情况 3. 省农机局举办农机新机具、新技术展示会 4. 省农机局在黔江县农机科技承包工作中做到“三落实”受到好评 5. 推荐通江县委书记李克明同志的文章：《把微水电建设当成为山区人民谋福利的大事来抓》
1991	33 期	1. 重庆市农业委员会批转重庆市农机水利局《关于统一农机安全监理人员劳动保护服装标准的报告》 2. 自贡、南充两地开展《四川省农业机械安全管理办法》宣传月活动情况 3. 全省农机推广体系建设进展较快 4. 省农机局 1990 年小麦“丰收计划”成效显著 5. 省长张浩若高度评价通江微水电建设
1992	20 期	1. 德阳市市中区农业机械管理局关于参加四川省“铁牛杯”竞赛活动的实施方案 2. 重庆市万县农机站实行退休养老保险，乡镇农机职工老有所养 3. 全省各地去冬今春机电提灌设施修复改造进展情况通报 4. 全省乡农机站经济发展取得好成绩 5. 广汉市农机局被列为中共广汉市委管理的行政事业单位
1993	17 期	1. 渠县农机局积极做好转换职能、人员分流改革工作 2. 成都市、德阳市抓好《四川省农业机械事故处理办法》宣传工作 3. 重庆市人民政府颁布《重庆市乡镇农机站工作规定》 4. 宜宾县农机局在机构改革中被列入政府的职能局 5. 各地贯彻省农机局“关于实施农机化目标管理及有关事项的通知”的通报
1994	18 期	1. 资阳等地机电提灌站修复改造情况 2. 一九九三年全省站办经济发展成绩斐然 3. 各地开展安装拖拉机前照灯、前后转向灯专项管理工作情况 4. 丹棱县农机局抗旱救灾事迹 5. 省委常委黄寅逵视察农机“玉米丰收计划”工作，高度评价农机服务体系的作用

续表 5－1

年度	印发期数	重要简报标题
1995	12 期	1. 遂宁市农机部门奋力投入冬春提水蓄水“百日大战” 2. 省委、省政府领导视察省农机局并向全省农机系统拜年 3. 遂宁市农机修造工人技术培训考核工作座谈初见成效 4. 全省人大农业工作座谈会领导同志谈农业机械化工作及农机管理条例 5. 涪陵地区行署办公室关于不准随意设卡阻拦农业部门运输油料的通知
1996	11 期	1. 部分农机加油站被授予“四川省第一届成品油经营企业计量信得过单位”称号 2. 温江县大力推广机械化稻麦催芽技术 3. 省政协领导专题调查农机化及科技兴农工作 4. 省政府农口系统目标管理会议在广汉召开 5. 我省联合收割机抢收抢种大会战
1997	22 期	1. 泸县大力推广稻种破胸催芽机加快水稻生产机械化建设步伐 2. 省委、省政府领导谈当前四川农业抗灾夺丰收工作 3. 广汉市机收服务队千里挺进攀西帮助抢收 4. 省委书记谢世杰同志亲临联合收割机跨区作业现场会并就发展农业机械化发表谈话 5. 省委副书记、副省长张中伟同志深入郫县、新都农村调查机械化收割情况
1998	10 期	1. 彭山县乡镇农机站全部增挂乡镇农机技术推广站的牌子 2. 省农机局第二次局务会情况通报 3. 巴中地区农机局用三个“第一”来保证机电提灌工作抓出一流成绩 4. 达州地区加快农机化发展进程 5. 省人大副主任孙自强同志谈农机化法规贯彻实施的检查情况
1999	15 期	1. 1999 年四川省农机科技暨技术选型会议纪要 2. 抓好先行县、关键在于动真格—巴中地区行署副专员陈延荣对通江农机工作进行深入调研 3. 部份地区抓节水灌溉技术、推广秸秆还田机械技术情况 4. 大邑县农机局争取政策支持通过技术服务到位大力推广稻种机械化催芽技术 5. 成都、泸州等市认真做好农机节能推广工作
2000	11 期	1. 汉源县乡镇农机站联合组建农机供油有限公司的情况汇报 2. 江油市认真做好本年度农机维修、供应人员和农机维修、供应网点审验工作 3. 广安市、巴中市依法监督、强化管理确保农村机电提灌健康发展 4. 部份市、县贯彻落实省政府要求努力做好农用油料储备和供应工作的情况 5. 省农机局大力开展农机安全生产大检查
2002	19 期	1. 犍为县大力开展拖拉机驾驶员职业技能鉴定工作 2. 全省乡村机耕道建设第二期工程技术人员培训班情况 3. 省农机局召开第一次三州（甘孜、阿坝、凉山）微水电工作组会议 4. 省人大向省政府办公厅提出《关于抓好乡村机耕道建设促进农业和农村经济持续发展的意见》 5. 省人大在乐山市农村道路建设的调查报告；

二、《农机化信息》

1992 年，省农机局开始编印内部信息资料《农机化信息》，主要刊载全省各市、地、州农机化发展形势、工作进展情况。该资料由省农机局办公室编印，无固定的年度期数要求，主要报送国家农业部农机化司、中共四川省委农委、省人民政府办公厅农业处、信息处；发各市、地、州农机局；在省农机局为四川省农牧厅二级局时期，也报送省农牧厅、省水利厅农水局等部门。

2003—2006 年，《农机化信息》在通过纸质件印发的同时，将信息内容的电子文档上载到“四川省农机化信息网”网站的《农机化信息》栏目。2007 年，省农机局停止《农机化信息》纸质件的印发，相关信息内容通过国际互联网上的“四川省农机化信息网”网站的各专题报道栏目向公众发布。

1992—2005 年历年《农机化信息》情况汇总表

表 5－2

年度	印发期数	重要信息标题
1992	14 期	1. 各市、县贯彻 1992 年全省农机化工作会议精神情况 2. 万县地区一九九一年农用柴油供应兑现差 3. 各级农机部门积极做好春耕备耕工作信息 4. 部份市县加强农机工作、农机站及农机服务组织建设信息
1993	17 期	1. 甘孜州积极宣传贯彻《四川省农业机械事故处理办法》，乐山市农机加油站发展状况良好 2. 各地农机部门抓春耕生产、抗旱救灾、秋耕秋种、农田水利基本建设信息 3. 各地农机部门抓好农机社会化服务、农机科技推广项目、新技术、新机具推广信息
1994	18 期	1. 各地抓春耕生产、抗旱救灾、秋耕秋种、农田水利基本建设信息 2. 乡镇农机站发展情况、农机服务组织为农服务信息
1995	18 期	1. 省农机局全面超额完成省政府下达的 1994 年目标管理任务 2. 国家对农口企业（含农机站）征收所得税作出规定 3. 各地农机部门抓好春耕生产、提水灌溉、抗旱救灾、秋耕秋种、农田水利基本建设信息 4. 农业部农机化司副司长李昶杰考察德阳市农机化工作 5. 省人大常委会通过《四川省农业机械管理条例》，全省农机管理系统全面宣传贯彻《四川省农业机械管理条例》
1996	11 期	1. 省农机局全面完成省政府下达的 1995 年目标管理任务 2. 各地农机部门抓好春耕生产、提水灌溉、抗旱救灾、秋耕秋种、农田水利基本建设信息 3. 省八届人大常务会第二十一次会议初步审议《四川省农村机电提灌管理条例（草案）》 4. 张中伟副省长对当前机电提灌工作作出指示 5. 省农机局被省委、省政府授予 1995 年抗灾工作先进单位
1997	13 期	1. 各地农机部门抓好春耕生产、提水灌溉、抗旱救灾、秋耕秋种、农田水利基本建设信息 2. 部份县推广农机新技术、新机具情况 3. 省农机局被省委、省政府评为 1996 年农业抗灾夺丰收先进单位
1998	10 期	1. 各地农机部门抓好春耕生产、提水灌溉、抗旱救灾、秋耕秋种、农田水利基本建设信息 2. 省政府召开全省春耕生产片区会 3. 省农机局召开“双抢”暨水稻生产机械化现场会 4. 农业部副部长路明同志、成都市王少雄副市长到成都市农机局视察指导农机工作
1999	12 期	1. 1999 年全省农机化工作会议胜利召开 2. 德阳市农机局召开 1998 年农机化工作汇报会 3. 各地农机系统全力投入抗战春耕、“三抢”、秋耕生产 4. 机械化“坡改梯”有关税收政策问题已妥善解决 5. 省委书记谢世杰讲农机扶贫贡献大

续表 5－2

年度	印发期数	重要信息标题
2000	12 期	1. 省政府目标考评小组考评农机化目标任务完成情况 2. 各地农机系统切实搞好 2000 年农机推广工作 3. 各地农机部门抓好春耕生产、提水灌溉、抗旱救灾、秋耕秋种、农田水利基本建设、农机安全工作信息 4. 农机部门精心组织机收跨区作业，四川省农机“双抢”示范现场会在双流召开 5. 国务院法制办领导来川开展农机化立法调查
2001	11 期	1. 省政府目标考评小组考评农机化目标任务完成情况 2. 各地农机部门抓好春耕生产、提水灌溉、抗旱救灾、秋耕秋种、农田水利基本建设、农机安全工作信息 3. 省农机局在成都市青白江区举办农机“双抢”现场会 4. 省农机局与省工商局联合开展农机市场“打假”执法行动 5. 我省乡村机耕道建设正式纳入以工代赈计划，各地抓住农闲时机搞好乡村机耕道建设
2002	19 期	1. 各地农机部门抓好春耕生产、提水灌溉、抗旱救灾、秋耕秋种、农田水利基本建设、农机安全生产、乡村机耕道建设、农机产品质量监督检查信息 2. 省委、省政府考评农机化目标任务完成情况，省局全面完成 2001 年目标任务 3. 我省乡村机耕道建设工作受到省农田办充分肯定 4. 省委、省政府出台全省乡镇事业单位机构改革意见 5. 乡镇涉农事业单位机构改革工作应注意的几个方面
2004	12 期	1. 全省农机系统全面完成 2003 年度目标任务 2. 各地农机部门抓好春耕生产、提水灌溉、抗旱救灾、秋耕秋种、农田水利基本建设、农机安全生产、乡村机耕道建设、农机产品质量监督检查信息 3. 省农机局召开秸秆气化项目工作会；我省承担农业部“丰收计划”项目通过验收 4. 农业机械购置补贴项目拉开序幕 5. 四川省民族地区微水电建设工作座谈会在成都召开
2005	5 期	1. 青饲料切碎机专项治理取得突出成效 2. 各地农机部门抓好春耕生产、提水灌溉、抗旱救灾、秋耕秋种、农田水利基本建设、农机安全生产、乡村机耕道建设、农机产品质量监督检查信息 3. 2005 年四川省技术改造投资导向确定 4. 省委副书记陶武先、省政府副省长陈文光就全省农机化工作分别做出重要批示 5. 2004 年农机购置补贴项目圆满完成，2005 年各地农机购置补贴情况

第二节　电子化信息网络

1996 年，《四川省人民政府办公厅关于行政首脑机关办公决策服务系统远程网络开始运行的通知》规定，从 1996 年 10 月 1 日起，全省省级部门报送省政府的请示、报告和信息，在以纸质文件报送的同时，均需通过电子邮件系统报送一份电子数据文件。同年，省政府办公厅为省农机局配置了 1 台电脑和 1 台调制解调器，并在电脑上安装了信息报送软件。

1997 年 4 月，省农机局将电脑和调制解调器投入使用，实现了向省政府办公厅发送纸质信息的同时通过电子邮件系统报送电子数据文件。

同年 8 月，省农机局要求局机关各处室承办以局名义报送省政府的请示、报告和信息，除报送纸质件外，一律由局办公室再用电子邮件系统发往省政府。

1998 年 8 月，省农机局向中国电信四川公用信息产业有限责任公司（天府热线）申请开通了电子邮箱，通过单机拨号上网的方式实现了与国际互联网的连接。

2000 年 4 月，省委、省政府召开全省党政信息暨网络建设工作会。会议提出，2000 年要努力实现四川党政网与省级各部门、事业单位、大中型企业和驻外办的网络相联，与各市（地、州）和全省大部分县（市、区）的网络建立和互联；省级部门要加快上网进度，2000 年底前大部分省级部门要建立自己的信息发布站点，通过数据专线接入四川党政网。四川党政网管理中心到省级部门分中心和省级部门、大中型企业、各地（市、州）分中心的数据专线统一租用 2 兆的 DDN 专线，以提高网络访问速度，增强网络功能，实现规范管理。

2001 年 4 月，省委党政网建设领导小组召开会议，要求省级各部门务必建设信息化网络，尽快实现与四川党政网管理中心的连接。5 月，省农机局决定建设局机关局域网，并确定由四川英特耐特信息高速公路网络有限公司承担省农机局网络建设工作。建设施工于 8 月开始，9 月完成网络综合系统布线工程。同月，四川党政网建设领导小组办公室发文同意省农机局以局域网接入四川党政网的建设方案。10 月，省农机局向中国电信申请 1 兆 ADSL 宽带接入国际互联网①。

省农机局局域网的综合布线为双布线：即一条线路为四川党政网络（以下简称为内网），连接局机关各办公室共计 47 个用户终端；一条线与国际互联网连接（以下简称为外网），与局机关各办公室共计 48 个用户终端相连。到 2005 年，外网用户端增加到 80 个。由于四川党政网是按照内部涉密网络的标准建设的网络，省农机局建网时将内网和外网实行物理隔离。

继局域网建成后，根据省委机要局和省财政部门的要求，省农机局又先后与机要局核心密码专网和财政厅金财网实现了网络连接。

2001 年 11 月，省农机局在四川党政网上开设本部门网站，名称为“四川省农业机械管理局”，同时，向中国互联网信息中心（CNNIC）申请在国际互联网开设部门网站，名称是“四川省农业机械管理局”，注册域名为：www. scnjj. com. cn。

2002 年 1 月 9 日，中国互联网信息中心（CNNIC）发“域名注册证”。同年 2 月，省农机局制定了《四川省农业机械管理局计算机网络系统管理办法（试行）》。该办法对局域网系统维护、网站维护和信息上载、安全保密和中心机房的管理等相关制度进行了明确的规定。

2002 年 5 月，省委、省政府的公文运行已正式实行网上运转。为配合省委、省政府推进办公自动化、逐步实现无纸化办公计划的实施，省农机局下发通知，要求局机关各部门从 2002 年 4 月 22 日起，公文实行纸质和网上报送双轨运转，所有报送省委、省政府、省级有关部门、各市（州）、县（市、区）农机局的公文在完成纸质印制并盖章后，由经办人将电子文档送局办公室公文报送人员，通过四川党政网发送各受文单位。

2003 年，根据省委、省政府办公厅《关于开展公文网上交换工作的通知》和四川省人民政府办公厅《关于四川省政府公文交换中心试运行的通知》要求，全省各级各部门机密级以下（含机密级）公文全部在四川党政网上进行交换，采取电子公文和纸质公文双轨运行的方式。3 月，省农机局

① 2006 年 10 月，为满足上网用户和数据传输流量不断增长的需求，省农机局向中国电信申请取消 ADSL 宽带，安装 2 兆光纤专线接入国际互联网。

向各市、州农机局和省农机局机关各处室发出《关于在全省农机部门开展公文网上交换工作的通知》，提出从2003年3月10日起，省农机局在全省农机部门开展公文网上交换工作。省农机局实行电子公文和纸质公文双轨运行，同时要求公文网上交换工作人员要按要求在网上发送公文，按时签收网上来文，各单位应按纸质公文管理的要求，严格保密纪律；公文网上交换用户名和密码要由专人管理，定期更新，严防被盗用。

2004年9月，中国互联网信息中心增设中文通用网址“四川省农机局”。

省农机局在外网网站上开设了以下信息栏目：“机构职能”“办事指南”“统计数据”“政策法规”“行业标准”“领导讲话”“《四川农机》”“《农机化信息》”“直属单位”“乡村机耕道建设”“跨区机收作业”“农机制造/维修/市场整顿”“科研成果/项目”“新机具/新技术”“教育培训”“安全监理”等。外网网站栏目及时向社会全面展示省农机局机构、农机化政策法规、行业标准以及农机化工作动态等情况。

2004年10月，省农机局办公室对省农机局国际互联网网站进行升级，同时，对2002年2月制定的《四川省农业机械管理局计算机网络系统管理办法（试行）》进行了修订，更名为《四川省农业机械管理局计算机网络系统及信息管理办法》。新的管理办法在保留原有的网站维护和系统管理制度的基础上，增加了信息报送管理内容，明确由省农机局机关各部门信息联络员负责本部门信息报送工作，按照全局网络和信息管理的统一安排，做好与本部门工作相关网站栏目资料的收集和报送；由局办公室负责网络信息的统一管理，包括信息的收集、汇编和上载等工作。

2005年2月，省农机局办公室考虑到公众对农机化信息的需求，在征求局各处室意见后，对栏目进行了一次大改动，改动后的栏目为：“机构职能”“办事指南”“统计数据”“政策法规”“信息传递”“行业标准”“领导讲话”“农机论坛”“直属单位”“科研动态”“企业与产品”“产品供求”“专家答疑”“图片新闻”“他山之石”“专题报道”等。在《专题报道》栏目下增设小栏目：“乡村机耕道建设”“农机跨区作业”“农机市场建设”“农机具购置补贴”“职业技能鉴定”“提灌建设、节水灌溉”“贯彻《农业机械化促进法》”“安全监理”“科技推广”“水稻机械化育插秧”“教育培训”“农机化服务体系建设”“抗灾救灾”“基础设施建设”“农机装备推进项目”等。同时，网站更名为“四川省农机化信息网”。

2006年3月27日，省农机局向各市（州）农机局发出《关于进一步做好公文网上交换工作的通知》。该通知规定，由省农机局向各市（州）农机局发出的文件，除特殊情况外，均实行网上单轨运行，不再印发纸质文件。同年4月，省农机局对四川省农机化信息网信息报送系统进行了改建。新的信息报送系统只需农机化信息网中心网管人员为各信息员开设用户名和密码后，信息员点击位于四川省农机化信息网主页的“信息报送”按钮进入报送平台上载信息，省农机局信息管理人员进入信息审核平台将信息审核后上传到网站主页。对内网网站的信息报送系统也于2006年下半年进行类似改版。

第三节 《四川农机》杂志

《四川农机》杂志创刊于1977年，是由省农机局主管，由省农业机械研究设计院和省农业机械

学会共同主办的经国家新闻出版署正式批准的四川省唯一公开发行的综合性农机技术刊物。国内统一连续出版物号：CN51—1176/S，国际标准连续出版物号：ISSN1006—0243。

创刊以来，《四川农机》杂志秉承“应用为主、普及为主、基层为主”的办刊方针和“为农机化助推导航，提高农村生产力，确保农业增效、农民增收，促进农村经济发展”的办刊宗旨，履行办刊职责，为宣传国家的农机化方针政策和四川的农机化发展情况，总结交流省内外农机科技成果和经验，促进新技术、新工艺、新材料的推广应用，促进四川农机科技进步，起到了积极的作用，充分发挥了农机化宣传媒体的“导向”和“喉舌”作用。

《四川农机》杂志内容丰富，实用性和可读性强，知名度和影响力不断扩大，逐步形成了自己的风格和特色。刊物得到了广泛的好评，在行业和社会获得认同，成为全国农机行业期刊中有较大影响的刊物之一。《四川农机》杂志多次被全国农机学会、全国农机科技期刊网评为“优秀农机科技期刊”，被国家新闻出版署指定赠送全国精神文明建设百家图书馆，被《中国知网》《中国期刊网》《中国学术期刊（光盘版）》、中国科技信息研究所《万方期刊数据网》、科技部西南信息中心《中文科技期刊数据库》等全文收录。

1977 年 3 月，省农业机械研究所将试办的杂志《农机简讯》正式更名为《四川农机》。编辑出版单位为四川省农业机械科技情报网和《四川农机》编辑组（四川省农业机械研究所情报资料室）。试刊阶段，杂志不定期出版，内部发行。1977—1981 年，《四川农机》共出版 16 期，刊载文章 203 篇。杂志内容主要是以刊载学术类和技术类文章为主，开辟了“研究、试验、使用”“研究与设计”“新机具介绍”“研究试验”“译文”“维修、使用”“产品改进”“节油园地”“专题论述”“干燥技术”等栏目。

1981 年，《四川农机》杂志主办单位改为省农业机械研究所和省农业机械学会两家。1981 年第 2 期《四川农机》杂志封面首次刊载了公益广告：“熊猫—7 型手扶拖拉机”。

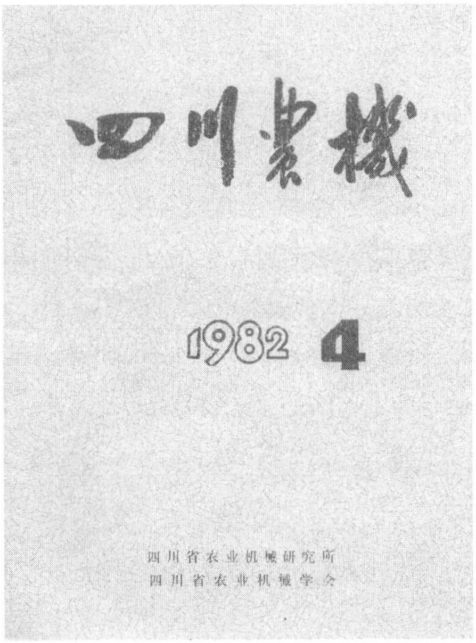

1982 年，《四川农机》杂志获得省新闻出版局颁发的四川省期刊登记证。杂志确定为季刊。

正式登记后，杂志内容仍以刊载学术类和技术类文章为主。随后逐步增设“消息动态”“管理修造”“区划工作”“节能技术及设备”“科技信息”“技术推广”“资源开发”“乡镇企业园地”“专题讲座”“计算机应用”等栏目，并尝试刊载适用于基层的文章。1987 年，省新闻出版局对四川省内报刊杂志进行整顿和重新登记。杂志第 3 期开始采用报刊临时登记证（SC）1063 号。

1988 年第 2 期开始，《四川农机》杂志正式采用国家新闻出版署颁发的国内统一刊号：CN51—1176/S。

1988 年开始，省农业机械研究所停办了内部期刊《农副产品加工机械化》。与此同时，为满足读者需要，在《四川农机》杂志内增设了“科技成果与产品”“农副产品加工机械化”栏目，并适当增加了页码，杂志的容载量增加，当年刊载文章 130 余篇。同年，《四川农机》杂志封面第一次刊载了收费广告——中国厦门福尔驶有限公司的广告“引擎磨损整修剂”，开启《四川农机》杂志广告经营业务。

1990 年，《四川农机》杂志改为双月刊。这期间共出版杂志 90 期，刊载各类文章 3000 余篇。

1990 年初，为适应农机化发展的需要，省农机局召开座谈会，专题研究进一步办好《四川农机》杂志的相关事宜，会议决定：加强领导，充实力量。从 1990 年起，省农机局作为主管单位，参与《四川农机》的办刊，由省农机局局长刘祖荣担任主编，由省农机局、省农业机械研究所、省农业机械学会的领导和专家组成第三届编委会，负责抓好编辑方针、计划、审稿等工作；认真贯彻“应用为主、普及为主、面向基层为主”的办刊方针；加强《四川农机》通联网络的建设。要求各地推荐通讯联络员，以市（地、州）农机局组成通联分站，县（市、区）农机局成立通联组，在《四川农机》通联总网的领导下，负责抓好各地区的通讯联络、组稿和发行工作；继续抓好 1990 年度《四川农机》杂志的扩大发行工作。

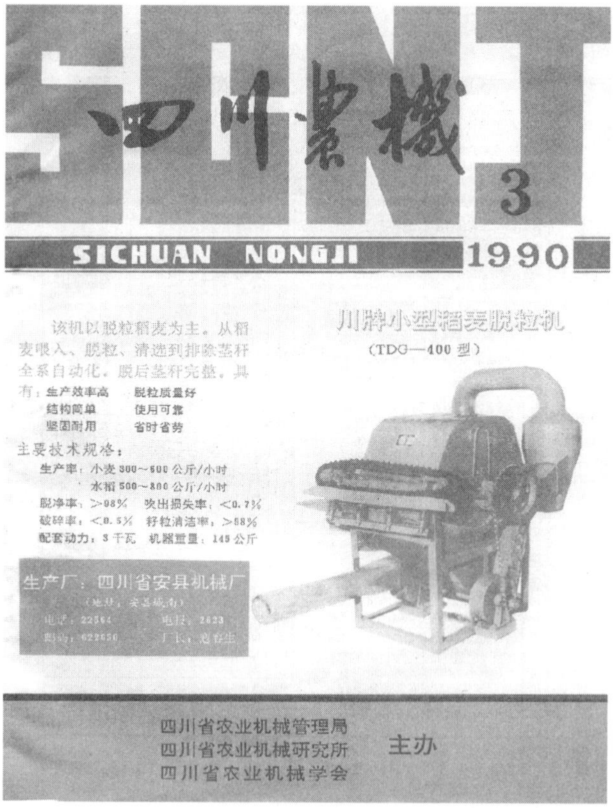

改刊后，《四川农机》在内容上做了相应调整，开设了“论坛”“综述”“经营管理”“乡镇农机站建设”“成果与产品”“安全监理”“教育培训”“知识讲座”“机手之窗”“国外科技”“资源开发与利用”等栏目。刊载文章注重实用性，使杂志逐步成为面向基层的综合性农机技术刊物。

自 1991 年第 3 期开始，封面改为彩色印刷，内文仍为黑白印刷。

1992 年底，省农业机械研究所更名为省农业机械研究设计院，1993 年第 1 期开始，《四川农机》主办单位更名为：省农业机械研究设计院和省农业机械学会。

2003 年，由省农机局局长母世杰任主编，成立第四届编委会。2004 年，根据国家新闻出版行业规定，对主编人选进行调整，由四川省农业机械研究设计院信息所所长袁志英出任主编。

双月刊阶段，《四川农机》杂志重点开展 4 项活动：2002 年，《四川农机》编辑部与成都新都龙桥机械有限公司合办了“川龙杯”农机知识有奖竞赛活动；2004 年，编辑部与四川吉峰农机连锁有限公司、四川川龙拖拉机制造有限公司联合举办首届“川龙・吉峰杯”《四川农机》杂志优秀文章评选活动，共评出优秀文章 10 篇；对 20 世纪 90 年代的几次全省农机化工作会议进行全面跟踪报道，反映全省农机系统在改革开放中的发展历程；对重要题材进行专题报道，其中包括“农机法规条例宣贯专版”“全国农机服务体系建设经验交流会四川专版”“四川主要市州农机化建设专版”，以及省委、省人大常委会、省政府主要领导对各地农机情况及西昌跨区作业现场和四川省农机“双抢”现场的系列视察等内容的专题报道。

2005 年，《四川农机》杂志进行扩容改版，采用国际开本全彩色印刷，栏目设置进行调整。杂志划分为“探讨篇”“工作篇”“技术篇”“市场篇”“知识篇”“文化篇”等篇章，并设立“要闻”“农机鉴定与质检”“监理园地”“本刊特稿”“人物风采”“新视角”等独立栏目。同年，杂志主要开展了两项活动：一是第二届“川龙・吉峰杯”《四川农机》杂志优秀文章评选活动，共评出本年度优秀文章 10 篇。二是与四川省农机监理总站共同开办了四川省“农机监理规范年”有奖知识竞赛。

第六篇　农业机械装备

随着国家对农业的高度重视和持续投入，四川省农业机械拥有量较快增长。农业机械总动力一直呈现平稳增长态势。1986 年，四川省农业机械总动力为 1013.00 万千瓦，至 2005 年，全省已达到 2181.70 万千瓦。20 年间，全省农业机械总动力以年均 5.60% 的递增速度平稳发展。其中“七五”（1986—1990 年）、“八五”（1991—1995 年）、“九五”（1996—2000 年）、“十五”（2001—2005 年）期间递增率分别为 6.50%、4.84%、7.60% 和 5.37%。

农机动力中，耕作机械、农用排灌、农副产品加工和运输机械的动力 1986 年分别为 207.04 万千瓦、259.74 万千瓦、308.92 万千瓦和 225.83 万千瓦。到 2005 年，四类动力机械分别达到 358.10 万千瓦、372.18 万千瓦、437.55 万千瓦和 599.21 万千瓦。

20 年中，四川省用于田间作业的大中型和小型拖拉机略有减少，而代之以大量的微型耕整机；农用排灌机械和农用运输机械备受社会关注，拥有量均有较大增加；其他如农副产品加工机械、播种机械、收割脱拉机械、植保机械、畜牧业机械等，20 年间拥有量都有不同程度的增长。其中增长最快的是机动脱粒机，2005 年拥有量是 1986 年的 14 倍。

第一章 农机动力

第一节 动力拥有量

农业机械装备是实现农业机械化的工具。农业机械总动力是显示农业机械拥有量情况的最直观的重要指标。四川省农业机械总动力在1985年末为919.49万千瓦，1986年为1013万千瓦。随着国家对农业高度的重视和持续的投入，四川省农业机械拥有量得到较快发展，农业机械总动力一直呈现平稳较快增长态势。1986—1996年（含重庆市）期间，四川省农业机械总动力年均递增速度为5.15%，1996年达到1673.17万千瓦，比1986年净增660.41万千瓦；1997—2005年期间，年均递增速度为6.20%，2005年达到2181.7万千瓦，比1997年净增833.49万千瓦。在1986—2005年的20年发展中，“九五”期间递增较快，年均增长达7.60%；“八五”期间递增较慢，年均增长为4.84%。剔除重庆市农机总动力拥有量的影响，1986—2005年，四川20年间全省农业机械总动力以年均5.6%的递增速度平稳发展。

1986—2005年四川省农业机械总动力发展情况详见表6－1和图6－1。

1986—2005年四川省农业机械总动力发展情况表

表6－1

<table>
<tr><th rowspan="2">年份</th><th colspan="4">农业机械总动力</th></tr>
<tr><th>万千瓦</th><th>年均递增（%）</th><th>万千瓦（不含重庆）</th><th>年均递增（%）</th></tr>
<tr><td>1986</td><td>1013</td><td rowspan="5">6.50</td><td>772.77</td><td rowspan="10">5.60</td></tr>
<tr><td>1987</td><td>1087.73</td><td>828.98</td></tr>
<tr><td>1988</td><td>1165.08</td><td>887.72</td></tr>
<tr><td>1989</td><td>1209.40</td><td>918.92</td></tr>
<tr><td>1990</td><td>1259.89</td><td>956.00</td></tr>
<tr><td>1991</td><td>1323.37</td><td rowspan="5">4.84</td><td>1007.23</td></tr>
<tr><td>1992</td><td>1359.47</td><td>1035.60</td></tr>
<tr><td>1993</td><td>1397.64</td><td>1066.35</td></tr>
<tr><td>1994</td><td>1531.43</td><td>1165.11</td></tr>
<tr><td>1995</td><td>1595.78</td><td>1209.73</td></tr>
</table>

续表 6－1

年份	农业机械总动力			
	万千瓦	年均递增（%）	万千瓦（不含重庆）	年均递增（%）
1996	1673.17	7.60	1263.26	5.60
1997	1348.21		1348.21	
1998	1468.33		1468.33	
1999	1606.90		1606.90	
2000	1679.65	5.37	1679.65	
2001	1735.10		1735.10	
2002	1803.68		1803.68	
2003	1891.06		1891.06	
2004	2006.78		2006.78	
2005	2181.70		2181.70	

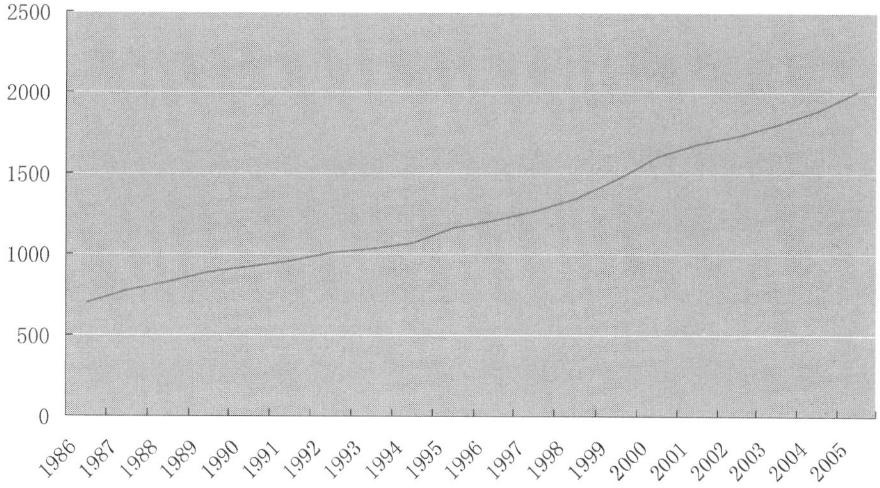

说明：1. 图中所使用的数据不包括重庆市；
2. "——"表示农机总动力（万千瓦）

图 6－1　1986—2005 年四川省农业机械总动力发展示意图

第二节　动力分类

农机动力按使用能源不同可分为柴油发动机动力、电动机动力、汽油发动机动力和其他动力（如风力、水力、煤炭燃烧动力等）4 类。四川农机动力广泛使用的主要是柴油机动力和电动机动力，其次是汽油机动力，其他类的动力机械非常少，比重低于 1%。1986 年，全省（含重庆市）柴油发动机动力、电动机动力、汽油发动机动力分别为 599.63 万千瓦、303.12 万千瓦和 107.07 万千瓦，2005 年分别增至 1477.39 万千瓦、583.98 万千瓦和 112.71 万千瓦，增长率分别为 146%、93%

和5%。四川省农机动力按能源分类发展情况分别见表6－2和图6－2。

1986—2005年四川省农机动力按能源分类发展情况表

表6－2　　　　单位：万千瓦

年度＼分类	柴油机动力	电动机动力	汽油机动力
1986	599.63	303.12	107.07
1990	773.71	349.28	132.25
1995	988.50	373.03	223.88
2000	1126.95	418.54	131.67
2005	1477.39	583.98	112.71

说明：表中1997年以前的数据包含重庆市，1997年（含）以后的数据不含重庆市

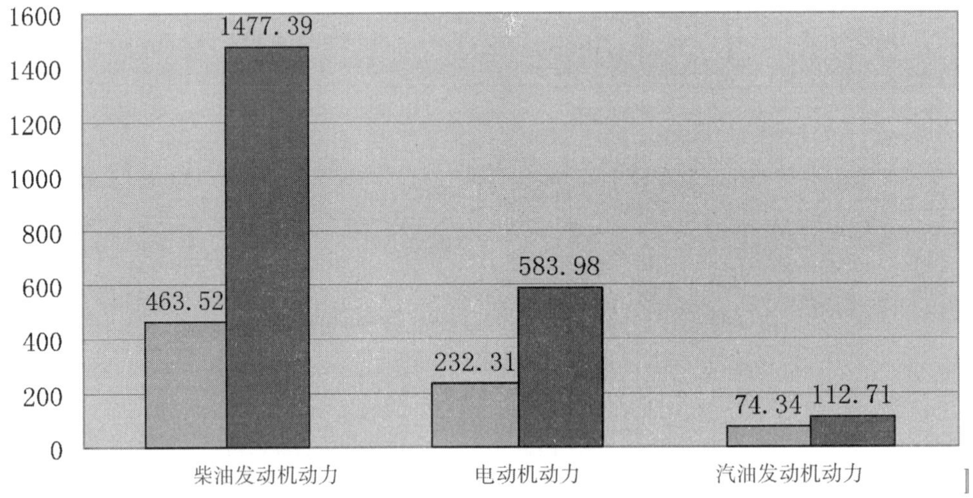

说明：1. 图中1986年数据不含重庆市；
2. ■表示1986年情况，■表示2005年情况，单位：万千瓦

图6－2　1986—2005年四川省农机总动力按能源分类情况图

农机动力按用途分类主要可分为耕作机械动力、农用排灌动力、农副产品加工动力和运输机械动力四类。1986年全省（含重庆市）农机动力合计为1012.76万千瓦，其中耕作机械动力207.04万千瓦、农用排灌动力259.74万千瓦、农副产品加工动力308.92万千瓦、运输机械动力225.83万千瓦，四类合计占农机动力总量的98.9%。2005年，这四类传统主要动力合计增至2181.7万千瓦，其中耕作机械动力358.10万千瓦、农用排灌动力372.18万千瓦、农副产品加工动力437.55万千瓦、运输机械动力599.21万千瓦，四类合计占农机动力总量的81%。四类机械比重下降的原因主要是收获机械、畜牧业机械和农田基本建设机械等动力大幅增加，尤以收获机械动力增长最快。1986年收获机械动力为0.16万千瓦，2005年增至118.09万千瓦，增长737倍。四川省农机动力按作业用途分类发展情况分别见表6－3和图6－3。

1986—2005 年四川省农机动力按用途分类发展情况表

表 6－3　　　　单位：万千瓦

年度＼分类	耕作机械动力	农用排灌动力	农副产品加工动力	农用运输机械动力
1986	207. 04	259. 74	308. 92	225. 83
1990	229. 13	276. 69	376. 42	344. 39
1995	192. 20	293. 55	384. 00	669. 59
2000	223. 81	313. 49	352. 41	297. 13*
2005	358. 10	372. 18	437. 55	599. 21

说明：1. 表中所列“农用运输机械动力”主要含农用运输车和农用载重汽车两类，其中 2000 年农用运输机械动力 297. 13 万千瓦仅为农用运输车动力；
2. 表中 1997 年以前的数据包含重庆市，1997 年（含）以后的数据不含重庆市

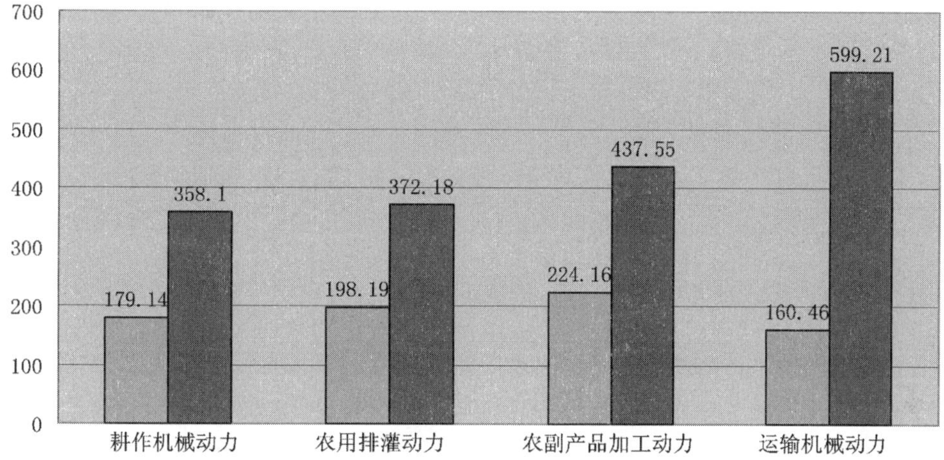

说明：1. 图中 1986 年数据不含重庆市；
2. ▒表示 1986 年情况，■表示 2005 年情况，单位：万千瓦

图 6－3　1986—2005 年四川省农机总动力按作业用途分类情况图

第二章　拖拉机及配套农具

第一节　拖拉机

一、拖拉机分类与使用

拖拉机按发动机功率大小可分为大中型拖拉机和小型拖拉机。发动机额定功率在14.7千瓦（含14.7千瓦）以上的拖拉机是大中型拖拉机，分链轨式和轮式两种。发动机额定功率在2.2千瓦（含2.2千瓦）以上，小于14.7千瓦的拖拉机是小型拖拉机，包括小四轮拖拉机和手扶式拖拉机。发动机额定功率在2.2千瓦左右的另一类小型耕作机械，在四川省境内，一般归类为耕整机。

四川省大中型拖拉机大多是轮式拖拉机。经过20世纪60—70年代快速发展，到20世纪80年代初开始回落。至1996年（含重庆市），全省拥有量最低，为0.58万台17.96万千瓦。这段时期使用最多的机型是“红旗—50”、“丰收—35”“丰收—27”等。受国家政策引导，从1997年起，四川省用于田间作业的大中型拖拉机开始恢复性增长。2005年达到1.27万台35.18万千瓦。这段时期使用较多的机型是“丰收—25”“泰山—300”“黄海金马25型”“黄海金马30型”等。大中型拖拉机的使用，大多集中在平坝地区和经济发达地区。

1992年，简阳市四川省第一拖拉机厂研制生产的变型拖拉机（俗称“歪到底”，属运输型拖拉机）推出后，曾一度得到大量发展。至2005年，全省拥有变型拖拉机达4.44万台125.51万千瓦。但这类变型拖拉机型号较杂，生产厂家较多，从2000年开始，已单独统计，与田间作业的拖拉机分开。

四川省丘陵和盆周山区，适宜发展小型拖拉机。1986年，全省拥有小型拖拉机15.21万台，占拖拉机总量的87%；1989年增至历史最高，为18.16万台，占总量的91%。此后，由于更为小型、轻便，性能也较稳定的耕整机在四川省逐步大量推广使用，小型拖拉机新增的少于报废、淘汰的，全省拥有量一直呈下滑趋势。至2005年，减少为12.48万台。1986—2005年间，前期常用的小型拖拉机有“工农—15型”“工农—12型”等手扶式拖拉机和“川丰—12型”“川丰—15型”等小四轮拖拉机；后期常用的有“长江—51型”“长江—81型”“丰收—18型”等手扶式拖拉机和“川龙牌”“金元牌”“蜀马牌”等小四轮拖拉机。

1986—2005年四川省拖拉机拥有量发展情况详见表6-4和图6-4。

1986—2005 年四川省拖拉机拥有量发展情况表

表 6－4

年份	大中型拖拉机			小型拖拉机	
	台	其中：变型拖拉机	年均递增（%）	万台	年均增长速度（%）
1986	21604		－12.37	15.21	0.07
1987	20933			16.85	
1988	19796			18.01	
1989	17717			18.16	
1990	14978			17.57	
1991	12330			17.04	
1992	10258			16.43	
1993	8870			16.11	
1994	7659			15.74	
1995	6474			15.22	
1996	5769			15.32	
1997	6644		30.86（其中：田间作业拖拉机 8.47）	13.84	－1.29
1998	10144			13.98	
1999	14833			14.26	
2000	29645	20057		13.29	
2001	33606	27555		13.06	
2002	42156	31943		13.09	
2003	46882	40612		12.25	
2004	51585	42483		12.59	
2005	57134	44406		12.48	

说明：表中 1997 年以前的数据包含重庆市，1997 年（含）以后的数据不含重庆市

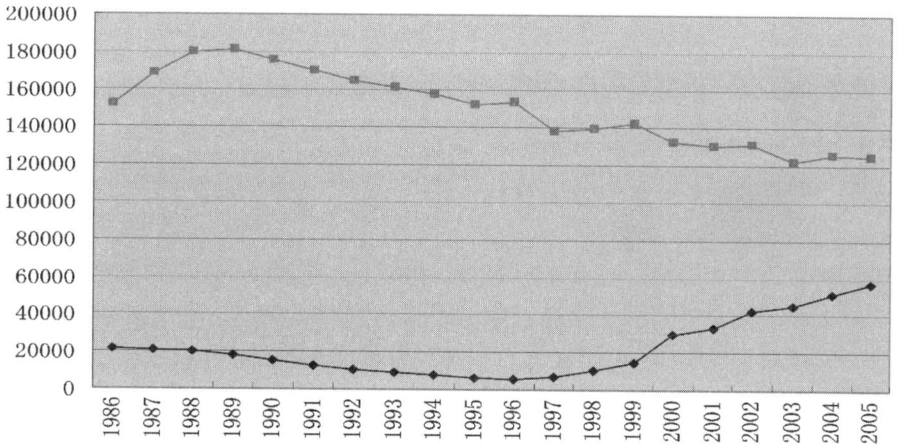

说明：1. 图中 1986—1996 年数据包含重庆市，1997 年（含）以后的数据不包含重庆市；
2. 图中大中型拖拉机包括变型拖拉机；
3. "—◆—"表示大中型拖拉机（台）情况，"—■—"表示小型拖拉机（台）情况

图 6－4　1986—2005 年四川省拖拉机拥有量发展示意图

二、大中型拖拉机更新

1992 年 7 月，根据《全国老旧汽车更新改造领导小组会议纪要》，省政府召开四川省老旧汽车

更新领导小组会议。会议决定将拖拉机更新工作纳入四川省老旧汽车更新领导小组统一领导管理，增加省农机局和省农业银行为领导小组成员单位。根据文件提出的积极开展大中型拖拉机更新工作的精神，四川省农机部门确定更新主要对象是乡、村两级集体办的农机管理服务站和农机服务队拥有的拖拉机。随后对现有大中型拖拉机的数量、所有制、使用年限等基本情况开展普查，制定了更新方案，1992 年计划更新 2 万台。

1992 年，国家计委、物资部、公安部、农业部、全国老旧汽车更新改造领导小组办公室等部委办联合制订《大中型拖拉机报废标准》，确定大中型拖拉机三条更新标准：其一，大中型拖拉机使用年限超过 15 年（或累计工作 1.8 万小时），经检查调整后，耗油率上升幅度仍超过出厂额定标准的 20%，功率降低值仍超过出厂额定标准 15%；其二，由于各种原因造成机车严重损坏，无法修复或一次性修理费超过新车价格二分之一；其三，使用多年且无配件来源，车型老旧的进口拖拉机、国产非定型和淘汰拖拉机。

1992—1996 年，四川省按全国汽车更新改造领导小组提出的要求，每年下达大中型拖拉机更新计划到各市（地、州）。此项工作因一直无资金来源，至 1996 年后，大中型拖拉机处于自然更新状态。

1999 年，省农机局根据全国汽车更新领导小组办公室要求，再次开展大中型拖拉机更新工作。省农机局下达各市（州）1999 年大中型拖拉机更新实施方案，全省更新轮式拖拉机 500 台、链式拖拉机 10 台。2000 年，全国汽车更新领导小组办公室下达四川省大中型拖拉机更新任务为 900 台，其中轮式 700 台。因仍无资金来源，此项工作再次停顿。

第二节　配套农具

拖拉机配套农具主要有机引犁、机引耙、机引播种机、旋耕机、秸秆粉碎还田机、化肥深施机等。

1986 年，四川省的机引犁、机引耙、机引播种机和旋耕机拥有量分别为 46295 台、3576 台、523 台和 67798 台。2005 年，分别增至 65910 台、31092 台、15537 台和 73359 台。其中，机引耙、机引播种机这两种配套农具增长较快，2005 年分别是 1986 年 8 倍和 29 倍。秸秆粉碎还田机、化肥深施机于 20 世纪 90 年代中期在四川省才开始发展。2005 年，这两种配套农具在全省已拥有 11029 台和 30125 台。

配套农具中，大中型拖拉机配套农具从 1986 年至 20 世纪 90 年代末期呈下降势态，之后稍有回调。2005 年拥有量为 12622 台。大中型拖拉机与配套农具的配套比为 1∶0.99；小型拖拉机配套农具在 1986—2004 年间一直徘徊稳定发展，但到 2005 年降至 9.86 万台，其配套比为 1∶0.78。

1986—2005 年四川省拖拉机配套农具发展情况详见表 6－5 和图 6－5。

1986—2005 年四川省拖拉机配套农具发展情况表

表 6－5

年份	拖拉机配套农具			
	大中型（部）	年均增长速度（%）	小型（部）	年均增长速度（%）
1986	19707	－11.74	103733	1.57
1987	18167		101612	
1988	16152		102494	
1989	13736		102322	
1990	11704		102690	
1991	10038		104707	
1992	9011		102934	
1993	7000		99100	
1994	6608		96447	
1995	5871		97132	
1996	5650		121195	
1997	6315	9.04	101100	－0.30
1998	5868		109539	
1999	6355		132409	
2000	7866		95505	
2001	8859		115832	
2002	7182		112543	
2003	8802		112357	
2004	8313		106935	
2005	12622		98575	

说明：表中 1997 年前的数据包含重庆市，1997 年（含）以后的数据不含重庆市

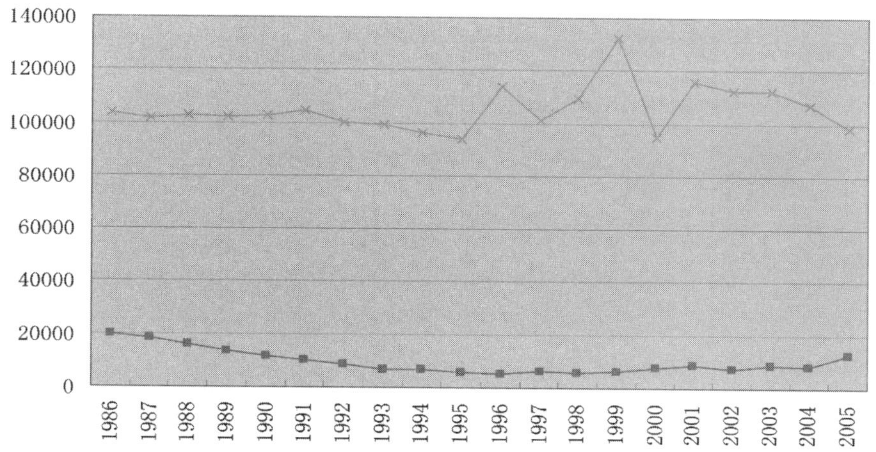

说明：1. 图中 1986—1996 年数据包含重庆市，1997 年（含）以后的数据不包含重庆市；

2. “—■—” 表示大中型配套农具发展情况（部），“—×—” 表示小型配套农具发展情况（部）

图 6－5　1986—2005 年四川省拖拉机配套农具发展示意图

第三章　种植业机械

第一节　耕整机

四川省耕整地机械除与拖拉机配套使用的机引犁、机引耙、旋耕机外，最常见、数量最大的是耕整机。

耕整机是新发展起来的特别适合四川省情的耕整地机械。自20世纪80年代后期，耕整机开始在四川省推广使用，最开始主要从事水田耕整作业，随后发展到水田、旱地全方位田间耕整作业。耕整机类似小型手扶拖拉机，动力一般比小型拖拉机小，常为3—5千瓦，并且整机重量轻，作业转弯半径小。特别适宜于丘陵山区小块田地的耕作。到21世纪初，在四川的丘陵山区，耕整机已基本代替了小型拖拉机从事田间耕整作业，成为四川省机械化耕整地作业的最大特色。据统计，1987年，四川全省仅有415台（含重庆市），2005年已增至90086台（不含重庆市），净增89671台。

在四川省使用较多的耕整机有“合盛牌”“蓝天牌”“富牌”“华神牌”等。

1986—2005年四川省耕整机发展情况详见表6－6和图6－6。

机耕船是一种在冬水田耕作的自走式耕作机械，一般配套动力为3.7千瓦，能解决深水田机耕问题。随着冬水田的逐年减少，机耕船发展受到限制，1986年全省（含重庆市）仅为252台，2005年增至1132台，且集中在内江、乐山和资阳三市内。

1986—2005年四川省耕整机发展情况表

表6－6

年份	数量（台）	年均增长速度（%）	年份	数量（台）	年均增长速度（%）
1986		55.69	1997	22805	18.73
1987	415		1998	31592	
1988	1254		1999	37398	
1989	4658		2000	39645	
1990	11141		2001	42531	
1991	15955		2002	44658	
1992	18231		2003	48401	
1993	16812		2004	63186	
1994	19122		2005	90086	
1995	20618				
1996	22304				

说明：表中1997年以前的数据含重庆市，1997年（含）以后的数据不含重庆市

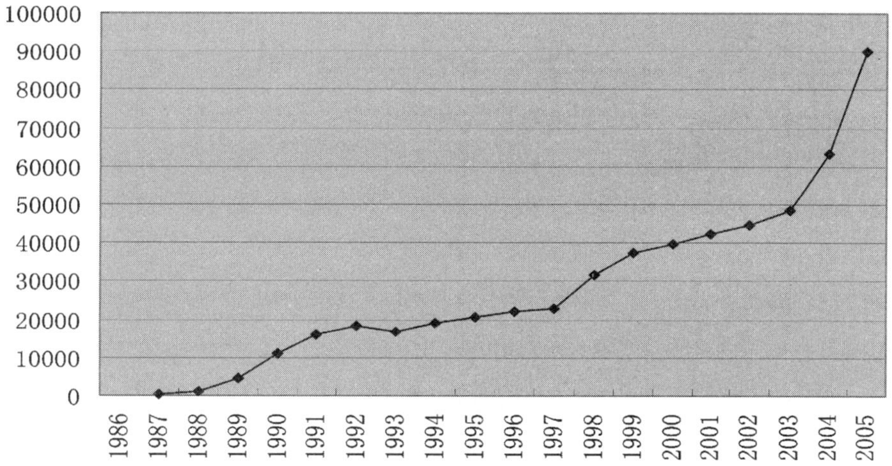

说明：1. 图中1986—1996年数据包含重庆市，1997年（含）以后的数据不包含重庆市；

2. "—◆—"表示耕整机发展情况（台）

图6-6　1986—2005年四川省耕整机发展示意图

第二节　栽插播种机械

一、水稻插秧机

水稻的栽插机械在四川省使用不多，仅处于试验示范阶段。

四川省原使用的插秧机有"2Z—632型"机动插秧机和"川—75型"人力插秧机。1977年，四川省推广种植杂交水稻，插秧技术发生变化，两种旧机型已不适应新的插秧技术。至1990年，这两种机型全省分别只剩6台和9台。

20世纪90年代初期，农业开始推行免耕技术，随之推出水稻抛秧技术。1993年，西昌冕宁县一农民研制借用机动喷雾机的风力带动秧盘实现水稻的机抛秧后，水稻抛秧机开始在四川省推广运用。由于水稻精耕细作要求严，考虑到运行成本与增产效果，水稻抛秧机发展受到局限。2005年，全省只有10101台抛秧机，而且70%都分布在成都、德阳、资阳三市。

2003年，全省引进两台"东洋PE455S"插秧机，开始在德阳市旌阳区和泸州市江阳区进行适应性试验示范。2005年，又引进了10台"东洋PE455S"插秧机（其中乘坐式1台）在全省开展机械化水稻插秧技术的试验示范，当年全省推广机动水稻插秧机17台。

二、播种机械

机引播种机械大都与拖拉机配套使用。1986年，全省（含重庆市）有机引播种机199台，2005年增至15537台（不含重庆市）。四川省机引播种机绝大部分是小麦播种机，90%以上是与小型拖拉机配套。随着农业技术的发展和改良，20世纪90年代初开始推广精量、半精量播种和免耕播种机械，至2005年，全省拥有精量、半精量播种机8195台，拥有免耕播种机376台。

由于人畜力小麦播种机价格低廉、操作简易方便，故人畜力小麦播种机在四川农村受到农民欢迎。1986 年，全省有人畜力小麦播种机 9833 台，2005 年增至 239085 台。

第三节　排灌机械

四川省除成都平原自流灌溉外，其余大部分地区属丘陵和山区，农用排灌机械需求量大，发展也很快。排灌动力机械主要以电动机和柴油机为主。2005 年，全省拥有排灌动力机械 46.04 万台、372.18 万千瓦，分别比 1986 年增长 86.50%、43.28%；有各类农用水泵 50.43 万台、节水灌溉类机械 12064 套，微电泵 222.90 万台、169.76 万千瓦。这些大大小小的数量众多的提灌机械分散在全省各地，是四川省农村提水抗旱，解决农业灌溉的重要工具。

四川提灌机械根据地貌和能源特点，一般采取以流动提灌和固定提灌站相结合的方式提水灌溉。其中，固定提灌站中的提灌机械相对流动提灌机械更大型一些。四川的固定提灌站主要是 20 世纪 80 年代以前建造的。这批固定提灌站中的提灌设施大多年久失修，严重老化，早该更新或淘汰。但这些提灌站又是四川农村提水抗旱的主力军，不可缺少。因此，从 1986 年开始，四川省针对固定提灌站中的提灌设施，在全省开展了较大规模的、持续的、有计划的更新改造工作。

1986—2005 年四川省排灌动力机械发展情况详见表 6 - 7 和图 6 - 7。

1986—2005 年四川省排灌动力机械发展情况表

表 6 - 7

年份	动力（千瓦）	年均增长速度（%）	年份	动力（千瓦）	年均增长速度（%）
1986	2597386	1.05	1997	2372051	5.79
1987	2683017		1998	2683710	
1988	2727402		1999	2961487	
1989	2735819		2000	3133934	
1990	2766939		2001	3202531	
1991	2808613		2002	3300649	
1992	2820600		2003	3283584	
1993	2850300		2004	3480804	
1994	3003338		2005	3721792	
1995	2935545				
1996	2883802				

说明：表中 1997 年以前的数据含重庆市，1997 年（含）以后的数据不含重庆市

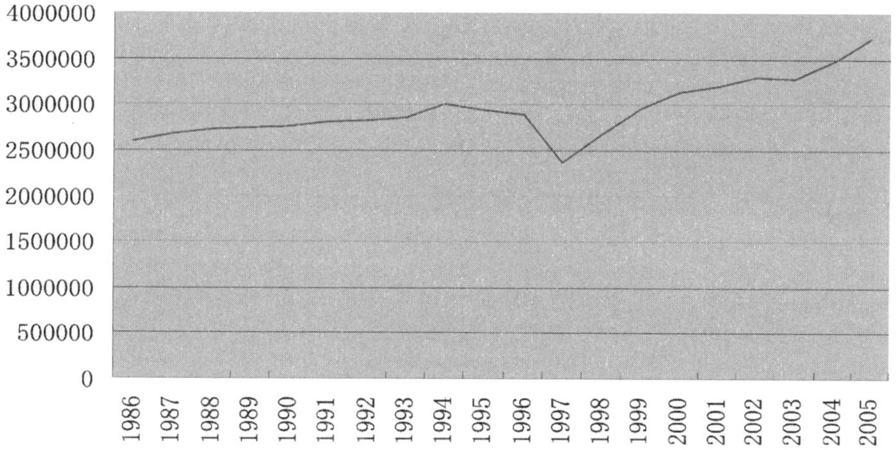

说明：1. 图中1986—1996年数据包含重庆市，1997年（含）以后的数据不包含重庆市；
2. “——”表示农用排灌机械动力发展情况（千瓦）

图6－7　1986—2005年四川省排灌动力机械发展示意图

第四节　收获机械

收获机械主要包括收割机械、脱粒机械、精选机械和干燥设备。

一、收割机械

收割机械主要包括联合收割机和一般收割机两种。

联合收割机是能一次完成作物收获的切割（摘穗）、脱粒、分离、清选等多项工序的机械。使用起来较为方便，但相对一般收割机械，其价格高、作业成本贵，致使在一般经济不很发达的四川农村推广受阻。1986年，四川省联合收割机仅有36台、1500千瓦。20世纪90年代中期，江苏省引进日本生产技术线，生产“久保田”“洋马”高性能联合收割机，国内其他企业也相继推出性能稳定、价格适宜的自走式联合收割机，如福田重工的“谷神”、浙江的“三联”、现代农装的“碧浪”等。随着四川农村经济的逐步发展，同时，随着联合收割“跨区作业”这一新的作业模式的兴起，推动了四川联合收割机的快速发展。2005年，四川省已拥有5830台联合收割机，是1986年的161倍。

1986—2005年四川省联合收割机发展情况详见表6－8和图6－8。

一般收割机是一次仅能完成收割和禾秆铺放的机械。1986年，全省有34台机动收割机，2005年增至7349台，其中50%以上是一种无行走装置，依靠小型汽油机带动作业刀具的“镰刀式”收割机。这类机械由于作业强度大，作业效果远远比不上联合收割机，目前主要是在四川省的丘陵、山区使用。在经济较发达的平坝地区，推广前景有限。

1986—2005 年四川省联合收割机发展情况表

表 6 - 8

年份	数量（台）	年均增长速度（%）	年份	数量（台）	年均增长速度（%）
1986	36		1997	1450	
1987	31		1998	2150	
1988	38		1999	2681	
1989	52		2000	3258	
1990	128		2001	3587	
1991	147	35.48	2002	4100	19
1992	210		2003	4719	
1993	321		2004	5351	
1994	368		2005	5830	
1995	429				
1996	750				

说明：表中 1997 年以前的数据含重庆市，1997 年（含）以后的数据不含重庆市

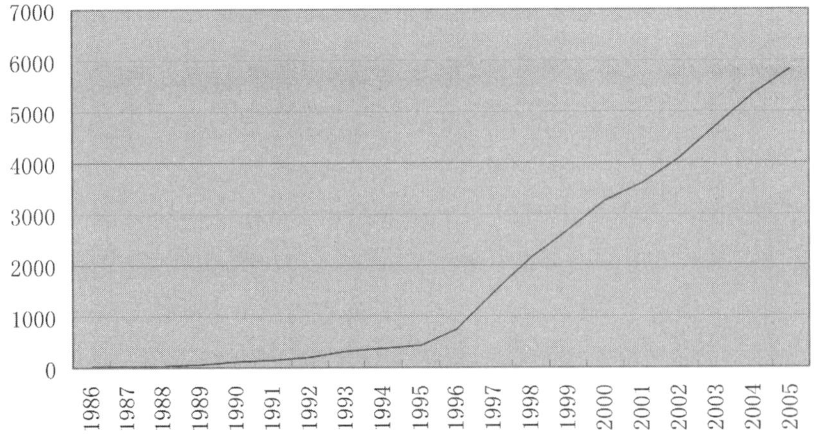

说明：1. 图中 1986—1996 年数据包含重庆市，1997 年（含）以后的数据不包含重庆市；
2. “——”表示联合收割机发展情况（台）

图 6 - 8　1986—2005 年四川省联合收割机发展示意图

二、脱粒机械和干燥设备

随着农村经济的发展和农民收入的增加，人力脱粒机逐步退出历史舞台，取而代之是机动脱粒机。1986 年，全省（含重庆市）有机动脱粒机 4.83 万台，1990 年为 6.54 万台，在 20 世纪 90 年代及其以后，四川机动脱粒机发展很快。2000 年时，四川机动脱粒机拥有量已达到 38.25 万台（不含重庆市），较 1990 年（含重庆市）增长 5 倍。2005 年，拥有量再增至 69.87 万台，比 2000 年又翻一番，是 1990 年的 10 倍，是 1986 年的 14 倍。

机动脱粒机生产厂家较多，名牌较杂。配套动力一般较小，常为 1—3 千瓦。

1986—2005 年四川省机动脱粒机发展情况详见表 6－9 和图 6－9。

干燥设备种类较少，单台售价较高，一般多用于规模大的粮食部门。四川农村经济条件差，规模小，设备选择范围窄，故在四川农村，干燥设备尚处于引进、试验、示范阶段。2005 年，全省拥有谷物烘干机只有 409 台。

1986—2005 年四川省机动脱粒机发展情况表

表 6－9

年份	数量（台）	年均增长速度（%）	年份	数量（台）	年均增长速度（%）
1986	48267	14.45	1997	191940	17.53
1987	44854		1998	276206	
1988	43328		1999	333084	
1989	47840		2000	382549	
1990	65379		2001	404369	
1991	80346		2002	458186	
1992	93592		2003	455971	
1993	106956		2004	556983	
1994	153218		2005	698735	
1995	165228				
1996	186114				

说明：表中 1997 年以前的数据含重庆市，1997 年（含）以后的数据不含重庆市

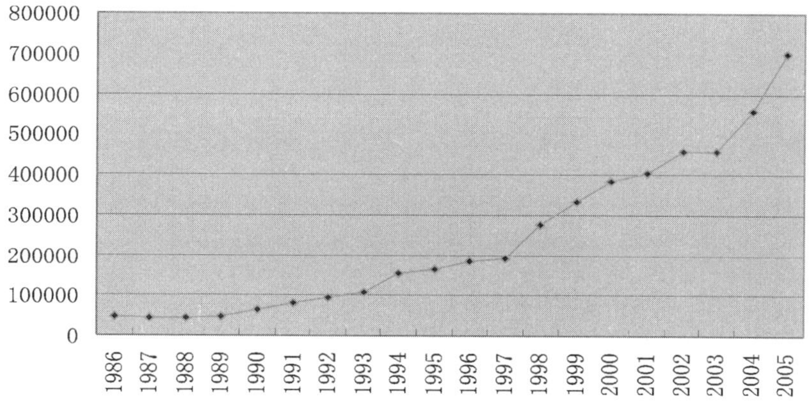

说明：1. 图中 1986—1996 年数据包含重庆市，1997 年（含）以后的数据不包含重庆市；
2. “—◆—”表示机动脱粒机发展情况（台）

图 6－9　1986—2005 年四川省机动脱粒机发展示意图

第五节　植保机械

四川省使用较多的植保机械是机动喷雾（粉）机，它主要有背负式、担架（推杆）式、喷杆式三种结构形式，全省用得最多的是背负式机动喷雾（粉）机。1986 年，四川省有机动喷雾（粉）机

2.5 万台、3.47 万千瓦；2005 年增至 8.69 万台、13.25 万千瓦，增长 248%。

1986—2005 年四川省机动喷雾（粉）机发展情况详见表 6－10 和图 6－10。

1986—2005 年四川省机动喷雾（粉）机发展情况表

表 6－10

年份	数量（台）	年均增长速度（%）	年份	数量（台）	年均增长速度（%）
1986	24940	6.83	1997	42864	9.24
1987	23878		1998	47149	
1988	23276		1999	53469	
1989	27032		2000	57293	
1990	38850		2001	59198	
1991	46775		2002	63012	
1992	49513		2003	67127	
1993	48700		2004	71500	
1994	49282		2005	86925	
1995	48625				
1996	48303				

说明：表中 1997 年以前的数据含重庆市，1997 年（含）以后的数据不含重庆市

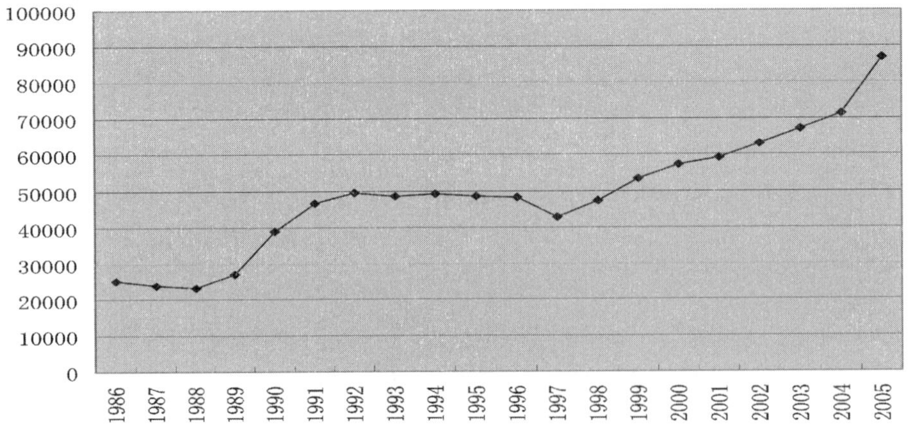

说明：1. 图中 1986—1996 年数据包含重庆市，1997 年（含）以后的数据不包含重庆市；
2. “—◆—”表示机动喷雾（粉）机发展情况（台）

图 6－10 1986—2005 年四川省机动喷雾（粉）机发展示意图

第四章　加工、畜牧业机械

第一节　农副产品加工机械

农副产品加工机械在农村用途广泛，涉及千家万户。它们不仅是解决农民群众生活问题的有力工具，更是新时期农村发展经济、拓宽致富门路的帮手。1986 年，四川省农副产品加工动力机械（含重庆市）有 38.42 万台、308.92 万千瓦，2005 年增至 80.58 万台、437.66 万千瓦，增长率分别为 109.73% 和 41.67%。

按作业用途分类，农副产品加工机械主要分为粮食加工机械、棉花加工机械和油料加工机械三大类。

粮食加工机械主要包括碾米机、磨粉机和淀粉加工设备。因为这些机械直接涉及农民群众的生产、生活，故在农副产品加工机械的拥有量中占了绝大部分。在 1985 年以前，粮食加工机械的拥有量在四川省内已具备相当规模。到 1986 年，四川省粮食加工机械为 440176 台（套），2005 年，粮食加工机械再次增至 898208 台（套），增加一倍多。

棉花加工作业机械主要指轧花机。1986—2005 年，棉花加工作业机械总趋势是下降的。棉花加工作业机械全省（含重庆市）1986 年为 12207 台，1999 年减至 5193 台，2005 年为 4783 台。棉花加工作业机械拥有量下降的原因是因为在“九五”和“十五”期间，四川省棉花种植面积以 13%、17% 的速度在递减。

作为四川省优势特色作物的油料产量，从“八五”“九五”至“十五”期间都是连续增产，带动全省油料加工作业机械随之发展。1986 年，四川省（含重庆市）榨油机拥有量为 7051 台，2005 年增至 40621 台，增长 5 倍。

1986—2005 年四川省农副产品加工作业机械发展情况详见表 6－11 和图 6－11、图 6－12。

1986—2005 年四川省农副产品加工作业机械发展情况表

表 6－11

年份	农副产品加工作业机械					
	粮食加工作业机械（台）	年均增长速度（%）	棉花加工作业机械（含轧花机）（台）	年均递增（%）	油料加工作业机械（台）	年均增长速度（%）
1986	440176	2. 33	12207	－5. 47	7051	8. 04
1987	456264		12516		7276	
1988	479007		11773		8119	
1989	494004		11211		8799	
1990	506012		10060		9914	
1991	529584		8870		10477	
1992	514289		10185		10774	
1993	535800		9300		12000	
1994	534648		8590		14374	
1995	541246		7857		14774	
1996	553980		6952		15274	
1997	404192	10. 50	6221	－3. 23	13976	14. 27
1998	422421		5753		15632	
1999	457285		5193		17255	
2000	456479		4858		20987	
2001	504653		5028		22776	
2002	563129		6186		31532	
2003	626869		5079		35686	
2004	699140		5498		34845	
2005	898208		4783		40621	

说明：表中 1997 年以前的数据含重庆市，1997 年（含）以后的数据不含重庆市

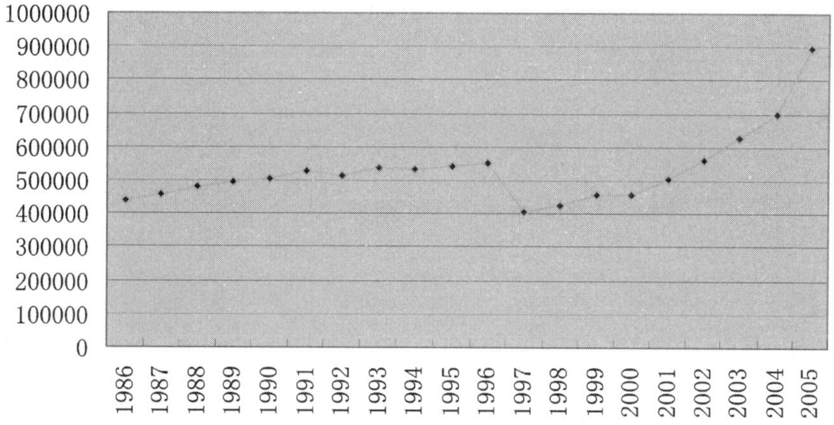

说明："—◆—"粮食加工作业机械发展情况（台）

图 6－11 1986—2005 年四川省粮食加工作业机械发展示意图

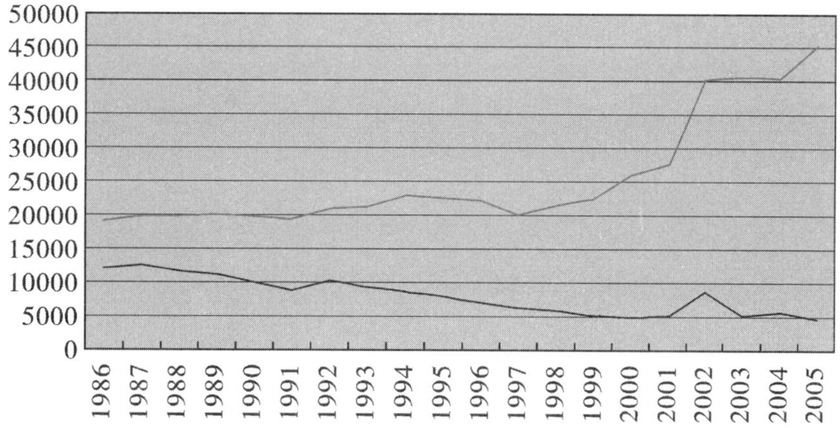

说明：1. 图中 1986—1996 年数据包含重庆市，1997 年（含）以后的数据不包含重庆市；

2. "——"表示棉花加工作业机械发展情况（台），"——"表示油料加工作业机械发展情况（台）

图 6－12 1986—2005 年四川省棉花及油料加工作业机械发展示意图

第二节 畜牧业机械

畜牧业机械包括饲料粉碎机、剪毛机、机动挤奶器、牧草收割机、翻晒机、打捆机、草籽收获机等。

饲料粉碎机是畜牧业机械的主要机型。随着四川省养殖业的快速发展，饲料粉碎机拥有量在全省迅速增长。1986 年，四川省（含重庆市）有饲料粉碎机 14.7 万台，到 2005 年，增至 34.7 万台，增加 20 万台，年递增率为 136.05%。

其他几类畜牧业机械，总量都较少，发展也不快。1986 年，全省（含重庆市）有牧草收割机 46

台、机动剪毛机24台、机动挤奶器414台，到2005年，这几类机械分别为53台、247台、842台。90年代后期出现的牧草播种机、草籽收获机、牧草翻晒机、牧草打捆机等四类畜牧业机械，全省2005年总共才有457台，主要是集中在阿坝、甘孜两州。

1986—2005年四川省饲料粉碎机发展情况详见表6－12和图6－13。

1986—2005年四川省饲料粉碎机发展情况表

表6－12

年份	数量（台）	年均增长速度（%）	年份	数量（台）	年均增长速度（%）
1986	146785	3.85	1997	149377	11.11
1987	155404		1998	178174	
1988	166187		1999	193118	
1989	177125		2000	205655	
1990	185287		2001	243640	
1991	193235		2002	223070	
1992	192600		2003	244563	
1993	194300		2004	265605	
1994	192894		2005	347106	
1995	199185				
1996	214227				

说明：表中1997年以前的数据含重庆市，1997年（含）以后的数据不含重庆市

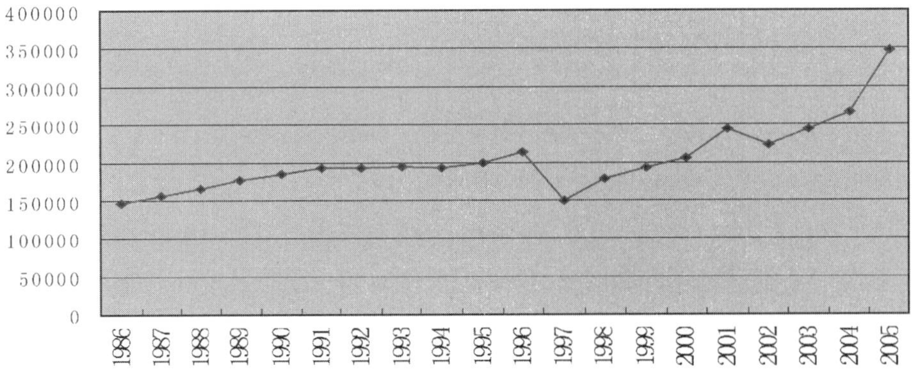

说明：1. 图中1986—1996年数据包含重庆市，1997年（含）以后的数据不包含重庆市；
2. "—◆—"表示饲料粉碎机发展情况（台）

图6－13　1986—2005年四川省饲料粉碎机发展示意图

第五章　运输及农田基本建设机械

第一节　运输机械

随着四川省农业生产的发展和农村经济的活跃，20 世纪 90 年代及其以后，四川省以机械动力带动的农用运输机械①发展很快。

农用运输车 1986 年全省（含重庆市）拥有量为 5045 辆，1996 年（含重庆市）增至 71668 辆，增长 13 倍多；2005 年增至 97859 辆，约比 1997 年翻一番。农用运输车在农机统计年报中定义为：专指在拖拉机基础上发展起来的，其性能和结构介于汽车和拖拉机之间，动力为柴油机，速度在每小时 50 公里以下的，载重量为 1.5 吨以下的农用运输机械。从结构上分为三轮运输车和四轮运输车两类。在 2005 年农用运输车总量中，四轮运输车拥有 73312 辆，占 75%，是农用运输车的主力。

农用载重汽车的速度和载重量一般都大于农用运输车，成为农用运输机械中的又一大类。四川省的农用载重汽车 1986 年全省有 31072 辆（含重庆市），1996 年增至 60506 辆（含重庆市），增 95%；2005 年达到 41302 辆（不含重庆市），与 1986 年同比增长 82%。

2005 年，四川省使用最多的农用车及载重汽车省内品牌有“王牌”“川路”“华川”等。

油罐车、机动运输船等其他运输机械，全省 20 年间发展较缓，1986 年全省（含重庆市）有 5 台、2419 艘，1999 年仅为 156 台、3931 艘（2000 年后全省未作统计）。

1986—2005 年四川省农用运输车及农用载重汽车发展情况详见表 6－13、6－14 和图 6－14。

1986—2005 年四川省农用运输车发展情况表

表 6－13

年份	数量（台）	年均增长速度（%）	年份	数量（台）	年均增长速度（%）
1986	5045	30.39	1997	53328	7.88
1987	9026		1998	60113	
1988	13928		1999	67185	
1989	18725		2000	87401	
1990	27141		2001	90226	
1991	34953		2002	92175	
1992	39882		2003	94049	
1993	47407		2004	96479	
1994	56578		2005	97859	
1995	64767				
1996	71668				

① 严格地说，农用运输机械还应该包括另一大类——运输型拖拉机，但按农机统计年报分类，运输型拖拉机归入拖拉机大类中的“变型拖拉机”中（详见本篇第二章第一节“拖拉机”）。

1986—2005年四川省农用载重汽车发展情况表

表6－14

年份	数量（台）	年均增长速度（%）	年份	数量（台）	年均增长速度（%）
1986	31072	6.89	1997	44970	－1.06
1987	35582		1998	47137	
1988	39781		1999	49950	
1989	43558		2000		
1990	42033		2001	48443	
1991	45107		2002	44505	
1992	45967		2003	41893	
1993	48187		2004	40723	
1994	53976		2005	41302	
1995	58718				
1996	60506				

说明：2000年因统计报表表式改革，未设置“农用载重汽车”统计指标

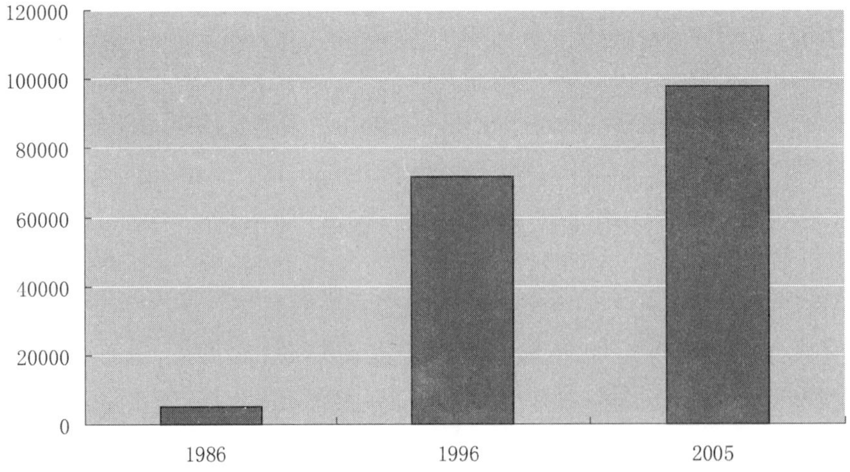

说明：1. 图中“运输机械”专指农用运输车；
2. “■”表示运输机械拥有量发展情况（台）

图6－14　1986—2005年四川省农用运输车发展示意图

第二节　农田基本建设机械

农田基本建设机械1986年种类很少，全省仅统计了推土机，为820台。20世纪90年代后期，农田基本建设机械拥有量发展，种类由单一的推土机扩展到挖掘机、装载机、平地机和开沟机等。

2000—2005年四川省农田基本建设机械发展情况详见表6－15和图6－15。

2000—2005 年四川省农田基本建设机械发展情况表

表 6－15

年份	推土机（台）	挖掘机（台）	装载机（台）	平地机（台）	开沟机（台）
2000	908	80	531	3	44
2001	937	105	512	7	47
2002	982	151	647	25	19
2003	1008	259	941	33	18
2004	1044	337	974	35	17
2005	1067	575	1216	35	55

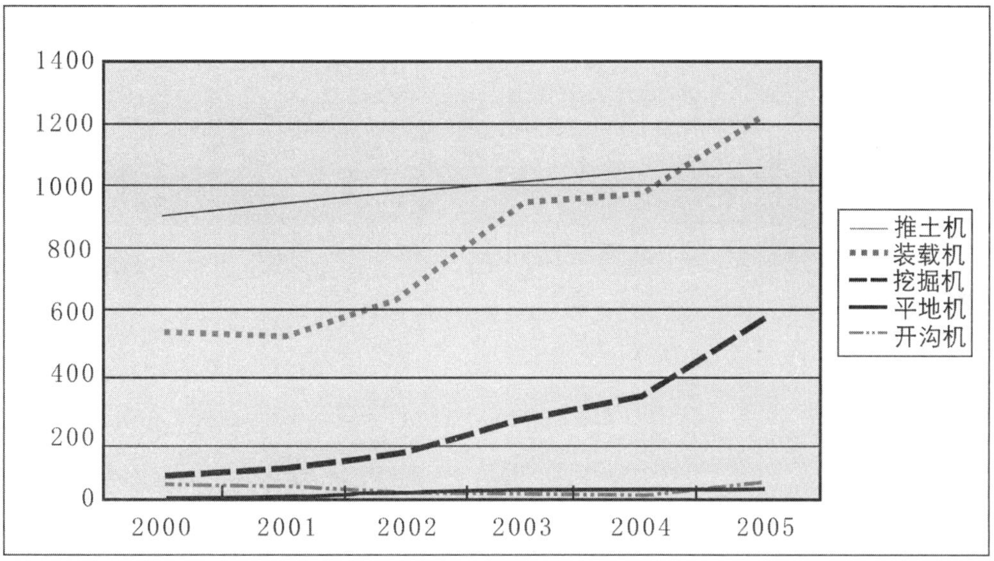

图 6－15　2000—2005 年四川省农田基本建设机械发展示意图

第七篇　农机化作业与规划

农业机械化作业包括机械耕作、机械播种、机械栽播、机电灌溉、机械植保、机械收割、机械脱粒、机械烘干、农副产品加工、农用运输等主要环节的单项作业。1986—2005 年的 20 年间，各单项农机化作业量均呈增长态势。其中机械耕作面积，2005 年（不含重庆市）较 1986 年提高 102.50%，机收面积 2005 年较 1986 增长 150.43 倍，机械脱粒作业量 2005 年是 1986 年的 10 倍多。

四川的农机化作业在农业生产中发挥了较大作用，其中抗旱救灾是一个重要方面。据不完全统计，四川省在“十五”期间共投入农机抗灾救灾人员 1915.7 万人（次）、投入抗灾减灾农业机械 274.7 万台套、1382 万千瓦，农机抗灾救灾工作为四川减少经济损失 78.7 亿元，减少粮食损失 55 亿公斤。

农机化规划统筹性地、前瞻性地考虑农机化事业的布局和发展，促进农机化事业更好地为“三农”服务。四川省农机化几次规划各有特色，对四川省农机化事业的发展都具有实际影响和指导性作用。

第一章　农机化作业

农机化作业主要指机械耕作、机械播种、机械栽插、机电灌溉、机械植保、机械收割、机械脱粒、机械烘干、农副产品加工、农用运输等环节的单项作业。

第一节　农机作业量

一、机械耕作

机械耕作是指采用犁、耙、旋耕机等农业耕作机械对土壤进行的翻耕、松碎或深松、碎土作业。机耕是农业机械化作业中最基本、最量大面广的作业方式。四川省耕整地作业除拖拉机带动机引犁、机引耙、旋耕机等机具配套作业外，最常见、数量最大的是耕整机作业。

1986—1996 年，四川省（含重庆市）机耕面积呈逐年上升趋势，年均增长速度 3.77%，1996 年达到 764.55 千公顷，比 1986 年 527.9 千公顷净增 236.65 千公顷。1997—2005 年（1997 年及其以后，重庆直辖，不含重庆市）年均增长速度 3%，2005 年全省机耕面积达到 1069.07 千公顷，比 1997 年净增 225.3 千公顷，其中机械深耕深松面积 113.63 千公顷。

1986—2005 年的 20 年间，四川省机耕面积年均增长速度 3.77%。这段时期，四川省由于实施了农机化综合试点项目、农机化先行县建设项目、农机购置补贴项目、国家现代农机装备推进项目等，对机耕作业有较大促进。2005 年，机耕面积比 1986 年提高了 102.5%。

1986—2005 年四川省机耕面积①情况详见表 7－1 和图 7－1。

从全省各市（州）情况看，2005 年，成都市、德阳市和绵阳市机耕作业面积在全省最高，分别为 79.55 万作业公顷、32.99 万作业公顷、18.87 万作业公顷。各市（州）按作业量的高低排列顺序如下：成都市、德阳市、绵阳市、眉山市、乐山市、南充市、宜宾市、巴中市、遂宁市、广元市、凉山州、内江市、资阳市、泸州市、广安市、自贡市、达州市、雅安市、甘孜州、攀枝花市、阿坝州。

2005 年四川省各市（州）机耕作业情况详见表 7－2。

① 机耕面积不同于机耕作业面积。机耕面积是指由拖拉机等农业机械耕作的实有耕地面积；机耕作业面积是指拖拉机等农业机械一次或多次耕作面积总和，与耕作遍数有关。

1986—2005年四川省机耕面积情况表

表7-1

年份	机耕面积（千公顷）	年均增长速度（%）	年份	机耕面积（千公顷）	年均增长速度（%）
1986	527.90	3.77	1997	843.77	3
1987	520.43		1998	855.57	
1988	577.25		1999	983.03	
1989	577.54		2000	944.17	
1990	608.68		2001	950.51	
1991	668.20		2002	953.80	
1992	695.95		2003	981.11	
1993	718.41		2004	988.39	
1994	756.30		2005	1069.07	
1995	772.24				
1996	764.55				

说明：表中1997年以前的数据含重庆市，1997年（含）以后的数据不含重庆市

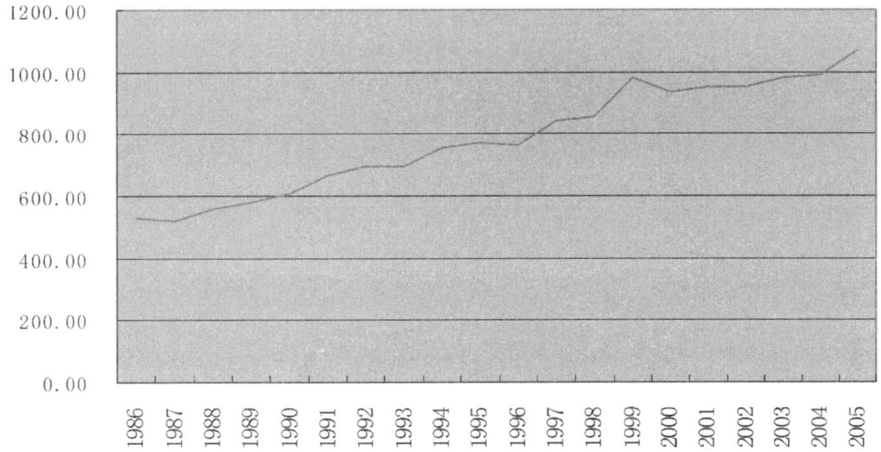

说明：1. 图中1986—1996年数据包含重庆市，1997年（含）以后的数据不包含重庆市；
2. “——”表示机耕面积发展情况（千公顷）

图7-1　1986—2005年四川省机耕面积示意图

表 7－2

2005 年四川省各市(州)农机化作业情况表

	机耕作业面积(万公顷)	机播面积(公顷)	机电灌溉作业面积(万公顷)	机械植保作业面积(万公顷)	机收面积(公顷)	机械脱粒粮食数量(万吨)	机械初加工农副产品数量(万吨)	农机运输作业量(万吨公里)
四川省	245.78	226927.60	302.28	528.10	393671.30	2101.48	3490.92	934315.70
成都市	79.55	31475	30.17	56.15	141169	193.83	383.26	127048
自贡市	3.52		9.67	1.05		49.3	102.2	23312
攀枝花市	1.97	1333.40	5.56	4.89	1018	8.41	19.87	15360
泸州市	4.35	6484	16.10	19.75	1050	167.50	184.55	27716
德阳市	32.99	32698	25.31	26.94	87647	118.92	155.08	62280
绵阳市	18.87	19017.60	30.12	46.67	21000	79	207	64633
广元市	6.93	21458.60	4.66	18.90	17580	123.32	144.36	46852
遂宁市	6.96	653	11.77	4.90	5806	85.18	114.14	26695
内江市	5.76	2040	16.95	8.86		28.87	123.64	31410
乐山市	15.89	4795	17.69	25.41	6805	123.13	211.20	54109
南充市	9.36	19333	19.27	47.53	5595	231.85	248.36	51270
眉山市	18.55	13655	32.80	24.01	38667	163.25	251.89	83624
宜宾市	7.80		15.13	12.88	117	106.16	237.97	38834
广安市	3.86	5567	12.01	134.72	8972	156.21	205.98	38704
达州市	3.42	46	14.20	35.06	9942	113.11	360.96	48034
雅安市	3.23	3955	5.33	3.00	3358	16.01	71.81	40068.8
巴中市	7.08	3609	7.15	17.22	14516	108.60	163.73	26981
资阳市	5.33	29727	21.29	24.33	2000	110.50	186	52477
阿坝州	1.32	3400	0.50	1.91	1016.3	7.97	6.88	13799.9
甘孜州	2.41	19213	0.56	2.19	4920	16.20	18.25	16177
凉山州	6.63	8468	6.04	11.73	22493	94.16	93.79	44931

二、机械播种

四川使用播种机械进行机播作业一般分为机引播种和人畜力播种两种方式。播种农作物以小麦为主。1986 年，四川省完成机播面积 3.9 千公顷，1996 年上升到 39.42 千公顷。1986—1996 年，四川省（含重庆市）机播面积年均增长速度 26.03%；1997 年，四川省（不含重庆市）完成机播面积 65.18 千公顷，到 2005 年，全省（不含重庆市）机播面积已达 226.93 千公顷。1997—2005 年，四川机播面积（不含重庆市）以 16.88% 的年增长速度率稳步增长。机播农作物的种类也扩充到玉米、水稻等。在 2005 年的机播面积中，机播小麦 105.22 千公顷，机播玉米 2.08 千公顷，机浅栽水稻 115.38 千公顷。按地域看，机播面积占粮食总播种面积比例：甘孜州最高，为 28.43%；其次是德阳市，为 11.10%；宜宾市、自贡市等在作业统计中无机械播种记载。

1986—2005 年四川省机播面积情况详见表 7-3 和图 7-2。

从全省各市（州）情况看，2005 年，德阳市、成都市和资阳市机械播种面积在全省最高，分别为 32698 公顷、31475 公顷、29727 公顷。各市（州）按机播作业量的高低排列顺序如下：德阳市、成都市、资阳市、广元市、南充市、甘孜州、绵阳市、眉山市、凉山州、泸州市、广安市、乐山市、雅安市、巴中市、阿坝州、内江市、攀枝花市、遂宁市、达州市。自贡市和宜宾市无统计数据，未参加排序。

2005 年四川省各市（州）机播面积情况详见表 7-2。

1986—2005 年四川省机播面积情况表

表 7-3

年份	机播面积（千公顷）	年均增长速度（%）	年份	机播面积（千公顷）	年均增长速度（%）
1986	3.90	26.03	1997	65.18	16.88
1987	4.46		1998	75.38	
1988	10.39		1999	167.36	
1989	10.85		2000	177.40	
1990	14.23		2001	210.10	
1991	18.92		2002	204.77	
1992	26.12		2003	207.49	
1993	28.05		2004	232.65	
1994	31.05		2005	226.93	
1995	38.01				
1996	39.42				

说明：表中 1997 年以前的数据含重庆市，1997 年（含）以后的数据不含重庆市

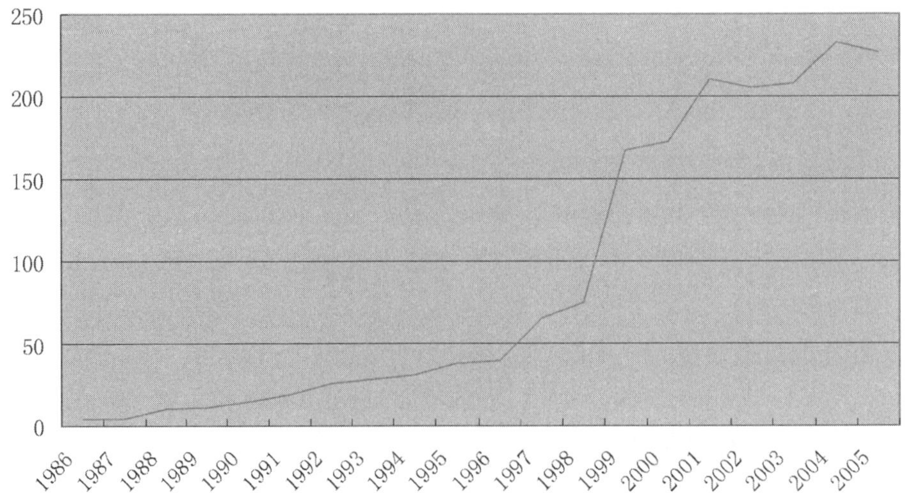

说明：1. 图中1986—1996年数据包含重庆市，1997年（含）以后的数据不包含重庆市；
2. “——”表示机播面积发展情况（千公顷）

图7-2 1986—2005年四川省机播面积示意图

三、机械栽插

四川省是水稻主产区，全省常年水稻面积保持在3000千公顷以上，但四川的水稻机械化栽插处于试验示范阶段，机械栽插作业一直未有大面积突破。

20世纪70年代，四川省曾推广水稻机械化插秧技术，并取得了一定成效。然而随着杂交水稻在四川省的大面积推广，原来的机插秧技术无法满足杂交水稻栽插的农艺要求。为提高水稻生产机械化程度，填补水稻机械化栽插环节的空白，省农机局于2003年引进了两台东洋PE455S插秧机，分别在德阳市旌阳区和泸州市江阳区进行适应性试验，经过两年的试验，取得了初步的成效，制定出了符合四川省稻麦两季田地区及川南冬水田地区的育秧技术规范。针对四川省机械化育秧技术进一步扩大示范的需求，2005年，四川省农机局又引进了10余台该品牌插秧机（其中乘坐式1台），在绵阳农科区、江油市，成都彭州市、青白江区，南充阆中市，达州大竹县，广安武胜县，凉山州等地开展机械化水稻插秧技术的试验示范。四川省农机局分别于2005年3月和5月组织召开了两期有关市（县、区）农机局技术管理和推广人员参加的机械化插秧育秧技术培训会，并陆续举办了机械化插秧现场会，进行了现场演示和宣传，为进一步推广该项作业技术打下基础。

四、机电灌溉

机电灌溉作业是农机为农业生产直接服务的一项重要作业。1986—2005年20年间，四川省机电灌溉负担面积常年保持在1000千公顷，作业面积一般在3000千公顷。全省农村机电排灌的年提水量为40亿立方米左右。干旱年份，由于提水抗旱，四川省机电灌溉作业量大增。从历年作业统计来看，1987年、1991年、1994年、1995年、1996年、2001年和2005年，因旱情关系，四川省提灌作业面积均在3000千公顷以上。发生旱情最严重的1994年，四川全省（含重庆市）提水作业3937.49千公顷，提水量达60亿立方米，提灌负担面积达1266.67千公顷。

1986—2005年四川省机电提灌作业面积情况详见表7-4和图7-3。

1986—2005 年四川省机电提灌作业面积情况表

表 7 - 4

年份	作业量（千公顷）	年均增长速度（%）	年份	作业量（千公顷）	年均增长速度（%）
1986	2574. 38	2. 15	1997	2821. 02	0. 87
1987	3269. 33		1998	2771. 68	
1988	2669. 33		1999	2858. 11	
1989	2600. 67		2000	2926. 23	
1990	2980. 00		2001	3053. 56	
1991	3080. 75		2002	2756. 25	
1992	2684. 31		2003	2743. 01	
1993	2748. 45		2004	2744. 73	
1994	3937. 49		2005	3022. 74	
1995	3304. 64				
1996	3185. 53				

说明：表中 1997 年以前的数据含重庆市，1997 年（含）以后的数据不含重庆市

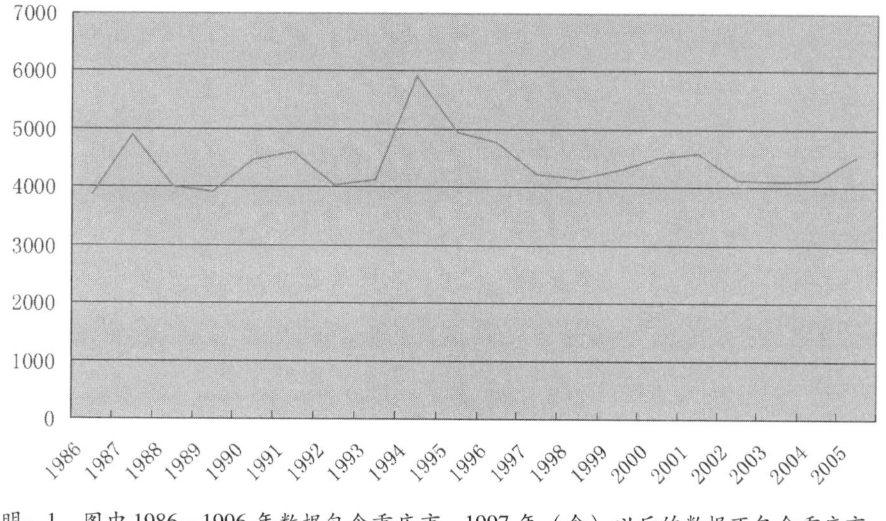

说明：1. 图中 1986—1996 年数据包含重庆市，1997 年（含）以后的数据不包含重庆市；
2. “——”表示机电提灌作业量发展情况（万亩）

图 7 - 3 1986—2005 年四川省机电提灌作业示意图

从全省各市（州）情况看，2005 年，眉山市、成都市、绵阳市机电灌溉作业面积在全省最高，分别为 32. 8 万作业公顷、30. 17 万作业公顷、30. 12 万作业公顷。各市（州）按作业量的高低排列顺序如下：眉山市、成都市、绵阳市、德阳市、资阳市、南充市、乐山市、内江市、泸州市、宜宾市、达州市、广安市、遂宁市、自贡市、巴中市、凉山州、攀枝花市、雅安市、广元市、甘孜州、阿坝州。

2005 年四川省各市（州）机电灌溉作业情况详见表 7 - 2。

五、机械植保

机械植保作业的主要目的是保护农作物和农产品免受病、虫危害。1986—1996 年，全省（含重庆市）机械植保面积年增长速度率为5.55%；1997—2005 年，全省（不含重庆市）机械植保面积年增长速度率达5.3%。1986—2005 年20 年间，全省机械植保面积平稳上升。2005 年达到2133.28 千公顷，在1986 年996.67 千公顷的基础上增长114.04%。

1986—2005 年四川省机械植保面积①情况详见表7-5 和图7-4。

从全省各市（州）情况看，2005 年，各市（州）按作业面积的高低排列顺序如下：广安市、成都市、南充市、绵阳市、达州市、德阳市、乐山市、资阳市、眉山市、泸州市、广元市、巴中市、宜宾市、凉山州、内江市、遂宁市、攀枝花市、雅安市、甘孜州、阿坝州、自贡市。

2005 年四川省各市（州）机械植保作业面积情况详见表7-2。

1986—2005 年四川省机械植保面积情况表

表7-5

年份	植保面积（千公顷）	年均增长速度（%）	年份	植保面积（千公顷）	年均增长速度（%）
1986	996.67	5.55	1997	1410.89	5.30
1987	803.33		1998	2275.26	
1988	838.00		1999	2366.49	
1989	1056.67		2000	2293.37	
1990	960.00		2001	2134.80	
1991	1130.91		2002	2212.86	
1992	1354.00		2003	2395.96	
1993	1193.55		2004	2144.66	
1994	1546.53		2005	2133.28	
1995	1693.29				
1996	1710.33				

说明：表中1997 年以前的数据含重庆市，1997 年（含）以后的数据不含重庆市

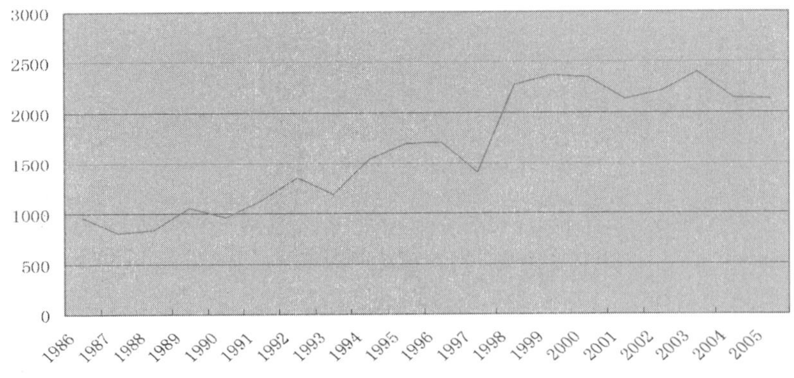

说明：1. 图中1986—1996 年数据包含重庆市，1997 年（含）以后的数据不包含重庆市；
2. “——”表示机械植保面积发展情况（千公顷）

图7-4　1986—2005 年四川省机械植保面积示意图

① 机械植保面积不同于机械植保作业面积，与“机耕面积和机耕作业面积”同。

六、机械收割

机械收割主要是指利用收割机械收割稻麦的作业。1986—2005 年 20 年间，由于四川省收割机械推广迅速，从而保证了机械收割面积也大幅度上升。1986—1996 年，四川省机收面积（含重庆市）年递增率为 26.98%；1997—2005 年机收面积（不含重庆市）年递增率达到 30.69%。机械收割作物的种类也在增加。1986 年为单纯收割小麦，2005 年收割作物种类有小麦、水稻，还有部分油菜。2005 年，四川省机收面积达到 393.67 千公顷，较 1986 年增长 152.77 倍，其中机收小麦 160.19 千公顷，机收水稻 233.00 千公顷。全省各市（州）中，机收面积占粮食总收获面积的比例以德阳市最高，为 29.74%；其次是成都市，为 29.21%。

1986—2005 年四川省机械收割面积情况详见表 7－6 和图 7－5。

从全省各市（州）情况看，2005 年，成都市、德阳市、眉山市机械收割面积在全省最高，分别为 141169 公顷、87647 公顷、38667 公顷。各市（州）按机械收割面积的高低排列顺序如下：成都市、德阳市、眉山市、凉山州、绵阳市、广元市、巴中市、达州市、广安市、乐山市、遂宁市、南充市、甘孜州、雅安市、资阳市、泸州市、攀枝花市、阿坝州、宜宾市。自贡市和内江市无统计数据，未参加排序。

2005 年四川省各市（州）机械收割面积情况详见表 7－2。

1986—2005 年四川省机械收割面积情况表

表 7－6

年份	机收面积（千公顷）	年均增长速度（%）	年份	机收面积（千公顷）	年均增长速度（%）
1986	2.56	26.98	1997	46.27	30.69
1987	1.87		1998	70.19	
1988	3.00		1999	136.90	
1989	3.14		2000	196.67	
1990	4.83		2001	214.68	
1991	5.72		2002	246.38	
1992	9.44		2003	310.94	
1993	14.37		2004	337.63	
1994	19.81		2005	393.67	
1995	21.91				
1996	27.89				

说明：表中 1997 年以前的数据含重庆市，1997 年（含）以后的数据不含重庆市

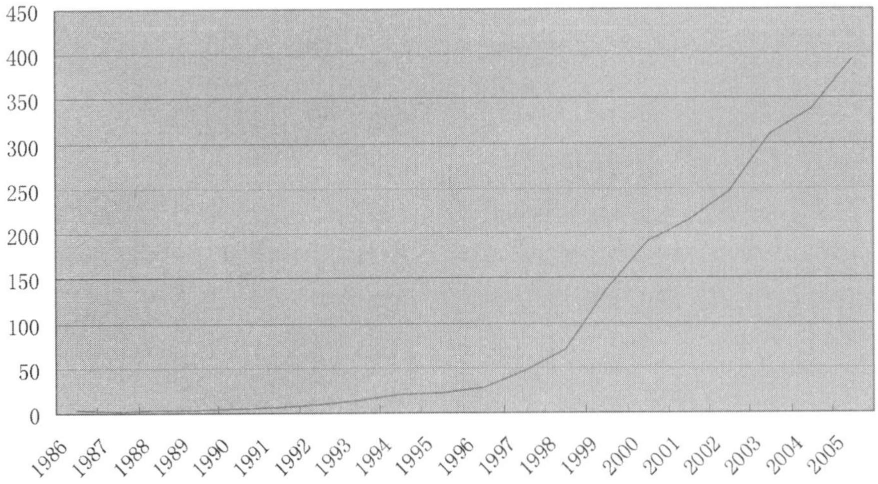

说明：1. 图中1986—1996年数据包含重庆市，1997年（含）以后的数据不包含重庆市；
2. "——"表示机械收割面积发展情况（千公顷）

图7－5　1986—2005年四川省机械收割面积示意图

七、机械脱粒

四川省机动脱粒机发展迅速，2005年全省机动脱粒机拥有量是1986年的14倍。拥有量的快速增加带动机械脱粒粮食数量迅速增长。1986—1996年，四川省机械脱粒粮食数量（含重庆市）年均增长速度率达到13.84%，1997—2005年，全省机械脱粒粮食数量（不含重庆市）年均递增14.81%。2005年全省机械脱粒粮食数量达到2101.48万吨，是1986年190.52万吨的10.03倍。

1986—2005年四川省机械脱粒粮食数量情况详见表7－7和图7－6。

1986—2005年四川省机械脱粒粮食数量情况表

表7－7

年份	机械脱粒粮食数量（万吨）	年均增长速度（%）	年份	机械脱粒粮食数量（万吨）	年均增长速度（%）
1986	190.52	13.84	1997	696.12	14.81
1987	188.20		1998	974.68	
1988	194.20		1999	1266.29	
1989	215.80		2000	1644.65	
1990	252.30		2001	1649.69	
1991	301.34		2002	1690.16	
1992	439.22		2003	1813.60	
1993	473.74		2004	2001.64	
1994	528.98		2005	2101.48	
1995	609.11				
1996	696.67				

说明：表中1997年以前的数据含重庆市，1997年（含）以后的数据不含重庆市

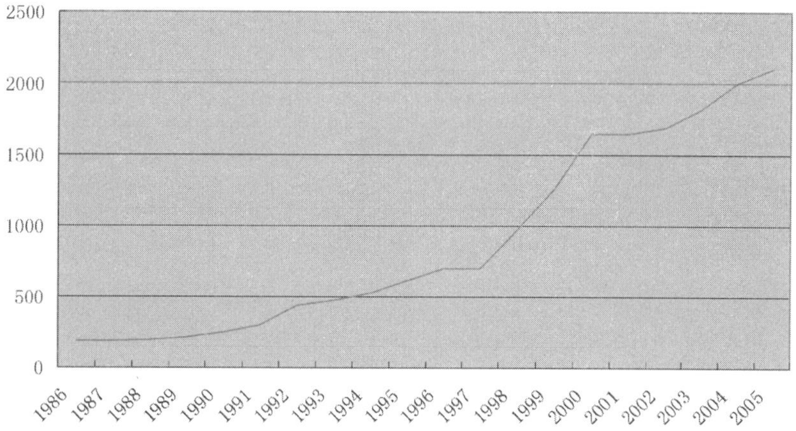

说明：1. 图中1986—1996年数据包含重庆市，1997年（含）以后的数据不包含重庆市；

2. “——”表示机械脱粒粮食数量发展情况（万吨）

图7－6　1986—2005年四川省机械脱粒示意图

从全省各市（州）情况看，2005年，南充市、成都市和泸州市机械脱粒粮食数量在全省最高，分别为231.85万吨、193.83万吨、167.50万吨。各市（州）按机械脱粒粮食数量的高低排列顺序如下：南充市、成都市、泸州市、眉山市、广安市、广元市、乐山市、德阳市、达州市、资阳市、巴中市、宜宾市、凉山州、遂宁市、绵阳市、自贡市、内江市、甘孜州、雅安市、攀枝花市、阿坝州。

2005年四川省各市（州）机械脱粒粮食数量情况详见表7－2。

八、机械烘干

一般来说，粮食系统使用的烘干设备比较大型，其烘干数量也多。本表中所说的机械烘干是排除粮食系统外，四川广大农村的粮食烘干。由于四川省农村烘干机械设备少，尚处于引进、试验、示范阶段，故四川省农村机械烘干的总量不大。1986年四川省农村粮食烘干总量（含重庆市）为1.67万吨，1987年曾达到5.55万吨，但随后一路下滑，至1997年。1998年后，统计中虽出现一定烘干量，但机械烘干粮食的数量总体微弱，到2005年，全省农村粮食烘干总量（不含重庆市）仅为2.40万吨。

1986—2005年四川省机械烘干情况详见表7－8和图7－8。

图7－7　农业部粮食产地烘干项目郫县试范基地

1986—2005 年四川省机械烘干情况表

表 7－8

年份	作业量（万吨）	年均增长速度（%）	年份	作业量（万吨）	年均增长速度（%）
1986	1.67	－0.09	1997	0	98.39
1987	5.55		1998	0.02	
1988	2.15		1999	0.04	
1989	2.54		2000	0.01	
1990	2.03		2001	0.98	
1991	0.42		2002	2.05	
1992	0.87		2003	1.85	
1993	0.008		2004	1.86	
1994	0.71		2005	2.40	
1995	0.38				
1996	0.62				

说明：表中 1997 年以前的数据含重庆市，1997 年（含）以后的数据不含重庆市

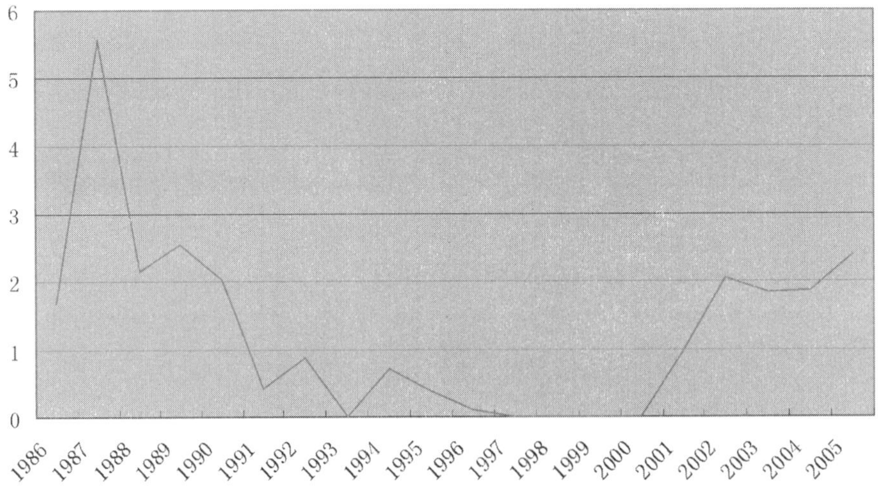

说明：1. 图中 1986—1996 年数据包含重庆市，1997 年（含）以后的数据不包含重庆市；
2. “——”表示机械烘干作业量发展情况（万吨）

图 7－8　1986—2005 年四川省机械烘干示意图

九、农副产品加工

农副产品加工是指利用机械设备对收获后的农产品或采集的林果、禽、畜等产品进行的初步加工或深度加工作业。农副产品加工作业中开展较多的有粮食加工、油料加工、棉花加工、麻类加工、茶叶初制和精制、果品加工、乳制品加工、种子加工处理以及饲料粉碎等。纳入统计年报的农副产品加工主要指对粮食、棉花、油料三项加工。1986—1996 年，四川省农副产品加工数量（含重庆市）呈稳步上升趋势，年均递增率为 4.62%；1997—2005 年，四川省农副产品加工数量（不含重庆市）年均递增率为 3.23%。2005 年全省农副产品加工数量比 1986 年增长了 60.37%。

1986—2005 年四川省农副产品加工数量情况详见表 7－9 和图 7－9。

从全省各市（州）情况看，2005 年，成都市、达州市和眉山市农副产品加工数量在全省最高，分别为 383.26 万吨、360.96 万吨、251.89 万吨。各市（州）按农副产品加工数量的高低排列顺序如下：成都市、达州市、眉山市、南充市、宜宾市、乐山市、绵阳市、广安市、资阳市、泸州市、巴中市、德阳市、广元市、内江市、遂宁市、自贡市、凉山州、雅安市、攀枝花市、甘孜州、阿坝州。

2005 年四川省各市（州）农副产品加工数量情况详见表 7 –2。

1986—2005 年四川省农副产品加工数量情况表

表 7 –9

年份	农副产品加工数量（万吨）	年均增长速度（%）	年份	农副产品加工数量（万吨）	年均增长速度（%）
1986	2176.82	4.62	1997	2706.17	3.23
1987	2550.00		1998	2936.84	
1988	2680.00		1999	3029.10	
1989	2860.00		2000	3008.55	
1990	2960.00		2001	3217.79	
1991	2894.09		2002	3292.95	
1992	2940.71		2003	3310.59	
1993	3044.89		2004	3390.40	
1994	3201.6		2005	3490.92	
1995	3304.19				
1996	3423.64				

说明：表中 1997 年以前的数据含重庆市，1997 年（含）以后的数据不含重庆市

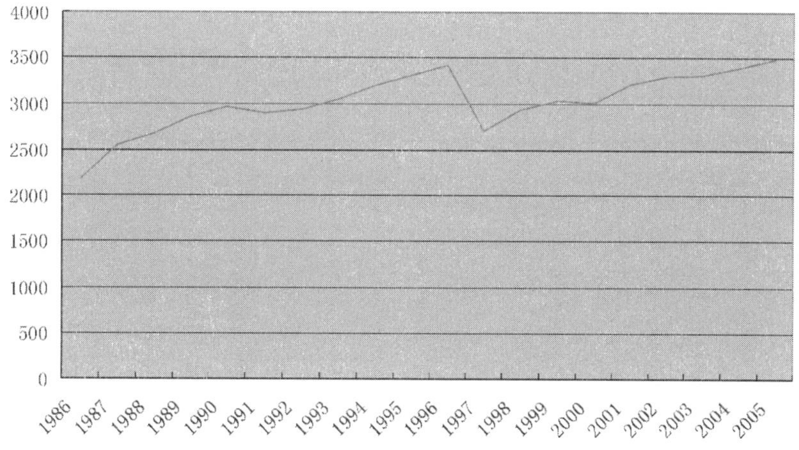

说明：1. 图中 1986—1996 年数据包含重庆市，1997 年（含）以后的数据不包含重庆市；
2. “——”表示农副产品加工数量发展情况（万吨）

图 7 –9　1986—2005 年四川省农副产品加工示意图

十、农用运输

农用运输担负着各类粮食、农副产品、农业生产资料、建筑材料和农村生活资料的运输任务。

随着农业生产和农村经济的发展，尤其是农村经济活跃，经济活动领域拓宽，农用运输作业量开始大幅度增长。1986—1996 年，四川省农业运输作业量（含重庆市）年均递增率达到 9.77%；1997—2005 年年均递增 3.42%（不含重庆市）。1986—2005 年的 20 年间，农用运输作业量总体呈平稳增长态势，2005 年农业运输作业量达到 93.43 亿吨公里，是 1986 年运输量 34.79 亿吨公里的 268.55%。

1986—2005 年四川省农用运输作业量情况详见表 7 - 10 和图 7 - 10。

从全省各市（州）情况看，2005 年，成都市、眉山市和绵阳市农机运输作业量在全省最高，分别为 127048 万吨公里、83624 万吨公里、64633 万吨公里。各市（州）按运输作业量的高低排列顺序如下：成都市、眉山市、绵阳市、德阳市、乐山市、资阳市、南充市、达州市、广元市、凉山州、雅安市、宜宾市、广安市、内江市、泸州市、巴中市、遂宁市、自贡市、甘孜州、攀枝花市、阿坝州。

2005 年四川省农机运输作业各市（州）情况详见表 7 - 2。

1986—2005 年四川省农用运输作业量情况表

表 7 - 10

年份	作业量（亿吨公里）	年均增长速度（%）	年份	作业量（亿吨公里）	年均增长速度（%）
1986	34.79	9.77	1997	71.39	3.42
1987	43.00		1998	73.31	
1988	48.00		1999	77.19	
1989	52.00		2000	83.04	
1990	53.00		2001	85.79	
1991	57.20		2002	84.67	
1992	61.78		2003	87.08	
1993	66.09		2004	87.84	
1994	76.00		2005	93.43	
1995	84.94				
1996	88.39				

说明：表中 1997 年以前的数据含重庆市，1997 年（含）以后的数据不含重庆市

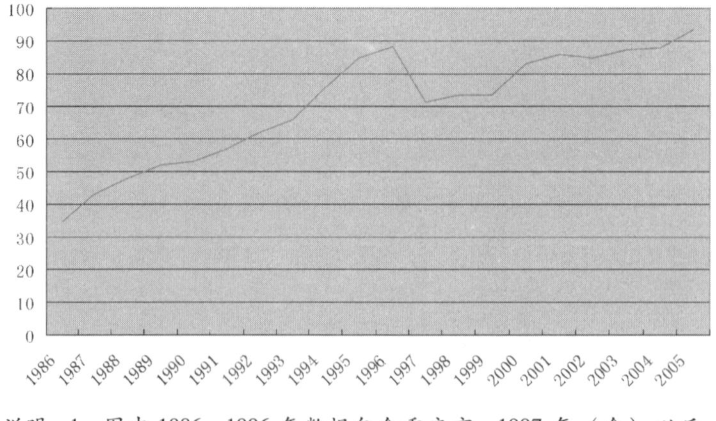

说明：1. 图中 1986—1996 年数据包含重庆市，1997 年（含）以后的数据不包含重庆市；
2. “——”表示农用运输作业量发展情况（亿吨公里）

图 7 - 10 1986—2005 年四川省农用运输示意图

第二节　作业机械化水平

评价农机作业机械化水平的主要指标有：单项作业机械化程度（等于机械作业工作量与该项作业的全部工作量之比）、种植业综合机械化程度（等于年度内种植业用机械动力完成的作业量（标准亩）与年度内种植业总作业量（标准亩）之比）。一般最常用的综合机械化作业水平是农业部《农业机械化水平评价方法》推荐的耕种收综合机械化水平指标。

四川省重点作物主要环节机械化单项作业水平提高较快。1986 年，全省耕地机械化水平、小麦播种机械及半机械化水平、稻麦收获机械化水平分别为 11.23%、3.06%、0.05%。1990 年三项机械化水平提高到 12.73%、13.09%、0.12%（以上三年统计数据均含重庆市）。1995 年三项机械化水平提高到 15.75%、22.32%、0.55%。2000 年三项机械化水平提高到 21.67%、35.21%、5.12%。2005 年三项机械化水平达 27.37%、29.81%、11.74%。

1997 年，重庆被中央设为直辖市。1986—2005 年不包括重庆市的耕地机械化水平、小麦播种机械及半机械化水平、稻麦收获机械化水平情况详见表 7－11。

1986—2005 年四川省三项田间作业机械化水平情况表

表 7－11

年　份	1986	1990	1995	2000	2005
耕地机械化水平	11.23%	12.73%	15.75%	21.67%	27.37%
小麦播种机械及半机械化水平	3.06%	13.09%	22.32%	35.21%	29.81%
稻麦收获机械化水平	0.05%	0.12%	0.55%	5.12%	11.74%

说明：表中数据均不包括重庆市

第二章 抗旱救灾

抗旱救灾是农机化工作重要职能。四川历来是灾情多发地。在各类灾情中，又尤以旱灾为重，抗旱救灾一直是四川农机化工作的重心之一。四川农机部门的抗旱救灾工作主要分为两个方面，一是以救灾油料为重点，抓救灾物资和资金的筹备和分配；二是抓紧机电提灌的作业。包括固定提灌站的抗旱提水和流动抗旱服务队的建设。

第一节 救灾油料与资金

1984 年，农牧渔业部、商业部在《关于农用柴油分配供应管理办法》中规定：农牧渔业部从年度计划指标中留一部分机动油，用于救灾（包括城乡）急需。各省（市、自治区）如发生重大灾情，动用本省所留机动油还不能解决问题时，由省（市、自治区）向农牧渔业部申请，由农牧渔业部与有关部门商定分配数量，由商业部门组织供应。各省（市、自治区）可在年度计划指标内留出 3%—5% 的机动指标，以备救灾急需。机动油留在省还是留在县，或省、县各留一部分，由省（市、自治区）自定。其他各级一律不再留机动油。

1984 年，根据农牧渔业部、商业部文件，省农牧厅、省商业厅制定了《四川省农用柴油分配供应管理实施办法（试行）》规定：在年度农用柴油计划指标中，各地（市、州）可留 2%，县（市、区）可留 3% 作为机动指标，用于救灾急需。灾情严重时，救灾油缺口部分，由省农机局向农牧渔业部争取。

各级农机部门按照“灾重多分、灾轻少分、无灾不分、先急后缓”的原则及时提出分配方案，充分发挥职能作用，健全完善规章制度，强化监督检查，严防挤占、挪用救灾油料情况发生，保证救灾柴油的合理分配，专油专用。四川省农业救灾柴油主要通过乡镇农机供油点供应，直接用于农业救灾和生产急需。农机供油点通过“淡为旺储”和“议转平”（即将议价柴油转为平价柴油），保证救灾之需，在灾情发生时，做到随到随供，及时组织运输车辆把救灾柴油送到田间、地头。

1984—1994 年，省农机局共分配市（地、州）、县（市、区）农用救灾油料 11.57 万吨。

1995 年，国家取消农用救灾油料，改为农业生产救灾柴油专项补贴资金，财政部、农业部颁布《农业生产救灾柴油、化肥专项补贴资金使用管理暂行办法》，文件规定：农业生产救灾柴油、救灾化肥专项补贴资金是中央财政为抗御自然灾害、恢复农业生产而设立的专项资金。补贴资金由中央财政预算安排，用于遭受特大自然灾害的地区购买农业生产救灾柴油、救灾化肥的补贴。救灾柴油的使用范围为抗旱、排涝、灾后恢复生产。补贴资金的补助对象为受灾地区的农机、农业部门组织的承担抗灾救灾任务的服务组织及农民个人。

1995年，省农机局、省财政厅根据财政部、农业部文件，制订《关于农业生产救灾柴油及其专项补贴资金使用管理办法的实施意见》，规定农业生产救灾柴油专项补贴资金的分配，由省农机局根据灾情提出意见，商省财政厅同意后，联合行文下达到受灾市（州）农机局、财政局，再由受灾市（州）的农机局根据灾情提出分配方案商财政部门同意后，下达到县（市、区）农机部门，用于抗灾救灾工作，补贴资金由财政部门负责划拨。救灾柴油购置、调运和供应等工作由农机部门负责。

为了切实做好农业救灾柴油管理工作，各地农机部门与当地财政部门密切配合，严格按照财政部、农业部制定的管理办法，以及省财政厅、省农机局制订的实施细则，按“重灾多补、轻灾少补、无灾不补”的分配原则，根据灾情和作业任务制定了具体的分配方案，报财政厅审批后，及时将农业生产救灾柴油专项补贴资金落实到灾区。各级农机部门实施严格的督查制度，定期地对救灾资金的到位、使用及专款专用情况进行检查，保证救灾资金能够及时支援救灾工作。

1995—2003年，四川省农机局分配市（州）农业生产救灾柴油专项补贴资金共计3539.5万元。

2004年，省财政厅、省农业厅、省农机局、省畜牧食品局联合转发财政部办公厅、农业部办公厅《关于农业生产救灾等资金的通知》，取消原有的农业生产救灾柴油、化肥专项补贴资金和抗灾保畜资金，综合设立“农业生产救灾资金”。补助对象为承担抗灾救灾和灾后生产恢复任务的服务组织和农民个人。资金补助范围包括抗灾救灾过程中和灾后恢复生产所需要的柴油、化肥、种子（种苗、种畜、种禽、水产种苗）、饲草饲料、农膜、农药（兽药、渔药）等农业生产资料支出。

省级有关部门收集各系统灾情后，与省级财政部门联合行文报财政部、农业部申请农业生产救灾资金。由省农机局根据灾情提出资金分配建议方案，商省财政厅同意后，联合行文下达到受灾地区农机局、财政局，再由受灾市（州）的农机局根据灾情提出分配方案商财政部门同意后，下达到县（市、区）农机部门，用于抗灾救灾工作。

各级农机部门均严格按照财政部、农业部《关于农业生产救灾资金使用管理的规定》和省农机局、省财政厅《关于农业生产救灾柴油及其专项补贴资金使用管理办法的实施意见》要求，规范使用农业生产救灾资金。农业生产救灾资金直接补助到承担抗灾救灾和灾后生产恢复任务的服务组织和农民个人，并严格按照规定用途，用于救灾过程中提灌机械抗旱抽水、抗洪排涝和农机运输机械运送救灾物资等柴油补助，也可用于灾后恢复生产时农机作业机械补耕补种耗油补助等项目。使用中未出现截留、挪用、挤占等行为。

2004—2005年，省农机局下达市（州）农业生产救灾资金400万元。

第二节 机电提灌抗旱救灾

一、提灌站抗旱提水

在四川，农村提灌机械常年提水总量40亿立方米，灌溉面积93.33万公顷左右，不但解决部分农田灌溉和人畜饮水，还担负着部分蓄水工程设施的补水充蓄以及旱坡地提水浇灌的任务。许多旱山村及场镇人畜饮水也要靠机电提灌供水解决。每年省农机部门围绕确保90%以上的提灌机械投入提水、抗旱保栽，大力开展提灌机械修复改造和上年水毁电灌站的修复。抗旱时全力组织提灌机械提水抗旱，为农业抗旱夺丰收做出应有的贡献。

图 7－11　2005 年，雅安天全县电排机具参与救灾

遇上大旱之年，机电提灌站在四川农村更是倍受重视，发挥着保栽保命的作用。

1994 年，四川发生特大干旱，当年自大春“双抢”后，四川各地相继发生连续旱情。6 月，省农机局发出《关于继续抓紧提灌抗旱救灾工作的紧急通知》，要求各市（地、州）农机局把提水抗旱、抢水保栽放在农机工作首位，抓紧农机抗旱管理。一定要保证提灌设施投入提水抗旱，流动抗旱提灌服务队要在关键时候发挥作用。当年全省提水作业 393.33 万公顷次，提水量达 60 亿立方米，灌溉面积 126.67 万公顷以上，机电提灌的提水作业创下历史之最。农机部门的提水抗旱，卓有成效地减轻了重灾威胁。省农机局荣获省政府授予的抗灾先进单位称号。

1997 年，四川省春耕生产开始时又逢干旱威胁。省委书记谢世杰在主持召开全省农业生产形势分析会时指出：“要抓紧提水灌田，确保水稻按时栽插。凡是有水源的地方，农机局都要做出规划，能抽水的地方，要下决心抽水保栽。农业、水利、农机等部门要认真履行职责，主动做好工作，发挥职能作用，为农业夺取丰收做出贡献。”会后，谢世杰率领部分省级部门领导，深入南充、遂宁、广安等地调查农业、农村工作情况，省农机局局长黄彦蓉随行参加调查。4 月 27 日，谢世杰在参加省农机局举办的抗旱保栽农机现场会上，对农机部门推广的节水灌溉和机械深施化肥技术在抗旱、保栽中的作用给予了充分肯定，指示省农机局要为发生重旱的 34 个县（市）分别送一套喷灌节水设备和一批化肥深施器。1997 年 8 月 24 日，省委、省政府联合制发《关于表彰奖励 1996 年农业抗灾夺丰收先进单位的通知》，决定对在四川省农业抗灾夺丰收中做出显著成绩的省级部门给予表彰，其中省农机局荣获 1996 年农业抗灾夺丰收先进单位。1997 年 9 月，为尽力减轻当年干旱对四川省造成的损害，省农机局发出《关于做好抗旱提水、抢收、抢种的紧急通知》，要求各地农机部门要竭尽全力抗旱提水，为抢收、抢种服好务，努力减轻旱灾损失。

2002 年，鉴于 2001 年四川省的严重旱情，省农机局根据省政府抗旱救灾的指示精神，带领全省农机系统发挥其特有优势，全力抗灾，积极投入到抗旱夺丰收的紧张工作中。仅截至当年5月份，全省已购置排灌机具1.71万台套/9.26万千瓦；修复提灌机械7.45万台/78万千瓦，保证了90%的提灌机械投入正常运行；改造提灌设备980台/3.2万千瓦；投入排灌机械36万台套，积极地投入了当年的抗旱救灾工作。

二、抗旱服务队建设

自20世纪90年代以来，为解决固定提灌设施和工程蓄水不能顾及旱片死角的矛盾，同时也为了解决灌溉尾水区抗旱问题，在省级财政及市（地、州）、县（市、区）财政的支持下，四川省逐步建立起了一批农机流动抗旱服务队。流动抗旱服务队配备必要的小型提灌机械，在旱情严重的时候，发挥机动灵活的特点，成为各地政府抗旱救灾的突击队。同时，抗旱服务队带动农民群众也购置了大量的移动式提灌机械用于提水抗旱。

20世纪90年代初，省农机局即开始着眼于全省各地抗旱服务队的建设和布局。开始时，限于农机资金有限，抗旱服务队建设只是象征性和示范性的，主要是利用农村基层的积极性，鼓励他们自己组建。在名称上，各地称呼也很不统一，有的称“提灌队”，有的称“机灌服务队”，有的称“流动抗旱队”。到1997年，全省才基本统一名称为“农机抗旱服务队”。

1994年4月，省农机局发出《关于抓紧春耕春灌准备工作的紧急通知》，要求各地认真贯彻全省农机工作会议和排灌工作会议精神，坚持提灌为农业服务的宗旨，抓紧提灌维修改造，为农业生产服好务。5月22日，省委常委、副省长张中伟一行15人在资阳市副市长周志发陪同下，深入到资阳市碑记镇农机站机灌服务队喷灌现场了解情况，张中伟对机灌服务队实行的“统一管理和调度机具，统一安排抽水时间，统一作业服务，统一收费标准”的管理办法和为农业服务的宗旨等给予了高度评价，并说“农机服务队这一组织形式要在全省进行推广，这是农机适应‘一优两高’（指优质、高产、高效）农业发展，增强服务功能的新途径。集体、个人、农机和水电部门都可以组织机灌服务队”。同年6月，省农机局发出《关于1994年机灌服务队建设和提灌站修复改造项目有关要求的通知》，要求各地搞好机灌服务队建设，加强对机灌服务队建设的管理，保证建队资金专款专用。8月，省农机局再次发出《关于机灌服务队建设的通知》，对机灌服务队建设提出5点指导性意见：其一，坚持为农服务的宗旨，发挥机灌服务队机动灵活、使用方便的优势。积极提水灌溉、抗旱救灾、保障农业生产、促进稳粮增收；其二，从1994年起安排的机灌服务队，要实行挂牌经营，各地要有领导分工负责，有专职或兼职人员，资金物资要到位，健全各项规章制度，提供必要的条件，保证机灌队工作能顺利开展；其三，加强机灌服务队管理，坚持一手抓服务，一手抓效益，开展综合经营，增加有效收入，增强自身实力；其四，为保证设备质量，从1994年起，省农机局安排机灌服务队经费的50%，必须用于购买提灌设备；其五，开展评比表彰工作，各地对机灌服务队要注意总结适用经验，树立先进典型，加强宣传工作，省农机局将结合一年一度的提灌工作，对机灌服务队服务、效益搞得好的给予表彰。

1996年4月，省农机局下发全省1996年提灌工作重点，其中有争取新建200个流动抗旱服务队的内容。限于当年经费未落实，这一计划最终未能完全实现。

1997年1月，省农机局发文要求各地农机抗旱服务队正式挂牌，并将统一名称挂牌后的农机抗旱服务队造册登记；要求各地服务队要认真执行《四川省农村机电提灌管理条例》，并搞好经营管理，把服务队办成服务型实体。

1997 年 4 月，省农机局印发《农机抗旱服务队管理办法》。办法分总则、组织建设、权利与义务、经营管理、附则共 5 章 20 条。适用于四川省各级农机部门建立的抗旱服务组织。同年 5 月，省农机局向各市（地、州）农机局发出通知，安排 1997 年重点提灌项目工作，其中建设农机重点抗旱服务队 33 个，要求抗旱服务队要严格执行《四川农机抗旱服务队管理办法》抓紧组织建设，抗旱服务队一律公开挂牌。

1999 年 5 月，省农机局发出《关于下达 1999 年重点提灌项目的通知》，其中安排农机抗旱服务队 32 个，要求各地按 1∶1 的比例配套资金，严格进行项目管理，按时完成任务。

2000 年 8 月，省农机局向省农田水利基本建设指挥部报出《四川省农田水利基本建设农机提灌建设项目“十五”及“2010 年”发展规划》。按照规划，“十五”期间，全省每年将建抗旱服务队 35 个。

据 2005 年不完全统计，四川省有抗旱服务队 1232 个，其中：县级抗旱服务队 246 个，县以下抗旱服务队 986 个。应该指出的是，全省农机抗旱服务组织前后发展不少，最后真正保存下来的不多。究其原因，一是建设中有重复，二是机构改革造成一些平调和失散。

三、减灾规划与措施

2001 年，为贯彻落实国务院批转的《中华人民共和国减灾规划（1998—2010 年）》和省政府办公厅《关于开展制定全省减灾规划工作的通知》，省农机局制定了《2001—2010 年四川省农村机电提灌抗旱及农机科技减灾规划》。规划分析四川省自然灾害发生特点：灾害种类多、发生频率高、造成危害重，尤其是干旱、洪涝、山地灾害等严重。规划指出，由于具有人工作业不可比拟的优势，四川省农村机电提灌抗旱、机械化节水农业、旱作农业、机械植保、烘干等农机抗灾减灾机具、设施、技术及其管理服务体系（以下简称农机减灾工程），作为农业抗灾减灾体系、农村基础设施及农业机械化的重要组成部分，经过多年的建设已取得长足发展，并在农业生产和抗灾减灾中发挥着日益重要的作用。规划提出：今后十年，要加快农机减灾工程建设和发展，尤其要大力发展农村机电提灌机械，积极推广实施节水农业、机械化旱作农业、机械收获、植保、机械烘干等农机减灾实用技术和机械。

农机抗灾减灾具体包含 8 项措施。一是加强领导、明确职责。在省委、省政府的领导下，各级农机部门成立农机抗灾减灾领导小组，下设由农机局领导担任组长的指导组、技术协调组、宣传督查组，统一负责农机抗旱减灾工作的统筹安排、指导协调和督促检查。一旦灾情发生，各小组立即分赴灾区，帮助指导各地的抗灾减灾工作。二是制订预案，健全制度。农机部门每年初根据气象部门预测，制订出《四川省农机部门抗灾救灾工作预案》，提早布置农机抗灾减灾各项工作；各级农机服务队及基层站（组）分别建立起 24 小时抗灾救灾值班制度、机具维修和配件供应制度、灾情迅速上报制度，确保抗灾救灾顺利开展。三是抢修机具，早提早蓄。组织农机技术人员深入基层，检修各类农机具，抢修骨干机电提灌设备，组织江河沿岸的骨干提灌站提前开机，提水充蓄塘、库、堰等水利工程。四是储备物质，做好保障。组织农机供应部门提前储备抗旱减灾的机具和设备以及常用易损配件，并组织送货下乡。同时各级农机部门积极与电力、石油部门加强联系和协调，共同搞好抗灾提水用油、电的调度、供应。五是加强调度，抗灾减灾。充分发挥农业机械抗灾救灾作用，及时组织调度农机提灌设施、运输设备等机具，抗旱提水、抗洪排涝、打井运水、抢收抢种、运送救灾物质，抢修乡村机耕道，有效避免自然灾害给农业造成的更大损失。六是抢收抢种，挽回损失。组织联合收割机、耕整机等农业机械开展抢收抢种，加快收割进度，及时栽种晚秋作物，保证成熟粮食颗粒归仓，为晚秋作物栽种赢得宝贵时间，减轻灾害损失。七是推广技术，夯实基础。加大农业科技和优良品种、新机具的推广普及力度，大力推广机械抛秧、机械深施化肥、机械化喷滴灌作业，以科技治旱。加强农田水利基础设施建设，加大提灌站和机耕道等农田水利基本设施的建设，提高抗御自然灾害的能力。八是争取资金，搞好分配。积极主动争取中央救灾柴油，努力搞好农用柴油的分配、调运、供应工作，加强农用柴油分配管理，确保抗灾救灾用油需要。

四川全省在“十五”期间，总共投入农机抗灾救灾人员 1915.7 万人（次），投入抗灾减灾农业机械 274.7 万台套，1382 万千瓦，其中投入各种排灌机械 210.8 万台套，抗旱抽水浇灌面积 1389.57 万公顷次，抽水 111.60 亿立方，抗洪排涝作业面积 158.93 万公顷次，排渍量 9.1 亿立方。抗洪抢险拉运土石方 8282.7 万立方，拉运救灾物资 85853.3 万吨公里。消耗救灾柴油 57.10 万吨。

据不完全统计，由于以上投入，“十五”期间，农机抗灾减灾工作为四川省减少经济损失达 78.70 亿元，减少粮食损失 55 亿公斤。

第三章 农机跨区作业

农机跨区作业主要是指联合收割机突破地域界线进行的大范围作业。这是农机化作业类似“集团作战”的一种新尝试。四川省农机跨区作业始于1996年。1996—2005年的10年中，在各级政府的重视支持下，农机部门精心组织，公安、交通等部门密切配合，使农机跨区作业得到迅速发展。

第一节 小麦跨区作业

使用农机进行小麦机收可以减轻农户的劳动强度，提高小麦产量，减少农民种植成本，深受各地农民欢迎。随着农村经济发展，购买联合收割机的农民增多，联合收割机拥有量不断增加。作为农机户，他们不满足于一年只有几天或十几天的收割期，收割范围也不满足于只在本乡本土，他们要利用各地小麦成熟时间差，实施跨区作业。事实上，小麦跨区作业是提高机具利用率、增加农机户收入的有效途径。

1996年，四川省广汉市等地的农机户自发组织到凉山州安宁河谷进行跨区的小麦机收作业。1997年，省农机局下发《关于做好跨区机收小麦的通知》，正式开展四川省跨区机收。4月15日，省农机局调集广汉、都江堰两地35台联合收割机，编队前往攀西地区，历时4天，行程600多公里，到达凉山州西昌市，与当地联合收割机会合成为拥有60多台联合收割机的收割机群。4月27日投入小麦机收，至5月10日，收割小麦666.7公顷。省长张中伟在省农机局《联合收割机群千里挺进攀西，打响机械化抢收抢种第一仗》的报告上批示：“这是个好的开端，随着农村劳动力转移，农业机械化大有可为，尤其是要搞好攀西农业综合开发，更离不开农业机械化。望各地因势利导，在有条件的地方，切实抓好联合收割机的推广。”1997年，四川省联合收割机跨区作业自4月中旬在攀西地区开始，5月中旬，在成都平原机收作业达到高潮。接着，这支队伍又赶赴陕西汉中、宝鸡等地作业，直至6月中旬才返回四川。整个跨区作业历时近两个月，南北行程1000多公里，出动联合收割机共380台，其中在省内跨县作业349台，出省84台，共收割小麦1.3万公顷，平均每台机器获利达万元以上。

1998—1999年，省农机局继续组织成都、德阳等地1000多台联合收割机开展南到西昌、东到内江、北到绵阳、广元直至陕西的跨区作业服务。同时引进江苏、河南、浙江等外省联合收割机来省内作业，提高省内小麦机收率，既满足了广大农户的迫切需要，也提高了农机户的机具使用效益。

图 7－12　农机机收跨区作业队伍向凉山州行进途中

2000 年以后，省、市两级农机部门将工作重点从过去直接组织转到政策制定、政策疏导、协调、提供信息和监督检查等管理工作上。

图 7－13　1999 年，联合收割机跨区作业收割现场

据统计，1996—2005 年，四川省小麦跨区机收作业已由省内延伸到云南、陕西、甘肃、新疆、内蒙、山东、河南等地；省内小麦机收水平达到 13.19%，其中成都青羊区、武侯区小麦机收水平逼近 100%，金牛区、德阳旌阳区、西昌市小麦机收水平达 80% 以上；到 2005 年，全省小麦机收面积达 14.2 万公顷，是 1995 年机收小麦面积的 5.1 倍。其中联合收割机收割面积 12.8 万公顷。全省累计投入联合收割机 9701 台，其中从外省引进 4123 台。省内到外省参加跨区作业的联合收割机 561 台，收割小麦 0.93 万公顷。

1995 年，全省联合收割机拥有量 750 台，机收年作业规模 2.78 万公顷。2005 年，全省联合收割机拥有量达 5578 台，比 10 年前增加 7.4 倍。完成机收小麦 14.2 万公顷、机收水稻 23.73 万公顷，机收面积是 10 年前的 13.6 倍。

第二节 水稻跨区作业

水稻是四川省的第一大粮食作物，种植面积大，农民劳动强度大，机收难度也远比小麦大。过去四川省机收水稻水平很低，迫切需要引导进行机械化作业。1999 年，省农机局开始大力推广联合收割机跨区收割水稻工作。由于省内适应水稻机收的履带式联合收割机拥有量仅 40 多台，半喂入联合收割机仅有 20 多台，无法满足水稻机收的需要，省农机局从上海引进 50 多台“洋马”“久保田”联合收割机，在峨眉山市召开水稻跨区机收现场会，全面启动省内水稻跨区机收工作的推广。由于有小麦跨区机收的良好基础，水稻跨区机收工作很快在乐山、眉山、成都、德阳等地展开。江苏、浙江拥有高性能联合收割机的农机户也将四川省作为他们进行全国跨区作业的第一站。

2005 年，针对四川省跨区作业主要集中在安宁河谷和成都平原腹心地带，平原地区跨区机收已近饱和的状态，四川省跨区机收工作按照“巩固平坝地区、拓展丘陵地区”的思路，开展丘陵地区水稻跨区机收作业推广，2005 年，省农机局在广安市组织了丘陵地区水稻跨区作业现场会，邀请省内丘陵地区农机部门参加。经过引导，四川省水稻跨区作业迅速向广大丘陵地区扩展，特别是遂宁、南充、广安、达州一线发展迅速，水稻机收面积大幅度增加。2005 年，四川省水稻机收面积达 23.73 万公顷，其中联合收割机收割面积 19.86 万公顷，分别比 2004 年增长 20.82%、17.89%，均创历史新高；共投入各类水稻收获机械 7911 台，其中从外省引进 5538 台；水稻机收共为农民群众增收节支 4.5 亿元。

在小麦和水稻跨区作业的带动下，跨区机耕成为了跨区作业中的一个新的发展形式。2006 年，以新津县拥有多台先进大中型耕作机械的农机大户为主，组建的农机跨区机耕服务队，前往广安、巴中等地开展跨区耕作，历时 1 个月，耕地 866.6 公顷，收入 70 余万元。

第三节 配套服务措施

一、部门配合

1998 年，省农机局与省公安厅、省交通厅三家联合发出《关于组织联合收割机跨区收获小麦的通知》，明确各自分工：农机部门负责跨区作业的组织实施工作；公安部门负责在道路交通管理和社会治安方面为跨区作业提供保障；交通部门负责为参加跨区作业的机收服务队提供道路通行便利。四川省各级农机部门积极主动与公安、交通部门互通信息，密切配合，为四川省农机跨区作业创造良好的环境。1999 年、2000 年，省农机局、省公安厅、省交通厅三家再次联合发文要求各级农机、公安、交通密切配合加强联合收割机跨区作业管理。

2005 年，省政府办公厅发出《关于做好当前联合收割机跨区作业的紧急通知》，要求各级政府加强领导，积极引进、增加联合收割机，满足广大农民的用机需求，热情为作业机手服务，及时协调解决本辖区内跨区作业中发生的突出问题，为跨区作业创造良好环境。

二、农机跨区作业证及中介费

为保障跨区作业顺利进行，维护良好的机收市场秩序，防止“散机”扰乱市场，根据《联合收割机跨区作业管理办法》，农业部对参加跨区作业的联合收割机发放“跨区作业证”。申领“作业证”的联合收割机应当具备以下条件：具有农机监理机构核发的有效号牌和行驶证；参加跨区作业队；符合省级农机管理部门规定的其他条件。“作业证”由农业部统一制作，全国范围内使用，当年有效。“作业证”由农机手随机携带，一机一证，严禁涂改、转借、伪造和倒卖。

1997 年，农业部、公安部、交通部、机械部、国家计委、中国石油化工总公司联合发出《关于做好今年联合收割机跨区收获小麦的通知》规定：“参加跨区机收的联合收割机在转移过程中需通过公路、桥梁等收费站时，凡持作业证（由农业部统一印制、省农机、公安交通管理和交通部门加盖公章）的，交通部门要免费放行。”

农业部农机化司《关于做好〈联合收割机插秧机跨区作业证〉发放工作的通知》规定了“作业证”免费发放的原则，作业证工本费由农机化司统一支付，各地不得搭车收费、变向收费。

1997 年，省农机局《关于组织跨区机收收取中介服务费试行标准的通知》规定，组织跨区机收的农机服务机构可按每亩不超过 6 元的试行标准收取中介服务费。从而规范了四川省农机跨区作业的中介服务。

1998—2005 年，四川省累计发放联合收割机作业证约 5000 张。

三、跨区作业的服务工作

为搞好农机跨区作业，省农机局组织开展了一系列服务工作。这些服务工作包括信息服务、热线服务、物资保障、组织保障等。

为便于省内外联合收割机手及时了解、掌握四川省小麦机收市场情况，由省农机局牵头，各级农机部门组成了机收信息网，方便了农机手、参加跨区作业的农机服务组织和中介机构了解相关信息。

在跨区作业期间，全省还开设了热线服务电话，24 小时值班，为各地来川收割机手提供机收信息，调解纠纷和困难。

各级农机部门积极组织燃油、零配件等后勤物资供应、确保无假冒伪劣产品，无欺行霸市行为。为农机跨区作业提供了物资保障。

为了保证每年的农机跨区作业更加顺利有序，从 2005 年开始，省农机局开始着手筹建四川省农机跨区作业协会。协会将是全省从事农机生产、销售、维修、作业和服务的农机所有者、从业人员围绕农机跨区作业自愿组成的非营利性的社团组织。显然，协会的成立更使农机跨区作业有了组织保障。

四、表彰先进

自 1997 年起，农业部两年一次，省农机局每年一次对开展跨区机收工作先进集体、先进个人进行表彰，肯定成绩，鼓励先进。

1999 年 12 月，农业部表彰 1999 年度全国跨区机收小麦工作先进单位。

1999年度农业部表彰全国跨区机收小麦作先进单位名单（四川省）

表7－12

先进类别	单位名我
先进集体（3个）	绵竹市农业机械局
	都江堰市农机局
	雅安地区公安处交通警察支队

2002年4月，农业部表彰2000—2001年度全国跨区机收工作先进单位和个人。

2000—2001年度农业部表彰全国跨区机收工作先进单位和个人名单（四川省）

表7－13

先进类别	单位名称	先进类别	个人及单位名称
先进集体（5个）	双流县农机事业管理局	先进工作者（5人）	严思勉　省农机局
	新津县农业机械管理局		李云贵　凉山州农机局
	广汉市农业机械局		陈从亮　广汉市农业机械局
	成都市公安局交通管理局		谌业伟　凉山州公安局交通警察支队
	雅安市公安局交通警察支队		张传科　剑阁县公安局交通警察大队

说明：本次表彰中，四川省绵竹市东北镇玉泉村2组杨继祥获“全国最佳跨区机收作业能手”称号

2005年，农业部表彰2003—2004年度全国跨区机收工作先进单位和个人。

2003—2004年度农业部表彰全国跨区机收工作先进单位和个人名单（四川省）

表7－14

先进类别	单位名称	先进类别	个人及单位名称
先进集体（3个）	成都市农业机械管理局	先进工作者（4人）	胡振祥　省农机局
	彭山县农机事业局		陈昌全　广汉市农机局
	绵竹市农业机械局		侯万敏　崇州市农机局
			周　杉　绵阳市农机局

说明：本次表彰中，四川省郫县团结镇白马村刘均获得“全国最佳跨区机收作业能手称号”

2007年3月，农业部表彰2005—2006年度全国农机跨区作业先进单位和个人。

2005—2006年度农业部表彰全国跨区机收工作先进单位和个人名单（四川省）

表7－15

先进类别	单位名称	先进类别	个人及单位名称
先进集体（8个）	成都市农业委员会	先进工作者（3人）	张　奕　　省农机局
	广安市农业机械管理局		宁志成　　彭山县农机局
	广汉市农机局		韩福全　　夹江县农机局
	四川省交通厅公路局		
	四川省成绵（乐）高速公路建设指挥部		
	四川省公安厅交警总队高速公路支队		
	乐山市公安局交警支队		
	德阳市公安局交警支队		

说明：本次表彰中，四川省广汉市连山镇锦花村6社廖新华获“全国农机跨区作业能手”称号

第四章　农机化规划

农业机械化的根本任务是为农业生产和农村经济发展提供更多更好的作业。而农机化规划能统筹性地、前瞻性地考虑农机化事业的布局，促成农机化事业更好地为“三农”服务。四川省农机化比较有代表性的几次规划有：1985 年 4 月的“农机化区划”、1985 年 12 月的“四川省农机化发展‘七五’计划”，1998 年 1 月的“2001 年四川省基本实现农机化战略规划”和 2001 年 10 月的“‘十五’计划及 2015 年远景规划”。这几次规划各有特色，且对四川农机化事业的发展都具有实际指导性作用。

第一节　农机化区划

一、区划课题

四川各地自然地理、气候差异很大，种植的粮食作物和经济作物、耕作习惯也不完全一样，这些条件差异决定了全省农业机械化发展必须根据各地存在的地域差异特点，正确划分不同类型的区域，分别提出不同要求。

农业机械化区划（以下简称农机化区划）是发展国家农业机械化的一项重要基础工作，被列入 1978—1985 年国家科学技术发展规划 108 项重点科研课题之一。

根据农机部 1978 年的课题任务，按照省农业区划委员会和省农机局统一部署，省农业机械研究所于 1979 年 9 月负责组织省内有关农机局、农机研究所和农机企业共 37 个单位参加，开展了四川省农机化区划工作。《四川省农业机械化区划》于 1985 年 4 月通过评审，1986 年获农牧渔业部科技成果二等奖。

二、农机化分区

四川省农机化区划以四川省综合农业区划为依据，以地貌、农业部门、作物组合为主导因素，将全省划分为六个区域：四川盆地种植业机械化区，包括盆西平原水田粮、油机械化区和盆中丘陵旱地经、粮作物机械化区；盆东南丘陵（冬水田）旱地粮、经作物机械化区；盆周低、中山经济林木机械化区；川西北高原牧业机械化区；川西高山峡谷、山原林、牧业机械化区；川西南山地农、林、牧机械化区，包括凉山中山、山原，用材林，山地草场牧畜机械化区，安宁河宽谷、盆地，粮、蔗机械化区。

1997年，重庆市被设为中央直辖市后，省农机局对全省农机化区划进行了重新划分。新划分的全省农机化区划仍分为6个区域。

（一）盆西平原片区

该区位于四川盆地西部的龙泉山与龙门山、邛崃山之间，以成都为中心，北起江油，南迄峨眉，包括绵阳市的江油、安县，德阳市的绵竹、什邡、旌阳、广汉，成都市除金堂外的县（市、区），雅安市的名山，眉山市的彭山、东坡、丹棱、青神，乐山市的夹江、峨眉等6个市的32个县（市、区），面积2.4万平方公里，耕地面积720.74千公顷，其中水田约为76%。

（二）盆东丘陵旱地片区

该区位于四川盆地龙泉山以东、华蓥山以西、北起剑阁、南至威远的丘陵地区，包括广元市的剑阁、苍溪，绵阳市的梓潼、盐亭、涪城、游仙、三台，巴中市的巴州、平昌，南充市的全部，广安市的岳池、广安、武胜、华蓥，达州市的渠县，遂宁市的全部，德阳市的罗江、中江，成都市的金堂，内江市除隆昌外的县市区，资阳市的全部，眉山市的仁寿等11个市的39个县市区，是川中紫色土丘陵季节性旱区的主要分布地带，面积6.06万平方公里，耕地面积1826.51千公顷，其中旱地面积占全部耕地面积的59.5%。该片区丘陵广布，间有少量低山平坝，地势北高南低，海拔400—700米。

（三）盆南丘陵水田片区

该区位于四川盆地南部，包括内江市的隆昌，乐山市的市中区、五通桥区、沙湾、犍为、井研，自贡市的全部，宜宾市的翠屏、宜宾、南溪、江安、长宁，泸州市的江阳、龙马潭、纳溪、泸县、合江等5个市的21个区县（市、区），面积2.21万平方公里，耕地面积568.08千公顷，其中水田面积占耕地面积的62.2%，有60%的田块水旱轮作，复种指数较高，冬水田多，粮食作物中水稻居首，小麦、玉米、红苕、双季稻种植面积较多，旱地以小麦、玉米、红苕间套种植为主，其面积约占整个旱地面积的四分之三。

（四）盆周低、中山片区

该区位于四川盆地周围，形如东南角开口的“C”字状，东起华蓥山东麓的邻水，至北往西，南迄古蔺，包括广安市的邻水，达州市除渠县外的县（市、区），巴中市的南江、通江，广元市的市中区、元坝、朝天、旺苍、青川，绵阳市的平武、北川，阿坝州的茂县、汶川，雅安市的宝兴、天全、芦山、雨城、荥经，眉山市的洪雅，乐山市的金口河、峨边、沐川，宜宾市的屏山、高县、筠连、珙县、兴文，泸州市的叙永、古蔺，共计11个市（州）的34个县（市、区），面积8.05万平方公里，耕地面积794.69千公顷，其中水田占三分之一。

（五）川西南安宁河宽谷、盆地片区

该区位于四川西南部，包括凉山州的冕宁、西昌、德昌、宁南、会理、会东、盐源，攀枝花市全部，共计两州市的12个县（市、区），是川西南干热河谷季节性旱区的主要分布地带，面积3.31万平方公里，耕地面积194.73千公顷，其中水田占42.1%。该区地貌以中山间宽谷、盆地为主，河谷开阔，平坝众多，安宁河宽谷是四川省仅次于成都平原的第二大平坝，此外还有会理、会东、宁南、盐源等盆地，在本区耕地中，海拔1800米以下的河谷平坝及浅丘盆地的耕地比例为40%。该区种植业较为发达，农业耕作制多为一年两熟、一年三熟、两年五熟，主产水稻，次为玉米、小麦。

（六）川西北高原、高山、峡谷及川西南凉山中山、山原片区

该区形如“X”字状，北接青海、甘肃，西接西藏、云南。本区地形地貌细分为三部分。一部

分是川西北高原，是青藏高原的东延部分，种植业多分布在海拔3000米左右的河谷、盆地，草场面积9000多万亩，主产青稞。一部分是位于川西高原中部，为岷江、大渡河上中游和金沙江、雅砻江中、下游地区，地处青藏高原的东南缘，地势北高南低，西高东低，东部和南部以高山峡谷为主，北部以高山原为主，耕地很少，主要分布在2700米以下的河谷中，基本上无水田，地块小而分散，坡陡地窄，水土流失严重，主产玉米、小麦、青稞，多为一年一熟。一部分位于凉山地区，大小凉山纵贯全境，除少量高山、低山、河谷平坝外，大部分为中山山地和中山原，耕地主要分布在河谷中，但面积窄小，坡度大，轮歇地多，主产玉米、洋芋。该区包括阿坝州的若尔盖、南坪、阿坝、红原、松潘、黑水、理县、小金、金川、马尔康、壤塘，甘孜州的全部，雅安地区的汉源、石棉，凉山州的木里、普格、布拖、金阳、昭觉、雷波、美姑、喜德、越西、甘洛，乐山市的马边，共计5个市（地、州）的42个县，是藏族、羌族、彝族的聚居区，面积27.01万平方公里，占全省面积的55.1%，耕地面积349.95千公顷，仅占全省耕地面积的7.5%，基本上为旱地，水田仅占耕地面积的5%左右，农牧业人口仅占全省人口的4.58%。

三、分区农机化规划

（一）盆西平原片区

该区地势平坦、交通方便、社会经济文化水平高，土地肥沃，农业生产发达，是四川省重要的商品粮油基地，主产水稻、小麦、油菜。盆西平原经济发展快，劳动力转移程度高，农业机械化起步早，农业机械化基础扎实，农业生产对农业机械化的依赖性强。该区发展农业机械的重点是工厂化育秧配套机械、水稻栽插机械、水稻除草和精施药剂机械、稻麦油菜收获机械、小麦播种机械、秸秆还田机械、田间耕作机械、花卉栽培机械、蔬菜生产机械等。农机化的重点内容是稻麦、油菜、花卉生产的机械化。

（二）盆东丘陵旱地片区

该区是四川省主要农业区之一，复种指数较高，水源缺乏，常年旱灾和虫灾危害严重，该片区的发展重点一是提灌、植保等抗灾型机械；二是耕作、播种、脱粒、加工、运输等劳畜力替代型机械；三是化肥深施、节水灌溉等节本增效型机械。

（三）盆南丘陵水田片区

该片区水源充足，自然资源丰富，自然灾害以伏旱危害最大；地块小，高差大，形状不规正，旱地坡度较大。因此，农业机械化发展的重点应是机电提灌、农副产品加工、水田耕作、稻麦收获等。

（四）盆周低、中山片区

该区气候差异大，耕地质量差，坡度大，水土流失严重，交通不便，农业机械化基础差，发展农业机械化的难度很大。该区主要作物以玉米、薯类、小麦为主，是四川最大的玉米、洋芋产区，农业运输量大，农副产品加工任务重，水力资源丰富，农机化发展重点应是农副产品的加工，可移动型抗旱设施、微水电、乡村机耕道建设、农业运输、饲料粉碎、脱粒、耕整机械、粮食烘干等。

（五）川西南安宁河宽谷、盆地片区

该区种植业较为发达，发展农机化的自然条件优越，仅次于盆西平原片区，虽然目前农民收入不高，经济文化水平低，但发展农机化的潜力很大，需求日益旺盛。发展重点是提灌、喷灌、植保、

播种、大中型机械耕作、水稻抛秧栽插和稻麦收获、优质果蔬生产、节水农业等方面的机械化。

（六）川西北高原、高山、峡谷及川西南凉山中山、山原片区

该区北部发展农业机械化的条件较好，应重点发展麦类播种、收获机械和耕作机械；南部发展农业机械化的条件较差，针对全省而言难度最大，应重点发展微型耕作机械、农副产品加工机械、农业运输机械，微水电和移动抗旱机械；牧区重点发展草场建设和保护机械。

第二节 四川省农机化发展“七五”计划

一、“七五”计划背景

1978 年，中共十一届三中全会后，全国掀起了改革开放的热潮。通过改革发展，四川省农用动力拥有量持续增长，农机服务领域不断扩大，油料管理不断加强，农机企事业部门通过改革，经济效益显著提高。但在发展中，也明显存在问题。问题主要有四个方面：一是缺乏技术储备，农业机械化不能适应农村经济发展的需要；二是农机化企事业部门基础差、底子薄、欠账多、经费紧，影响出人才出成果；三是农机管理的机构、体制问题多；四是农机能源严重不足，特别是油料严重不足，已成为制约四川省农机化发展的一个重要因素。在这种情况下，1985 年 12 月，省农机局提出了四川省农机化发展“七五”计划。

二、“七五”计划指导思想和发展目标

指导思想：适应农村改革的要求，调动农民集体和个人办机械化的积极性，提高农业生产力；从各地实际出发，因地制宜，有选择地发展；加强农机管理，健全农机服务体系，充分发挥机械作用，为农业现代化服务；仍要提倡人力、畜力、机电并用，机械化、半机械化、手工工具并举的方针；充分发挥现有机具作用，提高农机化内在质量，不追求机具增长速度，着重搞好基础建设，为后十年发展储备技术和装备；在扩大农机化服务领域为立体农业服务的同时，狠抓粮食为主的种植业的排灌、田间作业等农业基本生产条件的机械化。

根据上述指导思想，四川省农机化“七五”的发展目标是：大力发展农村运输和农副产品、多种经营的加工、储藏、包装机械化、半机械化；在适宜机械作业的地方，稻麦作物的收割、脱粒等主要生产环节机械化有新的突破；常受干旱威胁的丘陵地区，配合水利工程，提灌机械化要逐步恢复、适当发展；农机总动力在 1985 年的基础上，每年递增 4%，争取 1990 年达到 1070 万千瓦；进一步深入农机管理、服务工作的改革，加强技术监督，探索科学管理、经营服务形式多种多样，服务领域不断扩大，服务项目不断增多，经济效益不断提高。

三、“七五”农机化发展的重点

在农机化项目上，选择经济效益高、农民要求最迫切的项目作为发展重点，主要有 5 个方面：一是改善农业生产条件，种植业、养殖业主要产品生产过程机械化有所突破；二是农副土特产品深度加工和资源综合利用机械化；三是饲料和畜禽产品加工机械化，特别是给猪的深度加工和猪内脏

等下脚综合利用提供成套技术和装备；四是农村自然资源开发利用机械化，如能源资源、建材开发等需要的技术装备；五是继续发展农村运输机械化。

不同地区要因地制宜，各有侧重，有选择地发展。城市郊区要加快稻麦主要生产环节机械化的进程，大力发展肉、禽、蛋、奶、鱼等城市需要的副食品的机械化；盆地丘陵重点发展排灌机械化和重要农副产品深度加工和资源综合利用的机械化；盆周山区结合道路和水电的开发，重点发展运输、采矿和土特产品、畜产品的机械化；草原牧区重点发展草场改良、牧草收储、疫病防治、畜产品采集和加工的机械化。

农机科学技术重点研究以下项目：农副产品深度加工和综合利用，重点研究米、面、油、红苕、玉米、柑橘、茶叶等新型成套加工设备，魔芋、生姜、竹子、菌类、中药材等加工成套设备；食品及畜禽产品加工；建材资源的开发及加工；节能机械和多种能源机械；各类农田作业小型新机具的研究及老产品的更新；农业机械化的研究。

四、主要措施

经济上实行以工补农办法：农用油料供应实行优特价；耕作配套农具实行产销倒挂价格，低价售给农民。全省现有农业机械中，“七五”期间有三分之一的机具需要更新，要解决老化问题。特别是对毁损严重的机电提灌设备，“七五”期间应着重做好维护更新。稻麦生产过程重要环节机械化：割、脱、播、耕每年选择几个点及部分专业大户进行试验。加快农机科技进步，提高科研素质，充实科研手段，增强活力。农机人才培训。今后 5 年要完成 12000 人的培训任务。充实农机鉴定手段。调整农机动力结构。到 1990 年，农用动力电、油机比例调整为四、六开。请国家增供农用柴油。油料管理要进一步科学化。实行供管用一条龙管理体制。多种渠道筹集农机化资金。一是农民集体和个人自筹；二是贷款扶植，建议农业银行设立农业机械化专项贷款资金；三是国家支援。加强农机化管理服务工作。一是及早解决农机管理机构、体制和手段；二是加强乡镇农机站建设，增强活力和自我发展能力；三是健全农机服务体系，形成服务网络，发展服务项目。

第三节　2010 年四川省基本实现农机化战略规划

为配合 1997 年 9 月《四川省人民政府关于加快发展农业机械化的决定》，1998 年 1 月，省农机局向全省各级农机部门印发了《2010 年四川省基本实现农业机械化战略规划》，要求全省各市（地、州）、县（市、区）农机局及省直属各单位，结合实际，精心组织实施。

一、现实条件

一是具有较扎实的农业机械化物质基础。经过几十年的发展，四川省建立了省、市（地、州）、县（市、区）三级包括管理、科研、教育、培训、推广、生产、维修、供应在内的完整体系，到 1996 年底，全省农机总动力已达 1263 万千瓦，机耕、机播、机灌、机收、运输、加工等农业机械化水平不断上升，有的项目已基本实现机械化，农业机械经营总收入达到 94.4 亿元。二是社会经济和农村经济发展为农业机械化的基本实现提供了机遇。三是农业机械化发展有着旺盛的社会需求。

二、战略目标

（一）“基本实现农业机械化”的含义及其衡量指标

“基本实现农业机械化”是一个动态的概念，它随国家农业科技发展水平、农业装备制造水平、农业种植方式、自然条件、经济发展水平等多种因素的变化而变化，其含义是：根据现实条件，在能够实行机械作业的农业生产过程中，以机器代替手工工具、以机械动力和电力代替人力和畜力并达到规定的比例。从四川省农业生产及其自然条件的实际来看，现阶段四川省基本实现农业机械化的要求有以下几方面：第一，在可以使用机械作业的耕地上实现机械化，而不是在全部耕地上实现机械化；第二，在种植业中实现主要品种生产的机械化，而不是所有农作物生产的机械化；第三，在主要品种生产的主要环节实现机械化，而不是全过程的机械化；第四，机械化水平达到70%以上，而不是百分之百的机械化。

衡量基本实现农业机械化的指标主要有两大类：一是单项机械化水平，指某项农业生产作业总量中机械化作业的程度，主要有田间生产作业中的耕整地、小麦播种、水稻栽植、稻麦收获、稻麦脱粒、灌溉、植保共7个生产环节的机械化程度；二是综合机械化水平，目前主要指在田间生产作业中按上述7个单项作业进行综合计算的机械化程度。

（二）战略目标

1997—2000年，这一阶段是国家国民经济上新台阶、人民生活达到了小康水平的关键时期，全省农业机械化发展的阶段目标是：一是在农业运输和农副产品加工已基本实现机械化的基础上，种植业生产尤其是稻麦生产关键环节的机械化是农业机械化发展的主攻点，到2000年，全省综合机械化水平达到35.86%，年均增长3.67个百分点；二是到2000年底，全省农机总动力稳步增长，达到1506万千瓦，年均增长4.5%。

2001—2010年，这一时期是四川省农村经济发展进入新的历史阶段的重要时期，农机化发展的战略目标是：一是到2010年，以耕地、播种、脱粒、收获、水稻栽植、灌溉、植保七个环节机械化构成的种植业田间作业综合机械化水平达到70%以上，种植业田间作业生产从总体上基本实现机械化；二是到2010年，稻麦收获机械化水平达到55.23%，预计到2015年基本实现稻麦收获机械化；三是到2010年农机总动力达到2295万千瓦，年均增长4.3%，水稻栽植机具年均增长35%。

三、战略步骤及措施

（一）战略步骤

基本实现农业机械化的战略步骤主要包括三项战略：划区实施战略，按照不同类型的农机化区域，分别提出实现农机化的不同要求；星火燎原战略，从点到面、从单项到多项、从分项到整项，逐步实施机械化；分步到位战略，第一步，在2000年前，树立样板；第二步，到2008年，全面推进；第三步，到2010年，用最后两年苦战攻关，逐个突破。

（二）战略措施

基本实现农业机械化采取如下6项战略措施：加强领导；深化改革；加大投入；规范管理；依靠科技；完善体系。

第四节 “十五”计划及2015年远景规划

2001年10月，省农机局在《2010年四川省基本实现农业机械化战略规划》和《四川省农业机械化发展“十五”计划》的基础上，结合四川农业机械化的实践和未来经济发展水平，按照发展社会主义市场经济和建设农业现代化的要求，制订了《四川省农业机械化发展“十五”计划和2015年远景规划》。

一、“九五”时期农业机械化发展特点

《四川省农业机械化发展“十五”计划和2015年远景规划》对四川省“九五”时期农机化发展作了全面总结。远景规划认为，四川省“九五”时期的农机化发展主要具有5个方面的特点。

农业机械化水平大幅度提高。一是农业机械拥有量快速增加。到2000年底止，农业机械总动力达到1680万千瓦，农业机械装备总值达到95.43亿元，分别比“八五”末增长38.87%和59.05%。二是农业机械化作业水平提高很快。2000年，全省田间作业综合机械化水平达到40.78%，比“八五”末提高19.61个百分点，平均每年提高3.92个百分点。

农业机械化作用更加显现。农业机械化的快速发展，促进了农村综合生产力水平的提高，促进了农业和农村经济发展，促进了农业结构调整，促进了农民增收致富，促进了农业技术进步和传统农业向现代农业转变。

农业机械化管理步入法制轨道。继“八五”期末颁布《四川省农业机械管理条例》后，“九五”期间，《四川省农村机电提灌管理条例》《四川省农业机械安全监理和事故处理条例》等农业机械化地方法规相继颁布实施和《四川省人民政府关于加快发展农业机械化的决定》的发布，确立了农业机械化管理部门的执法主体地位，农业机械化的发展和管理步入了法治轨道。

农业机械化投入机制逐渐形成。“九五”期间，全省各级农业机械化管理部门积极争取粮食自给工程、农业综合开发、商品粮基地建设、农业产业化建设、粮棉大县建设、扶贫开发、以工代赈等农业项目对农业机械化发展的投入份额或比例，不少地方从农村公积金中划出一定比例用于发展农业机械化。随着农村经济的发展和农民生活水平的提高，农户投资购买农业机械的热情高涨，一个以政府投资做导向、受益者投资为主体、社会各种力量投资为补充的发展农业机械化投入机制逐渐形成。

农业机械化服务模式初步建立。“九五”时期，县、乡、村农业机械化服务组织不断完善，农机户快速发展，一个以农户为主体、农业机械化服务组织为骨干的多元化农业机械化服务模式初步形成；以组织联合收割机跨区作业为标志的新型农业机械化服务形式的出现，为提高农业机械的利用率和农业机械化服务的社会化程度，解决小田块与大机械作业的矛盾，找到了一条行之有效的途径；股份制、合作制、私人经营等多种经济性质的农业机械化服务组织加快了农业机械化服务市场化、专业化、产业化、社会化进程。

二、“十五”时期及未来十五年农业机械化发展趋势和条件

（一）发展趋势

农业机械化服务领域不断拓宽，农业机械装备结构进一步改善，农业机械化社会服务机制基本形成，农业机械化投入机制日益成熟。

（二）制约因素

一是对发展农业机械化的意义认识不够，二是发展农业机械化的自然条件有待进一步改善，三是农业生产适度规模经营程度过低，四是农业机械化新技术、新机具的开发力度低，五是发展农业机械化的政府投入严重不足，六是农业机械化管理机构不稳定。

（三）有利条件

构建现代农业需要加快发展农业机械化；实施西部大开发战略和加快城市化进程将推动农业机械化快速发展；我国加入世界贸易组织将使农业机械化进程进一步加快；农业机械化发展的物质基础正逐步夯实；农业机械化发展有着旺盛的社会需求；农业机械化发展的自然条件不断得到改善。

三、未来十五年农业机械化发展的总体构想

紧紧围绕农村经济体制改革、农业结构调整和农业增长方式转变，以科技创新为动力，通过大力推广适用、先进的农业机械，增强农业抗御自然灾害的能力，提高土地产出率、农业资源利用率和农业劳动生产率，加快农业现代化进程，促进农业增产，促进农民增收致富，促进四川农业和农村经济的可持续发展。

四、未来十五年农机化发展目标

（一）“十五”发展计划

工作思路：明确一个定位，稳步提升四项农业生产关键环节机械化水平，完成8项主要任务，重点实施七项农机化项目，简称为“1487”工程。

明确一个定位：即加快农业机械化进程，提高农业机械化水平，当好挑战传统农业、构建现代农业的主力军。

稳步提升四项农业生产关键环节机械化水平：就是稳步提升机耕、机灌、机播、机收等四项农业生产关键环节机械化作业水平。

完成8项主要任务：一是逐步改善全省农业机械装备状况；二是加快提高农机化水平；三是在五年间更新改造机电提灌设备26万千瓦，每年平均维修提灌机械58万千瓦；四是实施机械化秸秆还田面积500万亩，建成秸秆气化设施30座，解决5000—9000用户的生活用气；五是力争50个县（市、区）稻麦生产综合农业机械化水平达到70%以上；六是新建、硬化乡村机耕道各10000公里；七是争取在川西北高原建成9个机械化建设和保护草场示范基地；八是大量推广农副产品深度加工技术装备和农产品干燥技术设备。

重点实施7项农机化项目：一是以川中紫色土丘陵区和川西南干热河谷区为重点实施机电提灌设施维修改造和机械化节水农业示范项目；二是挑选经济条件比较好、农机化水平相对较高的县（市、区）实施农业机械化先行县建设项目；三是以盆周山区和经济欠发达的地方为重点实施乡村机

耕道建设项目；四是在水稻主产区实施水稻生产机械化示范项目；五是在高速公路沿线、中等以上城市周边地方实施机械化秸秆还田等保护生态环境的项目；六是在川西北高原牧区实施机械化建设与保护草场示范项目；七是以农业主产区为重点实施农副产品深度加工技术装备研制和粮食及农产品产地机械烘干技术示范推广项目。

（二）2015 年远景规划

到 2015 年，盆西平原、川西南安宁河谷盆地、盆东丘陵、盆南丘陵、川西北高原等 5 个片区综合农机化水平分别达到 92.72%、88.62%、76.05%、75.76%、74.02%，盆周低中山片区达到 68.88%；全省农机总动力达到 3292 万千瓦，耕整地机械达到 35.77 万台，收割机械达到 12.92 万台，播种机械达到 97.36 万台，水稻栽植机械达到 8.97 万台，机动脱粒机械达到 65.76 万台，农用排灌动力达到 411.66 万千瓦，机动植保机械达到 18.59 万台，除水稻栽植机械外，其他农业机械装备水平基本满足农业生产需要。

附　录

一、名 表

1959—2005 年四川省农机局历任领导名录

表附 - 1

机构名称	姓名	性别	行政职务	任职时间
四川省农业机械厅	苗逢澍	男	厅 长	1959. 12 - 1963. 08
	沈兰芝	男	副厅长	1963. 08 - 1966. 05
	王子清	男	副厅长	1959. 12 - 1963. 08
	樊执中	男	副厅长	1959. 12 - 1963. 08
	寇润圻	男	副厅长	1959. 12 - 1963. 08
四川省农业机械局	张 戟	男	局 长	1972. 11 - 1978. 03
	梁维舟	男	副局长	1972. 11 - 1978. 03
	王子清	男	副局长	1972. 11 - 1978. 03
	寇润圻	男	副局长	1972. 11 - 1978. 03
	沈兰芝	男	副局长	1972. 11 - 1978. 03
	艾 英	男	副局长	1972. 11 - 1978. 03
四川省农业机械管理局	梁维舟	男	局 长	1978. 03 - 1983. 03
	郭 英	男	副局长	1978. 03 - 1983. 03
	张作干	男	副局长	1978. 03 - 1983. 03
	王子清	男	副局长	1978. 03 - 1983. 03
	张 涛	男	副局长	1978. 03 - 1983. 03
	傅 恒	男	副局长	1978. 03 - 1980. 02
	尹渠泰	男	副局长	1980. 09 - 1983. 03
四川省农牧厅农业机械管理局	张作干	男	局 长	1983. 03 - 1989. 09
	郭 英	男	顾 问	1983. 03 - 1983. 12
	尹渠泰	男	副局长	1983. 03 - 1989. 09
	康大均	男	副局长	1983. 04 - 1989. 09
	母世杰	男	副局长	1984. 11 - 1991. 02
	黄彦蓉	女	副局长	1989. 06 - 1991. 02

续表附－1

机构名称	姓名	性别	行政职务	任职时间
四川省农业机械管理局（1995年改为四川省农业机械事业局）	刘祖荣	男	局长	1989.09－1996.12（2000.1退休）
	尹渠泰	男	副局长	1989.09－1990.03（离休）
	康大钧	男	副巡视员	1989.09－1990.06（离休）
	母世杰	男	副局长	1989.09－1996.12
	黄彦蓉	女	副局长	1989.09－1996.12
	姜庆芳	男	副局长	1995.02－1996.12
	李铭升	男	副巡视员	1991.01－1993.10
四川省农业机械事业局	黄彦蓉	女	局长	1996.12－1999.12
	母世杰	男	副局长	1996.12－1999.12
	姜庆芳	男	副局长	1996.12－1999.12
	刁学锋	男	副局长	1998.06－1999.12
	黄德泉	男	副巡视员	1997.05－1998.03
四川省农业机械事业局	母世杰	男	局长	1999.12－
	姜庆芳	男	副局长	1999.12－
	刁学锋	男	副局长	1999.12－
	罗晓东	男	副局长	2002.02－
	杨兴荣	男	纪检组长	2002.02－
	马 平	男	副局长	2006.10－
	李万芬	女	副巡视员	2005.07－

说明：1966年5月至1972年11月，全省农机行政管理工作，先后由省革委筹备组生产指挥部计划组农机组、省革委生产指挥部农机组、化肥农机组、省革委机械工业局革命领导小组农机组行使行政职能

1986—2005 四川农机系统获省部级表彰的先进单位一览表

表附－2

获奖时间	获奖称号名称	获奖单位	颁奖单位	奖励方式
1987—1989	农机培训先进单位	简阳县农机校	农业部	表彰授锦旗
1988.8	1988 年度农业部生产节能先进集体	三台县农业机械管理局	农业部	奖状
1988	省重大科学研究成果奖	内江地区农机研究所	省政府	奖状
1989.10	全国农业系统成人教育先进单位	简阳县农机校	农业部	文件
1989.10	全国农机培训先进单位	简阳县农机校	农业部	奖瓶
1989.12	S195 型柴油机节能技术推广运用科技进步三等奖	达州市农机局	农业部	奖状
1989.5	89 年度全省实施星火计划成绩突出三等奖	达州市农机局	省星火科技奖评审委员会	奖状
1990	“四川省星火科技奖”四等奖	德阳市罗江润滑设备厂	省星火科技奖评审委员会	奖状
1991	1989—1990 年度“四川省优秀新产品”二等奖	德阳市罗江润滑设备厂	省政府	证书
1992.09	农机培训先进单位	简阳县农机校	农业部	锦旗
1992.10	全国先进县级农机校	简阳县农业机械学校、邛崃县农机校、蓬安县农机化技术学校、绵阳市市中区农机校	农业部	文件
1992.12	省 1991 年度先进科研单位一等奖	四川省农业机械研究所	省科学技术委员会	奖状
1993.1	首届(1991—1992 年度)全国铁牛杯竞赛优胜单位	德阳市市中区	农业部	证书
1993.02	省科学技术进步奖三等奖	三台县农业机械管理局	省政府	奖状
1993.8	一九九三年国家级新产品	乐至县机械厂、内江市农机研究所	国国家科学技术委员会、国工商银行、劳动部、国家外国专家局、国家技术监督局	证书
1996.03	全国乡镇企业二级达标单位	剑阁县农机局鹤龄镇农机站	农业部	奖状
1997.9	农机培训先进单位	简阳县农机校	农业部	锦旗

续表附－2

获奖时间	获奖称号名称	获奖单位	颁奖单位	奖励方式
1997.11	“全国农牧渔业丰收奖”二等奖	德阳市旌阳区农机局	农业部	奖状
1998	“文明监理优质服务”示范窗口单位	三台县农机监理站 崇州市农机监理站 巴中县农机监理站	农业部	授牌
1999	全国农业系统劳动统计年报一等奖	四川省农机局	农业部	证书
1999.12	全国农业技术推广先进单位	江油市农机推广站、剑阁县农机局普安镇农机站	农业部	证书
2000	“文明监理优质服务”示范窗口单位	江油市农机监理站 遂宁市市中区农机监理站 什邡市农机监理站 彭州市农机监理站 长宁县农机监理站 凉山州农机监理所	农业部	授牌
2000.5	秸杆禁烧和综合利用先进集体	德阳市旌阳区农机局、成都市农业机械管理局	国家环保局、农业部、科技部、共青团中央	奖状
2001.10	“全国农牧渔业丰收奖”二等奖	德阳市旌阳区农机局推广站、成都市农机化技术推广站	农业部	奖状
2002.9	“全国农牧渔业丰收奖”二等奖	德阳市旌阳区农机局推广站	农业部	奖状
2002	“文明监理优质服务”示范窗口单位	叙永县农机监理站 简阳市农机监理站 大竹县农机监理站 犍为县农机监理站 荥经县农机监理站	农业部	授牌
2004	全国农业系统劳动统计年报一等奖	省农机局	农业部	证书
2005	全国农业系统劳动统计年报二等奖	省农机局	农业部	证书

说明：1. 本表所列先进单位仅系 1986—2005 年省农机行业中获省、部级及其以上奖励的单位；

2. 为修好本志，省农机局于 2007 年曾在全省农机行业发文征集获奖情况，本表所列以各市（州）上报资料为依据；

3. 本着完整性，省政府授予省农机局年度“抗灾夺丰收先进单位”历年奖励和四川省农田水利基本建设评选的“李冰杯”奖集中在本注中分别反映。其他集中反映的还有：农业部有关“四有”农机校的评奖集中在本志第三篇第四章第一节“县级农机化学校”中反映；农业部和省政府对先进乡镇农机站的主要表彰集中在本志第二篇第一章第三节“农机站管理”的表彰中反映；省农业机械研究设计院历年所获部、省两级科技成果奖主要集中在本志第三篇第一章第一节“农机科研单位”表 3—1 中反映

1997—2005 年农田水利基本建设“李冰杯”农机项目管理先进单位名录

表附－3

年　度	奖　项	获奖单位
1997	一等奖	绵阳市
	二等奖	巴中地区、遂宁市
	三等奖	南充市、德阳市、广安地区
1998	一等奖	巴中地区
	二等奖	南充市、广安地区
	三等奖	遂宁、绵阳、德阳市、达川、眉山地区
1999	一等奖	巴中地区
	二等奖	广安市、遂宁市、南充市
	三等奖	达州市、绵阳市、乐山市、眉山地区、宜宾市、德阳市
2000	一等奖	巴中地区
	二等奖	广安市、遂宁市、南充市
	三等奖	德阳市、达州市、绵阳市、乐山市、眉山地区、宜宾市、内江市、资阳地区
2001	一等奖	巴中市
	二等奖	遂宁市、广安市、南充市
	三等奖	达州市、德阳市、乐山市、绵阳市、眉山市、资阳市、内江市、自贡市
2002	一等奖	南充市
	二等奖	达州市、广安市、遂宁市、巴中市
	三等奖	乐山市、宜宾市、眉山市、资阳市、自贡市、攀枝花市、泸州市、德阳市

续表附-3

年度	奖项	获奖单位
2003	一等奖	南充市
	二等奖	遂宁市、宜宾市、达州市、巴中市
	三等奖	自贡市、攀枝花市、泸州市、德阳市、绵阳市、资阳市、眉山市、广安市
2004	一等奖	南充市
	二等奖	巴中市、达州市、遂宁市、广安市、眉山市
	三等奖	宜宾市、资阳市、泸州市、绵阳市、德阳市、攀枝花市、自贡市、乐山市、凉山州
2005	一等奖	南充市
	二等奖	达州市、巴中市、宜宾市、广安市、遂宁市、乐山市
	三等奖	泸州市、资阳市、眉山市、绵阳市、德阳市、自贡市、雅安市、凉山州、攀枝花市

1986—2005 年四川农机系统获省部级表彰的先进个人一览表

表附－4

获奖时间	荣誉称号名称	颁奖单位	获奖单位	获奖人	奖励方式
1986. 01	先进工作者	省政府	省农机研究设计院	杜光喜	证书
1986. 01	全国农村能源建设先进工作者	农牧渔业部	资阳市雁江区农机局	陈道全	证书
1986. 04	农牧渔业技术推广先进个人	农牧渔业部	射洪县农机局	李玉祥	证书
1986. 11	从事财务会计工作三十年先进个人	机械工业部	射洪县农机局	杨希成	证书
1986. 12	从事财会工作三十年先进个人	省政府	射洪县农机局	杨希成	奖状
1986. 04	农牧渔业技术推广工作先进个人	农牧渔业部	雅江县农机站	李心民	证书
1988. 01	长期坚持农业物资工作先进个人	农业部	射洪县农机局	柳朝惠	证书、奖章
1988. 11	省普及法律常识先进个人	中共四川省委、省政府	德阳市旌阳区农机局	莫庭楷	证书
1989. 06	长期坚持技术推广先进个人	农业部	射洪县农机局	谭昌烈	奖章、证书
1989. 10	省农业劳动模范	省政府	成都市金牛区苏坡乡农机站 璧山县依凤乡农机站［今属重庆市］ 绵阳市中区永兴镇农机站 简阳县新市乡农机站 青神县青城乡农机站 万县地区农机研究所［今属重庆市］ 德阳市中区黄许镇农机站 名山县紫霞乡农机站 荣县五宝镇农机站 资中县农机局	陈建福 李代金 黄佑民 周建廷 王荣清 周志孝 蒋录惠 高世福 李良仲 董黔助	证书
1989. 10	全国农业系统成人教育先进工作者	农业部	德阳市旌阳区农机局	吉庆明	证书
1989. 12	科学技术进步奖三等奖	农业部	资阳市雁江区农机局	陈道全	证书
1990. 05	全国农业劳动模范	农业部、人事部	省农机研究设计院 德阳市旌阳区农机局	刘祖荣 罗方荣	证书

续表附－4

获奖时间	荣誉称号名称	颁奖单位	获奖单位	获奖人	奖励方式
1990.08	农业部农业机械化系统科技先进工作者	农业部	四川省农机研究设计院 宜宾市农机研究所 雅安市汉源县农机局 成都市农机推广所 内江市水利农机局	刘祖荣、金益生、钟承祥 郭宗亭 唐克正 周明军、樊元矩 朱学明	证书
1990.08	科学技术进步奖二等奖	农业部	省农机鉴定站	李体华	证书
1990.08	科学技术进步奖二等奖	农业部	省农机局	缪加甫	证书
1991	政府津贴	国务院	省农机研究设计院	金益生	证书
1991.04	全国星火科技先进工作者	国家科委	省农机研究设计院	何志盛	证书
1991.09	全国农牧渔业丰收奖三等奖	农业部	郫县农村发展局	贺福泽	证书
1991.04	省星火科技奖四等奖	省星火科技奖评审会	旌阳区农机局	谢启龙	证书
1991.08	全国农机安全监理先进工作者	农业部	乐山市农机局	陈荣生	证书
1992.09	农业部全国先进农机成人教育工作者称号	农业部	省农机局 隆昌县农机局 绵阳市农机局 达县地区农机局	任杰群 余心灵 文由举 易雄摸	文件
1992	政府津贴	国务院	省农机研究设计院 省农机鉴定站	郭　骅、钟承祥、何志盛、刘君望 李体华	证书
1992.09	先进教师	农业部	大邑县农机局 开县农机校 德阳市中区农机校 南充县农机校 邻水县农机局 金川县农机校	蒲心森 谭定奎 于　玲 李信才 龚大春 赵明刚	文件

续表附－4

获奖时间	荣誉称号名称	颁奖单位	获奖单位	获奖人	奖励方式
1992.05	保卫干部荣誉章	公安部	郫县农机局	王忠庆	证书
1993.11	政府津贴	国务院	省机电排灌管理总站 省农机研究设计院 省农机鉴定站	周伟民 董焕然、岳体林、魏宗元 罗廷科、黄远浩	证书
1993	农机安全监理先进工作者	农业部	沐川县农机局	田晓川	奖状
1993.09	农业部农业机械化系统科技先进工作者	农业部	省农机研究设计院 宜宾市农机研究所 宜宾市兴文县农机局 峨眉山市农机局	陈宏萍 王国民 杜秀坤 胡　强	证书
1993.03	省科学技术进步三等奖	省政府	内江市水利农机局	孙先前、刘代志	证书
1993.09	农业部农业机械化系统科技先进工作者	农业部	省农机局	缪加甫	证书
1993.09	全国农牧渔业丰收奖三等奖	农业部	中江县农机局	李洪文	证书
1994	政府津贴	国务院	四川省农机局	刘祖荣	证书
1994	政府津贴	省政府	省农机鉴定站	周志孝	证书
1994.03	全国农牧渔业丰收奖二等奖	农牧渔业部	峨眉山市农机局	胡　强	证书
1995	全国农业质量工作先进个人	农业部	省农机鉴定站	罗廷科	证书
1995	省劳动模范	省政府	自贡市水务局、雁江区农机局	李捍卫、张德武	证书
1995.02	全国农业科技推广先进工作者	农业部、国家科委、人事部、水利部、林业部、国家农发办	德阳市旌阳区农机局 通江县农机化技术推广站	柏厚举 张高祥	证书
1995.03	1992—1994年度全国乡镇农机管理服务站先进站长	农业部	德阳市旌阳区农机局	谢启龙	证书
1995.07	省优秀新产品二等奖	省政府	德阳市旌阳区农机局	谢启龙	证书
1995.08.08	全国农业质量监督工作先进工作者	农业部	省农机鉴定站	黄远浩	证书
1996.08	“全国农牧渔业丰收奖”二等奖	农业部	德阳市旌阳区农机局	柏厚举、张顺华、钟贵祥、彭从富	证书

续表附－4

获奖时间	荣誉称号名称	颁奖单位	获奖单位	获奖人	奖励方式
1996	科学技术进步奖三等奖	农业部	成都市农业委员会、资阳市雁江区农机局	王　薇、陈道全	证书
1997.12	“全国农牧渔业丰收奖”二等奖	农业部	德阳市旌阳区农机局	彭义金、冯开金、刘述明、谢先帝	证书
1999	农业技术推广先进工作者	农业部	蓬溪县农机局	雷开敏	证书
1999.11	“全国农牧渔业丰收奖”二等奖	农业部	郫县农村发展局	谢锡智、姚永乐、耿　兵、杨开琪	证书
1999.12	全国农业技术推广先进工作者	农业部	雅江县农机站	周晋康	证书
2001	全国农牧渔业丰收奖二等奖	农业部	洪雅县农机局、成都市农委	刘成学、王　薇	证书
2001.06	优秀党务工作者	中共四川省委	四川省农机局	杨兴荣	证书
2002.12	全国农业技术推广先进工作者	农业部	峨眉山市农机局	胡　强	证书
2002.09	“全国农牧渔业丰收奖”二等奖	农业部	德阳市旌阳区农机局	冯纪纯	证书
2003.02	农机化推广工作先进个人	农业部	峨眉山市农机局	唐国放	证书
2004.02	2003 年全国农业科技年活动先进工作者	农业部	德阳市旌阳区农机局	钟贵祥	证书
2005	全国农产品质量安全工作先进个人	农业部	省农机鉴定站	张山坡	
2005.04	省劳动模范	省政府	江油市农业机械化管理局、宜宾县农机局	田定江 杨　溢	证书
2005.10	全国农业系统“四五”普法先进个人	农业部	省农机局	庞　跃	证书
2005.12	先进农业科研人员	农业部	省农机研究设计院	谢祖琪	证书
2005.12	全国农业技术推广先进工作者	农业部	德阳市旌阳区农机局	钟贵祥	证书

说明：1. 本表所列先进人物仅系 1986—2005 年省农机行业中获省、部级及其以上奖励的个人；

2. 为修好本志，省农机局于 2007 年曾在全省农机行业发文征集获奖情况，本表所列以发文征集情况为依据；

3. 省农业机械研究设计院历年所获部、省两级科技成果奖奖项主要集中在本志第三篇第一章第一节“农机科研单位”表 3—1 中反映

二、大事记

1903年（光绪二十九年）

四川通省劝工总局成立。总局主管全省实业的推行和发展，推行手工业改良，提倡机器生产，并在局内设厂，选派学生留学，出现了萌芽状态的民间机器工业。1908年设通省劝业道，内设道署，统管州、厅、县劝工局。

1904年（光绪三十年）

清政府官员吴天成，以私人资本在成都开办天成工厂。1909年能生产汲水机、缫丝机等。1911年吴天成病亡，工厂倒闭。

1906年（光绪三十二年）

从日本留学归国的广汉县李某，精通水压机新法，与同县周某合资造成数架，可用来榨油、磨面，灵便适用，邻近各县均前往订购。

1907年（光绪三十三年）

四川通省劝工总局技工邓朗琴，在成都皇城边街开办“振新”工厂，生产人力车、水龙、汲水机等。

1911年（宣统三年）

5月21日 《四川官报》载：隆昌县职员黄光藻制造采矿用螺旋汲水器，“亦尚合用”，由劝业道批准专利权，设厂制造。

1912年（民国元年）

湖北洪顺机器厂的周玉延，在遂宁县北固乡吴家幺店子安装两台16寸轧花机，做轧花示范推销。这是当地首次用铁制轧花机代替手摇绞辊轧花，很受欢迎。

清末民初，四川的食品卫生工业使用机械磨米的有和丰、保丰数家，用机械磨面的有新丰、先农、岁丰等家。

1914年（民国3年）

四川兴起的一批小型机械工厂中，与农产品有关的厂家有：春森机械工厂生产取棉花机器、蚕丝检验机器和衡器；宏铸机器厂生产水龙、缝纫机等；艺新恒翻砂厂修理动力机、水泵等；铨鑫机械厂生产轧花机等。

1917年（民国6年）

巴县乙种农业学校易名为“巴县甲种农业学校”，校址在重庆市弹子石东山精舍（四川省农业机械化学校的前身）。

1923年（民国12年）

陈毅从巴黎回国后，为家乡乐至县安装水碾、水磨和水力轧花机（现陈列在陈毅故居文物陈列室）。同年，遂宁城北一商人从天津买回钢质压面机一台，安装在玉丰街制作面条。

1930 年（民国 19 年）

中国西部科学院创办于重庆北碚，卢作孚兼任院长，这是四川第一个科学研究院，是国内极少的几个科学研究机构之一。科学院设农林研究所，试制成功打谷机、玉米脱粒机等一批新式农具。抗日战争爆发前夕，农林研究所因经费困难停办。

1935 年（民国 24 年）

3 月　《四川月报》调查报告："四川之兵灾，从时间上言，20 余年以来有 400 余次之数目。从空间上言，有 120 万方里上之战场。"仅其中 1 次战争在 25 镇 11 乡范围内对农民耕作农具造成的损失如下：锄 8178 把、犁 692 柄、水车 362 架、晒席 7196 张、箩筐 3291 担、秧盆 47 个、圆桶 294 个、扁担 19 根。

1937 年（民国 26 年）

3 月 10 日　内江县曾伯翊、郭焕章等组建协和水利公司，在县属盘龙坝、东兴场等地正式营业。公司有汲水机、水带等。由于内江连年旱灾，农民向该公司接洽者极多。

同年　《经济季刊》报道：战前四川官方登记注册的机械工厂（指采用新式生产方法，且规模较大者）仅 5 家，资本总额 50 万元，工人总数 210 人，占全省工业总数的 1% 左右。抗日战争开始后，大量机械工厂迁入四川，四川境内兴建机械工厂，成为四川省工业史上一次重大变革。

1938 年（民国 27 年）

9 月　四川省农业改进所（以下简称川农所）奉命成立，赵连芳任所长，所址设成都外东净居寺。

10 月　《四川省统计提要》记载，内迁工厂共 245 家。上海机器厂迁来重庆后，立即制造水轮机，为中国第一家水轮机制造厂。湖北机器厂与二七兵工厂合并成立万县机器厂，生产脚踏轧花机、2 号碾米机、手摇打水机等。

1939 年（民国 28 年）

6 月　川农所设置垦殖工程组，从事农具的改进、仿制，主要工作是筹建农具厂、改制仿制新式农具，以研究为主，制造为辅。川农所对四川66县作农具调查，得11类48种农具的适用性及工作效率之资料。据调查：仿制与改制的农具有14种；推广较多者为轧花机、梳花机、水田耘荡、喷雾器等；大部分农村只有简单的畜力、人工农具，有的地区甚至还是“刀耕火种”的原始生产方式。

同年 四川省水利局施政纲领称：前两年度，勘测设计兴办涪江流域三台、绵阳2县堰工2处。本年度计划新辟灌溉区域6处。由水利局设计直径为9.5米的新式筒车1架，比用竹扎制的旧筒车提高工效48%，安装在三台县李林坝，利用郑泽堰水冲动水轮，提水灌田500余亩。

同年 四川省棉作试验场推广美国棉花，从美国引进农药械喷雾器、撒粉器和锯齿轧花机等，在遂宁、南充等地使用。

同年 三台县罗宏彰研究的偏心十字活叶抽水机，改造的新式剥玉米机、新式打谷机，在灌县[①]丰都庙成都协合机械工业社通过试验，取得良好效果。

1940年（民国29年）

2月 川农所农具厂设备安装完毕，农具事业逐步进入制造经营时期。

5月29日 川农所制定《推广改良农具之计划》，在成都、三台、宜宾等10县作示范推广，并在四川各县作普遍推广。

1941年（民国30年）

川农所农具制造厂遇到极大经济困难。1942年，川农所撤销垦殖工程组，农具厂奉命移交四川省农业公司经营。

1943年（民国32年）

3月3日 四川省政府指令水利局成立“高地灌溉机械试验场”。

6月9日 省水利局委任刘叶为高地灌溉机械试验场主任。在三台县可亭堰安装汲水机8台，该水轮泵站成为中国第一个水轮泵站。1948年4月，试验场因经费来源断绝而结束全部试验工作。

8月 省内官办企业蜀康机械工厂成立，厂址设成都东门外大安横街，资金200万元，机器多购自英、美，设备完善，规模较大，主要产品是农业用具：打水机、切面机、碎骨机等。因资金缺乏，1947年倒闭。

① 1988年5月，经国务院批准撤县设立都江堰市。

1944 年（民国 33 年）

5 月 1 日 为接收美国援华物资，孔祥熙投资创办中国农业机械特种股份有限公司，总公司设于贵阳，在重庆李子坝三江村设办事机构，后迁南京。

10 月 四川农业公司农具厂与四川机械公司合作，农具厂定名为成都农具厂，生产新式农具。

1945 年（民国 34 年）

8 月 26 日 中美农业技术合作考察团到达成都。考察团团长赫契生、副团长穆懿尔、团员葛轼博士等到华阳县沙河堡参观模范农家使用打谷机，询问农具用途用法，又到狮子山参观可灌溉 533.3 公顷田的百贤堰，表演用压水机压水。

1948 年（民国 37 年）

国民政府教育部调拨给国立西康艺技专科学校①1 台美国产园圃式拖拉机（THEGRANELYTRACTOR）。这是联合国救济总署的援华物资。

1949 年（民国 38 年）

1 月 19 日 农林部将联合国善后救济总署援华物资及美军剩余物资中的部分病虫药械拨给四川。川农所将药剂配发给 37 个县农业技术推广所及农业院校，将器械借给 31 个单位使用。

1950 年

1 月 5 日 军事代表王宇光、黄国英接管川农所、中央农业实验所成都工作站等 6 个单位，接管方针是："暂维现状，分别处理"。军代表嘉勉员工坚守岗位，保护资产。

1 月 重庆市军管会派出军代表余尚三，在江北区接管一批外商经营的农机物资。

3 月 川北行署、川南行署、川东行署、川西行署、重庆市、西康省纷纷要求设厂改良旧农具，制造新农具，以应急需。

---

① 西昌农业高等专科学校前身，2003 年 5 月，该校与西昌师范高等专科学校、凉山大学、凉山教育学院合并组建西昌学院。

12 月 四川大学农场从银行转购一台福特牌拖拉机（抵押品），这是四川早期出现的用于农机教学的中型拖拉机。四川大学随即在农艺学系、农业专修科和农业经济系开设农业机械课。

1951 年

年初 四川大学组装两台园圃型拖拉机①（手扶式），其发动机为单缸风冷式汽油机，传动部分可自动无级变速，并带有配套农具播种机、剪草机、中耕器和掘坑机。

1952 年

2 月 岳池县长滩寺机械提水灌溉试验站建成提水，这是四川解放后，国家兴办的第一座机械提水站，当年实际灌田 67.2 公顷。

6 月 11 日 西南行政委员会农林部农具制造厂（以下简称西南农具厂）正式接办开工。这是西南地区解放后兴办的第一家国营专业农具制造厂，其前身是位于重庆南岸海棠溪的私营太平农具制造厂。

9 月 参加中国农民代表团赴苏联参观的四川代表赵京一、龙海泉、谢瑞珍、罗芝煜、薛振鲁等回国后，在各地传达苏联集体农庄和拖拉机站盛况，现场进行拖拉机耕地耙地表演，参观者众。

11 月 四川省人民政府各厅、委、局、署正式成立。省工业厅下设机械局，分管农具科研、制造，厅长为沈兰芝；省农林厅下设农政科，兼管新式农具、药械的推广、使用，厅长为程复新；省水利厅下设农水科，负责农水、水土保持、提水工具业务。

同年 省农业科学实验所设立农具组，1953 年农具组改为农具股，股长为潘海航。此机构是四川省解放后第一个农机具研究试验机构。

1953 年

1 月 9 日 西南军政委员会财政经济委员会主任邓小平和副主任陈希云、段君毅、刘岱峰联名向政务院总理周恩来、政务院财经委员会和民族事务委员会呈送报告，请向西南区少数民族刀耕火种地区免费发放旧式农具。报告提出的投资计划为 925 万元，分 5 季投放。政务院迅速批准计划，1953 年拨款 408 万元，四川、西康分别获得 36 万元和 160 万元。

2 月 经中共中央西南局批准，国营郫县机械农场开始筹建。建场初期有耕地 1786.84 亩，其中水田占 96.60%，农场总人数 378 人，有拖拉机 3 台（苏联的纳齐、匈牙利的乌尔苏斯和美国的福特牌各 1 台）及配套农具，场内耕作基本实现机械化。1966 年 8 月，四川省农业厅宣布撤销该农场。

① 这是由联合国救济总署赠送给中国的，运抵成都时已临近解放。

3 月 中央分配给西南的第一批农具有马拉农具 1 套、双轮双铧犁 100 部、摇臂收割机 6 部、三齿耘锄 3 件。四川、西康和北碚农场共分得马拉农具 1 套、双轮双铧犁 72 部、摇臂收割机 3 部、三齿耘锄 2 件。

年底 中共四川省委批准省工业厅设机械工业管理局，管理农机生产厂。省农林厅分家后，省农业厅设机具科，管理新式农具和农药械具的推广。农具的研究试制任务，由省农科所农具研究推广股（即农具股）承担。农具的供销由省供销社联合社及分布各地的供销社统一经营。管理排灌机械的省水利厅农水科提水工具组，扩建为机械提水站，又称排灌机械总站。

1954 年

1 月 省政府编制的《四川省 1953—1957 年农业生产五年计划控制数字建议》提出：5 年内在郫县、崇庆、平泉、梁平、乐山、阿坝、龙日坝、若尔盖新建 8 个机械农场，耕地 1.12 万公顷，配备拖拉机 84 台。另试办机械提灌、30 个拖拉机站，配备 360 台拖拉机，要求在 4.8 万公顷耕地上进行机耕，并采取设点租借方式，推广马拉农具 3000 套，新式步犁 5.75 万件，为今后机械化积累经验、培养干部。

3—4 月 西南行政委员会副主席贺龙到省农科所农具股车间考察。

4 月 27 日 省水利厅下达《1954 年机械提水灌溉计划》，将 60 台套抽水机分配各专署以“重点试办抽水机站”。

6 月 9 日 四川省第一个拖拉机站——国营郫县农业机器拖拉机站开始筹建。

12 月 18 日 省工业厅厅长沈兰芝在中共四川省委召开的“一五”计划纲要讨论会上发言，着重讲肥料、农具及其质量问题。

同年 四川已有各种类型拖拉机 **16** 台（折合 35.8 标准台），农具 81 台，多数拖拉机分布在郫县、崇庆、华阳、遂宁和梁平等地农场，全年完成耕地 369.3 公顷、耙地 605.8 公顷、播种 75.60 公顷。但四川土块零星，限制机耕区的发展，在技术力量、零件供应和修理质量上也存在不少问题。

1955 年

2 月 26 日 省农业厅向农业部呈报 1955 年推广新式农具任务的报告，提出“今后推广新式农具应作为长期的政治任务来完成”。

7 月 省农科所农具股设计出齿轮传动、铁钉齿、加装滚珠轴承的手摇、脚踏两种打谷机。经技术交流会鉴定后，在全省制造推广 3.50 万部。这批打谷机在秋收中大显身手，各地大量培训打谷机手。

11 月 28 日 在省一届人大三次会议上，省长李大章提出：在 1955 年基础上，1956 年新式农具要增产 479%，打谷机要增产 510%，会议作了决议。

同年 四川第一个电力提灌站在南充县都尉乡建成抽水，装机容量为 5 台机组 100 千瓦。同年，降昌县付家桥乡煤气机抽水站建成，该机由省投资、安装60马力单缸卧式四冲程煤气机一台，是最早使用煤气机作动力的抽水机站，属县水利科领导管理。

同年 中共西南局第一书记邓小平到省农科所考察，观看了步犁田间试验。

1956年

1月 四川省遂宁农业机器拖拉机站正式成立，这是四川第2个、全国第14个国营拖拉机站。该站有拖拉机13台，农具30多台（件），全部机器从苏联、东欧社会主义国家进口，组织形式、经营管理方法是苏联模式。

5—6月 省农业厅在《四川省新式农具推广工作报告》和《几年来农具推广情况与今后的意见》中指出：几年来推广到农民手中的农具约14万部，有5万—6万部未经动用，犁地面积应为700万亩，实际完成估计不到100万亩，农具效能的发挥未及20%。

10月 省农业厅创办的第一所农业机械化中专校郫县农业机械化学校，首次招收学生800名，开设农业机械化和土地规划两个专业。该校是农业部规划的全国6所农机中专校之一。

1957年

3月 荣县组织历史上大规模龙骨车抢水抗旱。投入车水抗旱的水车有444架，劳动力共5570人。此次抢水抗旱历时一月有余，连续灌溉望佳、高山两乡69.33公顷，引水总长22华里。

7月 《四川省机械工业大事记》称：“一五”期中，四川制造带轮犁4.18万部，步犁及无轮一铧犁23.9万部，打谷机32.75万部，玉米脱粒机、切片机、喷粉器等8.34万部。1956年，有60%的机械制造从事农具农械生产，共造53.24万部。

年底 全省农业机械拥有量：排灌动力机械119台、1490.8千瓦（2027马力），其中内燃机108台、1340.8千瓦（1823马力），电动机11台、150千瓦（204马力）；大中型拖拉机198标准台，机引农具583台，其中机引犁耙351台、播种机72台、收割机6台。全年机耕0.354万公顷，机灌0.66万公顷；建立7个拖拉机站、4个拖拉机队，国家投资202万元，配备拖拉机116.20标准台及其他农业机具，并拨付生产资金84万元，以扩大示范，逐步发展机耕。

1958年

1月15日 省委批复省委农村工作部、省人民委员会办公厅党组：同意将省农科所农具系和省工业厅农具研究室合并，组成四川省农业机械研究委员会（以下简称省农机委）。这是四川解放后第一个省级专门从事农业机械研究工作的机构。

3月7日 中共中央副主席刘少奇到郫县农业机器拖拉机站、机耕农场考察时指示：拖拉机应当能耕水田；选农业社青年社员培训拖拉机手，要为农业社多培训些人才；代耕收费标准应该让农民讨论，分成几等，大田可以少收费，指导农民多搞些大田；应该制造小一点的拖拉机，耗油量少，成本低，能耕能运能走小路到山区丘陵区去，一个人能把它拖得走；我们办机械化不能像苏联那样，应当由农业社自己买拖拉机。

3 月 22 日 中共中央政治局扩大会议（成都会议）通过《关于农业机械化问题的意见》。意见提出：农业机器应当以小型为主，配合以适当数量的大型和中型的；农业机器的性能应该力求便于综合利用；农业机械的制造（包括机引农具、新式畜力农具和改良农具），除了大型的和技术要求较高的以外，一般的应当以地方工业为主；实现农业机械化，主要靠农业合作社自己的力量。会议期间，国务院总理周恩来派人到郫县农业机器拖拉机站、机耕农场，调查了解工作情况，并召集县委书记刘致台、站长赵京一到金牛宾馆参加有关农机化的座谈会。

6 月 省农业厅将重庆农业学校改名为“四川省重庆农业机械化学校”，首次开设农业机械化专业。

7 月 13 日 中共中央和国务院发出《关于迅速在农村开展农具改良运动的指示》，要求在比较短的时间内，用改良农具和新式农具普遍代替旧农具，把劳动效率提高 1—2 倍。中共四川省委随即提出：迅速把改良农具的群众运动推向新的高潮，在最短时间内使所有运输工具都安装上滚珠轴承，实现半机械化。

10 月 四川省首次农机工作会议在成都召开，着重讨论四川省农业机械化、电气化初步规划。《四川省 1958—1962 年农业机械化初步规划》提出：5 年内累计需要拖拉机 9.56 万标准台，力争可机耕地面积的 70% 实现机耕、机播、机收、机脱，80% 实现机插（移苗）。

1959 年

年初 省农业厅和郫县人民委员会共同制定的《郫县人民公社拖拉机站管理办法》公布施行。郫县共建立了 16 个公社拖拉机站，成为全省社站最多的县。

4 月 29 日 中共中央主席毛泽东在《党内通讯》中指出：农业的根本出路在于机械化。提出：每省、每地、每县都要建立一个农具研究所。四川立即进行“农业的根本出路在于机械化”教育宣传工作，并着手制定农机化规划。

9 月 省机械工业厅按中共四川省委的要求，提出《农业机械化发展规划初步意见》，具体要求 3 年内平原地区 100% 做到机械耕作，1960 年有两个重点县全面实现农业机械化，5 年内机耕面积 233.33 万公顷，7 年内 466.66 万公顷，首先以排灌和田间作业机械化作为重点。

12 月 5 日 省人民委员会决定成立四川省农业机械厅。任命苗逢澍为厅长，王子清、樊执中、寇润圻为副厅长。

12 月 中央分配给四川省拖拉机 1000 台，其中：农垦部门 400 台，人民公社 600 台。中共四川省委书记廖志高指示分配原则为集中分配，大、中、小结合。

1960 年

2 月 9 日 省人民委员会决定撤销四川省农业机械研究委员会，成立四川省农业机械研究所，归属省农机厅领导。

3 月 4 日 省委批复省高教局分党组、省农机厅、省委宣传部等部门，同意筹建四川农业机械学院。1961 年 8 月，根据省委批示，撤销四川省郫县农机校，学院迁入原郫县农业机械化学校校址。

3 月 经中共四川省委常委会批准，省农机厅分党组由苗逢澍任分党组书记。省委同意将农业机械推广使用工作由省农业厅移交省农机厅领导。

4 月 8 日 省农机厅在成都青羊宫十二桥河中堆砌 4 米多高的拦河坝，以川—30 型水轮泵作现场表演。

4 月 中共中央副主席朱德在成都西郊土桥镇考察木质插秧机田间试验检测。他详细询问插秧机的产地、重量、价格、效率后说，插秧机是中国人搞出来的，你们要好好试验，好好改进，为农民做一件大好事。他认为木质插秧机易变形，用铁质好，用铝合金，让它轻些。水田机械化，插秧是一道难关，你们要边试边改，早日拿出更好的插秧机。中共四川省委办公厅电告省农机厅，立即试制铁铝结构的插秧机。5 月，成都市赶制插秧机 1800 多部。

5 月 邓华奉调到四川，任省政府副省长（分管农机工作）。

6 月 19 日至 7 月 10 日 省委在重庆市举办四川省农业工具改革和半机械化现场会。这次现场会规模大，各地选送的农具达 4260 件。50 天内共接待省内外观众数十万人。省农机厅将展出的先进农具 889 件、22 条农机具配套图纸编印成《农具图谱》，分送全省每一个人民公社；将经鉴定的 1040 件精细展品，就地做成实物，送给各地仿制推广。

8 月 27 日 省政府副省长邓华撰写关于四川省农业半机械化、改良化的长篇调查报告。

10 月 18 日 省农机厅分党组根据中共四川省委“精减机构，紧缩编制，节约劳动力投入生产第一线”的原则，提出精减机构和人员方案。厅本部由原设七处一室，实有干部 194 人，精减为四处一室，配备干部 98 人，精减 96 人。

1961 年

3 月 5 日 省委批转省农机厅《关于 1961 年农业机械生产问题的报告》，并批语：提高农业机械产品质量是当前农业机械生产方面的主要问题。

5 月 2 日 省农机厅拟订《关于农村人民公社农具的所有、使用、保管的若干规定（初稿）》，要求“坚持三级所有大队为基础”的制度。

5 月 29 日 省农机厅在全省推广广汉拖拉机站实行“三包一奖”生产责任制经验。在定机、定人、定地的基础上，实行包产、包成本、包安全，完成指标给奖。这是四川早期出现的拖拉机站生产责任制。

6月19日 省政府副省长邓华在川中地区5个专区13个县的数十个厂、公社深入调查后，撰写4个调查报告：《当前小旧农具修造情况》《当前排灌机械使用管理情况》《关于农机工厂职工当前政治思想情况》《关于农机工厂工资奖励制度》。

7月5日 省农机厅对“究竟搞什么样子的机械化？当前应当发展哪些农业机械和农机化速度问题”向西南局书记李井泉作书面汇报，认为四川的农业机械化完全搞洋的，条件还不成熟，如果搞半机械化，则完全可以绕过这些困难，今后一定时期内应当主要搞半机械化，走由半机械化向机械化过渡的道路。当前四川急需的是排灌机械，这是农业机械化问题的中心。

12月13日 省委批转省商业厅、省农机厅《关于调整农业机械、机具配件经营体制问题的报告》，同意将商业厅农业生产资料贸易局经营的有关农业机械、机具及配件业务以及半机械化的运输工具架架车等，全部划归农机系统领导管理。两厅随即办理移交手续。

同年 夏旱最重，遍及整个盆地，绵阳、乐山、内江三地区灾情尤重。全省大春作物受旱面积306.66万公顷，成灾面积213.33多万公顷，旱灾覆盖114个县。农机战线一方面贯彻“八字方针”（调整、巩固、充实、提高），调整农机工业发展重点，压缩人员，精简机构；另一方面投入农机具奋力抗灾。

1962年

2月14日 省农机厅决定设立四川省农业机械厅成都供应站和四川省农业机械厅重庆供应站，地址分别在成都提督街、重庆民族路。

7月20日 根据中共中央、中共四川省委关于“再次调整企业和进一步压缩城镇人口支援农业生产”的指示精神，省农机厅确定在1961年末企业183个、3.99万名职工的基础上，1962年只保留企业（站）85个、职工8500人，其中保留的省属企业2个，职工1200人（四川农机厂、成都拖拉机厂各600人）。

8月1日 省委同意并正式批转省农机厅关于调整农业机械所有制和经营形式的报告，全省逐步进行调整。

12月21日 省委组建的专业改土队在遂宁县上宁公社破土动工，开展四川历史上第一次机械化改土试验。改土队由省农机、机械等8个厅局的16名工程技术干部、118名专业队员组成，配备推土机、煤电钻等10种42台（套）机器设备。改土时，中央领导谭震林、傅作义，西南局书记李井泉、廖志高等到现场考察。

1963年

2月11日 省农机厅成立小马力柴油机研究试制领导小组，厅长寇润圻为组长，并安排成都动力机厂进行1105型柴油机小批量试制。成都拖拉机厂试制工农—7型7马力柴油机，四川农业机械厂试制NK4型4—5马力柴油机，成都矿山机械厂试制NK3型3马力柴油机。

3 月 全国农机化试点工作座谈会确定对 20 个公社、1 个农场进行农机化试点。四川新繁、遂宁共 4 个公社，列为全国农机化试点单位。

4 月 20 日 省商业厅、省财政厅、省粮食厅、省公安厅、省对外贸易局、省供销社、人民银行四川省分行、省农机厅联合印发《关于农机产品经营分工的通知》，规定省农机厅负责经营农用拖拉机、机械动力的植保机械、储油设备、排灌设备、拖拉机内燃机维修配件、畜力胶轮大车以及其他机械化、半机械化的田间耕作机具、收割机具等。

4 月 24 日 省计委、省科委批准将郫县机耕农场改名为“四川省农业机械化试验农场”，作为四川省机械化选型、定型的试验基地。

5 月 22 日 省农机厅印发《农业机械安全作业试行规定》，主要内容包括排灌机械和拖拉机安全作业各 10 项工作规定。这是省农机厅颁布的第一个农机安全规章。

8 月 10 日 省委决定撤并省农机厅。

8 月 14 日 全省拖拉机站工作会议结束。会议反映：从 1954 年开始试办拖拉机站到 1963 年，已拥有拖拉机 765 混合台、1275 标准台，建立拖拉机站 68 个，技术人员 1659 人。存在的主要问题是：利用率低，成本高，亏损大，事故多，急待开展综合利用，调整机站布局，迅速扭转亏损。

10 月 省委在重庆市召开计划工作会议，研究水利建设问题时，提出“以机电提灌为主，提蓄结合，综合利用”的水利建设方针，规定建立提灌站必须坚持“自筹资金为主，国家补助为辅”的原则。

1964 年

3 月 14 日 中共中央西南局书记处书记曾希圣考察省农机所，并指出：根据四川农机的特点，农机研究要因地制宜，要从种田的各个环节中抓住农忙时期最打紧的季节，劳动量最大的活路和繁重的体力劳动工序，去安排科研课题。

4 月 20 日 农业部农业机械化管理局局长高志学到四川，在中共四川省委农工部负责人金鉴陪同下，先后到郫县、新繁、广汉、灌县、三台、遂宁、简阳、重庆等地检查工作，就四川发展农业机械化的方向、步骤、方法等问题提出了许多重要意见。

5 月 15 日 省委批复省农业厅，同意建立四川省农业厅农业机械试验鉴定站，属事业单位，首任负责人杨启佩。

5 月 27 日 省委批准省水电厅建立抗旱机动队，西南局农办投资 68 万元，装备绵阳、宜宾、江津、南充、内江 5 个分队，在主产粮区巡回抗旱。机动队属于省、专合办的国营企业。1965 年 6 月，新增雅安、乐山、涪陵、万县、达县、重庆 6 个分队。

7 月 16—17 日 省政府副省长邓华到省农机所试用正在研究的手摇切片机、磨粉机，并提出：农机科研要善于抓苗头，抓大量的、普遍的，一抓到底。特别强调：农业机械要达到 4 条要求：工效高、质量好、成本低、经久耐用。边远山区农副产品加工要搞半机械化，把机器固定在板凳上，几条板凳就可解决。

1965 年

2 月 省农业厅创办四川省农业机械化技工学校，这是八机部委托并投资，为川、滇、黔三省培训农机技术工人而建立的农机校。1966 年 2 月，该校迁遂宁。

12 月 省农机所余尚三出席在北京召开的全国设计革命化工作会议，并介绍四川搞半机械化特别是设计“四条板凳”的情况，出席会议的四川代表同其他省的 10 余位代表受到国务院总理周恩来接见。

1966 年

1 月 四川省手扶拖拉机厂试制出中国第一台自行设计制造的工农—12 型手扶式拖拉机。

2 月 四川省农业机械化区划调查组完成《四川省农业机械化区划报告（初稿）》《四川省东部地区机电提灌区划报告（初稿）》。

1967 年

四川省农业机械年末拥有量稳步增长，拖拉机达到 2615 台，其中小型拖拉机达到 1138 台，1.24 万千瓦（1.69 万马力）；排灌动力机械 2.62 万台，43.99 万千瓦（59.86 万马力），比 1966 年有较大增长。

1968 年

年初 省革命委员会筹备组生产指挥组下设农机组，统管农机工作。农机组组长为孟广涵。

12 月 四川省农机生产出现大倒退。农机工业总产值 4884 万元，是 4 年来最低值。内燃机产量由 1967 年的 1.19 万台，下降到 0.75 万台；机动脱粒机、水泵、水轮泵、水管、内燃机发电机组、饲料粉碎机、人力喷雾器、手推胶轮车、手摇牛奶分离器等产量均下降。

1969 年

1 月 21 日 八机部军管会决定将直属企业分批下放所在地省革委管理。首批下放给四川的有：红岩机器厂、海陵第一配件厂、海陵第二配件厂、海陵第三配件厂、涪陵化油器厂、红旗仪表厂。

第二批下放四川的有：湔江农机厂、锦江油泵油嘴厂和岷江齿轮厂。

9 月 13 日 国务院总理周恩来接见全国建设县农机修造厂工作会议代表，传达中共中央主席毛泽东关于“每县都要有农机修理制造厂”的指示，并说：“农业机械化要适应各地需要，农机工作者要终身立志于此。”1970 年 11 月统计，四川省 207 个县（市、区），实建 203 个农机修造厂。

同年 经省农业厅批准，四川省遂宁农业机械化学校和四川省农业机械化技工学校合并，正式更名为“四川省农业机械化学校”。

1970 年

5 月 15 日 省革命委员会生产指挥组农机组编制《四川省农业机械化“四五”规划的初步设想（草案）》，提出“四五”期间四川发展农业机械化的具体方针是：以发展小型机械为主，重点发展提灌、化肥和耕作机械，狠抓配件、配套，加强维护管理，充分发挥综合利用效能，促使农业迅速达到并超《全国农业发展纲要》所规定的生产水平。

8 月 5 日 省革命委员会生产指挥组发出《关于国营（国社合营）拖拉机、排灌机械下放社队管理使用中若干问题的通知》，要求将国营、国社合营的拖拉机和排灌机械，有领导有计划地转变为社、队自办，由贫下中农管理。

1971 年

9 月 11 日 四川省地方五小工业（小钢铁、小煤矿、小化肥、小水电、小水泥）现场会议在广汉、什邡召开。中共四川省委领导谢正荣、徐驰出席并讲话。《四川日报》评论员文章指出：“五小工业是实现农业机械化的基础。”

10 月 26 日至 11 月 14 日 省委、省革委在成都召开全省农业机械化会议，共 1000 多人参加。会议提出：要像抓农业集体化那样抓农业机械化。

1972 年

3 月 25 日 插秧机推广使用和农机管理工作会议在重庆北碚召开。省政府副省长邓华带领 515 名代表参观了插秧机的制造、使用现场，会议讨论了《四川省农机管理办法（草案）》和《拖拉机安全操作规程（草案）》。

8 月 30 日 省委发布《关于加速实现农业机械化的决定》，要求把农业机械的制造、维修、供应、使用管理、科学研究和技术力量的培训等方面工作切实抓好。

10 月 10 日 省机械工业局在德阳县召开四川水田机械化现场经验交流会。参加会议有 507 人，现场表演的水田作业机械 74 台套，机手 260 人。省委书记刘兴元、段君毅、徐驰，省政府副省长邓华以及省革委各部门负责人到现场参观。

10 月 25 日　省委决定建立四川省农业机械局。张戟任局长，梁维舟、王子清、寇润圻、沈兰芝、艾英任副局长。局党委由张戟、梁维舟、王子清、寇润圻、沈兰芝、艾英、刘永田、贾凤林、成伦元组成，张戟任书记、梁维舟任副书记。

11 月 26 日　省革命委员会批复省生产建设办公室和省机械工业局，明确规定省农机局的主要任务。省农机局下设办公室、政治处、生产处、农机管理处（推广使用和经营管理）、基建处、劳动工资处、供销处。干部编制为 120 人。原属农机系统的农机工厂、企业、科研、学校等单位仍归口各级农机局领导。

1973 年

1 月 1 日　省农业机械局成立后，归口领导的企事业直属单位有：四川省农业机械鉴定站、四川省农业机械研究所，设在成都、重庆的 2 个农机供应站，四川省农业机械化学校，12 个省属工厂企业。另外，地（市、州）属农机厂有 92 个，县（市、区）属农机厂有 259 个，总计农机工业企业为 363 个。

3 月 10 日　经省革命委员会同意，将省属成都、重庆 2 个农机供应站组建四川省农业机械供应公司，隶属省农机局。

9 月 10 日　全省农机工作会议在广汉召开，400 人参加会议，中共四川省委书记杨超、省政府副省长邓华在会上讲话。

1974 年

8 月　全省农机抓革命促生产工作会议在成都召开，中共四川省委书记徐驰、省政府副省长邓华到会讲话。会议传达了全国农机化会议预备会和省委召开的县委书记会议精神，讨论加速发展农业机械化的规划以及全面完成 1974 年农机工作任务的措施。

11 月 14 日　《四川日报》发表长篇通讯，介绍德阳县“各级有领导，层层有人抓，上下一条心，大搞机械化”的大好局面。

11 月　四川省历时半年的八类农机产品质量检查作出总结。共查 51 个工厂的 16 种主机 69 台，78 种配件的 733 件。零件主要项合格率为 14.50%，主机达到国家规定性能指标的占 32.20%。

1975 年

1 月 25 日　四川省召开农机工作会议，学习中共十届二中全会和四届人大一次会议文件，传达全国、全省计划会议和一机部工作会议精神。根据中共四川省委提出的“奋战三年、大干快上、拿下两个一百亿”（增加一百亿元工业产值、增产一百亿斤粮食）的奋斗目标，提出农机战线奋战三年，实现“四个一”（机耕地面积增加一千万亩，内燃机产量增加一百万马力，手扶拖拉机产量增加一万台，农机工业产值增加一倍）的任务。四川省革命委员会转发《全省农机工作会议综合简报》。

7 月 7 日 第一次全国农机人员培训工作经验交流会在唐山市召开，四川 10 名代表由省农机局副局长王子清带队参会。

10 月 28 日 省委在成都举行 20 万人大会，传达全国农业学大寨会议精神，动员全党为普及大寨县和加快农业机械化步伐而奋斗。省委书记王黎之代表省委提出：要把各行各业各部门的工作切实纳入普及大寨县和实现农业机械化的轨道。

1976 年

1 月 9 日 全省农机工作会议在成都召开。主要内容：根据 1980 年基本实现农业机械化的要求，研究加速四川省农业机械化的规划布局。

3 月 1 日 第一期县农机局长训练班在成都农机学院开学。每期 50 多人，学习 3 个半月，到 1980 年，共办 7 期，培训农机局长 339 人。

10 月 7 日 省科委、省农机局、省水利局、省二轻局在成都青龙公社召开喷灌现场会，对 20 多个喷头作性能测试和评论，提出发展喷灌的建议。

1977 年

1 月初 为尽快建立支农工业体系起来，加快农业机械化步伐，中共四川省委批准成立四川省农业机械化领导小组。

3 月 省农业机械研究所将内部刊物《农机简讯》更名为《四川农机》，由省农机局主管。这是四川省农机系统第一个全省性的正式刊物。

5 月 5 日 省委批转省农机化领导小组上报的《关于加快农业机械化步伐，保证 1980 年基本实现农业机械化的报告》和《四川省 1980 年基本上实现农业机械化规划的修订草案》。

8 月 省农机局以省革委名义在若尔盖县召开四川省牧业机械化会议。

同年 省农机局开始编印内部信息资料《农机情况简报》，这是农机系统面向全省发行重要信息资料的开始。1982 年，《农机情况简报》改名为《农机简报》。

1978 年

2 月 16 日 省革命委员会召开全省人民公社收听的广播动员大会，传达全国第三次农业机械化会议精神，号召广大工人、社员、干部、技术人员，当农业机械化大干快上的促进派。会议由中共四川省委书记杨超主持，省政府副省长何郝炬作报告。

3 月 10 日 省委决定充实、调整四川省农业机械化领导小组。充实调整后，中共四川省委副书记徐驰任组长，王黎之、李子元、何郝炬任副组长，组员：孟东波、张戟、辛文、卫广平、姜泽亭、韩博、李天民、韩正夫、王维训、苗逢澍、金再光、罗红、梁维舟、田纪云、曹刚、郭建哲、廖家岷、李煌。何郝炬兼任领导小组办公室主任。

3 月 17—25 日 省委召开 1700 多人参加的农业机械化会议，省委领导徐驰作题为“下定决心，大干快上，决战三年，夺取基本上实现农业机械化的胜利”的报告。

3 月 18—31 日 中共中央在北京召开全国科学大会。四川农机行业在会议上受表彰的先进集体有：省农机研究所水力机械组、丹棱农机修造厂引射器研究组。受表彰的先进技术工作者有：武隆县农机研究所孙志明、成都市农机研究所张绍华。被评为优秀科技成果的有：沼气柴油机（省农机研究所、绵阳地区农机研究所、南充地区农机研究所）、无底阀抽水排气引射装置（省农机研究所、三台县农机厂、三台县农机研究所、丹棱县农机厂）、喷灌机组（省农机研究所等）、全国系列设计锤片式饲料粉碎机（绵阳地区农机二厂）、川丰 5—3 型梭式机耕船（潼南农机修造厂、省农机研究所）、南方系列水田犁（成都机引农具厂）等。

3 月 18 日 省委发出《关于省农业机械局改组为省农业机械管理局，将农机生产业务划归省机械工业局领导的通知》，省委决定：省农机管理局归省农业口领导，局长为梁维舟，副局长为张作干、王子清、傅恒。

5 月 9 日 省农机化领导小组将省委审定的《四川省 1980 年基本实现农业机械化规划》（以下简称《规划》）印发执行。《规划》确定 3 年决战的奋斗目标，将农机“五网”（管理网、修理网、培训网、科研网、供应网）建设放在重要位置，提出到 1980 年必须达到的要求。省农机管理局据此制定农机管理规划指标，于同年 5 月 18 日下达各地。

6 月 29 日 省农机化领导小组、省农机管理局发出通知：确定广汉县为四川全面机械化试点县，若尔盖县为牧业机械化试点县。

1979 年

5 月 省农机局印发《四川省拖拉机内燃机大修理质量管理试行办法》。

同月 省农机供应公司在射洪县首次举办为期两个月的四川省农机流通行业经理训练班。

8 月 省农机局在成都召开地（市、州）农机局长会议，讨论、修改《关于加强公社农机站的意见》《关于农机科研机构调整意见》《关于十二所地区农业机械化学校的调整意见》《四川省农业机械安全生产管理办法》。中共四川省委书记杨汝岱出席会议并讲话。

9 月 14 日 省农机局印发《四川省农业机械安全生产管理试行办法》，对农机部门安全工作的职责、农机手的管理、农机安全操作要求等作出明确规定。

10 月 省农机供应公司在郫县召开农机产品订货会，大批农机配件实行产销见面，这是四川农机供销企业贯彻计划调节与市场调节相结合的开端。

同月 省革命委员会发布《关于加强拖拉机行车安全管理的布告》。这是省革委第一次以布告形式颁发的重要农机安全法规，各地相继发布本地区的执行办法。四川省革命委员会《关于加强人民公社农机站建设的意见》下达后，各地被撤并的社队农机站、组陆续恢复。

12 月　省农机局颁布《公社农机站管理条例》。

1980 年

1 月 1 日　省教育局转发教育部通知，确定：四川省农业机械化学校为全国重点农业中等专业学校。

2 月 29 日　省政府同意成立四川省农业机械化干部学校，直属省农机局领导。

4 月 12 日　省政府支持农机部在成都市筹建中国农业机械化服务总公司成都供应站，筹建负责人郭德懋、王春和。

10 月 20 日　省科学技术协会批准成立四川省农业机械学会。

1981 年

3 月 13 日　省政府同意接受日本山本制作所赠送的山本式烘干机 3 台、风谷精米机 1 台，并分配给省农机所及简阳、郫县种子公司使用。

7 月　四川拖拉机厂（原四川手扶拖拉机厂）试制成功的峨眉—7 型小马力手扶拖拉机，经四川省农机鉴定站鉴定合格，出口泰国、叙利亚共 500 台。这是四川省手扶拖拉机首次进入国际市场。

9 月 15 日　省政府批转省农机管理局《关于加强农业机械化服务工作的请示报告》，同意在现行体制和企业性质不变情况下，将省和地（市、州）县农机供应公司改名为农业机械化服务公司，上级公司对下级公司实行业务领导。

9 月 25 日　按农机部安排，日本金子农机株式会社访华团一行 4 人到成都访问。

12 月 2—8 日　省农机局在成都召开农机工作会议，县以上农机局局长参加。中共四川省委书记杨万选、省政府副省长杨钟到会讲话。

1982 年

3 月 21 日　由团长团也信夫、副团长山中勇率领的日中农业农民交流协会代表团一行 7 人到四川省农机所参观访问，双方就农业机械化、沼气应用、农业运输和插秧机械化等问题进行了技术交流。

9 月 6 日　省农机局印发《关于总结、完善、稳定社队农机使用管理责任制的意见》，要求在完善农机责任制工作中，要正确处理国家、集体、个人三者关系，搞好收益分配，保证集体增收和个人多得，注意克服忽视集体提留和削弱集体经济的现象。要坚持做到四个承包，即各种形式的责任制都要“一包农田作业，二包收入或利润，三包机器技术状况，四包安全责任”。据称，当时全省已有95%以上的公社农机站、80%以上的大队农机组、70%以上的生产队机台，建立了不同形式的农机使用管理责任制。

1983年

1月 国务院沼气办公室在成都召开的选型会上，提出15种机具在全国推广使用，其中四川入选机型有：南充地区农机研究所研制的75YF—10型出肥泵、嘉陵—IB型手摇泵、嘉陵ⅡB型脚踏泵、ZHK—5型抓卸器、ZHC—5型抓卸器、ZHC—30型抓卸器；宜宾地区农校研制的7FS—0.8液肥车。

3月2日 根据省委文件通知，由原省农业厅、省畜牧局、省社队企业局、省农机管理局合并组建四川省农牧厅。四川省农业机械管理局更名为四川省农牧厅农业机械管理局。

9月10日 省计经委同意四川内燃机配件厂划归省机械工业厅归口管理。9月26日，移交工作结束，省农机局的直属厂全部交出。

11月30日 省政府同意《省农牧厅关于地、县农机部门机构改革中几个问题的请示报告》，省政府办公厅发文批转各地，指出：改革后的农机化管理服务公司，仍然担负地、县政府职能部门的任务，行使原农机局的职权。对下仍领导原农机局直属和归口管理的农机企事业单位，其所需经费，在省没有新规定以前，仍维持原经费渠道。

1984年

5月3日 省农牧厅、省工商行政管理局联合印发《四川省农机个体修理户管理试行办法》。

7月 省政府办公厅批准，同意建立农机监理机构，由省农机局安全科改为省农机监理站（属处级）；各市（地、州）、县（市、区）农机部门的安全科、股分别以农机监理所、站的名义对外行使职权。各级农机监理人员均在农机管理系统内部调剂。

8月 省政府印发《关于拖拉机监理工作的通知》，文件规定：农机与交通部门对拖拉机监理的分工，应按国务院国发〔1984〕27号文件第三条规定办理。各级农机、交通部门要加强协作，相互支持，共同搞好此项工作。

同年 根据农牧渔业部、商业部的联合通知，省农牧厅、省商业厅联合印发《四川省农用柴油分配供应管理实施办法（试行）》。《办法》规定：对各地（市、州）的农用柴油计划指标实行戴帽下达，由农机部门分配，商业部门供应；以农机部门为主做好农用柴油的分配、管理和节油工作，使农用柴油在农、林、牧、副、渔生产上充分发挥作用。

1985 年

2 月 28 日 省标准计量管理局委托省农机鉴定站承担全省农用机具质量的监督检验工作，定名为“四川省农用机具质量监督检验站”，受省标准计量局的业务领导，行政隶属关系不变。

4 月 3 日 《四川省农业机械化区划》通过省级评审验收，荣获省农业区划委员会颁发的省级二等奖，并由全省统编出版。

6 月 5 日 省政府副省长马麟召集相关部门就交通安全状况和交通、农机部门出现的矛盾进行协调，并议定：从事农业生产和以从事农业生产为主兼搞季节性、临时性营业运输的拖拉机，由农机监理部门负责检验、办理报户（过户）、登记手续、核发农用拖拉机行驶证和号牌；并负责对其驾驶人员的考试、考核、核发农用拖拉机驾驶证。农用拖拉机上公路行驶，其证照须按规定加盖当地公安或交通部门公章。农机部门签发的牌证，交通监理部门应允许通行。

12 月 省农机局提出四川省农机化发展“七五”计划。

同年 按照农牧渔业部通知，四川省 110 个县（市、区）的农业机械研究所先后更名为农业机械推广服务站。

1986 年

12 月 四川省农机供应企业（公司）集团组建，成员单位 177 个，协议厂 137 家。

1987 年

2 月 省计经委批准四川省农业机械化服务公司更名为四川省农业机械供应总公司。

7 月 省农牧厅同意省农机研究所增挂“四川省农副产品加工机械研究所”牌子（原为 1985 年农牧渔业部和四川省联合投资，在省农机研究所内建设的“农副产品加工机械化研究室”）。

同年 省政府发出《四川省人民政府贯彻国务院关于改革道路交通管理体制的通知的实施意见》。

同年 经省标准计量局与四川省农机局联合发文批准，省农机鉴定站扩项，承担全省农用内燃机、拖拉机质量监督检验任务。

1988 年

8 月 15 日 省政府授予省农机供应总公司“四川省省级先进企业”称号。公司成为全省非生产企业中第一家省级先进企业。

同年　省政府印发《四川省人民政府关于我省农用拖拉机道路交通管理问题的通知》。

1989 年

3 月 18 日　省委、省政府在成都召开表彰大会，对 1988 年在抗灾夺丰收中作出显著成绩的单位进行表彰，四川省农机管理局在抗灾夺丰收中成绩突出，荣获表彰。这次获奖是继 1986 年和 1987 年之后连续第三次获奖。

8 月 21 日　省政府任命刘祖荣为四川省农牧厅农业机械管理局局长，免去张作干局长职务。

10 月 18 日　省委、省政府表彰农业劳动模范 150 名，其中农机系统 10 名：陈建福（成都市金牛区苏坡乡农机站）、李代金（璧山县依凤乡农机站）、黄佑民（绵阳市中区永兴镇农机站）、周建廷（简阳县新市乡农机站）、王荣清（青神县青城乡农机站）、周志孝（万县地区农机研究所）、蒋录惠（德阳市中区黄许镇农机站）、高世福（名山县紫霞乡农机站）、李良仲（荣县五宝镇农机站）、董黔助（资中县农机局）。

10 月 22 日　省农机局在成都金牛坝举办农机具现场表演会，省政府副省长刘昌杰、中共成都市委副书记骆隆森陪同前来四川省访问的朝鲜平安南道农业代表团成员观看表演，朝鲜客人对展出的机具很感兴趣，代表团团长、平安南道农业经济委员会副委员长康善株对四川省农机建设取得的成就，给予高度赞扬。

12 月　省委、省政府表彰 1989 年农业抗灾夺丰收先进单位，四川省农牧厅农机管理局受到表彰。

1990 年

4 月 10—15 日　省农机局主办的“四川省农业机械新机具、新技术展示会”在成都市金牛乡农机站举行。省政府副省长刘昌杰出席开幕式并讲话，省农机局局长刘祖荣致开幕词，湖北省农机局局长曾庆华致贺词。

8 月　四川省农机修造协会成立。

12 月 2 日　省机构编制委员会、省人事厅、省农牧厅联合发文，对四川省部分乡（镇）农机管理服务站核定 400 名事业编制，同时下达 400 名招聘干部指标补充乡（镇）农机干部，指标分配到地、市、州农机局。

同年　省农机局选定川西平坝区的成都市金牛区苏坡乡、新都县竹友乡、邛崃县前进乡，德阳市中区孝感乡、广汉市小汉镇共 5 个县乡为第一批省级农机化综合试点单位。

1991 年

1 月 2 日 省政府批准《四川省农业机械安全管理办法》。

2 月 省政府批复：同意将四川省农牧厅农业机械管理局更名为四川省农业机械管理局，仍归口省农牧厅管理，机构规格、领导职数、职责任务等一律不变。

6 月 省农机局、省工商行政管理局、省标准计量局联合印发《关于检查整顿农村机械维修点的通知》。

10 月 3 日 省政府印发《四川省人民政府办公厅转发省农机局关于进一步搞好农业机械化为农业生产服务意见的通知》。

同年 省农牧厅、省职工社会保险事业管理局、省税务局、中国农业银行四川分行联合印发《四川省乡、镇农机管理服务站职工退休养老保险试行办法》。

同年 省长张皓若考察通江县时指出："利用零星水力资源办微水电是山区资源开发的有益尝试，是党和政府为山区农民带来的福音，是一件大好事""农机部门抓得实在，抓到了点子上，希望继续办好，不断探索，抓出特色"。

1992 年

4—5 月 为贯彻邓小平南方谈话和中共中央 4 号文件精神，省农机局决定建设大型专业市场，并以机电产品交易为特色，以高起点、高层次、大范围、综合性为特色。该项目暂定为"中国西部机电综合市场"，省农机局开发领导小组以局长刘祖荣为组长。

8 月 4 日 省农机局与成都武侯区政府正式签订《组建"中国西部综合市场"协议书》。

8 月 15 日 中国西部综合市场董事会成立：省农机局副局长黄彦蓉担任董事长，省农机局局长刘祖荣和武侯区人民政府区长范贤尧担任名誉董事长。

11 月 16 日 《四川省农业机械事故处理办法》经省政府第 90 次常务会议审查批准，以四川省人民政府省长令第 33 号发布实施。这是四川省第一部比较具体、完整的农业机械事故处理的政府规章。

同年 四川省农业机械研究所改所建院，正式更名为"四川省农业机械研究设计院"。

同年 省农机局开始承担实施农业部丰收计划。

1993 年

年初 省计委、省财政厅、省商业厅、省物价局、省石油公司、省农机局、银行联合起草《关于建立四川省石油成品油储备的意见》（以下简称《意见》)。《意见》得到省政府副省长马麟、省政府副秘书长刘忠彬的同意。

2月13日 农业部下达的重点科研项目“四川黔江地区农机扶贫技术示范研究”由四川省农机设计院与有关省、地、县农机主管部门共同承担完成，并通过评审。

2月18—21日 省农机局在峨眉山市召开1993年度四川省农机化工作会议，省政府副省长张中伟出席会议。

4月 省政府授予省农机局“在一九九二年农业抗灾夺丰收中作出积极贡献”奖。

同月 省农机局首批组团前往泰国、新加坡等国和中国香港、中国澳门地区考察。

5月 由中共四川省委副书记秦玉琴任顾问，省委组织部、省委党史研究室、省机械工业厅、省农牧厅、省农机管理局联合摄制党史题材6集电视剧《老将风骨》。电视剧以纪实笔法，讴歌老共产党员、共和国上将邓华被错误削职后，到四川任副省长主管农机工作的敬业精神。邓华在四川18年期间，踏遍巴山蜀水，为发展农机化事业呕心沥血、克已奉公，深受四川农机系统职工尊重。

5—8月 四川省部分地方相继发生严重夏旱、洪涝灾害，抗灾救灾任务十分繁重，农机用柴油紧缺。省农机局先后报请农业部增拨农业救灾柴油共计12500吨，计划全部兑现。

6月3日 省科学技术委员会同意成立四川省科工贸农机公司。该公司是由省农机局主管的独立核算、自负盈亏的全民所有制技术经营机构。

1994年

1月17日 为加强对农村成品油市场的宏观调控，更好地为农业生产和为抗灾救灾服务，省农机局成立四川省农用油料储调中心。1994—1995年，该项基金款陆续到账，资金总额5000万元。

3月15—18日 省农机局在泸州市召开四川省农业机械化工作会议。会上，中共四川省委常委、省政府副省长张中伟作重要讲话，强调要保持农机机构的稳定。会上，省政府表彰了50个成效显著的乡镇农机站，并授予“四川省明星乡镇农机站”称号。这是省政府对四川省农业五大服务体系的首次表彰。

5月22日 中共四川省委常委、省政府副省长张中伟一行15人在资阳市①副市长周志发陪同下，对碑记镇“双抢”抗旱进行实地考察和现场指导。张中伟给予机灌服务队高度评价，他说：“农机服务队这一组织形式要在全省进行推广，这是农机适应‘一优两高’农业发展，增强服务功能的新途径。集体、个人、农机和水电部门都可以组织机灌服务队。”

5月30日 中共四川省委常委、中共成都市委书记黄寅逵及市委等领导到金堂县考察旱情，在考察“玉米丰收计划”示范片时，看见县、乡农机部门正在用小型柴油机抽水灌玉米苗，黄寅逵说：“关键时候农机就能解决问题，农村服务体系这项工作一定要加强；丘陵地区经常出现干旱，农机服务更应该加强。”

6月8日 中共四川省委常委、省政府副省长张中伟在《每日省情》第75期上批示：“农机部门在抗旱保栽中，积极争取救灾柴油，机油结合，为农户服务是有成效的。”

---

① 1993年撤销资阳县，设立县级资阳市。

6月30日 省计划委员会、省公安厅、省粮食局、省农机局联合印发《关于解决乡镇农机管理服务站管理技术人员“农转非”的通知》，决定从1994年起逐年解决农机站人员的“农转非”问题。

7月15日 省技术监督局正式批准颁布省农机局制定的地方标准《电力提灌站检测方法》（DB51/T208—94），该标准弥补了技术管理中的一项空白，使四川省电力提灌站检测正式步入规范化、科学化管理。

8月10日 中国西部成都综合市场开业，并在成都举行庆典和新闻发布会。中共四川省委常委、省政府副省长张中伟，省政府副秘书长刘忠彬、成都市副市长刘家忠，中国农业部农业研究中心、农机化司、国内贸易部中国农机总公司等领导及省政府部分厅局、成都市政府有关部门负责人、农机系统负责人，共500多人参加活动。刘忠彬代表中共四川省委、四川省人民政府对开业表示热烈祝贺，并指出市场建成是解放思想、把握机遇、大胆开拓的结果，希望成为立足四川、面向西部、辐射全国的大型综合性市场，为繁荣四川经济作出应有的贡献。

8月22日 国家教委公布国家级重点普通中等专业学校名单，四川省农业机械化学校名列其中。

8月 劳动部首批批准四川省农机化学校设立国家职业技能鉴定所、特有工种职业技能鉴定站。

10月12日 农业部农机化司副司长焦刚、监理处处长吴小玲在省农机局副局长黄彦蓉、德阳市中区副区长黎永斌等陪同下，考察德阳市市中区农机化发展及化肥机械化深施项目进展情况。

11月5日 中日农机维修技术培训中心的4名日本专家到四川，在成都市、乐山市和简阳县等地开展技术交流活动，调查农机维修网点，参加农机维修技术座谈会。

11月15日 中共四川省委副书记杨崇汇，中共四川省委常委、省政府副省长张中伟在成都岷山饭店会见农业部农机化司司长徐文兰，并代表中共四川省委、四川省人民政府感谢农业部农机化司对四川农机工作的大力支持，省农机局局长刘祖荣、副局长黄彦蓉参加会见。

11月15—18日 农业部农机化司司长徐文兰在中共德阳市委书记李永寿及省农机局等单位领导陪同下，考察德阳市市中区的农机工作，并在绵竹市召开部分省农机管理服务工作座谈会。

同年 四川省发生特大干旱，面对严重的自然灾害，省农机局充分发挥农机为农服务的职能和抗御自然灾害的能力，当年全省提水作业393.3万公顷次，提水量达60亿立方米，灌溉面积126.6万公顷以上，卓有成效地减轻了重灾威胁。四川省人民政府授予省农机局“抗灾先进单位”称号。

同年 农业部农机零配件质量监督检验测试中心（成都）经农业部批准在省农机鉴定站成立。

1995年

1月29日 中共四川省委副书记杨崇汇，中共四川省委常委、省政府副省长张中伟，省政府副秘书长刘忠彬，省农工委主任赵文欣等领导考察省农机局。

2月26日 经国务院批准，农业部、国家科委、人事部、水利部、林业部、国家农业综合开发办公室决定对县以下（含县）长期直接从事农业科技推广工作，并做出显著成绩的先进单位和先进个人进行表彰。四川省德阳市市中区农机局柏厚举、通江县农机化技术推广站张高祥荣获“先进工作者”称号。

3 月 21—23 日　省农机局在成都金牛宾馆召开四川省 1995 年度农业机械化工作会议。中共四川省委副书记杨崇汇，中共四川省委常委、省政府副省长张中伟分别就全省农机化工作，稳定农机机构和搞好农机化服务等发表讲话。

4 月 11—14 日　农业部农机化司副司长李昶杰在省农机局副局长母世杰、黄彦蓉陪同下，考察德阳市市中区德新、绵竹县汉旺等乡农机站，并听取工作汇报。

4 月 17—19 日　省人大常委会在德阳市召开全省人大农业工作座谈会，中共四川省委常委、省政府副省长张中伟，省人大常委会副主任王叔云、孙自强及部分省人大常委会委员、市（地、州）人大常委会领导等参加座谈会。会议议题之一是讨论《四川省农业机械管理条例》，省农机局副局长黄彦蓉向大会汇报其立法依据、必要性、起草过程。

5 月 12 日　农业部农机化司司长徐文兰到四川考察农机化工作。中共四川省委副书记杨崇汇陪同徐文兰参观考察新都、遂宁等地。

7 月　经省教委、省农机局同意，四川省农业机械化学校增挂“四川省机电工程学校”牌子。

8 月 17 日　省第八届人大常委员会第十六次会议审议通过并颁发实施《四川省农业机械管理条例》。该条例自公布之日起施行。

9 月 29 日　省人大常委会、省政府在锦江大礼堂举行《四川省农业机械管理条例》新闻发布会。

10 月 18—20 日　全国农机服务体系建设经验交流会议在德阳召开，农业部副部长刘成果、中共四川省委副书记杨崇汇和德阳市委领导出席会议。会上，刘成果指出：会议在四川召开，就是要各省学习四川经验；四川省委、省政府对农机工作重视，突出体现的是稳定农机机构；四川省农机局工作积极主动，观念新、路子对、效果好，四川农机服务体系已初具规模，经营服务总收入达 100 多亿，省农机局是省委、省政府的得力助手。

12 月 1 日　《四川省农业机械事业局机构编制方案》经省政府批准。方案明确：撤销省农业机械管理局，组建省农业机械事业局；省农业机械事业局是省政府直属事业单位。

同年　省农机局、省财政厅联合印发《关于农业生产救灾柴油及其专项补贴资金使用管理办法的实施意见》，规定农业生产救灾柴油专项补贴资金的分配，由省农机局根据灾情提出意见，商省财政厅同意后，联合行文下达到受灾市（州）农机局、财政局。

1996 年

3 月 31 日至 4 月 2 日　省农机局在成都金牛宾馆召开四川省农业机械化工作会议。中共四川省委副书记杨崇汇，中共四川省委常委、省政府副省长张中伟，省人大常委会副主任孙自强等出席会议并讲话。

5 月 22 日　中共四川省委副书记杨崇汇，中共四川省委常委、省政府副省长张中伟，省政府副秘书长陈信远一行在省农机局局长刘祖荣陪同下，参观德阳市市中区八角井镇柳风村小麦收割现场。

6 月中旬　省委、省政府授予省农机局“一九九五年度农业抗灾夺丰收先进单位”称号，并颁发奖状。

8 月 19 日　《四川省农村机电提灌管理条例》由四川省第八届人大常委会第二十二次会议通过并颁布实施。该条例自公布之日起施行。

10 月　由中共四川省委副书记杨崇汇指派，省农机局局长刘祖荣率团出访巴西，并访问美国。考察团由省农机局、省政府外事办、省财政厅下属企业等单位共 6 人组成。访问期间，刘祖荣与巴西伯南布哥州农业厅厅长就四川农机产品参展的展品种类、展出时间、展品处理等事项达成一致意见。

12 月 9 日　省委组织部同意黄彦蓉任四川省农业机械事业局党组书记。

12 月 10 日　省政府任命黄彦蓉为省农业机械事业局局长。

同年　四川省农机管理系统全国第三次工业普查工作结束。这次工业普查是继 1985 年全国第二次工业普查后，对四川省农机管理系统工业企业 10 年来情况的一次大摸底。本次普查结果表明：四川省农机系统调查的 1659 户工业企业，共完成工业总产值 23.73 亿元（其中年工业总产值在 10 万元以上的企业 755 户，完成工业总产值 22.32 亿元，占 94.05%），与 1985 年第二次全国工业普查相比，工业企业的户数增加 6.69 倍，工业总产值增长 25.70 倍，利税增长 6 倍。

1997 年

1 月 21 日　省八届人大常委会第二十四次会议审议通过《四川省农业技术推广法实施办法》。该《办法》理顺了农业、林业、水利、农机、水产、畜牧等基层农技推广服务组织的管理体制，明确其为全民所有制事业单位性质，规定将基层农机推广服务人员事业费纳入财政预算。

2 月 25—28 日　省农机局召开全省农业机械化工作会议，中共四川省委副书记杨崇汇、省政府副省长敬正书、农业部农机化司领导等出席会议。

3 月　根据省政府领导指示，提灌建设项目纳入“李冰杯”评比。评比活动以市（州）为单位进行，评比对象为各市（州）人民政府。

4 月 7 日　省第八届人大常委会第二十六次会议通过《四川省农业机械安全监理和事故处理条例》，并公布实施。

4 月 15 日　省农机局组织 60 余台联合收割机在西昌收割小麦，这是四川省第一次有组织的跨区作业机收。

4 月 18 日　中共四川省委副书记、省政府省长宋宝瑞听取省级有关部门抗旱保栽工作情况汇报。宋宝端指出：现在进入大春生产的关键时期，农业、水电、农机是农业抗灾夺丰收的三大主力军，要集中精力抓抗旱保栽，重点是抗旱保苗，确保种满插足。电、油、肥、农业机械要确保需要。各级领导要带队下去，主干线要行动起来，农业、水利、农机各部门能下去的都要下去，组成若干工作组，到旱情最重的地方，把抗旱保栽增产措施落实到村、到户、到田。

4 月 20 日　中共四川省委书记谢世杰主持召开当前农业生产形势分析会。谢世杰指出：要抓紧提水灌田，确保水稻按时栽插，凡是有水源的地方，农机局要做出规划，能抽水的地方，要下决心抽水保栽，农业、水利、农机等部门要认真履行职责，主动做好工作，发挥职能作用，为农业夺取丰收做出贡献。

5月15日 中共四川省委书记谢世杰率领省委组织部、省委办公厅、省政府办公厅等9个部门，参加农机部门在广汉市举办的联合收割机跨区作业现场会，近100台各型联合收割机、耕整机等进行现场作业。在现场，谢世杰接受四川电视台等新闻单位记者的采访，表示要高度重视联合收割机跨区作业，组织联合收割机开展跨区作业、异地收割是一项很有意义的探索。

5月17日 中共四川省委副书记、省政府副省长张中伟率领省农机局局长黄彦蓉、副局长母世杰、姜庆芳深入郫县、新都县农村调查联合收割机收割小麦的情况。张中伟强调：农机部门肩负重任，农机事业大有可为，关键抓实在，农机部门一定要做好农机系列化服务工作。

5月 按照农业部部署和中共四川省委、省政府要求，省农机局组织1500多台联合收割机，在川西平原及周边地区开展大规模的异地收割作业。

9月22日 省政府印发《四川省人民政府关于加快发展农业机械化的决定》。

10月9—10日 省政府在射洪县召开四川省农业机械化会议，会议主要内容是宣传贯彻《四川省人民政府关于加快发展农业机械化的决定》。中共四川省委书记谢世杰，中共四川省委副书记、省政府副省长张中伟，省政府副省长敬正书等领导在会上讲话，对农机事业发展给予肯定和支持。省农机局局长黄彦蓉作《总结经验，抓住机遇，大力推进我省农业机械化》的报告。谢世杰、张中伟、敬正书及参加会议的全体代表参观了农机现场会。

10月 四川省地方标准《运输拖拉机通用技术条件》开始实施。

1998年

1月 省农机局向全省印发《2010年四川省基本实现农业机械化战略规划》，明确提出：四川省将在2010年基本实现农机化。

2月 省技术监督局批准省农机院设立四川省技术监督局泵类及通用设备产品质量监督检验站，原四川省水泵质量监督检验站撤销。

4月 省农机局向全省印发《关于实施四川省农机系统公务员培训工作的通知》，四川省农机系统公务员培训工作正式展开。

5月23日 农业部副部长路明、农机化司副司长黄明洲专程到成都听取四川省人民政府、成都市人民政府和四川省农机局等有关部门汇报秸秆禁烧工作。路明肯定四川抓机械化秸秆还田的工作，提出“成都模式”。

5月 省农机局在绵竹东北镇联合村召开全省农机“双抢”暨水稻生产机械化现场会。中共四川省委副书记、省政府副省长张中伟，省政府副省长敬正书及省财政厅、省计经委、省农工委、省科委领导参观现场会。现场会参观人员达1000多人。省、市新闻单位对现场会进行采访报道。

6月5日 为贯彻省政府关于20世纪末解决四川省缺水地区人畜饮水困难的决定，推进“治水兴蜀”步伐，省农机局决定：在革命老区和长期干旱的通江、射洪、苍溪、蓬安、广安5县组建农机打井服务队，进行打井试点工作，总结经验，以便推广。

9月 省人大农业委员会和省农机局联合组成两个执法检查组，分别对成都、德阳、绵阳、广安、达川等5个市（地）、12个县（市、区）贯彻施行农机化法规的情况进行执法检查。

同年 四川省农业机械化先行县建设项目于1998年开始实施。第一批的8个农机化先行县（市、区）分别是：成都市的双流县、温江县，德阳市的旌阳区、广汉市、绵竹市，泸州市的泸县，遂宁市的射洪县，巴中市的通江县。

同年 省政府授予省农机局“1997年度抗灾先进单位”称号。

1999年

1月21—22日 四川省农机化工作会议在成都金牛宾馆召开。中共四川省委副书记、省政府常务副省长张中伟，省人大常委会副主任李永寿，省政府副省长敬正书，农业部农机化司司长牛盾，省政府副秘书长陈信远，省人大农委副主任陈历伟，省政协农委副主任刘忠彬等出席会议。张中伟、李永寿、敬正书就农机化工作发表讲话。省农机局局长黄彦蓉作了《总结经验，明确任务，扎实工作，把我省农业机械化事业推向新世纪》的主题报告。

6月24日 省质量技术监督局批准发布四川省地方标准DB51/T266—1999《运输拖拉机通用技术条件》和DB51/T300—1999《耕整机通用技术条件》。

12月22日 省政府任命母世杰为四川省农机事业局局长。

12月28日 中共四川省委决定：母世杰任四川省农机事业局党组书记。

2000年

3月 省农机局承担农业部的1998—1999年农业节本增效工程技术项目完成。农业部农机化司组织专家审定通过验收，该项目实施被评为一等奖。

7月14日 省农机局决定成立秸秆气化示范工程项目领导小组及办公室。省农机局局长母世杰任组长，省财政厅副厅长王雪梅、省农机局副局长刁学锋任副组长。秸秆气化示范工程项目经省长张中伟批示，作为省政府和省农机局共同承担的一项民心工程。

7月 四川省承担“农业科技跨越计划”项目，该项目是财政部、农业部设立的国家级项目。为确保项目计划目标的实现，省政府成立由中共四川省委副书记、省政府常务副省长杨崇汇，省政府省长助理马开明、省政府副秘书长唐建军以及农机、农业、财政、计委等部门领导组成的四川农业科技跨越计划领导小组。

9月15日 省机构编制委员会确认省农业机械事业局属政府直属事业单位，不纳入2000年四川省政府机构改革范围，其职能、机构、人员编制仍按川办发〔1995〕141号文件执行。

9月22—26日 国务院法制办农业司副司长部风涛、农业部农机化司副司长刘敏、农业部农业机械鉴定总站副站长刘宪到四川开展农机化立法调查，省农机局局长母世杰、副局长姜庆芳等陪同部风涛一行先后到乐山、什邡、绵竹、绵阳等地考察。

10月6日 全国人大农业委员会主任高德占一行在省人大听取省级农口各部门关于修订《农业法》的意见。省农机局局长母世杰在座谈会上提出《中华人民共和国农业机械化促进法》立法建议，得到调查组的支持。

11 月 4—6 日 农业部农机化司在成都主持召开国家农业科技跨越计划农机化项目实施情况交流会，农机化司副司长黄明洲到会讲话。

11 月 15 日 省政府下达“十五”农田水利基本建设“六六”目标任务，其中新增加农机项目内容：新建乡村机耕道 10000 公里，乡村机耕道硬化 10000 公里；新增提水控灌设备 6 万台套（60 万千瓦）。省政府对“六六”目标任务将分年进行评比考核，并对获得先进的地区给予表彰，实行以奖代补。

12 月 6 日 省农机局承担农业部的“重点地区农作物秸秆机械化还田工程”项目，通过农业部农机化司组织的验收。

2001 年

2 月 20 日 省政府副省长陈文光在省农机局主持召开四川农机、农业、农垦工作汇报会，农业部副部长张宝文、农业部农机化司副司长刘敏等领导参加汇报会。

5 月 14 日 省农机局在青白江玉虹乡举办农机“双抢”现场会。中共四川省委副书记陶武先，中共四川省委常委、省政府副省长陈文光等参加。陶武先指出：农业机械化是推进农业现代化的重要途径，是传统农业生产方式的重大变革；希望大量的现代农机驰骋在四川省的田野上，在推进农业现代化进程和全省农村经济发展中发挥更大作用。

5 月 23 日 根据全省安全生产电视电话会议精神和省长张中伟关于“农用车、拖拉机安全问题专项整治由公安牵头，农机部门全力配合，管理体制维持现状，安全责任要落实到车主和村委会主任”的指示，省公安厅、省农机局决定，在全省开展为期 4 个半月的专项整治工作。

5 月 26—28 日 委内瑞拉总统马戈·查韦斯·费里亚斯一行对四川进行友好访问。查韦斯一行在国家计委主任曾培炎，中共四川省委副书记、省政府常务副省长杨崇汇，省农机局局长母世杰、副局长刁学锋陪同下，在郫县参观考察农机具现场演示。母世杰、刁学锋向查韦斯介绍了四川省农机发展应用情况，查韦斯详细询问正在田间作业演示的 10 余种农业机械的用途和性能，并驾驶操作一台 50 型拖拉机带动的开沟埋草机。

7 月 26 日 省政府办公厅印发《四川省人民政府办公厅关于切实抓好乡村机耕道建设的通知》。

7 月 温江县通过农机化先行县建设项目的实施验收，其农机化综合作业水平达到 80.37%，超过基本实现农机化的综合作业水平 70% 的指标，成为四川省第一个基本实现农机化的县。

同月 根据省委、省政府有关省级党政机关与企业脱钩工作的文件精神，省农机局 7 月 17 日将省农机股份公司移交至省国资公司，7 月 24 日将省农机供应总公司移交至省国资公司。

10 月 22 日 省政府办公厅印发《四川省人民政府关于政务服务中心集中受理行政审批事项的公告》，其中四川省农机局有 3 项：改装农业机械审批；列入农田水利基本建设计划的农村机电提灌站审批；农业机械推广许可。

10 月 省农机局制定《四川省农业机械化发展“十五”计划和 2015 年远景规划》。

11 月 省计委、省财政厅、省以工代赈办联合发文下达 2001 年以工代赈乡村机耕道项目建设计划和资金。项目建设涉及10个市、36个县（市、区），需建设机耕道3000多公里。这是四川省人民政府明确农机部门归口管理乡村机耕道建设工作后，首次将全省乡村机耕道建设纳入以工代赈项目。

同月 省农机局在四川党政网开设部门网站，名称为“四川省农业机械管理局”，同时，向中国互联网信息中心（CNNIC）申请部门网站。

同年 根据省委、省政府有关省级党政机关与企业脱钩工作的文件精神，由省级党政机关非金融类企业脱钩工作小组审核批复：同意撤销四川省农业机械供销总公司。

2002年

3月8日 省政府召开会议，专题研究全省民族地区微型水电建设有关问题。会议议定主要内容：微型水电建设的具体工作任务，其中省农机局负责设备选型定型和推广使用工作；多渠道筹集微型水电建设资金，实行赞助和义务服务方法解决有关设备及维修和经费问题，同时，省计委负责争取落实300万元，省水利厅落实200万元，省农机局落实100万元，省电力公司落实100万元用于三州微型水电建设。甘孜、阿坝、凉山三州政府要配套专项资金，确保工程顺利进行。

3月25—26日 省人大常委会副主任孙自强一行，在省农机局副局长刁学锋陪同下，考察乐山市乡村机耕道建设情况，并向省政府报送《关于抓好乡村机耕道建设，促进农业和农村经济持续发展的意见》。

3月 中共四川省委副书记席义方等一行到省农业机械化学校考察，评价学校“优势突出、特色鲜明”。

4月22日 经省高等职业技术教育设置评议委员会审议，省政府同意川北教育学院、四川省机电工程学校（四川省农业机械化学校）合并组建四川职业技术学院，川北教育学院、四川省机电工程学校（四川省农业机械化学校）建制同时撤销。四川职业技术学院实行省政府和遂宁市政府共建，由省教育厅主管。

5月20日 省政府副秘书长辜仲江主持召开三州微水电工作第二次协调会议。议定主要内容：省计委、省民委、省财政厅、省扶贫办、省以工代赈办等省级部门负责筹集资金，做好与其他部门衔接工作；省农机局、省水利厅、省电力公司分别负责对口支援三州，省农机局为项目建设牵头单位；省农机局负责技术制标，技术检测，技术选型，并指导、组织生产；省农机局负责培训教材的编写。

5月29日 省政府省长张中伟主持召开省政府第49次省长办公会议，会议议定：农村道路建设应与农村扶贫开发、农业综合开发和通乡及以上道路的改造相结合；乡以下道路的建设重点由各级农机部门负责；财政、农田水利基本建设等有关部门要积极支持。

7月20日 省第九次人大常委会第三十次会议通过《四川省〈中华人民共和国大气污染防治法〉实施办法》（第87号公告）。该《办法》明确规定，各级农机管理部门具有对机动车船污染大气环境实施监督管理的职能。

8月7日 省政府办公厅印发《关于第二批取消省级部门行政审批事项的公告的通知》，其中取消省农机局审批事项：列入省农田水利基建计划的农村机电提灌站。

2003 年

2 月 10 日 省第十届人民政府第一次全体会议上，省政府将省农机局承办的乡村机耕道建设工作，作为承诺要办好关系群众切身利益的十件实事之一。

3 月 中共四川省委办公厅、省人民政府办公厅印发《关于乡镇涉农事业单位机构改革的实施意见》，对涉农事业单位机构改革涉及的管理体制、机构设置、工作任务、经费来源和用人机制等，特别是对乡镇涉农事业单位承担的公益性职能，第一次作出明确界定，并要求各县（市、区）要将乡镇涉农事业单位承担公益性职能所需经费纳入县级财政预算。

4 月 2 日 省政府副省长陈文光主持召开民族地区微水电开发利用工作协调会，听取省农机局关于 2002 年民族地区微水电建设进展情况的汇报，并肯定其工作成效。

6 月 23 日 省质量技术监督局批准发布四川省地方标准 DB51/T379—2003《乡村机耕道通用技术条件》。

9 月 31 日 中共四川省委、省政府把乡村道路建设纳入四川省“十五”农田水利基本建设，并交由省农机局负责实施。

12 月 3 日 省农机局决定启用全省统一的“农机安全检查证”。

2004 年

2 月 27 日 省政府第 29 次常务会议决定：省农机局承办《关于四川省重特大安全事故行政责任追究的规定（草案）》和《关于实施四川省红层丘陵地区找水和农村家庭微型自来水工程的报告》两项议题。

4 月 23 日 省机构编制委员会办公室批准：省农机鉴定站增挂“四川省农机产品质量安全检验测试中心”牌子。

4 月 中共四川省委、省政府决定：在丘陵地区开展红层找水打井工作，力争用 3—5 年时间，基本解决全省红层丘陵区 17 个市、105 个县、400 万人饮用水困难，并将红层丘陵地区找水打井工作确定为省委、省政府 2004 年为民办实事的一项目标任务。

9 月 24 日 《四川省人民代表大会常务委员会关于修改〈四川省农业机械安全监理和事故处理条例〉的决定》由省第十届人大常委会第十次会议于 2004 年 9 月 24 日通过，自公布之日起施行。

9 月 农业部制定《国家优质粮食产业工程 2004—2010 年建设规划》，决定从 2004 年开始，在全国 13 个粮食主产省区启动国家优质粮食产业工程项目。项目主要包括良种良繁、病虫害防控、标准粮田建设、现代农机装备推进和粮食加工转化五大子项目。四川省有 39 个项目县实施现代农机装备推进项目。

11 月 1 日 省人大常委会、省政府召开《中华人民共和国农业机械化促进法》贯彻实施动员会。省人大常委会副主任敬中春、省人大农委主任舒维双以及省人大法制办、省人大财经委、省人大教科文卫委、省农机局等30多家省级单位的代表和省级有关新闻单位出席会议。

同年 中央财政设立农业机械购置补贴专项资金。根据农业部要求和四川省农机化发展规划，省农机局在德阳市中江县、眉山市彭山县、资阳市雁江区、巴中市巴州区4个县（区）实施2004年农机购置补贴项目。

2005年

2月4日 省政府办公厅印发《关于对应保留行政审批项目的通知》，决定对应保留行政审批项目共383项，并按实施主体纳入各级人民政府政务服务中心集中受理。省农机局对应保留的行政审批项目：自走式农业机械、3.75千瓦以上农用动力机械牌证核发；办理农机驾驶、操作人员驾驶、操作证；农业机械维修技术合格证书核发。

3月 科技部将《南方稻麦两季田地区保护性耕作技术研究项目》列入《2005年科技攻关项目》，四川省作为唯一生产试验点，省农机局承担项目开发试验，并落实在德阳市旌阳区。项目历经一年实施，完成小区生产试验和大区生产试验及相关配套技术的前期开发。

6月 省政府印发《四川省农田水利基本建设总体规划纲要（2006—2020）年》，下达农机部门“十一五”期间乡村机耕道建设任务：“十一五”期间每年新建乡村机耕道2000公里，硬化乡村机耕道2000公里。

7月 根据四川省审计厅审计决定文件，省农机局决定撤销由原中央专项物资（油料）并轨变价收入成立的省农用油料储备中心，账户内剩余资金1000万元，全部上交财政账户。

10月 中国国家认证认可监督管理委员会批准，省农机鉴定站获得植保机械产品3C强制性认证的检验机构资格，承担植物保护机械类产品的3C强制性认证的审查和检验工作。

12月9—12日 省农机局承担四川人民政府和国家有关部委主办的“第二届四川·中国西部国际农业博览会”农机展馆的招展、布展工作，组织全国44家农机知名企业、500余台具有当今先进水平的农机具参加展示，被省政府授予“优秀组织奖”。

同年 四川省在21个市（州）的25个县（市、区）实施了中央农业机械购置补贴项目。

同年 省农机鉴定站正式成为全国生产许可证检验单位，承担机动脱粒机和饲料粉碎机产品的生产许可证检验工作。

同年 《四川省〈中华人民共和国道路交通安全法〉实施办法》经省第十届人大常委会第十八次会议通过，《实施办法》第五条规定：县级以上地方各级人民政府公安机关交通管理部门、农机安全监督管理部门，应当按照国家有关规定，严格车辆登记和驾驶人考试发证工作。

三、文献辑存

四川省农业机械管理条例

（1995年8月17日四川省第八届人民代表大会常务委员会第十六次会议通过，根据2004年9月24日四川省第十届人民代表大会常务委员会第十一次会议《关于修改〈四川省农业机械管理条例〉的决定》修正）

第一章 总 则

第一条 为了加强对农业机械的管理，建立健全农业机械化服务体系，保护农业机械生产者、经营者和使用者的合法权益，推进农业机械化，促进农村经济的发展，根据《中华人民共和国农业法》和《中华人民共和国农业技术推广法》等有关法律的规定，结合四川实际，制定本条例。

第二条 凡在四川省行政区域内从事农业机械科研、教育、推广和生产、销售、使用、维修、管理活动的单位和个人，必须遵守本条例。

第三条 本条例所称农业机械，是指用于农业生产、农村农副产品加工、农村运输和农业工程的动力机械、作业机械及其设备。

第四条 地方各级人民政府应当加强对农业机械化工作的领导，将其纳入农村经济发展规划并组织实施，积极支持农业机械社会化服务体系的建设。

第五条 省人民政府农业机械主管部门负责全省农业机械化管理工作。

市、州、县（市、区）人民政府农业机械主管部门负责本行政区域内的农业机械化管理工作。

第六条 县级以上地方各级人民政府农业机械主管部门的职责是：

（一）贯彻执行有关农业机械化的法律、法规、规章和政策，对所属企事业单位占有、使用的国有资产实行监督管理；

（二）制定并组织实施农业机械化发展规划，筹集农业机械化发展资金，管理农业机械化事业专项资金和国家投资兴建的各类农业机械化服务设施，负责农业机械化信息的收集和发布；

（三）建立健全农业机械服务体系，组织开展农业机械社会化服务，负责农业机械油料的协调、供应和贮备，组织农业机械抗灾救灾；

（四）组织、指导农业机械化工程开发和农业机械新技术的研究推广、教育培训，对农业机械的生产、销售、维修实行行业管理，依法实施农业机械安全监督管理。

第七条 对农业机械管理做出显著成绩的单位和个人，由地方人民政府给予表彰和奖励。

第二章 农业机械科研、推广和教育培训

第八条 农业机械科研、推广和教育培训机构应当根据农业和农村经济发展的需求，开展农业机械新技术新机具的研究开发、示范推广和技术培训。

第九条 农业机械化技术学校负责培养农业机械驾驶、操作、维修及管理人员，围绕社会需求开展各类技术培训。未经上级人民政府农业机械主管部门批准，不得改变学校的性质和财产关系。

第十条 各级农业机械技术推广机构参与制定农业机械推广计划并组织实施，提供农业机械技术、信息服务，指导下级农业机械技术推广机构、群众性科学技术组织和农业机械技术推广人员开展农业机械技术推广活动。

第十一条 鼓励各级农业机械技术推广机构向农业劳动者推广在本地区经过试验证明其具有先进性和适用性的农业机械新技术、新机具。

向农业劳动者推广未在本地区经过试验证明具有先进性和适用性的农业机械新技术、新机具，给农业劳动者造成损失的，应当承担民事赔偿责任。

第三章 社会化服务

第十二条 乡（镇）农业机械管理服务站是国家在农村基层的事业单位，具体负责本乡（镇）农业机械化管理工作。乡（镇）农业机械管理服务站由县级人民政府农业机械主管部门与乡（镇）人民政府按照各自的职责分工，实行双重领导。

第十三条 乡（镇）农业机械管理服务站主要负责人，必须经县级以上地方人民政府农业机械主管部门主持的专业考核合格后，根据国家的规定决定。

第十四条 乡（镇）农业机械管理服务站及其企业的资产，除由国家投资购置的外，属于乡（镇）农业机械管理服务站所有，任何机关和单位不得侵占或者无偿调拨。

第十五条 乡（镇）农业机械管理服务站应当适时做好各类农业机械的技术状况检验和机具维修，按规定储备农业机械作业用油，做好当地农业机械用油的供应服务，负责本乡（镇）农业机械化统计工作。

第十六条 乡（镇）农业机械管理服务站应当逐步完善乡村农业机械社会化服务体系，组织村农业机械技术推广组织和农业机械拥有者开展以机耕、机播、排灌、植保、收割、运输加工、贮藏等为主要内容的农业机械服务。

第十七条 发生严重自然灾害时，县级以上地方人民政府或者乡（镇）人民政府可以统一调集农业机械投入抢险救灾活动。抢险救灾结束后，人民政府应依据农业机械拥有者的损失状况给予适当补偿。

第十八条 鼓励和支持乡（镇）农业机械管理服务站兴办为农业服务的各类企业或者其他经济组织，购置先进、适用的农业机械，增强为农业和农村经济服务的功能。

第四章 经营与管理

第十九条 经营农业机械，实行国家、集体、私营、个体经营或者联合经营。

严禁破坏、损毁、盗窃农业机械设备和设施。

第二十条 农业机械经营者依法自主经营、自负盈亏。任何机关和单位违法向农业机械经营者集资、收费或者摊派的，农业机械经营者有权拒绝。

第二十一条 报废、转让由国家投资购置的农业机械和设施，须报县级以上人民政府农业机械主管部门批准。法律、行政法规另有规定的，从其规定。

第二十二条 开办农村机械维修点，必须取得县级农业机械主管部门核发的农村机械维修技术合格证，并按核定的维修等级承揽相应的维修项目。

第二十三条 从事农业机械作业服务，必须严格执行国家和省制定的作业质量标准。尚未制定作业质量标准的，按当事人双方约定的作业质量标准作业。

农业机械作业质量发生争议，由当事人协商解决，或者由乡（镇）农业机械管理服务站组织当事人协商解决；协商不成的，由乡（镇）人民政府或者县级人民政府农业机械主管部门调解。当事人也可直接向人民法院提起民事诉讼。

第二十四条 物价部门、农业机械主管部门根据需要制定农业机械作业服务指导价格。

第五章 质量监督

第二十五条 各级农业机械主管部门对农业机械产品的生产、销售、维修进行行业质量监督。

农业机械产品质量检验机构依法对农业机械新产品进行试验鉴定，并对销售的农业机械及零配件进行质量检验。

第二十六条 农业机械新产品（含省外、国外引进的）在正式投入生产前，必须经指定的农业机械产品试验检测机构检测，并由省农业机械主管部门依照检测报告组织专家鉴定。

第二十七条 农业机械销售者应当对其销售的农业机械产品质量负责，不得销售国家明令淘汰的农业机械产品。禁止以次充好，以假充真，以不合格的产品冒充合格的产品。以不合格产品冒充合格产品销售的，销售者应当负责退货；给用户造成损失的，应当给予赔偿。

第二十八条 从事农业机械维修的单位和个人应严格执行国家标准和行业标准，保证维修的质量。

第二十九条 承修农业机械不合格的，应当进行返修；因修理质量给委托方或者他人造成经济损失、人身伤害的，应当给予赔偿。

第六章 安全监理

第三十条 各级农业机械安全监理机关依法行使农业机械安全监督管理职能，负责农业机械事故的处理。

第三十一条 购置经营自走式农业机械和3.75千瓦以上的农用动力机械的单位和个人，应持产品合格证及其他有关手续，到农业机械安全监理机关注册登记，领取牌照和有关证件。未取得牌照和有关证件的，不得投入使用。

依照前款规定领取牌照和证件的农用动力机械实行年度检验的制度。经检验不合格的，限期修复；无修复价值的，由农业机械安全监理机关注销报废，收回牌证。

农业机械产权转移，应依照国家的规定办理产权变更异动手续。

第三十二条 申请驾驶、操作自走式农业机械和3.75千瓦以上的农用动力机械的人员，须经农业机械安全监理机关考核合格，领取驾驶证或操作证后，方可驾驶和操作。

驾驶和操作农业机械时，必须持有与所驾驶、操作农业机械相符的驾驶、操作证。

农业机械驾驶和操作人员应按照规定接受年度审验；审验不合格的，须参加补审。未参加年审或者补审仍不合格的，不得继续驾驶或者操作农业机械。

第三十三条 农业机械必须保持机件完好，安全设施齐全，安全技术状况良好，严禁擅自改装改制农业机械。

农业机械固定作业场所、机具安装、电源装配必须符合技术规范，保证安全防护设施和消防器材齐全有效。

第三十四条 农业机械驾驶员、操作员必须严格执行操作规程，不得违章作业。

第三十五条 从事常年营业性运输的拖拉机，应按照国家规定参加第三者责任保险。其他自走式农业机械和3.75千瓦以上农用动力机械应参加安全互助组织，保障农业机械事故的善后处理。

第三十六条 农业机械事故发生后，当事人及有关人员应立即采取抢救措施，保护现场，并及时报告当地农业机械安全监理机关。

农业机械安全监理机关接到事故报告后，应立即赶赴现场，组织救护，勘查现场，收集证据，尽快恢复生产秩序。

第三十七条 农业机械安全监理机关处理农业机械事故时，根据事故调查的需要，可暂时扣留当事人的农业机械和有关证件、物品，事故责任认定后立即归还。扣留农业机械和有关证件、物品，应开具凭证。

第三十八条 农业机械安全管理和农业机械事故处理的具体办法，由省人民政府规定。

第七章 法律责任

第三十九条 违反本条例第九条、第十四条规定，未经批准改变农业机械化技术学校财产关系，或者侵占、无偿调拨乡（镇）农业机械管理服务站及其企业资产的，由上一级人民政府农业机械主管部门予以制止和公告，责令限期归还被侵占或者调拨的资产；逾期不归还的，追缴被侵占或者调拨的资产，并提请其上级机关或者监察、人事部门给予直接责任人员行政处分。

第四十条 违反本条例第二十一条规定，未经批准报废、转让国家投资购置农业机械和设施的，由县级以上人民政府农业机械主管部门比照其重置价格责令偿还国家投资的资金。

第四十一条 违反本条例第二十二条规定，无证从事维修业务或者超越技术等级承揽维修项目的，由县级人民政府农业机械主管部门责令停止，并处以200元以上1000元以下的罚款。

第四十二条 违反本条例第三十一条规定，未取得牌照和有关证件使用农用动力机械的，由县级以上农业机械安全监理机关责令停止使用农用动力机械，限期办理注册登记手续；逾期不停止使用又不办理注册登记手续的，扣押或者查封使用的农用动力机械，没收违法所得，并处100元以上500元以下的罚款。

第四十三条 违反本条例的规定，有下列情形之一的，由县级以上农业机械安全监理机关给予警告，责令纠正；拒不纠正的，处以100元以上500元以下的罚款，并可扣押驾驶证或操作证：

（1）无证驾驶或者操作农业机械的；

（2）未办理农业机械产权变更异动手续的；

（3）未经批准改变农业动力机械的结构或性能的；

（4）未经年度检审或检审不合格继续从事作业的；

（5）涂改、伪造、冒领牌照或驾驶、操作证件的。

第四十四条 违反本条例规定，有下列情形之一的，由县级以上人民政府农业机械主管部门依照有关法律、法规的规定提请有关机关进行处罚；构成犯罪的，由司法机关依法追究刑事责任：

（1）破坏、损毁、盗窃农业机械设备和设施的；

（2）违法向农业机械经营者集资、收费和摊派的；

（3）销售国家明令淘汰农业机械产品的；

（4）以不合格产品冒充合格农业机械产品的。

第四十五条 依据本条例第三十九条提请的行政处分，接受请求的机关应根据有关规定进行处理，并将处理结果告诉提请机关。

依据本条例第四十四条提请的行政处罚，接受请求的机关应根据有关法律、法规进行处罚，并将处罚结果告诉提请机关。

第四十六条 本条例第四十三条规定的行政处罚，可以由县级农业机械安全监理机关委托乡（镇）农业机械管理服务站决定。依法扣押驾驶证或者操作证的时间，最长不得超过 12 个月；扣押驾驶证或者操作证在 7 个月以上的，由市、州农业机械安全监理机关决定。

第四十七条 管部门的工作人员玩忽职守、滥用职权、徇私舞弊的，由其所在单位或上级主管机关给予行政处分；构成犯罪的，由司法机关依法追究刑事责任。

第四十八条 当事人对行政处罚决定不服的，可以依法申请行政复议或者提起行政诉讼。逾期不申请复议、不起诉又不履行的，由作出行政处罚决定的机关申请人民法院强制执行。

第八章 附 则

第四十九条 本条例自公布之日起施行。

发布部门：四川省人大（含常委会）发布日期：2004 年 09 月 24 日实施日期：1995 年 08 月 17 日（地方法规）

四川省农村机电提灌管理条例

（1996 年 8 月 19 日四川省第八届人民代表大会常务委员会第二十二次会议通过，根据 2002 年 5 月 30 四川省第九届人民代表大会常务委员会第二十九次会议《关于修改〈四川省农村机电提灌管理条例〉的决定》修正）

第一章 总 则

第一条 为了加强农村机电提灌设施的规划、建设、管理和保护，强化农业基础设施，提高农业抗御自然灾害的能力，根据《中华人民共和国农业法》、《中华人民共和国农业技术推广法》等法律、法规的规定，结合四川实际，制定本条例。

第二条 凡在四川省行政区域内从事农村机电提灌的单位和个人，必须遵守本条例。

本条例所称农村机电提灌，是指在四川省行政区域内以机械设备提取天然水和工程水用于农业生产灌溉和农村生活的活动。

第三条 省人民政府农业机械主管部门主管全省农村机电提灌工作，其设置的农村机电提灌管理机构负责全省农村机电提灌管理的具体工作。

市、州、县级人民政府和地区行政公署农业机械主管部门主管本行政区域内的农村机电提灌工作。

第四条 农村机电提灌设施的建设是农田水利基本建设的重要组成部分。地方各级人民政府应加强农村机电提灌设施的建设，鼓励和引导国内外经济组织、社会团体和个人兴办农村机电提灌站，发展农村机电提灌专业化服务组织，以适应发展高产、优质、高效农业的需要。

第五条 国家保护农村机电提灌设施经营单位和个人的合法权益。

禁止任何单位和个人侵占或者无偿调拨农村机电提灌站的资产。

第六条 对在农村机电提灌的建设、管理、保护和抗旱救灾等方面作出显著成绩的单位和个人，由县级以上人民政府给予表彰或奖励。

第二章 提灌设施建设

第七条 农村机电提灌设施的建设和更新改造，应根据农村经济的发展需要和水源等条件，合理布局，统筹规划。

第八条 全省农村机电提灌发展总体规划由省人民政府农业机械主管部门会同计划等有关部门编制，报省人民政府批准后实施。

市、地、州和县级农村机电提灌发展规划由同级农业机械主管部门会同计划等有关部门编制，报同级人民政府批准，并报上一级农业机械主管部门备案。

市、地、州和县级农村机械提灌发展规划应服从全省农村机电提灌发展总体规划。

第九条 农村机电提灌设施的建设和选址，必须符合农村机电提灌发展总体规划的要求。

第十条 地方各级人民政府及其计划主管部门在编制农田水利基本建设计划时，应当根据农村机电提灌发展规划，安排适当的农村机电提灌站的建设，由农业机械主管部门组织实施。

第十一条 新建或迁移农村机电提灌站，装机容量小于100千瓦的，由县级人民政府农业机械主管部门审批；装机容量在100千瓦以上的，由市、州人民政府、地区行政公署农业机械主管部门审批。

禁止未经批准新建或迁移农村机电提灌站。

第十二条 农村机电提灌设施建设必须严格按国家有关标准、规程先勘测设计，后施工。工程竣工后由农业机械主管部门组织验收合格后，方能交付使用。

第十三条 农村集体经济组织和个人购置、转让小于3.75千瓦机电提灌设备，须在当地乡镇农业机械管理服务站登记；购置、转让大于3.75千瓦的机电提灌设备的，应到农业机械安全监理机关注册登记，领取牌照和有关证件。

第十四条 地方各级人民政府应根据全省农村机电提灌总体规划实施的需要，逐步增加对农村机电提灌建设的投入，引导和鼓励多层次、多渠道筹集农村机电提灌建设和发展的资金。

第十五条 集体经济组织和个人投资建设的农村机电提灌站，享有法定的权益。

第十六条 农业机械主管部门负责农村机电提灌站国有资产的监督管理。

农村机电提灌站国有资产和非国有资产的确认，应当依据投资的来源，由县级以上人民政府农业机械主管部门会同有关部门决定，并按国家有关规定进行产权登记。

第十七条 集体经济组织和个人投资建设的农村机电提灌站，由县级人民政府农业机械主管部门进行产权登记，并发给产权证书。

集体经济组织和个人投资建设的农村机电提灌站的所有权发生变更时，应到县级人民政府农业机械主管部门办理产权变更登记手续，换发产权证书。

第十八条 农村机电提灌站的所有权和使用权发生争议时，由县级以上人民政府决定。当事人对县级以上人民政府决定不服的，可以向当地人民法院起诉。

第十九条 国有固定式农村机电提灌站应依照国家规定实行定编、定员。定编、定员后的农村机电提灌站的经费，应纳入财政预算。

国家拨款用于农村机电提灌设施建设和更新改造的资金，由农业机械主管部门统筹规划使用，并接受财政部门和审计部门的监督。

第二十条 农业机械主管部门对机电提灌机械产品的生产实行产品质量监督，对产品的销售、维修、推广实行行业管理。

第三章 经营管理

第二十一条 农村机电提灌实行国家、集体、个体经营和联合经营等多种经营形式。

地方各级人民政府和电力管理部门，应当按照国家有关规定对农村机电提灌用电实行优惠。在安排用电指标时，应当保证农村机电提灌用电的适当比例，优先保证农村机电提灌用电。

第二十二条 各级农业机械主管部门应当制定农村机电提灌提水指导性计划。农村机电提灌服务组织或个人开展提灌作业，应接受农业机械主管部门的业务指导。

第二十三条 国家对农村机电提灌服务实行指导价。农村机电提灌服务指导价，由县级人民政府物价部门会同农业机械主管部门根据当地农村机电提灌成本，依照保本微利的原则制定。

农村机电提灌服务指导价每年发布一次。

用水单位和个人必须按规定缴纳机电提灌水费。

第二十四条 国家或者国家与集体联合经营的农村机电提灌站的服务收费，不得超过当年公布的指导价。

集体或者个人经营的农村机电提灌站的服务收费，可以在自愿、互利的原则下协商议定。协商不成的，由县级人民政府农业机械主管部门或者乡（镇）农业机械管理服务站依据当年公布的指导价调解。

第二十五条 集体经营的农村机电提灌站维持再生产发生困难时，可以从集体提留的公积金中确定适当的数额用于农村机电提灌站的建设。

第二十六条 发生严重旱涝灾害时，县级以上人民政府或乡（镇）人民政府可以统一调集农村机电提灌机械投入抗旱排涝活动。抗旱排涝结束后，人民政府应督促有关用水单位和个人按规定缴纳机电提灌水费。给农村机电提灌机械所有者造成损失的，由人民政府给予补偿。

第二十七条 鼓励和支持农村机电提灌站在保障灌溉的前提下开展多种经营。

农村机电提灌站开展多种经营的收入，地方各级人民政府及其税务主管部门应依照有关规定在税收方面给予减免，财政主管部门不能因此减拨事业经费。

第二十八条 农村机电提灌机械的安全监理，依照《四川省农业机械管理条例》的规定执行。

第四章 提灌设施保护

第二十九条 农村机电提灌设施受法律保护。

第三十条 因建设需要迁移固定式农村机电提灌设备及其附属设施的，建设单位应当按照第十一条规定的审批权限，征得农业机械主管部门同意，并由建设单位异地还建或按重置价格结合成新率给予补偿。

国家投资兴建的固定式机电提灌设备及其附属设施的拆迁补偿费用，由农业机械主管部门用于发展当地农村机电提灌事业。

第三十一条 农村固定式机电提灌站的机房、变压器、输电线路、输水管和主渠道等设施外围，应划定保护区域。保护区域的具体范围由县级人民政府决定。

在划定的工程保护范围内，禁止从事下列行为：

（一）堆放妨碍提灌站正常作业和安全生产的物品；

（二）兴建妨碍提灌站安全生产的建筑物；

（三）种植植物的生长高度影响输电线安全运行的。

（四）从事不利于工程管护的其他行为。

第三十二条 国有农村机电提灌站的设备及其附属设施，由农业机械主管部门设置的农村机电提灌站负责管护。

集体经济组织和个人投资建设的农村机电提灌站，由其投资建设者负责管护，并接受乡（镇）农业机械管理服务站的指导。

第三十三条 禁止任何单位和个人扰乱农村机电提灌站正常生产秩序、堵塞提灌设施的进出水管，或者擅自在提灌站专用输变电线路上搭线接电，影响输电线路和变压器安全运行。

第三十四条 出售废旧机电提灌设备及其主要零配件，必须持有县级以上人民政府农业机械主管部门开具的有关证明，废旧物资收购单位应当验证收购。

禁止任何单位和个人非法出售、收购废旧机电提灌设备及其主要零配件。

第五章 法律责任

第三十五条 违反本条例第十一条的规定，未经批准新建或迁移农村机电提灌站的，由县级以上人民政府农业机械主管部门责令停止施工；继续施工的，查封或者折价变卖继续施工的设备和建筑材料，并处2万元以上10万元以下罚款。

第三十六条 违反本条例第十二条的规定，未经验收合格使用农村机电提灌设施的，由县级以上人民政府农业机械主管部门责令停止使用；拒不停止使用的，没收违法所得，可并处相当于违法所得2至4倍的罚款；没有违法收入的，可并处5千元以上1万元以下的罚款。

第三十七条 违反本条例第十三条的规定，购置、转让小于3.75千瓦农村机电提灌设备不进行登记并投入使用的，由县级以上人民政府农业机械主管部门或者委托的乡（镇）农业机械管理服务站责令纠正；拒不纠正的，可并处于2百元以上5百元以下罚款。

第三十八条 违反本条例的规定，有下列行为之一的，由县级以上人民政府农业机械主管部门责令停止或者纠正；拒不停止或者纠正的，可并处2千元以下的罚款：

（一）堆放妨碍提灌站正常作业和安全生产物品的；

（二）兴建妨碍提灌站安全生产建筑物的；

（三）种植植物的生长高度影响输电线安全运行的；

（四）扰乱农村机电提灌站正常的生产秩序的；

（五）堵塞提灌设施进出水管的；

（六）擅自在提灌站专用输变电线路上搭线接电，影响输电线路变压器安全的。

第三十九条 违反本条例第三十四条的规定，非法出售、收购废旧机电提灌设备及其主要零配件的，由县级以上人民政府农业机械主管部门没收实物和违法所得，可并处相当于实物价值2至5倍的罚款。

第四十条 违反本条例的规定，有下列行为之一的，由县级以上人民政府农业机械主管部门依照《四川省农业机械管理条例》的规定处罚：

（一）购置、转让大于3.75千瓦农村机电提灌设备未注册登记并投入使用的；

（二）侵占或者无偿调拨农村机电提灌站资产的。

第四十一条 违反本条例的规定，破坏、盗窃、抢劫农村机电提灌设施构成犯罪的，依法追究刑事责任。

第四十二条 对在农村机电提灌站管理工作中徇私舞弊、滥用职权、玩忽职守的人员，应视情节和后果由其所在单位或者上级农业机械主管部门给予行政处分。构成犯罪的，由司法机关依法追究刑事责任。

第四十三条 当事人对行政处罚决定不服的，可依法申请复议或者直接向人民法院起诉。逾期不申请复议、不起诉又不履行的，由作出行政处罚决定的机关申请人民法院强制执行。

第六章 附 则

第四十四条 水利行政主管部门管理的机电提灌站，依照有关水利工程的法律、法规进行管理。

第四十五条 本条例具体应用中的问题，由四川省农业机械管理局负责解释。

第四十六条 本条例自公布之日起施行。

四川省农业机械安全监理和事故处理条例

（1997年4月7日四川省第八届人民代表大会常务委员会第二十六次会议通过，根据2004年9月24日四川省第十届人民代表大会常务委员会第十一次会议《关于修改〈四川省农业机械安全监理和事故处理条例〉的决定》修正）

第一章　总　则

第一条　为了加强对农业机械及其驾驶、操作人员的安全监督管理，正确处理农业机械事故，保护当事人的合法权益，根据国家有关法律法规。结合四川省的实际，制定本条例。

第二条　凡在四川省行政区域内从事农业机械安全监理和农业机械事故的处理，适用本条例。

本条例所称农业机械，是指用于农业生产、农村农副产品加工、农村运输和农业工程的动力机械、作业机械及其设备。农业动力机械包括自走式农业机械和固定式的内燃机、电动机；作业机械是指与动力机械配套的农机具。

本条例所称农业机械事故，是指农业动力机械和作业机械在农村作业、停放和在乡村机耕道行驶时发生碰撞、碾压、翻覆、起火、爆炸等造成人、畜伤亡或者机具、物品损毁的事故。

第三条　地方各级人民政府应当加强对农业机械安全工作领导，将其纳入各级人民政府安全生产目标管理。

第四条　县级以上地方各级人民政府农业机械行政主管部门负责农业机械安全监理和农业机械事故处理。

县级以上地方各级人民政府农业机械行政主管部门设置的农业机械安全监理机关具体负责农业机械安全技术检验、驾驶（操作）人员考核、牌证核发、违章处罚和农业机械事故的处理。

第五条　县级以上地方各级人民政府农业机械行政主管部门设置的农业机械安全监理机关，应按国家规定做好定编、定员工作。

农业机械安全监理费用的收取，必须严格依照国家的规定执行，并全部用于农业机械安全监理工作。

第六条　农业机械安全监理人员必须经省农业机械行政主管部门主持的专业培训；培训不合格的，不得持有行政执法证件和从事农业机械安全监理工作。

农业机械安全监理机关的主要负责人，必须经上一级农业机械行政主管部门主持的专业考核合格后，依照国家有关规定任命。

第二章　农业机械的安全监理

第七条　驾驶、操作农业机械的人员必须服从农业机械安全监理机关的管理，参加农业机械安全互助组织，自觉接受农业机械安全教育。

第八条　购置经营自走式农业机械和3.75千瓦以上农用动力机械的单位和个人，应在购置之日起二十日内，持产品合格证及其他有关手续，到所在地县级农业机械安全监理机关注册登记，领取牌照和有关证件。

拖拉机在未领取正式牌证前需行驶作业的，应申请领取全省统一的临时号牌和临时行驶证，按指定路线行驶。

第九条 农业机械必须保持机件完好，各部安全装置设备齐全，达到良好的安全技术状态。严禁擅自改装改制农业机械。

第十条 拖拉机拖带挂车或牵引（悬挂）农机具时，连接装置应牢固，安全保险装置应齐全可靠。牵引安全设施不全的车辆，必须采用硬连接装置。

第十一条 农业机械必须按规定接受农业机械安全监理机关的检验；检验不合格的，不得继续投入使用。

农业机械安全监理机关应采用先进技术设施检测农业机械，兴建安装农业机械安全技术检测线，必须经省农业机械安全监理机关验收合格后方可使用。

第十二条 驾驶、操作农业机械的人员，须经县以上农业机械安全监理机关考核合格，领取驾驶证或操作证后，方可驾驶和操作相应的农业机械。

第十三条 农业机械驾驶证和操作证遗失或损坏的，应申请原发证机关补发。

驾驶、操作人员需增驾或改操作机类须经原发证机关考核，并办理有关手续。

第十四条 驾驶农业机械的人员年龄不得小于 18 周岁。

第十五条 农业机械驾驶、操作人员应按照规定接受年度审验；审验不合格的，须参加补审。未参加年审或者补审仍不合格的，不得继续驾驶或者操作农业机械。

第十六条 农业机械转籍、过户后，应在 15 日内到原发证机关办理异动手续。

第十七条 驾驶、操作农业机械应严格执行有关安全操作规程和下列规定：

（一）驾驶员应随机携带行驶证、驾驶证；操作员应随机携带操作证、准用证；

（二）不准酒后驾驶、操作农业机械；

（三）不准将农业机械交给无驾驶证或无操作证的人员驾驶、操作；

（四）不准驾驶、操作安全设施不全或机件失灵的农业机械；

（五）不准出借、挪用农业机械牌照、驾驶证或操作证；

（六）不准使用无效证件驾驶、操作作业机械。

第十八条 农业机械作业前，必须进行检查、保养，达到良好技术状态。农业机械作业时，应遵守下列规定：

（一）农业机械在易燃区作业时，必须有防火设施；

（二）农业机械及作业场所的危险处应设置明显警告标志和安全防护设施；

（三）拖拉机上道路行驶和从事农田作业应符合有关安全技术条件；

（四）拖拉机除驾驶室内按行驶证规定载人外，其他任何部位不准乘坐人员；

（五）拖拉机拖带挂车或牵引（悬挂）农机具时，必须与其动力匹配，安全防护设施齐全可靠；

（六）从事有可能被运转机械绞碾伤害的作业，不得戴手套、栓围腰、穿裙子。女工必须戴防护帽，发辫不得外露；

（七）从事植保作业必须穿戴防护用品，熟悉药剂性能、防毒措施以及使用方法。伤口未愈人员、哺乳妇女、孕妇不得参加植保作业；

（八）在易燃易爆物品作业现场，严禁烟火。

第三章　农业机械事故的管辖

第十九条 农业机械事故按其造成的损害程度分为轻微事故、一般事故、重大事故和特别重大事故。

农业机械事故的具体划分，按国家规定的标准确认。

第二十条 农业机械事故，由事故发生地县级农业机械安全监理机关负责现场勘查、处理和责任认定。

农业机械重大事故的处理，市、州农业机械安全监理机关应派员指导，处理结果应报省农业机械安全监理机关备案。

农业机械特别重大事故的处理，依照国务院《特别重大事故调查程序暂行规定》办理。

第二十一条 农业动力机械和作业机械事故，由农业机械安全监理机关处理。

农用运输车事故，由公安交通管理机关处理。

第二十二条 拖拉机、农用三轮机动车上道路行驶发生的交通事故，由公安交通管理机关处理。

拖拉机、农用三轮机动车在乡村机耕道行驶发生的事故和田间作业事故，由农业机械安全监理机关处理。

第二十三条 农用运输车与拖拉机在乡村机耕道行驶相撞发生的事故，由最先接到事故报告赶赴现场的农业机械安全监理机关或者公安交通管理机关负责现场勘查和初步责任认定。如果初步认定事故责任属于拖拉机的，应将事故移交农业机械安全监理机关处理。如果初步认定责任属于农用运输车的，应将事故移交公安交通管理机关处理。

第二十四条 处理农业运输机械事故，农业机械安全监理机关和公安交通管理机关应加强配合，各尽其职，妥善处理，保障交通安全和畅通。

第二十五条 本条例未涉及的农业运输机械事故的管辖，由县级人民政府决定。

第四章 农业机械事故的现场处理

第二十六条 农业机械事故发生后，当事人及有关人员必须立即采取抢救措施、保护现场，应及时报告当地农业机械安全监理机关。

发生交通事故的农用运输机械必须立即停车，抢救伤者和财产，听候处理。过往车辆驾驶人员和行人应当予以协助。

第二十七条 农业机械安全监理机关接到事故报告后，应立即派人赶赴现场，组织救护，勘查现场，收集证据，采取措施尽快恢复交通。

当事人应当如实向农业机械安全监理机关陈述事故发生的经过，不得隐瞒事故真实情况。其他知情者有义务向农业机械安全监理机关提供有关情况。

第二十八条 在追查交通事故逃逸者或者抢救伤者等紧急情况下，农业机械安全监理机关有权使用单位或者个人的交通工具和通讯工具，用后立即归还；对造成损坏的，应当修复或者折价赔偿。

第二十九条 根据事故处理需要，农业机械安全监理机关可以暂扣当事人的农业机械和有关证件、物品，并开据全省统一印制的暂扣凭证，事故鉴定后应立即归还。

第三十条 农业机械事故造成人身伤害需要抢救治疗的，农业机械事故的当事人或者农业机械的所有人应当预付医疗费，也可由农业机械安全监理机关指定的一方预付，结案后依照事故责任确定费用承担。农业机械事故责任者拒绝预付或者暂时无法预付的，农业机械安全监理机关可暂时扣留其事故机械。

第三十一条 医疗单位应当及时抢救治疗农业机械事故受伤者，如实向农业机械安全监理机关提供医疗单据和诊断证明。

第三十二条 农业机械事故的尸体经检验鉴定后，农业机械安全监理机关应当通知死者家属在十日内办理丧葬事宜。逾期不办理的，尸体由农业机械安全监理机关处理。逾期存放尸体的费用由死者家属承担。

第三十三条 处理农业机械事故的人员应着装整齐，胸章、肩章、臂章统一规范，并出据有关执法证件。

第三十四条 农业机械安全监理车辆应当安装、使用必要的发声器和标志灯饰。其发声器和标志灯饰安装办法和数量，由省农业机械管理局提出申请，省公安厅核准。

第五章 农业机械事故的责任认定

第三十五条 农业机械安全监理机关在查明农业机械事故原因后，根据当事人的违章行为与农业机械事故之间的因果关系，以及违章行为在农业机械事故中的作用，认定当事人的农业机械事故责任。

第三十六条 农业机械事故责任分为全部责任、主要责任、同等责任、次要责任。

一方当事人的违章行为造成农业机械事故的，有违章行为的一方负全部责任。

两方当事人的违章行为共同造成农业机械事故的，违章行为在农业机械事故中作用大的一方负主要责任，另一方负次要责任；违章行为在农业机械事故中作用基本相当的，两方负同等责任。

三方以上当事人的违章行为共同造成农业机械事故的，根据各自的违章行为在农业机械事故中的作用大小划分责任。

第三十七条 农业机械事故当事人逃逸或故意破坏、伪造现场、毁灭证据，以及一方有条件报案而未报案的，使农业机械事故责任无法认定的，应负全部责任；当事人各方有条件报案而均未报案或未及时报案，使农业机械事故责任无法认定的，应负同等责任。

第三十八条 当事人对农业机械事故责任认定不服的，可在接到农业机械事故责任认定书后十五日内，向上一级农业机械安全监理机关申请重新认定；上一级农业机械安全监理机关应在接到重新认定申请书的三十日内，作出维持、变更或者撤销的决定。

第六章 农业机械事故的调解

第三十九条 农业机械安全监理机关处理农业机械事故，应当在查明农业机械事故原因、认定农业机械事故责任、确定农业机械事故造成的损失等情况后，召集当事人和有关人员对损害赔偿送行调解。

第四十条 损害赔偿的调解期限为三十日。其中：因事故导致人员伤害的调解，调解期从受伤人员治疗终结或者定残之日起计算；因农业机械事故导致人员死亡的调解，调解期从规定的办理丧葬事宜时间结束之日起计算；农业机械事故仅造成财产损失的，调解期从确定损失之日起计算。

第四十一条 经调解达成协议的，由农业机械安全监理机关制作调解书，在当事人和有关人员、调解人签名，加盖农业机械安全监理机关印章后生效。农业机械安全监理机关应当将调解书分别送交当事人和有关人员。

第四十二条 调解期满未达成协议或者调解书生效后任何一方不履行的，农业机械安全监理机关不再调解，当事人可向人民法院提起民事诉讼。

第七章 农业机械事故的损害赔偿

第四十三条 农业机械事故责任者按照所负农业机械事故责任承担相应的损害赔偿责任。

承担赔偿责任的农业机械驾驶（操作）人员暂时无力赔偿的，由驾驶（操作）人员所在单位或者农业机械所有人负责垫付。

农业机械驾驶（操作）人员在执行职务中发生农业机械事故并负有责任的，由驾驶（操作）人员所在单位或者农业机械所有人承担赔偿责任；驾驶（操作）人员所在单位或者农业机械所有人在赔偿损失后，可向驾驶（操作）人员追偿部分或者全部费用。

第四十四条 损害赔偿的项目包括：医疗费、误工费、住院伙食补助费、护理费、残疾者生活补助费、残疾用具费、丧葬费、死亡补偿费、被扶养人生活费、交通费、住宿费和财产直接损失。

前款规定的赔偿项目按照实际情况确定，并一次性结算费用。

第四十五条 损害赔偿的标准按照下列规定计算：

（一）医疗费（包括抢救费、挂号费、医药费、检验费、手术费等）：按照对当事人的农业机械事故创伤治疗所必须的费用计算，凭急救医疗单位或农业机械安全监理机关指定就医的医疗单位出具的凭据支付。结案后确需继续治疗的，按照治疗必需的费用给付。

（二）误工费：当事人有固定收入的，按照本人因误工减少的固定收入计算，对收入高于四川省人均生活费支出额三倍以上的，按照三倍计算；无固定收入的，按农业机械事故发生地所在市、州全民单位职工上一年平均工资计算。

（三）住院伙食补助费：按照四川省行政事业单位工作人员出差伙食补助费标准计算。

（四）护理费：伤者住院期间，护理人员有固定收入的，按误工费的规定计算；无固定收入的，按四川省人均生活费支出额计算。

（五）残疾者生活补助费：按四川省人均生活费支出额计算，完全丧失劳动能力的全额给付，其他残疾者按评定的伤残等级和公安部门规定的伤残补助级差比例折算给付。自定残之日起，赔偿二十年。但五十周岁以上的，年龄每增加一岁减少一年，最低不少于十年；七十周岁以上的按五年计算。伤残者的伤残等级，参照道路交通事故受伤人员伤残评定标准评定。

（六）残疾用具费：因残疾需要配制功能补偿器具的，凭医院证明按照普及型器具的费用计算。

（七）丧葬费：按农业机械事故发生地所在县的丧葬费标准支付。

（八）死亡补偿费：按照四川省人均生活费支出额计算，补偿十年。

（九）被扶养人生活费：以死者生前或者残疾丧失劳动能力前实际扶养的、没有其他生活来源的人为限，按照农业机械事故发生地所在县居民生活困难补助标准计算。对不满十六周岁的人扶养到十六周岁。对无劳动能力的人扶养二十年，但五十周岁以上的，年龄每增加一岁减少一年，最低不少于十年；七十周岁以上按五年计算。其他的被扶养人扶养五年。部分丧失劳动能力的残者，其被扶养人生活费，先按此规定方法计算，再接残者伤残等级和公安部门规定的伤残补助级差比例折算给付。

（十）交通费：按照当事人实际必须的费用计算，凭据支付。

（十一）住宿费：按照四川省行政事业单位一般工作人员出差住宿标准计算，凭据支付。

第四十六条 参加处理农业机械事故的当事人亲属所需的交通费、误工费、住宿费，参照本条例第四十五条的规定计算，按照当事人的农业机械事故责任分担，但计算费用的人数不得超过三人。

第四十七条 农业机械事故的伤、残者需要住院、转院、护理的，应当有医院证明，并经农业机械安全监理机关同意。擅自住院、转院、使用护理人员、自购药品或者超过医院通知出院日期拒不出院的，其费用由伤、残者承担。

第四十八条 因农业机械事故损坏的机具、物品、设施等，以就地修复为主，不能修复的折价赔偿；牲畜因伤失去使用价值或者死亡的，折价赔偿。

第四十九条 职工因农业机械事故死亡或者残疾丧失劳动能力的，按本办法处理后，职工所在单位还应按照有关部门的规定给予抚恤、劳动保险待遇。

第八章 法律责任

第五十条 农用运输机械上道路行驶造成交通事故尚不够刑事处罚的，由公安机关依照《中华人民共和国道路交通管理法》和《道路交通事故处理办法》的规定处罚；构成交通肇事罪的，依法追究刑事责任；需要对驾驶员追究刑事责任的，应当吊销机动车驾驶证。

第五十一条 违反本条例第十一条的规定，使用未经验收合格的农业机械安全技术检测设施的，责令纠正。拒不纠正的，处以5000元以下的罚款，没收农业机械检测设施和非法所得。

第五十二条 违反本条例的规定，有下列情形之一的，视其违章情节轻重给予警告，责令纠正；拒不纠正的，处以100元以上500元以下的罚款，并可暂扣驾驶证、操作证6个月以上12个月以下：

（一）无证驾驶或操作农业机械的；

（二）未办理农业机械产权变更异动手续的；

（三）未经批准改变农业动力机械结构或性能的；

（四）未经检验或者检验不合格使用农业机械的；

（五）未经年度审验或者审验不合格继续驾驶或操作农业机械的；

（六）涂改、伪造、冒领牌照或驾驶、操作证件的；

（七）在一年内违章记录超过五次的。

第五十三条 违反本条例的规定，有下列情形之一的，视其情节轻重，处以200元以上400元以下的罚款，并可暂扣驾驶证或操作证3个月至6个月：

（一）农业机械在易燃区作业无防火设施的；

（二）农业机械作业场所危险处未设置警告标志和安全防护设施的。

第五十四条 违反本条例的规定。有下列情况之一的，视其违章情节轻重，处以100元以上200元以下的罚款，并可暂扣驾驶证或操作证3个月：

（一）酒后驾驶、操作农业机械的：

（二）将农业机械交给无驾驶证、操作证的人员驾驶、操作的；

（三）出借、挪用牌照、驾驶证、操作证的；

（四）使用无效证件驾驶、操作农业机械的。

第五十五条 违反本条例的规定，有下列情形之一的，给予警告，责令纠正，拒不纠正的，处以50元以上100元以下的罚款，并可暂扣驾驶证或操作证一个月：

（一）不按规定申请取得临时号牌和临时行驶证从事行驶作业的；

（二）不按规定牵引农业机械或拖带挂车的；

（三）挂车违章载人或驾驶室（台）超员乘坐的；

（四）驾驶、操作与本人证件签注不相符合的农业机械的；

（五）不携带驾驶证、操作证、准用证驾驶、操作农业机械的。

第五十六条 对农业机械事故责任者，根据下列规定给予处罚：

（一）特别重大事故负次要责任以上的，或重大事故负全部责任、主要责任的，可处1000元以上5000元以下的罚款；责任者为驾驶员或操作员的，并处吊销驾驶证或操作证。被吊销驾驶证或操作证的，两年内不得领取驾驶证或操作证；

（二）重大事故负同等责任、次要责任的，或一般事故负全部责任、主要责任的，可处500元以上2000元以下的罚款；责任者为驾驶员或操作员的，并处吊扣驾驶证或操作证3个月以上6个月以下；

（三）一般事故负同等责任、主要责任或轻微事故的责任者，给予警告或处100元以上500元以下的罚款；责任者为驾驶员或操作员的，可吊扣驾驶证或操作证3个月以下。

第五十七条 对违反固定作业安全规定的农业机械经营企业，责令限期纠正，逾期不纠正的，处500元以上1000元以下的罚款，并对企业主要负责人处100元以上500元以下的罚款。

第五十八条 本条例规定的行政处罚，由农业机械安全监理机关决定。

本条例规定依法吊扣驾驶证或操作证7个月以上的行政处罚，由市、州农业机械安全监理机关决定。

第五十九条 拒绝、阻碍农业机械安全监理机关依法执行公务的，由公安机关依照《中华人民共和国治安管理处罚条例》规定处罚；构成犯罪的，由司法机关依法追究刑事责任。

第六十条 当事人对行政处罚决定不服的，可以在接到处罚决定书之日起60日内，向作出处罚决定机关的同级人民政府或者上一级主管机关申请复议；也可以在接到处罚决定书之日起15日内向人民法院起诉。逾期不申请复议或不向人民法院起诉又不履行处罚决定的，由作出处罚决定的机关申请人民法院强制执行。

第六十一条 农业机械安全监理机关的人员玩忽职守、徇私舞弊、滥用职权的，由其所在单位或者上级机关给予行政处分；构成犯罪的，由司法机关依法追究刑事责任。

第九章　附　则

第六十二条 本条例下列用语的含义为：

乡村机耕道，是指农村中不由交通部门负责养护的道路。

人均生活费支出额，是指省统计部门公布的上一年度城镇居民家庭人均生活费支出额或者农民家庭人均生活消费支出额。

第六十三条 本条例自公布之日起施行。1991年公布的《四川省农业机械安全管理办法》和1992年公布的《四川省农业机械事故处理办法》同时废止。

四川省农业技术推广法实施办法

（1996年12月24日四川省第八届人民代表大会常务委员会第二十四次会议通过）

第一章　总　则

第一条 根据《中华人民共和国农业技术推广法》的规定，结合四川省实际，制定本实施办法。

第二条 凡在四川省行政区域内从事农业技术推广活动的，必须遵守本实施办法。

第三条 本实施办法所称农业技术，是指应用于种植业、林业、畜牧业、渔业、蚕桑业的科研成果和实用技术，包括良种繁育、施肥培土、病虫草鼠防治、栽培和养殖技术，栽桑养蚕技术，饲料加工技术，畜禽疫病防治技术，农副产品加工、保鲜、贮运技术，农业机械技术和农用航空技术，农田水利、土壤改良与水土保持技术，农村供水、农村能源利用和农业环境保护技术，农业气象技术以及农业经营管理技术等。

本办法所称农业技术推广，是指通过试验、示范、宣传、培训、指导以及咨询服务等，把农业技术普及应用于农业生产产前、产中、产后全过程的活动。

第四条 农业技术推广应当遵循下列原则：

（一）有利于农业和农村经济的发展；

（二）尊重生产经营组织和农业劳动者的意愿；

（三）因地制宜，经过试验、示范；

（四）国家、农村集体经济组织扶持；

（五）实行农业技术推广机构、科研单位、有关院校与群众性科技组织、科技人员、农业劳动者相结合。

（六）讲求农业生产的经济效益、社会效益和生态效益。

第五条 鼓励和支持科技人员开发、推广应用先进适用的农业技术。

鼓励和支持农业劳动者和农业生产经营组织应用先进适用的农业技术。

鼓励和支持引进国外先进的农业技术，促进农业技术推广的国际合作与交流。

第六条 地方各级人民政府应加强对农业技术推广工作的领导，组织有关部门和单位采取措施，促进农业技术推广事业的发展。

第七条 县级以上地方人民政府农业、林业、畜牧、水利、水产、农机、蚕桑、气象主管部门（以下统称农业技术推广行政部门），在同级人民政府的领导下，按照各自的职责，负责本行政区域内有关的农业技术推广管理工作。同级人民政府科学技术行政部门对农业技术推广工作进行指导。

第八条 对在农业技术推广工作中做出贡献的单位和个人，给予奖励。

第二章 农业技术推广体系

第九条 农业技术推广实行以农业技术推广机构为主，农业科研单位、有关院校及群众性科技组织、农民技术员相结合的推广体系。

第十条 县级以上国家农业技术推广机构的职责是：

（一）参与制定农业技术推广长远规划和年度计划，并组织实施；

（二）负责重大科技成果的推广和先进实用技术的引进；

（三）对农业新技术进行试验、示范；

（四）开展农业技术指导、技术咨询、技术培训、技术承包、普及农业科学知识；

（五）对当地推广销售的种子、化肥、农药、兽药、饲料等农用生产资料进行生产监测和市场监测以及农业环境保护监测管理；

（六）开展技物结合，兴办经济实体；

（七）搜集、整理、传递农业科学技术情报和经济信息；

（八）对下级农业技术推广机构实行业务指导。

第十一条 乡（镇）农业技术推广机构是国家在农村基层设立的全民所有制事业单位，由县级人民政府农业技术推广行政部门和乡（镇）人民政府实行双重领导。

县级人民政府农业技术推广行政部门负责乡（镇）农业技术推广机构的政策、业务指导和人员、资产、财务管理，在征求乡（镇）人民政府意见后按规定程序任免其主要负责人。乡（镇）人民政府负责综合协调、监督等行政管理和政治、思想教育，提供必要的工作和生活条件，配合县级人民政府农业技术推广行政部门做好乡（镇）农业技术推广机构的人员管理。

第十二条 乡（镇）农业技术推广机构的主要职责：

（一）参与制订农业技术推广计划并组织实施；

（二）组织农业技术的宣传培训；

（三）提供农业技术、信息服务；

（四）对农业新技术进行试验、示范；

（五）指导村农业技术综合服务站或农民技术人员及其群众性科技组织的农业技术推广活动；

（六）开展技物结合，兴办经济实体。

第十三条 村民委员会设立的农业技术综合服务站和配备的农民技术员在上级农业技术推广机构的指导下，宣传农业技术知识，落实农业技术推广措施，为农业劳动者提供产前、产中、产后技术服务。

第十四条 乡（镇）以上地方各级国家农业技术推广机构的人员编制，按照国家和省编制管理规定核定，专编专用，任何单位不得挤占。对缺编人员应及时补充到位。

第十五条 乡（镇）以上地方各级国家农业技术推广机构的人员构成，应当以专业技术人员为主体，其比例原则上不低于80%。

第十六条 乡（镇）以上地方各级国家农业技术推广机构的专业科技人员，应当具有中等以上有关专业学历，或者经县级以上农业技术推广行政部门主持的专业考核、培训的办法，达到相应的专业技术水平。

中专农业学校可以从农业技术推广机构中招收在岗农业技术员，实行定向招生，定向分配。

乡（镇）农业技术推广机构招聘人员，应选聘具有农民助理技师以上职称的人员。

村农业技术推广人员，应具有农民技术员以上的职称。

第十七条 在乡（镇）从事农业技术推广工作的专业科技人员，应按规定给予评定技术职称。在评定职称时，应当将他们从事农业技术推广工作的实绩和接受专业教育的情况作为考核的重要内容。其中不具备规定学历者，需参加省级农业行政部门组织的专业知识培训，并将培训成绩作为评聘技术职称的依据。

第十八条 各级农业技术推广机构应当建立试验、示范基地，具备必备的仪器设备、服务设施和培训场所等。

企业、事业单位和社会团体、个人从事农业技术推广工作的，必须具备相应的设施、设备和资金。

第三章 推广与应用

第十九条 推广农业技术应当根据农业和农村经济发展的需要，制定农业技术推广项目。重点项目应列入有关科技发展计划，由农业技术推广行政部门和科学技术行政部门按照各自的职责，相互配合，组织实施。

第二十条 向农业生产经营组织和劳动者推广的农业新技术、新品种，必须在推广地区经过试验、示范证明具有先进性、实用性和经济合理性。

第二十一条 省、市（地、州）农业技术推广行政部门组织设立农业新技术审定委员会，负责本行政区域内的农业新技术和引进技术的审定。农业新技术审定的具体办法，由省农业技术推广行政部门制定。

审定通过的农业新技术和引进技术，由省、市（地、州）农业技术推广行政部门公布。未经审定通过和公布的农业技术，不得推广。

第二十二条　农业技术推广实行许可制度。

农业技术推广机构、农业科研单位和有关院校、社会团体、企业事业单位和个人进行农业技术推广活动，必须报经当地县级以上农业技术推广行政部门批准，核发推广许可证，并接受监督管理。

第二十三条　向农业生产经营组织和农业劳动者推广的肥料类、农膜类、农药类、兽药类、饲料类等农业生产资料新产品必须经省农业技术推广行政部门组织严格的试验示范和质量检测准予登记后，方能在生产上推广使用。

第二十四条　国家农业技术推广机构向农业劳动者推广农业技术，除本条第二款另有规定外，实行无偿服务。

农业技术推广机构，农业科研单位、有关院校以及科技人员，以技术转让、技术服务、技术承包、技术入股等形式提供农业技术的，可以实行有偿服务，其合法收入受法律保护。实行有偿服务的农业技术推广，当事人各方应当订立合同，约定各自的权利和义务。

第二十五条　地方各级人民政府应积极组织推广农业先进技术，农业生产经营组织和农业劳动者应积极学习和采用农业先进技术。

向农业劳动者推广农业新技术的，必须坚持自愿原则，尊重农业劳动者的意愿。

第四章　保障措施

第二十六条　地方各级人民政府应当逐步提高对农业技术推广的投入，在财政预算内保障用于农业技术推广资金的增长应当高于财政经常性收入的增长幅度。

第二十七条　地方各级人民政府应从下列资金中确定适当的比例，筹集建立农业技术推广专项资金：

（一）国家和地方的财政拨款；

（二）国家和地方农业发展基金、农业技术推广机构的自营收入；

（三）国家扶持的区域性开发和基本建设资金、农业综合开发资金；

（四）以工补农、以工建农资金；

（五）粮食、棉花、油料、经济作物及牲畜等农产品的技术改进费、新品种开发基金；

（六）集体经济组织的积累资金；

（七）国内外有关组织与个人提供的贷款和捐赠资金；

（八）县级以上人民政府决定的其他资金。

第二十八条　地方各级审计部门应对农业技术推广专项资金的安排、使用情况实行定期审计，并将审计结果报告同级人大常委会和人民政府。

第二十九条　地方各级人民政府财政部门对农业技术推广机构必要的仪器设备购置、农技推广人员工作和生活条件的改善，要给予资金上的保证。

第三十条　乡（镇）农业技术推广机构应按国家规定做好定编、定员工作。定编、定员后的乡（镇）农业技术推广机构的人员工资和事业经费纳入县级财政预算。

第三十一条　乡（镇）农业技术推广机构合同聘用的农民技术员的报酬，从农业技术推广专项资金和有偿服务收入中列支，并按国家规定办理医疗、养老保险。

村农民技术员的补贴，由村集体经济组织实行定额补助和由县、乡（镇）财政给予补助。

第三十二条　县、乡（镇）、村级农业技术推广机构依照国家规定经营化肥、农膜、农药及其他农业生产资料，有权从生产企业直接购货，或在农业生产资料经营单位进货，并按国家规定的价格销售。

第三十二条 农业技术推广机构，根据当地农村经济发展的需要，可以兴办优质粮、油等农副产品加工企业及其他为农业服务的企业，并享受有关税收、信贷等优惠政策。

农业技术推广机构从事经营服务和兴办为农业服务的企业所取得的利润，主要用于发展农业技术推广事业。任何单位和个人不得平调或摊派，财政不得因此减少农业技术推广事业费。

第三十四条 乡（镇）农业技术推广机构的试验基地、推广服务设施、生产资料及其他资产，国家投资购置的，属国家所有；乡（镇）农业技术推广机构购置的，属乡（镇）农业技术推广机构所有。

第三十五条 农业技术推广专项资金应当专款专用，任何单位和个人不得截留、挪用。

农业技术推广机构的资产，任何单位和个人不得侵占、平调、挤占。

第三十六条 国家农业技术推广人员在县、乡（镇）级农业技术推广岗位累计从事农业技术推广工作30年（女性25年），其中在乡（镇）不少于20年（女性15年），并在该岗位退休的，在退休标准金基础上增加百分之十以上的退休生活补贴。其具体数额比例，由县级人民政府决定。

第三十七条 乡（镇）农业技术推广机构招聘的农业技术人员，长期从事农业技术推广服务工作成绩显著，并按国家规定转为非农业人口的，在国家聘转录指标内，经考核合格后可以正式录用为乡（镇）农业技术推广机构的人员。

第五章 法律责任

第三十八条 违反本实施办法的规定，非法推广未经审定通过的农业新技术和引进技术的，由县级以上人民政府农业技术推广行政部门责令立即停止违法活动；拒不停止的，吊销许可证，没收违法所得，可以并处相当于违法所得二至五倍的罚款。

第三十九条 违反本实施办法的规定，未经批准从事农业技术推广活动的，由县级以上人民政府农业技术推广行政部门责令立即停止违法活动，没收违法所得，可以并处相当于违法所得三至六倍的罚款；没有违法所得的，可以并处一万元以上五万元以下的罚款。

第四十条 违反本实施办法的规定，非法推广未经登记的农业生产资料新产品的，由县级以上人民政府农业技术推广行政部门，追缴和没收产品及其违法所得，吊销许可证，可以并处相当于违法所得四至八倍的罚款。

第四十一条 违反本实施办法规定，强制农业劳动者应用农业技术，给农业劳动者造成损失的，应当承担民事赔偿责任，直接负责的主管人员和其他责任人员，可以由其所在单位或者上级机关给予行政处分。

第四十二条 违反本实施办法的规定，有下列行为之一的，依照《中华人民共和国农业法》的规定进行处罚：

（一）截留或挪用农业技术推广资金的；

（二）侵占、平调、挤占农业技术推广资产的；

（三）销售明知是假的或者失去使用效能的农药、兽药、化肥、种子的；

（四）以不合格的农药、兽药、化肥、种子冒充合格的农药、兽药、化肥、种子销售的。

第四十三条 农业技术推广行政部门及其工作人员违法行使职权，侵犯公民、法人和其他组织权益造成损失的，受害人有依法取得行政赔偿的权利。

第四十四条 当事人对行政处罚不服的，可依法申请复议或直接向人民法院起诉。逾期不申请复议、不起诉又不履行的，由作出行政处罚决定的机关申请人民法院强制执行。

第六章 附 则

第四十五条 农作物种子技术的推广，依照《中华人民共和国种子管理条例》和《四川省农作物种子管理条例》的规定执行。

第四十六条 本实施办法所称的县级以上国家农业技术推广机构，是指县级以上地方人民政府农业技术推广行政部门设置的从事农业技术推广工作的事业单位。

本实施办法所称的蚕桑主管部门，是指省蚕种管理站和市、州、县（市、区）人民政府和地区行政公署设立的蚕业（蚕桑）管理局。

第四十七条 本实施办法具体应用中的问题，由省人民政府农业技术推广行政部门负责解释。

第四十八条 本实施办法从1997年1月1日起施行。

2010年四川省基本实现农业机械化战略规划

1998年1月

农业机械是先进的农业生产工具，是农业的重要生产力。农业机械化是农业现代化的重要组成部分。基本实现农业机械化对促进我省农村经济持续发展、提高农业生产力水平和推进农业现代化进程具有重要的作用。为了认真贯彻落实《四川省人民政府关于加快发展农业机械化的决定》，特制定2010年全省基本实现农业机械化战略规划。

一、基本实现农业机械化的现实条件

1. 具有较扎实的农业机械化物质基础。我省的农业机械化事业自五十年代初创以来，经过几十年的发展，建立了省地县三级包括管理、科研、教育、培训、推广、生产、维修、供应在内的完整体系，已有较扎实的基础。到1996年底，全省农业机械总动力已达1263万千瓦，机耕、机播、机灌、机收、运输、加工等农业机械化水平不断上升，有的项目已基本实现机械化，农业机械经营总收入达到94.4亿元。

2. 社会经济和农村经济发展为农业机械化的基本实现提供了机遇。改革开放使四川经济得到了飞速发展，农村劳动力大量转移，广大农村迫切需要农业机械为农业生产提供专业化、社会化服务，使农业机械化服务有了广阔的市场。随着国家八七扶贫攻坚计划实施，贫困地区的农民逐步告别贫困，解决温饱，农民和农村经济实力大大增强，农民对物质生活和生产资料的需求进一步提高，为农业机械化发展提供了良机。

3. 农业机械化发展有着旺盛的社会需求。全省农村人均纯收入的不断增加，农民投资购买农机具的积极性高涨。受比较效益的影响，农业机械化作业倍受农民欢迎。农业机械加工、运输、农田作业等正被不少投资者视为新的致富投资热点。

二、基本实现农业机械化的战略目标

（一）“基本实现农业机械化”的含义及其衡量指标

1. “基本实现农业机械化”的含义。“基本实现农业机械化”是一个动态的概念，它随国家农业科技发展水平、农业装备制造水平、农业种植方式、自然条件、经济发展水平等多种因素的变化而变化，其含义是：根据现实条件，在能够实行机械作业的农业生产过程中，以机器代替手工工具、以机械动力和电力代替人力和畜力并达到规定的比例。从我省农业生产及其自然条件的实际来看，现阶段我省基本实现农业机械化的要求有以下几方面：

第一、在可以使用机械作业的耕地上实现机械化，而不是在全部耕地上实现机械化；

第二、在种植业中实现主要品种生产的机械化，而不是所有农作物生产的机械化；

第三、在主要品种生产的主要环节实现机械化，而不是全过程的机械化；

第四、机械化水平达到70%以上，而不是百分之百的机械化。

2. 衡量指标。衡量基本实现农业机械化的指标主要有两大类：

（1）单项机械化水平。指某项农业生产作业总量中机械化作业的程度。主要有田间生产作业中的耕整地、小麦播种、水稻栽植、稻麦收获、稻麦脱粒、灌溉、植保等七个生产环节的机械化程度。

（2）综合机械化水平。目前主要指在田间生产作业中按上述七个单项作业进行综合计算的机械化程度。

以上两类衡量指标的计算方法详见附件。

（二）战略目标

1. 1997—2000年。这个阶段是我国国民经济上新台阶、人民生活达到小康水平的关键时期。在这一时期，全省农业机械化发展的阶段目标是：

（1）在农业运输和农副产品加工已基本实现机械化的基础上，种植业生产，尤其是稻麦生产关键环节的机械化是农业机械化发展的主攻点。到2000年，机械耕地865千公顷，年均增长5.17%；机械脱粒1261.43万吨，年均增长21.56%；机械收获204.89千公顷，年均增长64.3%；机械播种593千公顷，年均增长7.63%；机械植保1699千公顷，年均增长8.94%；机械提灌919千公顷，年均增长1.44%，占非自流灌溉农田水稻面积的72%；机械栽植水稻5.24千公顷；全省综合机械化水平达到35.86%，年均增长3.67个百分点。

（2）到2000年底，农机总动力稳步增长，达到1506万千瓦，年均增长4.5%；耕整机、播种机具、机动喷雾器等继续保持较高增长速度，分别达到2.75万台、27.25万台和4.80万台；机动脱粒机、联合收割机将高速增长，年均增长率分别为22.82%和62.36%，其拥有量分别达到31.11万台和5212台。

1997—2000年种植业机械装备水平、机械作业量、机械化水平情况详见表一至表三。

2. 2001—2010年。这一时期是我省农村经济发展进入新的历史阶段的重要时期。农民生活水平在逐步进入小康后继续得到改善，广大农民对改变以人畜劳动为主的传统农业生产方式的要求更加迫切，农业机械化发展将大大不同于六、七十年代以行政推动为主导的发展模式，面临难得的以市场需求推动为主的发展机遇。同时，农村经济整体实力大大增强，对农业机械的物质投入能力日益提高。这一时期全省农业机械化发展的战略目标是：

（1）到2010年，以耕地、播种、脱粒、收获、水稻栽植、灌溉、植保等七个环节机械化构成的种植业田间作业综合机械化水平达到70%以上，种植业田间作业生产从总体上基本实现机械化。耕地、脱粒、播种、植保和非自流灌溉农田的提灌等五个环节的机械化水平分别达到71.77%、71.6%、77.88%、80%和90%，基本实现单项机械化。

（2）收获机械化继续保持高速增长，到2010年，稻麦收获机械化水平达到55.23%，预计到2015年基本实现稻麦收获机械化。水稻机电一体化种籽破胸催芽、工厂化育秧、机械化抛秧等配套水稻栽植机械化稳步发展，水稻栽植机械化水平进一步提高。

（3）到2010年底，农机总动力达到2295万千瓦，年均增长4.3%；耕整机、机动脱粒机、联合收割机和播种机等分别达到16万台。152.2万台、3.3万台和66.4万台，水稻栽植机具年均增长35%。

2000—2010年种植业机械装备水平，机械作业量，机械化水平情况详见表四至表六。

三、基本实现农业机械化的战略思想

鉴于我省发展农业机械化的艰巨性和农业机械化发展历史正反两方面的经验教训，在今后发展农业机械化工作中要贯彻“两个坚持”、“两个适应”、“两个充分”和“三个结合”的战略思想。

1. 两个坚持。一是坚持因地制宜、分类指导的原则。各地要根据自己的实际情况，确定其农业机械化发展的重点区域、重点项目、发展速度和时间安排，制定切实可行的发展措施；要按不同地方的不同特点和不同项目，分门别类，采取不同的指导。二是坚持量力而行、积极稳妥的原则。在农业机械化发展中，各地要充分利用现有条件，有选择、有重点地积极向前推进，做到扎实、稳妥。

2. 两个适应。一是适应农村经济发展水平。这种“适应”表现在两个方面：一方面，农村经济发展水平的高低决定着农业机械化发展速度的快慢；另一方面，农业机械化的发展对农村经济发展水平的提高具有积极的推动作用。因此，要注意结合农村经济发展的需要积极发展其急需的农业机械化项目。二是适应社会主义市场经济体制。不同的资源配置方式要求农业机械化发展采取不同的模式，在社会主义市场经济体制条件下，农业机械化的发展必须与之相适应，按社会主义市场经济的要求选择农业机械化的投资方式、管理办法、服务组织形式和作业经营模式等，探索一条与社会主义市场经济体制相适应的农业机械化发展路子，以市场需要发展农业机械化，按经济规律要求发展农业机械化。

3. 两个充分。首先要充分满足农民的需求。农民是农业机械化服务的“上帝”，满足农民的需求是农业机械化发展的宗旨。目前和将来相当一段时期必须下功夫解决农业机械化水平严重滞后于农民现实需要的突出矛盾。再是要充分调动各方面的积极性发展农业机械化事业，必须有相关部门的参与、配合和支持，如农机科研、技术开发、机械生产、资金投入、政策和法规保障等等。

4. 三个结合。一是要与农业结构调整相结合。农业机械化的服务对象主要是农业，农业结构的变化必将对农业机械化产生巨大的影响。随着农业产业化经营的推进，农业结构也将进一步调整和完善，农业机械化服务也应随着农业结构的调整作相应变化，与农业结构调整紧密结合。二是要与农艺要求相结合。新的农艺设计应考虑有利于农机作业。只有实现农机与农艺的有机结合，农业生产才能真正降低成本，提高劳动生产率，减轻劳动强度，实现农业的集约化，最终形成规范化管理技术体系。三是农业机械的发展要做到大、中、小、微型相结合。四川自然条件的复杂、多样性，要求农业机械的发展必须与此相适应，在不同的区域作不同的选择，如平原和高原平坝地方适宜发展大中型农业机械，丘陵、河谷地方适宜发展中小型农业机械，山区适宜发展小型、微型农业机械，以形成一个大、中、小、微型机械相结合的农业机械结构。

四、基本实现农业机械化的战略步骤

（一）划区实施战略

四川幅员辽阔，地形地貌复杂多样。以龙门山——大凉山为界，西北部为川西北高原，海拔在3500—4000余米，切割甚微，地表平旷，多为岭缓谷宽的丘原地貌景观；西南部为川西南山地，为横断山脉的北翼部分，地表破碎，地势险峻，多呈山大谷窄，山高谷深的地貌特点，其间有安宁河宽谷；东部为著名的四川盆地，盆地内有龙泉山以西的盆西平原，龙泉山以东与华蓥山以西之间的盆东和盆南丘陵；盆地周围山脉连绵，大部分地方以低、中山为主，有少量深丘和平坝。四川各地气候差异很大，种植的粮食作物和经济作物、耕作习惯也不完全一样，这些条件差异决定了在完成全省基本实现农业机械化的战略目标过程中，必须根据各地实现农业机械化存在的地域性差异特点，正确划分不同类型的农业机械化区域，分别提出实现农业机械化的不同要求，采取划片区实施的战略。

1. 盆西平原片区：本区位于四川盆地西部的龙泉山与龙门山、邛崃山之间，以成都为中心，北起江油，南迄峨眉，包括绵阳市的江油、安县，德阳市的绵竹、什邡、旌阳、广汉，成都市除金堂外的市县区，雅安地区的名山，眉山地区的彭山、眉山、丹棱、青神，乐山市的夹江、峨眉等共六市地的三十一个市县区，幅员面积2.4万平方公里，耕地面积763.3千公顷，其中水田约为76%，农业人口1142万，其中农业劳动力771万。该区地势平坦、交通方便、社会经济文化水平高，土地肥沃，农业生产发达，是我省重要的商品粮油基地，主产水稻、小麦、油菜。盆西平原经济发展快，劳动力转移比例高达23.8%，农业机械化起步早，农业机械化基础扎实，农业生产对农业机械化的依赖性强，今后发展农业机械的重点是工厂化育秧配套机械、水稻抛插机械、水稻除草和精施药剂机械、稻麦收获机械、小麦播种机械、秸秆还田机械、田间耕作机械等，农业机械化的重点内容是稻麦生产的机械化。本片区到2006年基本实现农业机械化，条件特别好的地方可在2000年率先基本实现农业机械化。

2. 盆东丘陵旱地片区：本区位于四川盆地东部的龙泉山以东、华蓥山以西、北起剑阁、南至威远的丘陵地区，包括广元市的剑阁、苍溪，绵阳市的梓潼、盐亭、涪城、游仙、三台，巴中地区的巴中、平昌，南充市的全部，广安地区的岳池、广安、武胜、华蓥，达川地区的渠县，遂宁市的全部，德阳市的罗江、中江，成都市的金堂，内江市除隆昌外的县市区，眉山地区的仁寿等十一个市地的三十八个县市区，幅员面积6.06万平方公里，耕地面积1856.4千公顷，其中旱地面积占全部耕地面积的59.5%，农业人口2882万，其中农业劳动力1496万。该片区丘陵广布，间有少量低山平坝，地势北高南低，海拔400700米。本区是我省主要农业区之一，旱地经济作物和粮食作物比重较大，主产玉米、水稻、小麦、红苕；耕作制多为一年两熟、两年五熟，一年三熟的约占30%左右；复种指数较高，水源缺乏，常年旱灾和虫灾危害严重，因此，该片区的发展重点一是提灌、植保等抗灾型机械；二是耕作、播种、脱粒、加工、运输等劳畜力替代型机械；三是化肥深施、节水灌溉等节本增效型机械。该片区到2010年基本实现农业机械化。

3. 盆南丘陵水田片区：本区位于四川盆地南部，包括内江市的隆昌，乐山市的市中区、五通桥、沙湾、犍为、井研，自贡市的全部，宜宾市的翠屏、宜宾、南溪、江安、长宁，泸州市的江阳、龙马潭、纳溪、泸县、合江等五个市的二十二个区县，幅员面积2.21万平方公里，耕地面积576.7千公顷，其中水田面积占耕地面积的62.20%，有60%的田块水旱轮作，复种指数较高，冬水田多，粮食作物中水稻居首，小麦、玉米、红苕、双季稻种植面积较多，旱地以小麦、玉米、红苕间套种植为主，其面积约占整个旱地面积的四分之三。该片区水源充足，自然资源丰富，自然灾害以伏旱危害最大；地块小，高差大，形状不规正，旱地坡度较大。因此，本区农业机械化发展的重点应是机电提灌、农副产品加工、水田耕作、稻麦收获等。到2010年，该片区综合农业机械化水平达到53.3%，预计到2015年左右基本实现农业机械化。

4. 盆周低、中山片区：本区位于四川盆地周围，形如东南角开口的“C”字状，东起华蓥山东麓的邻水，至北往西，南迄古蔺，包括广安地区的邻水，达川地区除渠县外的县市，巴中地区的南江、通江，广元市的市中区、元坝、朝天、旺苍、青川，绵阳市的平武、北川，阿坝州的茂县、汶川，雅安地区的宝兴、天全、芦山、雅安、荥经，眉山地区的洪雅，乐山市的金口河、峨边、沐川，宜宾市的屏山、高县、筠连、珙县、兴文，泸州市的叙永、古蔺，共计11个地市州的34个市县区，幅员面积8.05万平方公里，耕地面积810.1千公顷，其中水田占三分之一，农业人口1239万，其中农村劳动力585万。该区范围广阔，东西、南北之间跨度大，山脉连绵，是四川盆地向秦巴山地、云贵高原和川西北高原过渡的地带，区内大部分地区以低、中山为主，海拔多在1000—2500米，相对高差一般为500—1000米，有少量深丘和平坝。本区气候差异大，耕地质量差，坡度大，水土流失严重，交通不便，农业机械化基础差，发展农业机械化的难度很大。本区主要作物以玉米、薯类、小麦为主，是四川最大的玉米、洋芋产区，农业运输量大，农副产品加工任务重，水力资源丰富，农业机械化发展重点应是经济林、副、土特产的收获、加工，可移动型抗旱机械，微水电，农业运输，饲料粉碎，脱粒，微型机械耕作，粮食烘干等。到2010年，该片区综合农业机械化水平达到43.70%，预计到2020年前后基本实现农业机械化。

5. 川西南安宁河宽谷、盆地片区：本区位于四川西南部，包括凉山州的冕宁、西昌、德昌、宁南、会理、会东、盐源，攀枝花市全部，共计两州市的12个市县区，幅员面积3.31万平方公里，耕地面积187.20千公顷，其中水田占42.10%，农业人口231万人，农村劳动力146万。该区地貌以中山间宽谷、盆地为主，河谷开阔，平坝众多，安宁河宽谷是我省仅次于成都平原的第二大平坝，此外还有会理、会东、宁南、盐源等盆地，在本区耕地中，海拔1800米以下的河谷平坝及浅丘盆地的耕地比例为40%。本区种植业较为发达，农业耕作制多为一年两熟、一年三熟、两年五熟，主产水稻，次为玉米、小麦。该区发展农业机械化的自然条件较优越，仅次于盆西平原片区，虽然目前农民收入不高，经济文化水平低，但发展潜力很大，特别是国家对攀西地区的重点开发和政策倾斜，将带动该区农村经济的加速发展，为农村劳动力的转移提供宽阔的空间，使该区农业生产对农业机械化的需求更加旺盛。目前发展重点应是机电提灌、喷灌、植保、播种、大中型机械耕作、水稻抛秧栽插和稻麦收获等方面的机械化。到2008年，该片区基本实现农业机械化。

6. 川西北高原、高山、峡谷及川西南凉山中山、山原片区：本区形如“X”字状，北接青海、甘肃，西接西藏、云南。本区地形地貌细分为三部分，一部分是川西北高原，是青藏高原的东延部分，种植业多分布在海拔3000米左右的河谷、盆地，草场面积9000多万亩，主产青稞；另一部分是位于川西高原中部，为岷江、大渡河上中游和金沙江、雅砻江中、下游地区，地处青藏高原的东南缘，地势北高南低，西高东低，东部和南部以高山峡谷为主，北部以高山原为主，耕地很少，主要分布在2700米以下的河谷中，基本上无水田，地块小而分散，坡陡地窄，水土流失严重，主产玉米、小麦、青稞，多为一年一熟；再一部分位于凉山地区，大小凉山纵贯全境，除少量高山、低山、河谷平坝外，大部分为中山山地和中山原，耕地主要分布在河谷中，但面积窄小，坡度大，轮歇地多，主产玉米、洋芋。该区包括阿坝州的若尔盖、南坪、阿坝、红原、松潘、黑水、理县、小金、金川、马尔康、壤塘，甘孜州的全部，雅安地区的汉源、石棉，凉山州的木里、普格、布拖、金阳、昭觉、雷波、美姑、喜德、越西、甘洛，乐山市的马边，共计五个市地州的四十二个县，是藏族、羌族、彝族的聚居区，幅员面积27.01万平方公里，占全省幅员面积的55.10%，耕地面积341.3千公顷，仅占全省耕地面积的7.50%，基本上为旱地，水田很少，仅占耕地面积的5%左右，农牧业人口330.15万人，仅占全省人口的4.58%。本区北部发展农业机械化的条件较好，应重点发展麦类播种、收获机械和耕作机械；南部发展农业机械化的条件较差，针对全省而言难度最大，应重点发展微型耕作机械、农副产品加工机械、农业运输机械，微水电和可移动型抗旱机械。该片区到2010年基本实现农业机械化。

（二）星火燎原战略

1. 从点到面，让部分地方先“化”起来。面由点组成，要在某一个区域内基本实现农业机械化，不可能在某一时刻都同时实现，必然有先有后，范围从小到大，由一个个细小的点逐步扩大，点数不断增多，然后连片成面，由量的积累扩展到质的飞跃。不同的地方在不同的时期应确定不同的农业机械化重点发展区域，逐个突破，抓住重点，带动全面。如乡镇可选择扶持重点农业机械化专业户，县（市、区）可选择扶持重点村，地、市、州可选择扶持重点乡，省可选择扶持重点县，基础较好的地方，只要条件成熟，乡镇也可选择村；县（市、区）也可选择乡，地市州也可选择县作为重点，集中精力，扶持样板，充分发挥其示范、幅射作用，推动面上农业机械化发展。

2. 从单项到多项，让部分项目先“化”起来。要完成基本实现农业机械化的任务，其项目很多，由于受到财力、物力等多方面因素的制约，即使在较小区域内，往往也难以把众多项目同时发展起来。各个农业机械化“点”应根据当地的实际条件和发展状况，把需要发展的农业机械化项目按轻重缓急逐一排队，搞好规划，先实现单项机械化，再逐步使整个农业机械化综合水平达到“基本实现”的要求。如盆西平原片区、川西南安宁河宽谷盆地片区，在收获机械化方面，可先发展小麦机收，使小麦收获率先实现机械化；盆东丘陵旱地片区旱灾频繁，可率先实现提灌机械化。

3. 从分项到整项，让部分生产环节先“化”起来。由于种种原因，通过定点、选项，还需要对选出的项目进行细化分解，按项目涉及的生产环节，根据先易后难的原则确定其发展顺序，使某些生产环节先基本实现机械化，然后整个项目基本实现机械化。如实施水稻生产机械化项目，除田的耕整外，可细分为破胸催芽、育秧、栽插（抛）、除草、施肥施药、收获等生产环节，根据现有的条件和需要，使有可能先“化”起来的环节先发展，逐个突破，最终使整个水稻生产基本实现机械化。

（三）分步到位战略

1. 第一步，树立样板。到2000年底，争取在全省基本条件比较好的县、乡、村中，出现一定数量的基本实现农业机械化的先行县、乡、村代表，具体规划是：在全省有五至十个县（市、区），各市地州中各有三至五个乡（镇），在除川西北高原、高山、峡谷及川西南凉山中山、山原片区的四十二个县外的各县（市区）中各有一至三个村，也就是说，到二〇〇〇年底，争取全省至少有五个县（市、区）、六十个乡（镇）、一百三十七个村基本实现农业机械化，以这些农业机械化先行县

（市、区）、乡（镇）、村为样板，带动全省农业机械化的大发展。

2. 第二步，全面推进。从2001年到2008年的八年中，全省农业机械化水平要有一个大的飞跃，全面推进基本实现农业机械化的各项工作。在六个农业机械化片区中，盆西平原、川西南安宁河宽谷盆地和川西北高原等三个片区，以及盆东丘陵、盆南丘陵和盆周低中山片区中经济发展较快、农业机械化条件相对较好的县（市、区）应先期达到基本实现农业机械化的目标。

3. 第三步，苦战攻关。从2009年起，再苦战两年，争取到2010年底，使自然条件能够基本实现农业机械化而未达到目标的地方，经过集中精力、苦战攻关，逐个突破，从而完成全省基本实现农业机械化的宏伟工程。

五、基本实现农业机械化的战略措施

1. 加强领导。在宣传贯彻《四省人民政府关于加快发展农业机械化的决定》中，各级党委、政府应把基本实现农业机械化提到议事日程上，切实加强对这一工作的领导。省、地、县、乡各级应成立“农业机械化领导小组”，负责领导、协调、指挥基本实现农业机械化工作，形成一个“党委、政府挂帅，农机部门牵头，相关部门配合”的管理机制，并将农业机械化工作纳入政府的目标管理，实施督查、考核；要按照全省农业机械化发展总体要求，结合当地实际，研究制订切实可行的农业机械化发展规划和年度计划；在农田水利基本建设方面，要充分考虑农业机械化的要求，在降低耕地坡度、增大地块和合理改善土质等方面下功夫，进行改田改土，修筑和完善机耕道路，以逐步适应农业机械作业需要。要加快农业专业化、集约化和适度规模经营的进程，努力提高整体连片作业程度，为农业机械化发展创造条件。各农业机械化片区的县（市、区），应建立“农业机械化联席会议”制度，加强交流、沟通、配合，搞好片区内的规划、布局，做到协调发展；各乡镇应建立“农业机械化行业协”，使广大农业机械化服务经营者形成一定形式的联合体，协同作业，共同推动农业械机化水平的提高。

2. 深化改革。要继续完善和加强宏观调控职能，加速农业机械化的发展。要理顺农机管理体制，健全各级农机管理机构，并统一归属农口，以集中精力抓农业机械化发展；对农机管理机构应做到相对稳定，以保证农业机械化工作的连续性；要强化农机管理机构的管理职能，完善其规划、组织、协调等宏观职能，加强农业机械化发展政策、规章的研究制订工作；把农业机械化管理逐步纳入法制管理轨道，做到依法管理。要促进农业机械化服务经营模式的多元化，加速农业机械化作业市场的培育和发展；采取联合、租赁、承包经营和股份合作制等多种形式，进一步发展和完善农业机械化专业服务实体，条件成熟的可组成公司，并不受区域限制建成不同利益联系形式的联合体或集团，致力于农业机械化服务；要注意合理布局，统筹规划，搞好不同区域之间农业机械化服务组织的专业分工，协同作业，以提高农业机械化服务组织的整体经济利益。要积极发展农业机械化中介服务组织，认真组织农机易地作业服务，提高专业化服务水平。要改变国家投入的现行办法，推行以奖代补形式，择优扶持，鼓励先进，大胆地引入激励机制。

3. 加大投入。要基本实现农业机械化，资金投入是关键。据测算，全省在现有条件下要达到基本实现农业机械化的目标，需要投入资金49.9亿元，其中，到2000年末需投入6.03亿元。解决投入资金的办法就是建立并逐步完善以受益者为主，国家资金作启动、示范、导向保证，吸纳社会各方面资金为补充，具有相对稳定的促进农业机械化发展的资金来源的投入机制。受益者必须是农业机械化发展的主要投资者，这是社会主义市场经济体制所决定的，有受益的权利就得有投入的义务，权利与义务理当一致。受益者的投资是今后相当长的时间内农业机械化发展投入的主要部分，包括受益者的独立出资和在志愿情况下的联合集资。国家的投入扶持必不可少，这是农业机械化发展所需启动、示范、导向资金的基本保证，也是农业机械化服务在很大程度上具有的公益性质所要求的。国家投入包括财政部门的资金投入，金融部门的信贷支持、税务部门给予的税收政策优惠，计划部门安排的用于农业机械化发展的基建投资，有关项目资金安排用于农业机械化的部分。吸纳社会各方面的资金，以促进四川农业机械化的发展。建立相对稳定的促进农业机械化发展的资金渠道十分必要，这是各地经济发展的不平衡性所要求的，是解决经济落后、基础条件差的地方的农业机械化发展所需资金的重要途径。通过多种形式依法筹集资金，特别是要在集体公积金中划出一定比例，专门用于扶持发展农业机械化。

4. 规范管理。要强化政策法规建设。近期内的任务是要深入宣传贯彻《四川省农业机械管理条例》、《四川省农村机电提灌管理条例》、《四川省农业机械安全监理和事故处理条例》和《四川省农业技术推广法实施办法》等地方法规，把法规尽快落实到位，并在实施中不断配套完善。要运用法律、法规进一步规范农机管理、生产、服务活动，不断提高农机行业管理的规范化、法制化、科学化水平。要抓好农机安全技术监测体系建设，搞好农机安全监理队伍正规化建设，创造条件重点建设一定数量的农机安全技术检测中心，提高安全监理工作的规范性和科学性。要完善农业机械化质量监督管理。在原有的农机维修质量监督员队伍的基础上组建一支农业机械化质量监督员队伍，把原来的县以上设置延伸到乡镇农机站，职权范围由原来单一的农机维修质量监督扩大到农机产品质量监督和农业机械化作业、服务、经营等质量监督。要搞好农业机械作业服务技术标准建设。这是农机服务市场化的客观要求，为了提高农机作业服务质量，调解农机作业市场的服务质量纠纷，必须加强农机作业服务技术标准的制订和完善工作，逐步形成体系。

5. 依靠科技。要搞好农业机械的科学研究。四川农机科研要坚持走外引内联的路子，争取在较短的时间内有较大的突破，特别是目前农业生产急需的机械，如水稻栽插机械、收获机械、施肥播种机械，以及微型耕作机械等，其技术难题应尽快得到解决。要扭转农机科研严重滞后的被动局面。农业机械的生产要提高产品质量水平，保证性能的优良、可靠，并加大新产品的开发，为农民提供更多的可供选择的适用机械。要切实搞好农业机械化试点示范工作，各地要根据当地的特点，划分不同的区域，分别进行试点示范，探索路子，摸索经验，逐步扩大范围推广。全省各地、县、乡应在所辖范围内选择农业机械化基础较好，当地农民发展农业机械化积极性高的一定区域进行农业机械化单项或综合试点示范，积极建立“农业机械化先行村”，大力扶持“农业机械化示范户”，逐步扩大试点示范区域，幅射连片。要加强新机具、新技术、新产品的鉴定和推广运用，千方百计缩短用户了解、熟悉和接受新机具、新技术的过程，加速农业机械化发展。要抓好农机技术的教育与培训，充分发挥现有农机校的作用，并逐步加以完善提高，抓紧对农机化事业急需人才的培养；加强农机技术的宣传普及工作，提高农民的整体技术素质；农机操作人员要自觉提高技术水平，做到规范操作，正确维护保养，保证机械技术寿命的实现，保证农机作业质量达到技术要求。

6. 完善体系。农业机械化服务体系完善与否，直接关系到农业机械化各项任务的完成。在完善整个农机服务体系工作中，要着重抓好以下方面：一是强化乡镇农机站的建设，稳定农机管理队伍，加强其社会化服务的组织协调功能，认真落实好国家对乡镇农机站的各项政策，推进管理、经营、服务三位一体的实体型服务组织的完善和发展，把乡镇农机站真正建成机构健全、功能齐全、活力旺盛的基层农机服务组织。二是完善农业机械化技术推广服务体系，以县为重点完善一批农机推广中心，增加基础设施，添置仪器设备，改善农机技术普及宣传手段，形成信息交流、技术服务、新机具新技术推广示范等多功能的综合服务能力。三是搞好农机维修服务体系建设，重点发展乡级农机维修点，提高维修人员的技术素质，进一步加强农机维修行业管理，完善农机维修网络。四是加强农机零配件和农用油料供应点的建设，保证正常供应，强化商品质量监督，积极开展打击假冒伪劣产品商品工作。五是抓好农业机械化信息体系建设，这包括对农机新技术、新产品，国内外农业机械化新动向，农业新技术发展，农业机械化服务市场预测，以及农业机械化统计等多方面信息情报的搜集、整理、发布、交流。要加速农业机械化信息网络系统的建设，为农业机械化健康发展服务。

四川省基本实现农机化规划农机装备情况表(1997—2000)

表一

(一)

	农机总动力(万千瓦)			拖拉机(万台)			耕整机(台)			机动脱粒机(万台)			联合收割机(台)		
	1996	2000	年均增长速度(%)	1996	2000	年均增长速度(%)	1996	2000	年均增长速度(%)	1996	2000	年均增长速度(%)	1996	2000	年均增长速度(%)
全省合计	1263.09	1506	4.5	14.32	13.20		18809	27540	10	13.67	13.11	22.82	750	5212	62.36
盆西平原	327.56	401	5.20	6.67	6.15		10356	14278	8.36	3.01	7.35	25.00	697	4568	60.00
盆东丘陵	435.31	490	3.00	2.80	2.43		5716	8994	12.00	7.24	17.68	25.00	25.00	127	50.00
盆南丘陵	146.78	172	4.00	0.72	0.59		1564	2198	8.88	1	2.44	25.00	0	20.00	
盆周低中山区	205.49	248	4.80	1.58	1.29		877	1534	15.00	1.48	2.17	10.00	2.00	32.00	100.00
川西北高原	79.07	110	8.50	1.39	1.48	1.50	127	186	10.00	0.60	0.88	10.00	22.00	46	20.00
川西南安宁河谷盆地	68.88	85	5.50	1.16	1.26	2	169	350	20.00	0.34	0.59	15.00	4.00	419	220.00

四川省基本实现农机化规划农机装备情况表(1997—2000)

续表一

(二)

	播种机具(万台)			水稻栽植机具(台)			农用排灌动力(万千瓦)			机动植保机具(台)		
	1996	2000	年均增长速度(%)	1996	2000	年均增长速度(%)	1996	2000	年均增长速度(%)	1996	2000	年均增长速度(%)
全省合计	21.03	27.25	6.69	2.00	144	191	228.87	240.17	0.72	40454	47990	4.36
盆西平原	7.56	9.54	6.00	2.00	100	166	45.82	49.60	2.55	13139	14788	3.00
盆东丘陵	11.42	13.36	4.00		20.00		109.85	109.85	/	14400	17503	5.00
盆南丘陵	0.7	1.10	12.00		15.00		39.85	43.13	1.87	2777	3375	5.00
盆周低中山区	0.87	2.48	30.00		2.00		26.41	29.72	1.86	6565	7980	5.00
川西北高原	0.39	0.47	5.00		2.00		1.32	1.54	3.16	2109	2564	5.00
川西南安宁河谷盆地	0.09	0.30	35.00		5.00		5.62	6.33	2.70	1464	1780	5.00

四川省基本实现农机化规划农机作业量情况表(1997—2000)

表二

(一)

	机械耕地面积(千公顷)			机械脱粒(万吨)			机械收获面积(千公顷)			机播及半机播面积(千公顷)		
	1996	2000	年均增长速度(%)	1996	2000	年均增长速度(%)	1996	2000	年均增长速度(%)	1996	2000	年均增长速度(%)
全省合计	699.72	856.00	5.17	577.77	1261.43	21.56	28.12	204.89	64.30	441.98	593.00	7.63
盆西平原	415.34	450.00	2.04	100.70	334.48	35.00	20.66	172.55	70.00	151.17	191	6.00
盆东丘陵	182.67	267.00	10.00	283.85	589	20.00	1.49	11.04	65.00	226.80	265.00	4.00
盆南丘陵	34.38	47.00	8.00	47.75	116.58	25.00	0	1.33		12.76	26.00	20.00
盆周低中山区	18.35	30.00	13.00	84.88	124.27	10.00	0.07	1.36	110.00	24.08	69.00	30.00
川西北高原	28.01	37.00	7.00	31.12	45.56	10.00	5.70	13.92	25.00	22.92	28.00	5.00
川西南安宁河谷盆地	20.97	25.00	4.46	29.47	51.54	15.00	0.20	4.69	120.00	4.25	14.00	35.00

四川省基本实现农机化规划农机作业量情况表（1997—2000）

续表二

（二）

	机械栽植水稻面积（千公顷）			机电灌溉面积（千公顷）			机械植保面积（千公顷）		
	1996	2000	年均增长速度（%）	1996	2000	年均增长速度（%）	1996	2000	年均增长速度（%）
全省合计	0.007	5.24		868.00	919.00	1.44	1206.40	1699.00	8.94
盆西平原	0.007	4.00		200.00	208.00	1.00	427.66	520.00	5.00
盆东丘陵		0.67		407.00	424.00	1.00	393.35	535.00	8.00
盆南丘陵		0.50		152.00	158.00	1.00	90.82	159.00	15.00
盆周低中山区		0.01		80.00	97.00	5.00	197.72	289.00	10.00
川西北高原		0.01		6.00	7.00	5.00	64.24	133.00	20.00
川西南安宁河谷盆地		0.05		23.00	25.00	3.00	32.61	63.00	18.00

四川省基本实现农机化规划农机化水平情况表(1997—2000)

(一)

表三

	田间作业综合机械化水平(%)			耕地机械化水平(%)			脱粒机械化水平(%)			收获机械化水平(%)		
	1996	2000	年均增长速度(%)	1996	2000	年均增长速度(%)	1996	2000	年均增长速度(%)	1996	2000	年均增长速度(%)
全省合计	21.17	35.86	3.67	29.23	35.70	1.62	18.96	48.92	7.49	0.70	5.09	1.10
盆西平原	27.15	49.64	5.62	67.87	73.53	1.42	15.12	50.23	8.78	2.18	18.24	4.02
盆东丘陵	26.65	41.59	3.74	16.72	24.44	1.93	30.46	54.99	6.13	0.11	0.77	0.17
盆南丘陵	12.76	20.18	1.86	8.94	12.22	0.82	11.12	22.63	2.88		0.20	0.05
盆周低中山区	15.67	21.42	1.44	11.72	19.15	1.86	19.30	24.57	1.32	0.10	0.19	0.05
川西北高原	35.09	49.72	3.66	41.91	53.88	2.99	56.27	71.96	3.92	4.50	10.93	1.61
川西南安宁河谷盆地	26.41	37.66	2.81	25.79	30.74	1.24	31.97	48.84	4.22	0.14	3.29	0.79

四川省基本实现农机化规划农机化水平情况表(1997—2000)

(二)

续表三

	播种机械化及半机械化水平(%)			水稻栽植机械化水平(%)			灌溉机械化水平(%)			植保机械化水平(%)		
	1996	2000	年均增长速度(%)	1996	2000	年均增长速度(%)	1996	2000	年均增长速度(%)	1996	2000	年均增长速度(%)
全省合计	23.10	32.77	2.42	0	0.24	0.06	64.00	72.00	2.00	26.55	37.41	2.72
盆西平原	40.52	51.25	2.68	0	0.70	0.18	85.00	95.00	2.50	56.00	68.06	3.02
盆东丘陵	30.32	35.55	1.31		0.01		82.00	86.00	1	21.13	28.73	1.90
盆南丘陵	4.90	10.10	1.30		0.12	0.03	38.00	48.00	2.50	15.73	27.56	2.96
盆周低中山区	7.67	21.97	3.58		0		32.00	44.00	3.00	24.28	35.56	2.82
川西北高原	31.54	38.18	1.66		0		55.00	60.00	1.67	18.78	38.89	5.03
川西南安宁河谷盆地	9.11	30.19	5.27		0		77.00	86.00	2.25	17.41	33.81	4.10

表四

四川省基本实现农机化规划农机装备情况表(2001—2010)

(一)

	农机总动力(万千瓦)			拖拉机(万台)			耕整机(台)			机动脱粒机(万台)			联合收割机(台)		
	2000	2010	年均增长速度(%)	2000	2010	年均增长速度(%)	2000	2010	年均增长速度(%)	2000	2010	年均增长速度(%)	2000	2010	年均增长速度(%)
全省合计	1506	2295	4.30	13.20	11.75		27540	160150	19.25	31.11	152.20	17.21	5212	33225	20.35
盆西平原	401	638	4.75	6.15	5.03		14278	33787	9.00	7.35	36.79	17.47	4568	20151	16.00
盆东丘陵	490	668	3.15	2.43	1.76		8994	83095	24.90	17.68	88.48	17.47	127	7323	50.00
盆南丘陵	172	256	4.06	0.59	0.45		2198	20306	24.90	2.44	12.21	17.47	20	2199	60.00
盆周低中山区	248	385	4.50	1.29	0.98		1534	17383	27.48	2.17	8.77	15	32	1845	50.00
川西北高原	110	206	6.47	1.48	1.84	2.20	186	752	14.99	0.88	3.56	15	46	285	20.00
川西南安宁河谷盆地	85.00	142	5.27	1.26	1.69	2.98	350	4827	30.00	0.59	2.39	15	419	1422	13.00

续表四

四川省基本实现农机化规划农机装备情况表(2001—2010)

(二)

	播种机具(万台)			水稻栽植机具(台)			农用排灌动力(万千瓦)			机动植保机具(台)		
	2000	2010	年均增长速度(%)	2000	2010	年均增长速度(%)	2000	2010	年均增长速度(%)	2000	2010	年均增长速度(%)
全省合计	27. 25	66. 38	9. 31	144	2870	34. 88	240. 17	273. 50	1. 31	47990	72109	4. 16
盆西平原	9. 54	20. 60	8. 00	100	2010	35. 00	49. 60	54. 79	1. 00	14788	18026	2. 00
盆东丘陵	13. 36	28. 84	8. 00	20. 00	402	35. 00	109. 85	121. 34	1. 00	17503	28511	5. 00
盆南丘陵	1. 10	6. 81	20. 00	15. 00	302	35. 00	43. 13	47. 64	1. 00	3375	5498	5. 00
盆周低中山区	2. 48	7. 70	12. 00	2. 00	28. 00	30. 00	29. 72	39. 94	3. 00	7980	12999	5. 00
川西北高原	0. 47	1. 22	10. 00	2. 00	28. 00	30. 00	1. 54	2. 07	3. 00	2564	4176	5. 00
川西南安宁河谷盆地	0. 30	1. 21	15. 00	5. 00	100	35. 00	6. 33	7. 72	2. 00	1780	2899	5. 00

表五

四川省基本实现农机化规划农机作业量情况表(2000—2010)

(一)

	机械耕地面积(千公顷)			机械脱粒(万吨)			机械收获面积(千公顷)			机播及半机播面积(千公顷)		
	2000	2010	年均增长速度(%)	2000	2010	年均增长速度(%)	2000	2010	年均增长速度(%)	2000	2010	年均增长速度(%)
全省合计	856	1721	7. 23	1261. 43	2489. 71	7. 04	204. 89	2224	26. 93	593	1409	9. 04
盆西平原	450	550	2. 03	334. 48	722	8. 00	172. 55	829	17. 00	191	342	6. 00
盆东丘陵	267	780	11. 32	589	959	5. 00	11. 04	884	55. 00	265	572	8. 00
盆南丘陵	47. 00	175	14. 05	116. 58	362	12. 00	1. 33	199	65. 00	26. 00	161	20. 00
盆周低中山区	30. 00	100	12. 79	124. 27	268	8. 00	1. 36	109	55. 00	69	234	13. 00
川西北高原	37. 00	56. 00	4. 23	45. 56	67. 44	4. 00	13. 92	86	20. 00	28. 00	60. 00	7. 92
川西南安宁河谷盆地	25. 00	60. 00	9. 15	51. 54	111. 27	8. 00	4. 69	117	38. 00	14. 00	40. 00	11. 07

四川省基本实现农机化规划农机作业量情况表(2000—2010)

（二）

续表五

	机械栽植水稻面积(千公顷)			机电灌溉面积(千公顷)			机械植保面积(千公顷)		
	2000	2010	年均增长速度(%)	2000	2010	年均增长速度(%)	2000	2010	年均增长速度(%)
全省合计	5.24	105.18	34.98	919	1003	0.88	1699	3633	7.90
盆西平原	4.00	80.43	35.00	208	208		520	699	3.00
盆东丘陵	0.67	13.47	35.00	424	424		535	1388	10.00
盆南丘陵	0.50	10.00	35.00	158	175	1.00	159	412	10.00
盆周低中山区	0.01	0.14	30.00	97.00	158	5.00	289	684	9.00
川西北高原	0.01	0.14	30.00	7.00	10.00	3.63	133	287	8.00
川西南安宁河谷盆地	0.05	1.00	35.00	25.00	28.00	1.14	63	163	10.00

四川省基本实现农机化规划农机化水平情况表(2000—2010)

(一)

表六

	田间作业综合机械化水平(%)			耕地机械化水平(%)			脱粒机械化水平(%)			收获机械化水平(%)		
	2000	2010	年均增长速度(%)	2000	2010	年均增长速度(%)	2000	2010	年均增长速度(%)	2000	2010	年均增长速度(%)
全省合计	35.86	70.19	3.43	35.70	71.77	3.61	48.92	71.56	2.26	5.09	55.23	5.01
盆西平原	49.64	82.90	3.33	73.53	89.87	1.63	50.23	86.06	3.58	18.24	87.67	6.94
盆东丘陵	41.59	70.11	2.85	2.44	71.38	4.69	54.99	73.55	1.86	0.77	61.75	6.10
盆南丘陵	20.18	53.31	3.31	12.22	45.49	3.33	22.63	60.23	3.76	0.20	29.32	2.91
盆周低中山区	21.42	43.73	2.23	19.15	63.83	4.47	24.57	43.52	1.90	0.19	15.58	1.54
川西北高原	49.72	70.02	2.03	53.88	81.55	2.77	71.96	84	1.20	10.93	67.69	5.68
川西南安宁河谷盆地	37.66	76.44	3.88	30.74	73.78	4.30	48.84	82.55	3.37	3.24	79	7.57

四川省基本实现农机化规划农机化水平情况表(2000—2010)

续表六

(二)

	播种机械化及半机械化水平(%)			水稻栽植机械化水平(%)			灌溉机械化水平(%)			植保机械化水平(%)		
	2000	2010	年均增长速度(%)	2000	2010	年均增长速度(%)	2000	2010	年均增长速度(%)	2000	2010	年均增长速度(%)
全省合计	32.77	77.88	4.51	0.24	4.74	0.45	72.00	90.00	1.80	37.41	80	4.26
盆西平原	51.25	91.78	4.05	0.70	14.03	1.33	95.00	98.00	0.30	68.06	91.47	2.34
盆东丘陵	35.55	76.74	4.12	0.01	1.96	0.19	86.00	92.00	0.60	28.73	74.54	4.58
盆南丘陵	10.10	62.57	5.25	0.12	2.37	0.22	48.00	88.00	4.00	27.56	71.40	4.38
盆周低中山区	21.97	74.59	5.26	0	0.04	0.004	44.00	80.00	3.60	35.56	84.03	4.85
川西北高原	38.18	82.17	4.40	0	0.26	0.026	60.00	88.00	2.80	38.89	83.96	4.51
川西南安宁河谷盆地	30.19	86.96	5.68	0	1.03	0.10	86.00	95.00	0.90	33.81	87.17	5.34

附件

基本实现农业机械化衡量指标的计算方法

《2010年四川省基本实现农业机械化战略规划》中基本实现农业机械化衡量指标主要有两大类型：单项机械化水平和综机械化水平。

一、综合机械化水平

全部农业生产过程的综合机械化水平是指机械完成的作业占农业总作业量的比重。本规划主要考察种植业田间作业机化，包括耕整地、播种、水稻栽植、稻麦收获、脱粒、机电灌溉、植保七项作业机械化。本规划所指的综合机械化水平，是上述七项作业机械化水平综合计算的种植业田间作业综合机械化水平。

为便于各项作业之间的对比和加总，必须先将各项作业量照折算系数换算成标准亩。具体换算比例如下：

作业项目	作业规格	标准亩折合系数	计量单位	作业项目	作业规格	标准亩折合系数	计量单位
耕地	深18—22厘米	1.20	亩	收获	水田	0.80	亩
播种	小麦	0.40	亩	脱粒	稻、麦	5.50	吨
栽植	水稻	0.90	亩	植保	田间	0.20	亩
收获	旱地	0.60	亩	灌溉	水田	1.40	亩

据此，种植业田间作业综合机械化水平计算公式为：

$$\text{种植业田间作业综合机械化水平（\%）}=\frac{\text{各单项机械作业量总和（标准亩）}}{\text{各单项农业作业总作业量（标准亩）}}\times 100\%$$

另外，综合机械化水平还可以按作物种类分别计算该作物各环节综合机械化程度。

衡量一个地区种植业田间作业是否基本实现机械化，主要考虑其七项机械作业形成的综合机械化水平是否达到70%。同样，衡量某项作物生产是否基本实现机械化，考察其主要环节综合计算的机械化水平是否达到70%即可。

二、单项机械化水平

1. 耕地机械化水平（%）$=\frac{\text{机械耕地面积（亩）}}{\text{可机耕地面积（亩）}}\times 100\%$

机械耕地面积是指用机械翻耕（包括旋耕）的实有耕地面积。在同一亩耕地上，一年内不论翻耕几次，其机械耕地面积仍按一亩计算，不重复计算。

2. 小麦播种机械及半机械化水平（%）$=\frac{\text{机械及半机械化播种面积（亩）}}{\text{小麦总播种面积（亩）}}\times 100\%$

机械及半机械化播种面积是指用播种机具进行农作的播种的面积。播种面积应重复计算。即：在同一亩土地上，一年内播一次算一亩，播两次算两亩。

3. 水稻栽植机械化水平（%）$=\frac{\text{机械栽植面积（亩）}}{\text{水稻总栽植面积（亩）}}\times 100\%$

水稻机械栽植面积包括机械抛秧、机插秧、机摆秧和机直播的面积。

4. 稻麦收获机械化水平（%）$=\frac{\text{机械收获面积（亩）}}{\text{稻麦总收获面积（亩）}}\times 100\%$

机械收获面积同机械播种面积一样，应重复计算。

5. 脱粒机械化水平（%）$=\frac{\text{机械脱粒数量（吨）}}{\text{脱粒总数量（吨）}}\times 100\%$

机械脱粒数量应包括联合收割机、动力脱粒机、动力碾场机和拖拉机碾场等脱粒的数量。

6. 农田灌溉机械化水平（%）$=\frac{\text{机电灌溉面积（亩）}}{\text{水稻面积—（水稻）自流灌溉面积}}\times 100\%$

7. 植保机械化水平（%）$=\frac{\text{机械植保面积（负担亩）}}{\text{总耕地面积（亩）}}\times 100\%$

四川省人民政府关于加快发展农业机械化的决定

川府发〔1997〕131 号

各市、州、县人民政府，各地区行政公署，省级各部门：

我省农业机械化事业，经过多年建设，已形成包括科研、教育培训、生产、供应、维修、安全监理和使用管理的完整体系。到 1996 年底，全省农机总动力达到 1265 万千瓦，农机装备总值达到 65 亿元。农业机械在提水灌溉、机耕、机播、植保、收割、农副产品加工、农村运输等方面发挥了积极作用，是我省农业生产、抗御自然灾害和．农业产业化的一支重要力量。为了充分发挥农业机械在科教兴农战略、发展农业生产力、实现农业增产增收和促进农村奔小康中的作用，必须加快发展农业机械化。现根据我省实际，特作如下决定：

一、提高对发展农业机械化重要意义的认识

农业机械是构成农业生产力的要素之一。农业机械化是提高农业劳动生产率、土地产出率、农副产品商品率、农业综合生产力、增强农业抗灾减灾能力的重要物质技术手段，是农业现代化的重要内容和主要标志。为了确保我省在十年九旱条件下农业实现抗灾夺丰收，转变农业增长方式，发展农业产业化，进一步提高农民种田积极性，必须加快发展农业机械化。因此，各级政府要进一步提高认识，抓住有利时机，采取切实有效措施，大力推进农业机械化发展。

二、发展农业机械化的指导思想和目标

发展我省农业机械化的指导思想是提高农业抗御自然灾害的能力，提高土地产出率和农业劳动

生产率，促进农业增产增收，确保农业和农村经济持续稳定发展。具体思路是紧紧围绕推进农村经济体制和农业增长方式两个根本性转变，实现农业增产农民增收两大目标，提供机械装备；坚持因地制宜和国家、集体、个人投资办机械化的方针，走机械化半机械化并举的路子；鼓励发展社会化、专业化的农机服务组织，形成农业产前、产中、产后系列化服务的农机化产业。

目标是从现在起到2010年，我省农业机械化的发展分两步走。第一步，到2000年，全省农业机械总动力保持5%、农机装备总值保持10%的速度递增，全省农机总动力达到1460万千瓦，农机装备总值达到86亿元，机械化水平有较大的提高。其中川西平原地区基本实现小麦主要生产环节机械化，水稻生产过程关键环节机械化。丘陵山区机电提灌面积进一步扩大，抗灾能力进一步增强，旱地作物化肥深施面积达50%，节水农业、小麦生产过程机械化有较大发展。第二步，从2000年到2010年，农机总动力以6%、农机装备，总值以12%的速度增长，总量分别达到2600万千瓦和267亿元。农业机械化水平有显著提高，抗灾能力显著增强。其中川西平原地区基本实现小麦、水稻生产过程机械化，丘陵山区四微机械（微耕机、微型喷灌机械、微型加工机械和微型水电设备）普遍推广使用，农作物病虫害防治、化肥深施机械化半机械化分别达80%以上。全省机电提灌达到40%（其中丘陵地区达到70%），耕整地达到50%，植保达到85%，小麦播种达到60%，稻麦收获达到40%，农村农副产品加工达到80%，运输机械化水平达到75%。

三、加强农业机械化管理

各级政府要认真贯彻实施四川省人大常委会颁布的《四川省农业机械管理条例》、《四川省农村机电提灌管理条例》、《四川省农业机械安全监理及事故处理条例》、《四川省农业技术推广法实施办法》等地方性法规，稳定和理顺农机管理体制，强化农机主管部门在农业机械管理中的行政职能和行业管理职能。积极支持办好各级农机技术教育培训机构和农机技术推广机构，重视农机教育、推广机构的稳定和农机科技队伍的充实，不断提高农机科技人员的待遇。要重视支持机电提灌、机耕、植保、播种、化肥深施、收获、微型水利工程配套节水灌溉、秸杆还田以及农副产品精深加工等农业机械的推广。依法保护农机系统成品油批发、零售网点的合法经营。抓好农用拖拉机及其配套机具、收割脱粒机械、提灌机械、栽播、施肥、植保、耕整地机械以及农副产品加工等农业机械的生产和供应。要切实重视农机安全生产的全面监督管理，积极支持建立和完善农机安全互助组织。农机部门要与工商行政和技术监督部门密切配合，依法对农机产品生产、销售、维修进行行业质量监督，打击假冒伪劣产品，维护农民利益。

四、抓好农业机械化服务体系建设

农业机械化服务体系是农业社会化服务体系的重要组成部份。要围绕深化农村改革，完善统分结合的双层经营体制，转变农业增长方式，提高农业生产能力，解决好农民一家一户解决不了的事情。要进一步发展各级各类农机服务组织，加强基础设施建设，逐步形成以县为中心，乡为骨干，村和农机专业户为基础的农业机械化服务网络，增强为农业服务的能力。要支持县级农机机构逐步增强直接为农开展机械化服务的功能，突出抓好机收、机电提灌、机耕服务队建设，搞好“三机”服务。

乡镇农机站是国家在基层的事业单位，要强化其农机社会化服务的组织协调功能、技术推广功能和作业安全管理功能。切实保护乡镇农机服务组织的合法权益，对其资产和场地任何单位与个人不得平调和无偿占用，要把乡镇农机站编制人员的工资和事业经费纳入县级财政预算。县级农机主管部门要依法搞好乡镇农机站主要负责人的选拔、业务技术考核，并在征求乡（镇）人民政府意见后按规定程序决定其任免。集体经济实力比较强的地区，要建立实体型村级农机服务组织。集体经济实力弱的地方，则可建立“忙统闲分”的松散合作型农机服务组织。

鼓励发展各类专业性的农机作业服务组织和专业户、机具租赁公司以及农机作业中介组织，逐步形成以农田作业为主要支柱的农机服务产业，推进农机服务社会化、产业化、市场化。支持农机服务组织积极兴办各类经济实体，面向市场开展综合服务，特别是要在发展农副产品加工、运销等“龙头”组织方面发挥积极作用，促进农业产业化的发展。

五、建立和完善农机投入机制

要发挥财政、税收和信贷的支持和调节作用，加大对发展农业机械化的扶持力度，逐步建立并不断完善以农民和农村集体投资为主体、中央和地方财政资金为导向、社会资金为补充的多渠道、多元化投入机制，保障农业机械化稳定健康的发展。

各级政府要增加对农业机械化的资金投入，重点扶持农机新机具推广、农机产品研制与生产、农机教育培训、农机化服务体系建设和大中型农业机械的购置与更新。农业综合开发、商品粮基地建设、粮食和棉花大县建设、粮食自给工程、农业产业化建设等项目及专项资金要安排比例用于发展农业机械化。扶贫开发也可按计划安排一些效益好、扶贫责任落实的农业机械化项目。各地应根据当地实际筹集农业机械化发展资金。地方农机化法规、政策已明确资金渠道的，各级政府应认真落实。乡镇集体提取的公积金和以工建农资金要有一定比例用于发展农业机械化。

各级财政支农支出应逐年增加发展农业机械化的资金，用于农机科研攻关、开发、购置大中型农用动力机械、耕整地、精量半精量播种、化肥深施、节水农业、收割脱粒、植保等有明显增产增收效果的农业机械。各级预算内基本建设投资，要逐年增加农机基础设施建设投入。

国家政策性银行等金融机构应对农业机械的研制、生产、推广和农机服务组织兴办经济实体、开展为农业服务的生产经营活动等给予支持，逐步扩大农机的贷款规模。税务部门对生产、经营农业机械及其零配件和使用农业机械从事农田作业、农副产品加工取得的收入，按现行税法规定减免税收。

六、加强对农业机械化工作的领导

从现在起到2010年是发展农业机械化的关键时期。各级政府要加强对农业机械化工作的领导，把农业机械化工作列入议事日程，纳入当地国民经济发展计划，并根据本地农业生产和农村经济发展要求，制定农业机械化发展的长远规划和年度计划，纳入政府目标，实行目标责任制管理。要建立农业机械化领导小组，组织协调计划、财政、金融等综合部门做好发展农业机械化的扶持和服务工作，研究、制定和完善加快发展农业机械化的配套政策，解决农业机械化发展中的实际问题。

各级农机管理部门要认真履行法律和政府赋予的农机行政和行业职能，加强调查研究，及时提出建议和意见，为各级政府当好参谋。要抓住机遇、开拓进取，全面推进农业机械化快速发展，为振兴我省经济和加快实现农业现代化做出贡献。

1997年9月22日

编 后 记

在《中共四川省委办公厅 四川省人民政府办公厅关于全面开展四川省第二轮修志工作的通知》(川委厅〔2005〕47号）下达前的2005年11月，四川省农机局即成立修志领导小组和修志办公室。2006年2月，《中共四川省委办公厅 四川省人民政府办公厅关于印发<〈四川省志〉（1986—2000）编纂方案>的通知》（川委厅〔2006〕4号）下发，确定《四川省志·农机志（1986—2005)》（以下简称《农机志》）系《四川省志(1986—2005)》分卷之一，由省农机局牵头承编。

2007年3月，省农机局成立《农机志》编纂委员会。同年5月，省农机局修志办公室按四川省农机事业的实际情况，结合相关规范要求制订《〈农机志〉编纂提纲》（初稿)。经《农机志》编纂委员会多次研究修改，2008年12月，四川省地方志编纂委员会正式审定批复《〈农机志〉编纂提纲》。《〈农机志〉编纂提纲》中对《农机志》正文分设7篇，分别为“管理机构”“农机管理”“农机科技教育”“农机修造及流通”“农机法规与信息化建设”“农业机械装备”和“农机化作业与规划”。除正文外，还设置了图片资料、大事记、重要文件辑存以及相关名、表，基本包括四川省农机及农机化管理的主要内容。

按《〈农机志〉编纂提纲》内容与各部门职能对应关系，《农机志》初稿的编写任务被分解落实到省农机局各职能处室、直属单位及相关部门。为保证修志质量，省农机局修志办公室对各部门直接参与编写的人员进行培训，四川省地方志编纂委员会（四川省地方志工作办公室）专家到场指导、答疑。

在《农机志》编纂过程中，编纂人员查阅、收集了大量相关资料，涉猎资料文字超过1000万字，各部门初稿计100余万字，最后成稿实际字数47万字。

《农机志》的编写，得到各级领导的重视、关注，凝聚了编写人员的辛劳，与四川省地方志编纂委员会（四川省地方志工作办公室）专家们的业务指导亦密不可分。借此，谨向直接参与志稿编纂工作的人员道一声辛苦，向关心、支持本志编纂工作的所有领导和专家表示诚挚感谢！

由于资料局限，本书还存在不足、不当之处，敬请专家、学者及广大读者批评指正！

《四川省志·农机志（1986—2005)》编纂委员会办公室

2019年4月